中國文化思想史九種

吕思勉文集

下

上海古籍出版社

先秦學術概論

序

小時讀諸子，遇《墨辯》暨《莊》、《列》諸書，所載辯者之説，苦不能明。又道家之學，清虛以自守，卑弱以自恃，蓋欲以鎮俗而克敵，與神仙家言貪生縱慾者，了不相干；而漢魏以降，乃爲三張之徒所附會，心竊惑焉，思之不能通也。近十餘年來，治諸子學者稍多，又得遠西名學以相印證，《墨辯》嚮稱絶學者，乃稍稍可讀；然惠施、鄧析、桓團、公孫龍之説，終莫能通，間有釋者，非支離穿鑿，則以今人之意見，妄測古人而已。至於神仙家之自托於道，其事爲衆所共見，其理則人莫能言者，尤未聞有一説焉，能愜心貴當，以釋此千古之疑團也。今歲夏讀同邑吕君誠之所著《先秦學術概論》，於此二者，乃覺怡然渙然，斯誠内憂外患、跼天蹐地之時一快事矣。君天資極高，而其刻苦劬學，則困知勉行者所不逮。其讀書恆能以精心炯眼創通大義；而訂正事實，研索訓詁，或過於專門考據之家。蓋兼弘通精覈二者而有之，可謂難矣。此書爲民國十四年君在上海滬江大學講學時所著；二十二年主講光華大學，又加修正，其審諦貫串，實有非近今著述所可同年而語者。蓋論事必窮其原，近今治諸子書者，多就諸子論諸子而已。君獨推求西周以前，極諸隆古清廟辟雍合一之世，謂有與神教相溷之哲學，實爲先秦諸子哲學之原；又精研近世社會學家之説，返求之古書，而知所謂大同小康者，確有其時，並審其如何遞降而爲亂世。先秦諸子，若者欲徑復大同之治，若者則欲先致小康。而道家歸真返樸之談，農家並耕而食、饔飧而治之説，嚮以爲放言高論者，今乃知其確有至理，初非徒托空言，苟能循序漸進，並非高遠難行。此則於群治之理，大有發明，實足爲言改進者示之鵠，豈徒於古說之湮晦者，加以疏通證明而已。此外評諸家論性之說，言道德形名一貫之理，辨析老莊之同異，推考墨學之淵源，謂楊朱爲我之說，實即道家養生之論；《漢志‧數術略》形法家之說，同符西哲唯物之談；儒墨爲封建廢壞時所生階級，孔墨特因以設教；《管子‧輕重》諸篇，亦爲農家之一派；鄒衍五德終始之說，無異於儒家之通三統，無不奇而且確，乍聞之而驚，細思之則確不可易者。附錄讀書札記，則下竟兩漢，以究先秦學術之委，枝分派別，綱舉目張，誠近世一奇作矣。予交君三十年，知君學頗深，於其書將刊行也，樂道其善，以諗當世之士，好學深思者，必不以爲阿私所好也。民國二十二年六月武進陳協恭序。

上編　總　論

第一章　先秦學術之重要

　　吾國學術,大略可分七期:先秦之世,諸子百家之學,一也。兩漢之儒學,二也。魏、晉以後之玄學,三也。南北朝、隋、唐之佛學,四也。宋、明之理學,五也。清代之漢學,六也。現今所謂新學,七也。七者之中,兩漢、魏、晉,不過承襲古人;佛學受諸印度;理學家雖辟佛,實於佛學入之甚深;清代漢學,考證之法甚精,而於主義無所創闢;梁任公謂清代學術,爲方法運動,非主義運動,其說是也。見所撰《清代學術概論》。最近新說,則又受諸歐美者也。歷代學術,純爲我所自創者,實止先秦之學耳。

　　然則我國民自漢以降,能力不逮古人邪?曰:不然。學術本天下公器,各國之民,因其處境之異,而所發明者各有不同,勢也。交通梗塞之世,彼此不能相資,此乃無可如何之事。既已互相灌輸,自可借資於人以爲用。此非不能自創,乃不必自創也。譬之羅盤針、印刷術、火藥,歐人皆受之於我。今日一切機械,則我皆取之於彼。設使中、歐交通,迄今閉塞,豈必彼於羅盤針、印刷術、火藥,不能發明;我於蒸氣、電力等,亦終不能創造邪?學術之或取於人,或由自造,亦若是則已矣。

　　衆生所造業力,皆轉相熏習,永不唐捐。故凡一種學術,既已深入人心，則閱時雖久，而其影響仍在。先秦諸子之學，非至晚周之世，乃突焉興起者也。其在前此，旁薄鬱積，蓄之者既已久矣。至此又遭遇時勢，乃如水焉，衆派爭流；如卉焉，奇花怒放耳。積之久，泄之烈者，其力必偉，而影響於人必深。我國民今日之思想，試默察之，蓋無不有先秦學術之成分在其中者，其人或不自知，其事不可誣也。不知本原者，必不能知支流。欲知後世之學術思想者，先秦諸子之學，固不容不究心矣。

第二章　先秦學術之淵源

凡事必合因緣二者而成。因如種子，緣如雨露。無種子，固無嘉穀；無雨露，雖有種子，嘉穀亦不能生也。先秦諸子之學，當以前此之宗教及哲學思想爲其因，東周以後之社會情勢爲其緣。今先論古代之宗教及哲學思想。

邃初之民，必篤於教。而宗教之程度，亦自有其高下之殊。初民睹人之生死寤寐，以爲軀殼之外，必別有其精神存焉。又不知人與物之別，且不知生物與無生物之別也，以爲一切物皆有其精神如人，乃從而祈之，報之，厭之，逐之，是爲拜物之教。八蜡之祭，迎猫迎虎，且及於坊與水庸，《禮記·郊特牲》。蓋其遺跡。此時代之思想，程度甚低，影響於學術者蓋少。惟其遺跡，迄今未能盡去；而其思想，亦或存於愚夫愚婦之心耳。

稍進，則爲崇拜祖先。蓋古代社會，摶結之範圍甚隘。生活所資，惟是一族之人，互相依賴。立身之道，以及智識技藝，亦惟恃族中長老，爲之牖啓。故與並世之人，關係多疏，而報本追遠之情轉切。一切豐功偉績，皆以傅諸本族先世之酋豪，而其人遂若介乎神與人之間。以情誼論，先世之酋豪，固應保佑我；以能力論，先世之酋豪，亦必能保佑我矣。凡氏族社會，必有其所崇拜之祖先以此。我國民尊祖之念，及其崇古之情，其根荄，實皆植於此時者也。

人類之初，僅能取天然之物以自養而已。所謂蒐集及漁獵之世也，見第三章。稍進，乃能從事於農牧。農牧之世，資生之物，咸出於地，而其豐歉，則懸繫於天。故天文之智識，此時大形進步；而天象之崇拜，亦隨之而盛焉。自物魅進至於人鬼，更進而至於天神地祇，蓋宗教演進自然之序。而封建之世，自天子、諸侯、卿大夫、士，至於庶民、奴婢，各有等級，各有職司。於是本諸社會之等差，懸擬神靈之組織，而神亦判其尊卑，分其職守焉。我國宗教之演進，大略如此。

徒有崇拜之對象，而無理論以統馭之、解釋之，不足以言學問也。人者，理智之動物，初雖蒙昧，積久則漸進於開明。故宗教進步，而哲學乃隨之而起。哲學家之所論，在今日，可分爲兩大端：曰宇宙論，曰認識論。認識論必研求稍久，乃能發生。古人之所殫心，則皆今所謂宇宙論也。

宇果有際乎？宙果有初乎？此非人之所能知也。今之哲學家於此，已置諸不論不議之列，然此非古人所知也。萬物生於宇宙之中，我亦萬物之一，明乎宇宙及萬物，則我之所以爲我者，自無不明；而我之所以處我者，亦自無不當矣。古人之殫心於宇宙論，蓋以此也。

大事不可知也，則本諸小事以爲推。此思想自然之途徑，亦古人所莫能外也。古之人，見人之生，必由男女之合；而鳥亦有雌雄，獸亦有牝牡也，則以爲天地之生萬物，亦若是則已矣。故曰："天神引出萬物，地祇提出萬物。"《說文解字》。又曰："萬物本乎天，人本乎祖"也。《禮記·郊特牲》。

哲學之職，在能解釋一切現象，若或可通，或不可通，則其說無以自立矣。日月之代明，水火之相克，此皆足以堅古人陰陽二元之信念者也。顧時則有四，何以釋之？於是有"太極生兩儀，兩儀生四象"之說。《易·繫辭傳》。日生於東而沒於西，氣煖於南而寒於北，於是以四時配四方。四方合中央而爲五；益之以上方則爲六；又益四隅於四正，則爲八方；合中央於八方，則成九宮。伏羲所畫八卦，初蓋以爲分主八方之神；其在中央者，則下行九宮之太乙也。《後漢書·張衡傳》注引《乾鑿度》鄭注：太乙者，北辰神名也。下行八卦之宮。每四乃還於中央。中央者，地神之所居，故謂之九宮。天數大分，以陽出，以陰入。陽起於子，陰起於午，是以太乙下九宮，從坎宮始，自此而坤，而震，而巽，所行者半矣，還息於中央之宮。既又自此而乾，而兌，而艮，而離,行則周矣,上游息於太一之星,而反紫宮也。至於虞、夏之間,乃又有所謂五行之說。五行見《書·洪範》,乃箕子述夏法。五行者,一曰水,二曰火,三曰木,四曰金,五曰土。此蓋民用最切之物,《禮記·禮運》:"用水、火、金、木,飲食,必時。"飲食即指土,《洪範》所謂"土爰稼穡"也。宗教家乃按其性質,而分布之於五方。思想幼稚之世,以爲凡事必皆有神焉以司之,而神亦皆有人格,於是有五帝六天之說。見《禮記·郊特牲》正義。五帝者,東方青帝靈威仰,主春生;南方赤帝赤熛怒,主夏長;西方白帝白招拒,主秋成;北方黑帝汁光紀,主冬藏。而中央黃帝含樞紐,寄王四季,不名時。以四時化育,皆須土也。昊天上帝耀魄寶,居於北辰,無所事事。蓋"卑者親事",《白虎通義·五行》篇。封建時代之思想則然;而以四時生育之功,悉歸諸天神,則又農牧時代之思想也。四序代謝,則五帝亦各司其功,功成者退,故有五德終始之說。見下編第九章。地上之事,悉由天神統治;爲天神之代表者,實惟人君;而古代家族思想甚重,以人擬天,乃有感生之說。見《詩·生民》疏引《五經異義》。凡此,皆古代根於宗教之哲學也。

根據於宗教之哲學,雖亦自有其理,而其理究不甚圓也。思想益進,則合理之說益盛。雖非宗教所能封,而亦未敢顯與宗教立異;且宗教之說,儱侗而不確實,本無不可附合也。於是新説與舊説,遂併合爲一。思想幼稚之世,其見一物,則以爲一物而已。稍進,乃知析物而求其質,於是有五行之説。此其思想,較以一物視一物者爲有進矣。然物質何以分此五類,無確實之根據也。又進,乃以一切物悉爲一種原質所成,而名此原質曰氣。爲調和舊説起見,乃謂氣之凝集之疏密,爲五種物質之成因。説五行之次者,所謂"水最微爲一,火漸著爲二,木形實爲三,金體固爲四,土質大爲五"也。《洪範正義》。既以原質之疏密,解釋物之可見不可見,即可以是解釋人之形體與精神。故曰:"體魄則降,知氣在上。"《禮記·禮運》。知與哲通,哲、晣實亦一字,故知有光明之義。又曰"衆生必死,死必歸土。骨肉斃於下,陰爲野土,其氣發揚於上爲昭明"也。《禮記·祭義》。夫如是,則恆人所謂有無,只是物之隱顯;而物之隱顯,只是其原質之聚散而已。故曰"精氣爲物,游魂爲變"也。《易·繫辭傳》。既以是解釋萬物,亦可以是解釋宇宙,故曰:"有大易,有大初,有大始,有大素。大易者,未見氣也。大初者,氣之始也。大始者,形之始也。大素者,質之始也。氣形質具而未相離,謂之渾沌。"及"輕清者上爲天,重濁者下爲地。冲和氣者爲人",而天地於是開闢焉。《周易正義》八論引《乾鑿度》。《列子·天瑞》篇略同。《列子》,魏、晉人所爲,蓋取諸《易緯》者也。

然則此所謂氣者,何以忽而凝集,忽而離散邪?此則非人所能知。人之所知者,止於其聚而散,散而聚,常動而不息而已。故説宇宙者窮於易;而《易》與《春秋》皆托始於元。參看下編第二章第二節。易即變動不居之謂,元則人所假定爲動力之始者也。《易》曰:"易不可見,則乾坤或幾乎息矣。"《繫辭傳》。又曰:"大哉乾元,萬物資始,乃統天。"《乾彖辭》。蓋謂此也。《老子》曰:"有物混成,先天地生。寂兮寥兮,獨立而不改,周行而不殆,可以爲天下母。吾不知其名,字之曰道,强爲之名曰大。"亦指此動力言也。

人之思想,不能無所憑藉,有新事物至,必本諸舊有之思想,以求解釋之道,而謀處置之方,勢也。古代之宗教及哲學,爲晚周之世人人所同具之思想,對於一切事物之解釋及處置,必以是爲之基,審矣。此諸子之學,所以雖各引一端,而異中有同,仍有不離其宗者在也。昔在蘇州講學,嘗撰《論讀子之法》一篇,以示諸生。今節錄一段下,以備參考。原文曰:古代哲學,最尊崇自然力。既尊崇自然力,則只有隨順,不能抵抗。故道家最貴無爲。無爲非無所事事之謂,謂因任自然,不參私意云耳。然則道家所謂無爲,即儒家"爲高必因邱陵,爲下必因川澤"之意;亦即法家絕聖棄知,專任度數之意也。自然之力,無時或息。其在儒家,則因此而得自强不息之義。道家之莊、列一派,則謂萬物相刃相靡,其行如馳,"一受其成形,不亡以待盡",因此而得委心任運之義焉。自然力之運行,古人以爲如環無端,周而復始。其在道家,則因此而得禍福倚伏之義,故貴知白守黑,知雄守雌。其在儒家,則因此而得窮變通久之義,故致謹於治制之因革損益。其在法家,則因此而得"古今異俗,新故異備"之義,而商君等以之主張變法焉。萬物雖殊,然既爲同一原質所成,則其本自一。若干原質,凝集而成物,必有其所以然,是之謂命;自物言之則曰性。性命者物所受諸自然者也。自然力之運行,古人以爲本有秩序,不相衝突。人能常守此定律,則天下可以大治。故言治貴反諸性命之情,故有反本正本之義。儒家言盡性可以盡物,道家言善養生者可以托天下,理實由此。抑《春秋》之義,正次王,王次春,言王者欲有所爲,宜求其端於天;而法家言形名度數,皆原於道,亦由此也。萬物既出於一,則形色雖殊,原理不異。故老貴抱一,孔貴中庸。抑宇宙現象,既變動不居,則所謂眞理,只有變之一字耳。執一端以爲中,將不轉瞬而已失其中矣。故貴抱一而戒執一,貴得中而戒執中,抱一守中,又即貴虚貴無之旨也。然則一切現象,正惟相反,然後相成,故無是非善惡之可言,而物倫可齊也。夫道家主因任自然,而法家主整齊畫一,似相反矣;然其整齊畫一,乃正欲使天下皆遵守自然之律,而絶去私意,則法家之旨,與道家不相背也。儒家貴仁,而法家賤之。然其言曰:"法之爲道,前苦而長利;仁之爲道,偷樂而後窮。"則其所攻者,乃姑息之愛,非儒家所謂仁也。儒家重文學,而法家列之五蠹。然其言曰:"糟糠不飽者,不務粱肉;短褐不完者,不待文綉。"則亦取救一時之急耳。秦有天下,遂行商君之政而不改,非法家本意也。則法家之與儒家,又不相背也。舉此數端,餘可類推。要之古代哲學之根本大義,仍貫通乎諸子之中。有時其言似相反者,則以其所論之事不同,史談所謂"所從言之者異"耳,故《漢志》譬諸水火,相滅亦相生也。

第三章　先秦學術興起時之時勢

今之談哲學者,多好以先秦學術,與歐洲、印度古代之思想相比附。或又謂先秦諸子之學,皆切實際,重應用,與歐洲、印度空談玄理者不同。二說孰是?曰:皆是也。人類思想發達之序,大致相同。歐洲、印度古代之思想,誠有與先秦諸子極相似者。處事必根諸理,不明先秦諸子之哲學,其處事之法,亦終無由而明;而事以參證而益明,以歐洲、印度古說,與先秦諸子相較,誠不易之法也。然諸子緣起,舊有二說:一謂皆王官之一守,一謂起於救時之弊。見下章。二說無論孰是,抑可並存,要之皆於實際應用之方,大有關係。今讀諸子書,論實際問題之語,誠較空談玄理者爲多,又衆所共見也。故不明先秦時代政治及社會之情形,亦斷不能明先秦諸子之學也。

先秦諸子之思想,有與後世異者。後世政治問題與社會問題分,先秦之世,則政治問題與社會問題合。蓋在後世,疆域廣大,人民衆多,一切問題,皆極複雜。國家設治之機關,既已疏闊;人民愚智之程度,又甚不齊。所謂治天下者,則與天下安而已。欲懸一至善之鵠,而悉力以赴之,必求造乎其極,而後可爲無憾,雖極弘毅之政治家,不敢作是想也。先秦諸子則不然。去小國寡民之世未遠,即大國地兼數圻,亦不過今一兩省,而其菁華之地,猶不及此。秦之取巴蜀,雖有益於富厚,其政治恐尚僅羈縻,讀《後漢書·板楯蠻傳》可見。楚之有湖南、江西,則如中國今日之有蒙、新、海、藏耳。而其民風之淳樸,又遠非後世之比。夫國小民寡,則情形易於周知,而定改革之方較易。風氣淳樸，則民皆聽從其上，國是既定，舉而措之不難。但患無臨朝願治之主，相助爲理之臣。苟其有之，而目的終不得達；且因此轉滋他弊，如後世王安石之所遭者，古人不患此也。職是故，先秦諸子之言治者，大抵欲舉社會而徹底改造之，使如吾意之所期。"治天下不如安天下，安天下不如與天下安"等思想，乃古人所無有也。

然則先秦諸子之所欲至者，果何等境界邪？孔慕大同，老稱郅治，似近子虛之論，烏托之邦。然諸子百家，抗懷皇古，多同以爲黄金世界，豈不謀而同辭誕謾耶？孔子之告子游曰："大道之行也，與三代之英，丘未之逮也，而有志焉。"鄭注曰："志，謂識，古文。""謂識"一讀。此以識字詁志字；次乃更明其物，謂孔子所謂志者，乃指古文言之也。古文，猶言古書，東漢人語如此。此即《莊子》"《春秋》經世，先王之志"之志。孔子論小康，舉禹、湯、文、武、成王、周公爲六君子，皆實有其人，其治跡，亦皆布在方策；其論大同之世，安得悉爲理想之談。然則孔慕大同，老稱郅治，以及許行論治，欲并倉廩府庫而去之，殆皆有所根據，而後懸以爲鵠；不徒非誕謾之辭，並非理想之談也。

孔、老大同郅治之説，以及許行并耕而食之言，自今日觀之，似皆萬無可致之理。然在當日，則固不然。此非略知社會之變遷者不能明，請得而略陳之。蓋人類之初，制馭天然之力極弱。生活所需，則成群結隊，到處尋覓，見可供食用之物，則拾取之而已矣。此爲社會學家所稱蒐集之世。稍進，乃能漁於水，獵於山。制馭天然之力稍强，而其生活猶極貧窘。必也進於農牧，乃無饑餓之憂。農牧之興，大抵視乎其地，草原之民，多事畜牧；林麓川澤之地，則多事農耕。吾國開化之跡，稍有可徵者，蓋在巢、燧、羲、農。巢、燧事蹟，略見《韓非》。《五蠹》。其爲漁獵時代之酋長，不待言而可明。伏羲，昔多以爲遊牧之主，蓋因伏又作庖，羲又作犧，乃有此望文生義之誤解。其實伏羲乃"下伏而化之"之意，明見《尚書大傳》。其事蹟，則《易·繫辭傳》明言其爲網罟而事畋漁，其爲漁獵時代之大酋，尤顯而易見。《傳》又言："包犧氏没，神農氏作。"吾族蓋於此時進於農耕。而黄帝，

《史記》言其"遷徙往來無常處,以師兵爲營衛",《五帝本紀》。似爲遊牧之族。凡農耕之族,多好和平;遊牧之群,則樂戰伐。以此,阪泉、涿鹿之師,炎族遂爲黃族所弱。《史記·五帝本紀》,既言神農氏世衰,諸侯相侵伐,弗能征,又言炎帝欲侵陵諸侯,未免自相矛盾。頗疑《史記》此節,係採自兩書,兼存異説。蚩尤、炎帝,即係一人;涿鹿、阪泉,亦係一事。即謂不然,而蚩尤、炎帝,同係姜姓,其爲同族,則無疑矣。農耕之民,性多重滯。《老子》言"郅治之極,鄰國相望,雞犬之聲相聞,民各甘其食,美其服,安其俗,樂其業,至老死不相往來"。《史記·貨殖列傳》。蓋在此時。此等社會,大抵自給自足。只有協力以對物,更無因物以相争。故其内部極爲安和,對外亦能講信修睦。孔子所謂大同之世,亦指此時代言之也。黃帝之族,雖以武力擊而臣之,於其社會之組織,蓋未嘗加以改變,且能修而明之。所異者,多一征服之族,踞於其上,役人以自養;而其對外,亦不復能如前此之平和。又前此蕩蕩平平之倫理,一變而爲君臣上下、等級分明之倫理耳。所謂"大人世及以爲禮;城郭溝池以爲固;禮義以爲紀,以正君臣,以篤父子,以睦兄弟,以和夫婦,……以賢勇知,以功爲己;故謀用是作,而兵由此起"者也。然社會之組織,尚未大變;列國之競争,亦未至甚烈;在上者亦不十分淫虐,則其民固尚可小安。是則所謂小康之世也。其後治人者荒淫日甚;社會之組織,亦因交通之便利,貿易之興盛,而大起變化。於是前此良善之規制,蕩焉無存,變爲一無秩序、無公理、無制裁、人人競圖自利之世界,遂自小康降爲亂世矣。當此之時,老子、許行等,欲徑挽後世之頹波,而還諸皇古。孔子則欲先修小康之治,以期馴致於大同。如墨子者,則又殫心當務之急,欲且去目前之弊,而徐議其他。宗旨雖各不同,而於社會及政治,皆欲大加改革,則無不同也。固非後世彌縫補苴,苟求一時之安者所可同年而語矣。古今社會組織之異,體段既大,頭緒甚繁。略言之則不能明;太詳,則本書爲篇幅所限,未免喧賓奪主。予別有《大同釋義》一書,論古代社會組織之變遷,可供參考。

第四章　先秦學術之源流及其派別

先秦諸子之學,《大史公自序》載其父談之說,分爲陰陽、儒、墨、名、法、道德六家。《漢書·藝文志》益以縱橫、雜、農、小說,是爲諸子十家。其中去小說家,謂之九流。《漢志》曰:"諸子十家,其可觀者,九家而已。"《後漢書·張衡傳》:上疏曰:"劉向父子,領校秘書,閱定九流。"注"九流,謂儒家,道家,陰陽家,法家,名家,墨家,縱橫家,農家,雜家"。劉子《九流篇》所舉亦同。《藝文志》本於《七略》。《七略》始六藝,實即儒家。所以別爲一略者,以是時儒學專行。漢代古文學家,又謂儒家之學,爲羲、農、堯、舜、禹、湯、文、武、周公相傳之道,而非孔子所獨有故耳,不足憑也。參看下編第二章第二節。《諸子略》外,又有《兵書》、《數術》、《方技》三略。《輯略》爲諸書總要。兵書與諸子,實堪並列。數術亦與陰陽家相出入,所以別爲一略,蓋以校書者異其人。至方技,則一醫家之學耳。故論先秦學術,實可分爲陰陽、儒、墨、名、法、道德、縱橫、雜、農、小說、兵、醫十二家也。先秦學術派別,散見古書中者尚多。其言之較詳者,則《莊子》之《天下》篇,《荀子》之《非十二子》篇是也。近人或據此等,以疑史漢之說,似非。案《天下》篇所列舉者,凡得六派:(一)墨翟,禽滑釐,(二)宋鈃、尹文,(三)彭蒙、田駢、慎到,(四)關尹、老聃,(五)莊周,(六)惠施,桓團、公孫龍是也。《非十二子》篇,亦分六派:(一)它囂、魏牟,(二)陳仲、史鰌,(三)墨翟、宋鈃,(四)慎到、田駢,(五)惠施、鄧析,(六)子思、孟軻是也。同一墨翟、宋鈃也,荀子合爲一派,莊子析爲二派,果何所折衷邪?儒、墨并爲當時顯學,荀子僅舉思、孟,已非其朔;《韓詩外傳》載此文,則止十子,並無思、孟;《天下》篇亦不及儒,能無遺漏之譏邪?蓋此等或就一時議論所及,或則但舉當時著名人物言之,初非通觀前後,綜論學派之說也。

諸家之學,《漢志》謂皆出王官;《淮南·要略》則以爲起於救時之弊,蓋一言其因，一言其緣也。近人胡適之，著《諸子不出王官論》，力詆《漢志》之誣。殊不知先秦諸子之學，極爲精深，果其起自東周，數百年間，何能發達至此？且諸子書之思想文義，皆顯分古近，決非一時間物，夫固開卷可見也。章太炎謂"九流皆出王官，及其發舒，王官所弗能與；官人守要，而九流究宣其義"。其說實最持平。《荀子》云："父子相傳，以持王公，是故三代雖亡，治法猶存，是官人百吏之所以取祿秩也。"《榮辱》篇。儒家通三統之說，所以欲封二王之後以大國，以此。參看下編第二章第二節。觀此，可知胡君謂古代王官定無學術可言之誤。胡君又謂諸子之學，果與王官並世，亦必不爲所容，而爲所焚阬。引歐洲中世教會，焚殺哲人，焚毀科學哲學之書爲證。不知中西史事，異者多矣。歐洲中世教會之昏暴，安見我國古代，必與相符。況歐洲摧殘異學者爲教會，班《志》所稱爲王官，其事渺不相涉邪？古代明堂辟雍，合居一處。所謂大學，實爲宗教之府。讀下篇"附錄一"可見。故以古代學校，擬歐洲中世之教會，猶有相似之處，若他官則渺不相涉矣。然古代學校，固亦無焚殺哲人，焚毀異學之事。史事非刻板者，雖大致可相印證，固不能事事相符也。此即所謂守要。究宣其義者，遭直世變，本其所學，以求其病原，擬立方劑。見聞既較前人爲恢廓，心思自較前人爲發皇。故其所據之原理雖同，而其旁通發揮，則非前人所能望見也。此猶今日言社會主義者，盛極一時。謂其原於歐洲之聖西門、馬克思，固可；謂由中國今日，機械之用益弘，勞資之分稍顯，國人因而注意及此，亦無不可也。由前則《漢志》之說，由後則《淮南》之說也。不惟本不相背，亦且相得益彰矣。

抑諸子之學，所以必出於王官者，尚有其一因焉。古代社會，等級森嚴。平民胼手胝足，以給公上，謀口實之不暇，安有餘閑，從事學問？即有天才特出者，不假傳授，自有發明。然既乏師友之切磋，復鮮舊聞爲憑藉；穴隙之明，所得亦僅，安足語於學術？即謂足厠學術之林而無愧，然伏處隴畝之中，莫或爲之傳播；一再傳後，流風餘韻，亦漸即銷沉矣。古小說家言，出於平民，平民之所成就者，蓋止於是。參看下編第十一章。貴族則四體不勤，行有餘力。身居當路，經驗饒多。父祖相傳，守之以世。子產有言："其用物也弘矣！其取精也多矣！"其所發明，非僅恃一時一人之思慮者所能逮，固無足怪。春秋以降，弑君三十六，亡國五十二，諸侯奔走，不得保其社稷者，不可勝數。鄉之父子相傳，以持王公取祿秩者，至此蓋多降爲平民，而在官之學,遂一變而爲私家之學矣。世變既亟,賢君良相,競求才智以自輔;仁人君子,思行道術以救世;下焉者,亦思說人主,出其金玉錦綉,取卿相之尊。社會之組織既變,平民之能從事於學問者亦日多,而諸子百家,遂如雲蒸霞蔚矣。孔子弟子三千,身通六藝者七十有二。孟子後車數十乘,從者數百人。楊朱、墨翟之言,亦盈天下。教育學術,皆自官守移於私家。世運之遷流,雖有大力,莫之能逆。秦皇乃燔《詩》、《書》,禁私學;令民欲學法令,以吏爲師;欲盡復西周以前,政教合一之舊,無怪其卒不能行也。

　　《漢志》謂九流之學,"各引一端,崇其所善,譬猶水火,相滅亦相生也"。此說最通。學術思想,恆由渾而之晝。古代哲學,儱侗而不分家,蓋由研究尚未精密之故。東周以降,社會情形,日益複雜;人類之思想,遂隨之而日益發皇。各方面皆有研究之人,其所發明,自非前人所能逮矣。然崇其所善,遂忘他方面之重要,則亦有弊。而苟非高瞻遠矚之士,往往不免囿於一偏。諸子之學,後來所以互相攻擊者以此。此殆不甚弘通之士爲之;始創一說之大師,或不如是。何者？智足創立一學,自能知其學之所安立。既自知其學之所安立,則亦知他家之學所安立。各有其安立之處所,自各有其所適用之範圍。正猶夏葛冬裘,渴飲饑食,事雖殊而理則一,當相爲用,不當互相排也。《莊子・天下》篇曰:"古之人其備乎？……明於本數,係於末度,六通四辟,小大精粗,其運無乎不在。……天下大亂,賢聖不明,道德不一,天下多得一察。句絕。焉以自好。譬如耳目鼻口,皆有所明,不能相通。……不該不偏,一曲之士也……是故内聖外王之道,闇而不明,鬱而不發。天下之人各爲其所欲,句絕。焉以自爲方。悲夫！百家往而不反,必不合矣。"即慨嘆於諸子百家之各有所明,而亦各有所蔽也。學問之事,其當分工合力,一與他事同。惟分之而致其精,乃能合之而見其大。古代學術,正在分道揚鑣之時,其不能不有所蔽,勢也。後世則諸說並陳,正可交相爲用。乃或猶不免自安於一曲,甚至於入主而出奴,則殊非學問之士所宜出矣。參看下編第十二章。

第五章　研究先秦諸子之法

先秦諸子之學,近數十年來,研究者大盛。蓋以民氣發舒,統於一尊之見漸破,而瀛海大通,遠西學術輸入,諸子之書,又多足互相印證也。諸子之書,皆去今久遠,非經校勘注釋不能明,昔時留意於此者少。清代考證學盛,始焉借子以證經,繼乃離經而治子。校勘訓釋,日益明備。自得西學相印證,義理之煥然復明者尤多。如《墨子》之《經》、《經說》、大小《取》諸篇,昔幾無人能讀,今則可解者十七八,即由得歐西論理之學,以相參證也。治此學於今日,蓋遠非昔時之比矣。然今治諸子之學者,亦有所蔽,不可不知。予昔有《論讀子之法》一篇,今特節錄其文如下。

原文曰:讀古書固宜嚴別真僞,諸子尤甚。然近人辨諸子真僞之術,吾實有不甚敢信者。近人所持之術,大要有二:(一)據書中事實立論,事有非本人所能言者,即斷爲僞。如胡適之摘《管子·小稱》篇記管仲之死,又言及毛嬙、西施;《立政》篇辟寢兵兼愛之言,爲難墨家之論是也。(二)則就文字立論。如梁任公以《老子》中有偏將軍、上將軍之名,謂爲戰國人語;又或以文字體制之古近,而辨其書之真僞是也。予謂二法皆有可採,而亦皆不可專恃。何則?子爲一家之學,與集爲一人之書者不同。故讀子者,不能以其忽作春秋時人語,忽爲戰國人之言,而疑其書之出於僞造。猶之讀集者,不能以其忽祖儒家之言,忽述墨家之論,而疑其文非出於一人。先秦諸子,大抵不自著書。今其書之存者,大抵治其學者所爲,而其纂輯,則更出於後之人。亡佚既多,輯其書者,又未必通其學。不過見講此類學術之書,共有若干，即合而編之，而取此種學派中最有名之人，題之曰某子云耳。然則某子之標題，本不過表明學派之詞，不謂書即其人所著。與集部書之標題爲某某集者，大不相同。書中記及其人身後之事，及其文詞之古近錯出，固不足怪。至於諸子書所記事實，多有訛誤，此似誠有可疑。然古人學術，多由口耳相傳，無有書籍，本易訛誤；而其傳之也，又重其義而輕其事。如胡適之所摘莊子見魯哀公，自爲必無之事。然古人傳此，則但取其足以明義；往見者果爲莊子與否，所見者果爲魯哀公與否，皆在所不問。豈惟不問，蓋有因往見及所見之人，不如莊子及魯哀公之著名，而易爲莊子與魯哀公者矣。然此尚實有其事。至如孔子見盜跖等，則可斷定並其事而無之，不過作者胸中有此一段議論，乃托之孔子、盜跖耳。此則所謂寓言也。此等處，若據之以談史實，自易謬誤。然在當時，固人人知爲寓言。故諸子書中所記事實，乖謬者十有七八，而後人於其書，仍皆信而傳之。胡適之概斷爲當時之人，爲求利而僞造，又譏購求者之不能別白，亦未必然也。說事如此，行文亦然。今所傳五千言，設使果出老子，則其書中偏將軍、上將軍，或本作春秋以前官名，而傳者乃以戰國時之名易之，此如今譯書者，於書中外國名物，易之以中國名物耳，雖不免失真，固與僞造有別也。又古人之傳一書，有但傳其意者，有兼傳其詞者。兼傳其詞者，則其學本有口訣可誦，師以是傳之徒，徒又以是傳之其徒，如今瞽人業算命者，以命理之書，口授其徒然。此等可傳之千百年，詞句仍無大變。但傳其意者，則如今教師之講授，聽者但求明其意即止，迨其傳之其徒，則出以自己之言。如是三四傳後，其說雖古，其詞則新矣。故文字氣體之古近，亦不能以別其書之古近也，而況於判其真僞乎？明於此，則知諸子之年代事蹟，雖可知其大略，而亦不容鑿求。若更據諸子中之記事，以談古史，則尤易致誤矣。諸子中之記事，十之七八爲寓言；即或實有其事，人名地名及年代等，亦多不可據；彼其意，固亦當作寓言用也。據此以考事實，苟非十分謹慎，必將治絲益棼。今人考諸子年代事蹟者，多即以諸子所記之事爲據。既據此假定諸子年代事蹟,乃更持以判別諸子書之信否焉,其可信乎?一言蔽之,總由不知子與集之異,太重視用作標題之人而已。

以上皆《論讀子之法》原文。此外尚有一事宜知者,曰:"先秦之學純,而後世之學駁。凡先秦之學,皆後世所謂專門;此謂專守一家之説,與今所謂專治一科之學者異義。而後世所謂通學,則先秦無之也。"此何以故?曰:凡學皆各有所明,故亦各有其用。因人之性質而有所偏主,固勢不能無。即入主出奴,亦事所恆有。然此必深奧難明之理,介於兩可之間者爲然。若他家之學,明明適用於某時某地,證據確鑿者,則即門户之見極深之士,亦不能作一筆抹殺之談。此群言淆亂,所以雖事不能免,而是非卒亦未嘗無準也。惟此亦必各種學問,並行於世者已久,治學之士,於各種學問,皆能有所見聞而後可。若學問尚未廣布,欲從事於學者,非事一師,即無由得之;而所謂師者,大抵專主一家之説,則爲之弟子者,自亦趨於曖姝矣。先秦之世,學術蓋尚未廣布,故治學者,大抵專主一家。墨守之風既成,則即有兼治數家者,亦必取其一而棄其餘。墨子學於孔子而不説,遂明目張膽而非儒;陳相見許行而大説,則盡棄其所受諸陳良之學,皆是物也。此雜家所以僅兼採衆説,而遂足自成爲一家也。以當時諸家皆不能兼採也。若在後世,則雜家徧天下矣。

職是故,治先秦之學者,可分家而不可分人。何則?先秦諸子,大抵不自著書;凡所纂輯,率皆出於後之人。張孟劬嘗以佛家之結集譬之。欲從其書中,蒐尋某一人所獨有之説,幾於無從措手;而一家之學,則其言大抵從同。故欲分別其説屬於某人甚難,而欲分別其説屬於某家則甚易。此在漢世,經師之謹守家法者尚然。清代諸儒,蒐輯已佚之經説,大抵恃此也。試讀陳氏父子之《三家詩遺説考》、《今文尚書經説考》,即可見之。故治先秦之學者,無從分人,而亦不必分人。兹編分論,均以家爲主。一書所述,有兼及兩家者,即分隸兩家之下,如《墨子》中論名學者,即歸入名家之中。諸子事蹟,但述其可信者;轉於其書之源流真僞,詳加考證焉,亦事所宜然也。

下編 分 論

第一章 道 家

第一節 總 論

　　道家之學,《漢志》云:"出於史官,歷記成敗存亡禍福古今之道,然後知秉要執本,清虛以自守,卑弱以自持,此君人南面之術也。""清虛以自守,卑弱以自持",實爲道家最要之義。《禮記·學記》曰:"君子如欲化民成俗,其必由學乎?"又曰:"古之王者,建國君民,教學爲先。"其所言者,爲君人南面之學可知。而其下文云:"學無當於五官,五官弗得不治。"又曰:"君子大德不官,大道不器。"此即"清虛以自守"之注脚。世惟不名一長者,乃能兼採衆長;亦惟不膠一事者,乃能處理衆事。故欲求用人,必先無我。司馬談稱道家之善曰:"因陰陽之大順,採儒墨之善,撮名法之要,與時遷移,應物變化。"又曰:"其術以虛無爲本,以因循爲用。無成勢,無常形,故能究萬物之情。不爲物先,不爲物後,故能爲萬物主。有法無法,因時爲業。有度無度,因物與合。故曰:聖人不朽,時變是守。"蓋謂此也。至於卑弱以自持,則因古人認宇宙之動力爲循環之故。《老子》曰:"有物混成,先天地生。寂兮寥兮,獨立而不改,周行而不殆,可以爲天下母。吾不知其名,字之曰道。強爲之名曰大。大曰逝,逝曰遠,遠曰反。"此言宇宙之本,惟是動力,而其動之方嚮爲循環也。惟自然力之方嚮爲循環,故凡事無不走回頭路者,而盛强絶不足恃。故曰"反者道之動",又曰"夫物芸芸,各復歸其根",又曰"萬物并作,吾以觀其復"也。夫如是,故有禍福倚伏之義。故貴知白守黑,知雄守雌。此蓋觀衆事而得其會通,而知柔弱者可以久存,剛强者終必挫折,遂乃立爲公例。所謂"歷記成敗存亡禍福"者也。内"清虚以自守",外"卑弱以自持","君人南面之術",盡於此矣。此《漢志》所謂"秉要執本"者也。

《史記‧老子韓非列傳》云:"老子,周守藏室之史也。"《索隱》云:"藏室史,乃周藏書室之史也。"又《張蒼傳》:"老子爲柱下史,蓋即藏室之柱下,因以爲官名。"又《張丞相列傳》:"秦時爲御史,主柱下方書。"《集解》:"如淳曰:方,版也,謂書事在版上者也。秦以上置柱下史,蒼爲御史,主其事。"《索隱》:"周、秦皆有柱下史,謂御史也。所掌及侍立恆在殿柱之下。故老子爲周柱下史。今在秦代亦居斯職。"案《漢書‧百官公卿表》:"御史大夫,秦官,掌副丞相。有兩丞,一曰中丞,在殿中蘭臺,掌圖籍秘書。"如《索隱》言,藏室柱下爲一官,實即御史,則老子所居,似即中丞之職。然此語殊難定。《史記‧蕭相國世家》云:"沛公至咸陽,諸將皆争走金帛財物之府分之,何獨先入收秦丞相御史律令圖書藏之。""漢王所以具知天下阨塞,户口多少,强弱之處,民所疾苦者,以何具得秦圖書也。"此圖書,即《漢表》所謂圖籍,指地圖户籍言。蓋何之所收止是,其所謂秘書者,則委而去之矣。然《漢志》所謂"歷記成敗存亡禍福古今之道"者,實當在秘書之中也。竊疑藏室所藏,正是此物。所謂道德五千言者,實藏室中之故書,而老子著之竹帛者耳。參看下節。今姑弗論此,而道家出於史官之説,則信而有徵矣。丞相掌丞天子助理萬機,而御史大夫,掌副丞相,皆總攬全局,與他官之專司一事者不同。其能明於君人南面之術,固其所也。

職是故,道家之學,實爲諸家之綱領。諸家皆專明一節之用,道家則總攬其全。諸家皆其用,而道家則其體。《漢志》抑之儒家之下,非也。今分論諸家，以道家爲首。

第二節 老　　子

道家之書，傳於今者，以《老子》爲最古。《漢志》所著錄者，有《黃帝四經》、《黃帝銘》、《黃帝君臣》、《雜黃帝》、《力牧》，黃帝相。《伊尹》、《辛甲》，紂臣。《周訓》、《太公》、《鶡子》，皆在《老子》前。然多出於依托。今《列子·天瑞》篇引《黃帝書》二條、黃帝之言一條，《力命》篇亦引《黃帝書》一條。《天瑞》篇所引，有一條與《老子》書同，餘亦極相類。今《老子》書辭義甚古；全書皆三四言韵語；間有散句，蓋後人所加；與東周時代之散文，截然不同。一也。書中無男女字，但稱牝牡，足見其時之言語，尚多與後世殊科。二也。又全書之義，女權皆優於男權，俱足徵其時代之早。吾謂此書實相傳古籍，而老子特著之竹帛，或不誣邪？其書出於誰某不可知，亦不必成於一人。然必托諸黃帝，故漢時言學術者，恆以黃、老並稱也。黃老之學，後來爲神仙家所附會，乃有疑黃非黃帝，老非老子者，非也。參看附錄三自明。《論衡·自然》篇："黃者黃帝也，老者老子也。"此《漢書》所謂黃、老者，即黃帝、老子之確證。《史記》云："老子，楚苦縣厲鄉曲仁里人也。"漢苦縣，今河南鹿邑縣。地本屬陳，陳亡乃入楚，或以《史記》楚人之言，遂斷老子爲南方之學，與孔子北方之學相對，則大非。此説始於日本人，梁任公《論中國學術思想變遷之大勢》引之。襲其説者頗多。柳翼謀已辨之矣。姑無論苦縣本非楚地；即謂老子爲楚人，而其所學，爲托諸黃帝之學，其必爲北方之學可知。《史記》云："老子居周久之，見周之衰，乃遂去。至關，關令尹喜曰：子將隱矣，强爲我著書。於是老子乃著書上下篇，言道德之意五千餘言而去，莫知其所終。"此關或以爲函關，或以爲散關，難定；要未必南行之關。即謂爲南行之關，或以令尹爲楚官名，有此推測。然古人著書，多以後世語道古事；亦多以作者所操之語易本名。此等處，皆難作誠證也。而老子學成而後南行，亦與其所著之書無涉也。孔子曰："寬柔以教，不報無道，南方之强也。""衽金革，死而不厭，北方之强也。"此南方指中國，北方指北狄言,非以江河流域對舉也。春秋時河域之國,曷嘗有"衽金革,死而不厭"之俗？吳、楚皆稱慓悍,又曷嘗能"寬柔以教,不報無道"邪？

老子行事,不甚可考,惟孔子問禮於老子,古書多載之。《禮記·曾子問》,載老聃之言數條,皆涉禮事,足爲孔子問禮之一證。或以《老子》書上道德而賤仁義,尤薄禮,因疑此老聃與作五千言者非一人,亦非。知禮乃其學識,薄禮是其宗旨,二者各不相干。猶明於法律者,不必主任法爲治,且可尊禮治而薄法治也。不然,古書載此事,何不曰問道,而皆曰問禮邪？《史記》云:"莫知其所終。"而《莊子·養生主》篇,明載老聃之死。或老子事蹟,史公有不備知;或《莊子》書爲寓言,難定。要《史記》之意,必非如後世神仙家之所附會,則可斷也。下文又云:"或曰:老萊子亦楚人也,著書十五篇,言道家之用,與孔子同時云。蓋老子百有六十餘歲,或言二百餘歲,以其修道而養壽也。自孔子死之後百二十九年,而史記周太史儋見秦獻公,曰:始秦與周合,合五百歲復而離,離七十歲而霸王者出焉。或曰儋即老子,或曰非也,世莫知其然否。"此百餘言,乃後人記識之語,混入本文者。他不必論,"世莫知其然否"六字,即一望而知其非西漢人文義矣。古書爲魏、晉後信道教者竄亂亦頗多。《史記·自序》,載其父談《論六家要指》,末曰:"凡人所生者神也,所托者形也。神大用則竭,形大勞則敝,形神離則死。死者不可復生,離者不可復反,故聖人重之。由是觀之:神者,生之本也;形者,生之具也;不先定其神,而曰:我有以治天下,何由哉?"與上文全不相涉,亦信神仙者記識之語,混入本文者也。

《史記》云:老子著書五千餘言,與今書字數大略相合。此書古代即多引用闡發之者,其辭句皆略與今本同,近人楊樹達輯《老子古義》一書,極可看。可知今書必多存舊面目。故老子之行事,可徵者甚鮮,而其書則甚可信也。

老子之宇宙觀,與自古相傳之説同。以宇宙之根原,爲一種動力。故曰:"谷神不死,是謂玄牝。玄牝之門,是謂天地根。綿綿若存,用之不勤。"谷者,空虛之義。神即指動力言之。不死,猶言不息。玄者,深遠之義。牝者,物之所由生。言幽深玄遠之境,實爲天地之所自出也。其力不息,而人不能覺,故曰:"綿綿若存,用之不勤。"又曰:"道可道,非常道。名可名,非常名,無名天地之始,有名萬物之母。故常無欲以觀其妙,常有欲以觀其徼。此兩者同出而異名。同謂之玄,玄之又玄,衆妙之門。"常同尚,古假爲上字。名之爲物,因形而立。《管子・心術》:"以其形,因爲之名。"又曰:"凡物載名而來,聖人因而裁之。"宇宙開闢,物各有其特異之形,乃可錫以特異之名。若其初,則惟是一氣而已。氣無異形,則亦無異名。故曰"名可名非上名","無名天地之始,有名萬物之母"也。物之生皆依於道。如天地之生萬物,人之生子是。然此已非其朔。語其朔,則必未有天地之時,生天地之道,乃足以當之,故曰"道可道,非上道"也。欲爲谷之借字,爲空隙之義。下文云:"常無欲可名於小。"言最初惟有構成萬物之原質,而無萬物;此構成萬物之原質,即最小之分子,更不可分,故無空隙。無空隙,則可名之曰小矣。於曰同字。"常無欲以觀其妙"同意。妙當作"眇",即今"渺"字。言最初惟有分子,而無萬物之時,可以見宇宙之微眇也。徼爲皦之假字。本書曰:"其上不昧,其下不皦。"皦對昧言,乃明白之義。言分子既集合而成萬物,則其形明白可見也。有形天地萬物。無形構成天地萬物之原質。同出一境,此境則謂之玄。言極幽深玄遠。此幽深玄遠之境,實爲構造天地萬物之微細之原質所自出,故曰"衆妙之門"也。說皆古代哲學通常之義,本亦無甚難解。特其辭義甚古,後世神仙之家皆自托於老子,又利其然而肆行附會,遂至如涂涂附耳。今故不避其繁而詳釋之。

　　老子推原宇宙,極於一種不可知之動力;又認此動力之方嚮爲循環,因之得禍福倚伏,知雄守雌之義,已見前節。此爲道家通常之義,無俟縷陳。至其社會及政治思想,則湮晦數千年,有不得不亟爲闡發者。

　　老子之所慨想者,亦爲農業共産之小社會。與孔子所謂大同者,正係同物。所謂"小國寡民。使有什伯之器而不用。使民重死而不遠徙。雖有舟輿,無所乘之;雖有甲兵,無所陳之。使民復結繩而用之"也。夫日食大牢者,不可使之復茹其粟。今乃欲使已經進化之社會,逆行而復返於榛狉之境,此論者所以疑道家之說爲不可行也。而不知此殊非道家之意。蓋物質文明之進步,與社會組織之複雜,純係兩事,其間並無因果關係。不幸此世界上,現存而昌盛之社會,此兩者之進行,偶爾相偕。其有不然者,則其社會或已覆亡,或尚滯於野蠻之境,世遂謂兩者必相平行。其實物質文明之進步,乃人類知識之進步有以致之,與其社會組織之墮落,了無干涉。嚮使人類社會,永無階級之分,一守其大同之世,"不獨親其親,不獨子其子;貨惡其棄於地,不必藏於己;力惡其不出於身,不必爲己"之舊,其知識亦未必不進步;知識進步,其制馭天然之力,亦未有不隨之而進步者。且社會組織安和,則無阻礙進步,及毀壞已成之功之事,其進步必更一日千里,遠勝於今。雖事無可徵,而理實可信。彼謂學問技術之進步,皆以人類自利之心爲之基,實爲最謬之語。① 近世進步之速,乃由有已發明之科學爲之基。利學肇興之始,果愛好真理爲之乎?抑亦有如今日,懸賞以獎勵發明者致之也?且人類之有發明,數十萬年矣;私產制度之行,則數千年耳。古人之所發明,雖視今日爲拙;其進步,雖較近世爲遲;然其性質則無以異。私產未興之世,又有何私利以鼓動之邪?故知此等,全係習於社會之病態,而忘其健康時之情形之說也。知此,乃可以讀道家之書。

道家之所攻擊者,全在社會組織之不合理,而不在物質之進步。然其言一若攻擊物質文明者,則以物質之進步,與社會之墮落平行。物質實在不合理之社會中進化,凡所創造,皆以供少數人之淫佚,讀《淮南子·本經訓》可見。社會雖因物質之進步而蒙福,亦因淫佚之增加而受禍,故大聲疾呼而攻擊之。設使物質之進步,皆以供大多數人之用,道家必不攻擊之矣。此猶今日極守舊之人,仍有以機器爲奇技淫巧,而欲閉關絕市者。其見解固甚頑陋,然亦因此等物,實隨外力之侵略而俱來,故有此憤激不平之念。設使西人之來,與我和親康樂,

---

① 編者按:作者於此處有眉批云:還有許多發明是偶然的,並非實驗室中實驗出來的。

日以利民之物，供我之用，吾敢決全國無一人排斥之也。今者欲閉關絕市，盡去守舊之徒之所謂奇技淫巧者，誠不可得。然謂現代之文明，必與帝國主義相附；現代之文明不毀滅，即帝國主義終不可去，有是理乎？細讀道家之書，自見其所攻擊者，皆爲社會之病態，無一語及於物質文明，欲毀壞之，而使社會復返於榛狉之境者。孟子曰："說《詩》者，不以文害詞，不以詞害意；以意逆志，是爲得之。"豈惟說《詩》，讀一切古書，皆當如是矣。

　　古代民權不發達，一國之事，恆操於少數貴族之手。此少數貴族，則惟務剝民以自利，以遂其淫佚之欲。甚至爭城爭地；或眩惑於珠玉重器，糜爛其民而戰之。民固深被其殃，彼亦未嘗不還受其禍。古代之亡國敗家，由此者蓋不少也。詳見拙撰《大同釋義》第五篇。故老子深戒之。曰："五色令人目盲；五音令人耳聾；五味令人口爽；馳騁田獵，令人心發狂；難得之貨，令人行妨。"又曰："甚愛者必大費，多藏者必厚亡。"又曰："以道佐人主者，不以兵强天下。其事好還。師之所處，荊棘生焉。大兵之後，必有凶年。"又曰："夫佳兵者。兵者不祥之器，物或惡之，故有道者不處。"

　　古所謂大同郅治之世，其民初無階級之分，故其利害不相衝突。利害不相衝突，則無相賊害之事。人既不相賊害，自不必有治之之法律，並不必有教之之訓條矣。道德此非老子書所謂道德，乃今日通常所用之道德字也。法律，其爲物雖殊，其爲既有惡之後，乃教人去之，而使之從事於所謂善，則一也。然則既有道德法律，其社會，即非純善之社會矣。故曰："天下皆知美之爲美，斯惡矣。皆知善之爲善，斯不善矣。"又曰："失道而後德，失德而後仁，失仁而後義，失義而後禮。夫禮者，忠信之薄而亂之首。"又曰"大道廢，有仁義；慧知出，有大僞；六親不和，有孝慈；國家昏亂，有忠臣"也。隨社會之變亂，而日出其法以治之，此猶治病者日事對證療法，而不爲根本之圖。治法愈繁，其去健康愈遠。則何如盡棄現在之法，而別爲治本之計乎？故曰："絕聖棄知，民利百倍。絕仁棄義，民復孝慈。絕巧棄利，盜賊無有。"此所謂聖知者,非明於事理之聖知,乃隨社會病態之變幻,而日出其對證療法以治之之聖知。然則所謂孝慈者,亦非真父子相愛之孝慈,乃父子相夷,而禁之使不得然之孝慈;所謂巧者,非供民用之械器;所謂利者,非厚民生之物品;乃專供少數人淫侈之物,使民艷之而不能得,而因以引起其爭奪之心者耳。老子又曰:"民之饑,以其上食稅之多;言有奢侈者,則使人相形之下,自覺其貧乏。民之難治,以其上之有爲;言以權力伏人,即不啻教人知有權力,而其人亦將用權力以相抗。民之輕死,以其奉生之厚。"言輕死者,皆因迫於貧乏,而其自覺貧乏,正因其生活程度之高。謂此也。所謂絕聖棄知,自非爭訟未息,而先去法庭,盜賊徧野,而先去軍警。然徒恃軍警及法庭,終不可謂治之至,而必別有其根本之圖,則其義皎然矣。《老子》曰:"化而欲作,吾將鎮之以無名之樸。無名之樸,此上疑奪"鎮之以"三字。夫彼也。亦將無欲。不欲以靜,天下將自定。"此語看似迂闊,然設使今日之豪富,能盡革其淫侈之習;有權力者,能盡棄其權力,而一與凡民同,民果尚有欲乎?民皆無欲,天下尚有不定者乎?此義誠非旦夕可行,然語夫治之至,則捨此固莫屬也。

　　人心之險惡,既因社會組織之墮落而然,非因物質文明之進步而至,則知《老子》所謂"古之善爲道者,非以明民,將以愚之",絕不足怪。何則?人對於天然之知識,及其克服天然之能力,雖日有增加,斷不至因此而相欺相賊。至於詐愚之智,侵怯之勇,則本乃社會之病態;此猶病者之神經過敏,本須使之鎮靜,乃能復於康健也。故謂道家欲毀棄物質文明,或謂道家欲閉塞人民之知識,皆全失道家之意者也。

第三節　莊　子

　　莊子之學,與老子相似而實不同。《天下》篇曰:"芴漠無形,變化無常。死與生與?天地并與?神明往與?芒乎何之?忽乎何適?萬物畢羅,莫足以歸。古之道術有在於是者,莊周聞其風而悅之。"此數語，最能道出莊子學術眞相。莊子之意：以爲天地萬物，皆一氣變化所成，其變化人無從預知之；故同在宇宙之中者，彼此亦不能相知。世之執其所見，自謂能知者，均屬妄說。執此妄說，而欲施諸天下，則紛擾起矣。故治天下之法，莫如泯是非。泯是非則不執成見，凡事皆當盡力考察，隨時變換辦法，以求適合，即今重客觀而戒恃主觀之說也。至於人之所以自處，則將來之禍福，既不可知，自莫如委心任運，聽其所之。心無適莫，則所謂禍者，即已根本無存矣。老子之主清虛，主卑弱，仍係爲應事起見，所談者多處事之術；莊周則意在破執，專談玄理，故曰其學相似而不同。然其宗旨，則究於老子爲近。故《史記》謂其"於學無所不窺，然其要本，歸於老子之言"；而《莊子》書中，稱頌老子之辭，亦最多也。

　　莊周，《漢志》云宋人。《史記》云"蒙人，嘗爲蒙漆園吏"。漢蒙縣故城，在今河南商丘縣東北，故宋境也。《漢志》云其書五十二篇，而今傳本只三十三篇。陸德明曰："《漢志》：《莊子》五十二篇，即司馬彪、孟氏所注是也。言多詭誕，或類占夢書，故注者以意去取。其《內篇》衆家並同。自餘或有《外》而無《雜》。惟郭子玄所注，特會莊生之旨，故爲世所貴。"郭注即今本也。其注實本於向秀，可看《四庫書目提要》。凡《內篇》七，《外篇》十五，《雜篇》十一。除《雜篇》中之《說劍》、《漁父》、《列御寇》三篇外，大抵精絕。蓋其雜者，已爲前人所刪矣。論者多獨重《內篇》，實未免以耳爲目也。

　　《莊子・天地》篇曰："泰初有無，無有無名。一之所起，有一而未形。物得以生謂之德。此言萬物之生，皆係分得大自然之一部分。未形者有分，且然無間謂之命。有分，言有彼此之分界。蓋物體同出於大自然。設無彼此之分界，則只渾然之一體，不能成其爲物也。且同祖，始也。然，成也。無間，即小之義。物之始成，其體極小，所謂萬物始於至微也。留《釋文》云"或作流"，當從之。動而生物，物成生理謂之形。形體保神，各有儀則謂之性。"此推原物之所自始也。《知北遊》曰："人之生，氣之聚也。聚則爲生，散則爲死。""朽腐復化爲神奇，神奇復化爲朽腐，故曰通天下一氣耳。"《寓言》曰："萬物皆種也,以不同形相禪。"此言物既成之後,仍變化不已也。故曰:"彼出於是,是亦因彼。"又曰:"方生方死,方死方生。"此等變化,莊子以爲即萬物所自爲,而非别有一人焉以司之。故《齊物論》篇,譬諸風之萬竅怒號,而曰"吹萬不同,而使其自己,咸其自取,怒者其誰"也。

設使世界而如宗教家之説,有一天神焉以主之,則其原因至簡,能知此天神,即能知世界之真相矣。若萬物之變化,其原因即在乎萬物,則以世界之廣大,現象之紛繁,徧觀盡識,勢有不能,又何從知變化之所自,而據以逆測其將來?故莊子之論世界,遂以爲不可知也。其説盡於《秋水》篇"量無窮,時無止,分無常,終始無故"四語。量無窮從空間言;時無止從時間言;分無常,言物之變化不定;此可爲彼;彼亦可以爲此,故其界限不立。終始無故,則言其因果之不可知也。

人不惟不能知世界也,亦彼此不能相知。以凡物所恃以爲知之官能不同,而其所處之境又不同也。《齊物論》:"齧缺問於王倪曰:子知物之所同是乎?曰:吾惡乎知之?曰:子知子之所不知邪?曰:吾惡乎知之?然則物無知邪?曰:吾惡乎知之?"即此理。

不惟彼此不能相知也,即己亦不能自知。以人之情緣境而異,而其所處之境,無從預知也。《齊物論》曰:"麗之姬,晉國之始得之也,涕泣沾襟。及其至於王所,與王同筐床,食芻豢,而後悔其始之泣也。"此與"夢飲酒者旦而哭泣,夢哭泣者旦而田獵"何異?"方其夢也,不知其夢也,夢之中又占其夢焉,覺而後知其夢也。且有大覺而後知此其大夢也。"故曰:"予惡乎知説生之非惑邪?予惡乎知惡死之非弱同"溺"。喪而不知歸者邪?"

人之有知,惟恃感覺,而感覺實不足恃,此世界之所以終不可知也。《天道》篇曰:"視而可見者,形與色也;聽而可聞者,名同聲也。悲夫!世人以形色名聲爲足以得彼之情!夫形色名聲,果不足以得彼之情,則知者不言,言者不知,而世豈識之哉?"謂此也。

即謂形色名聲,爲可以得物之情,亦惟能得其形跡,而合諸物而成之共相,不可知也。《則陽》篇曰:"少知問於大公調曰:何謂丘里之言？大公調曰：丘里者，合十姓百名而以爲風俗也。今指馬之百體而不得馬，而馬繫於前者，立其百體而謂之馬也。是故丘山積卑而爲高，江河合小而爲大，大人合併而爲公。萬物殊理，道不私，故無名。"理者分形，道者共相，合馬之百體，人能知爲馬；合殊理之萬物，人不能知爲道，以其一有形，一無形；一體小而繫於前，一則不能徧察也。

然則人之所謂知者，皆強執一見而自以爲是耳，所謂"隨其成心而師之"也。若去此成心，則已空洞無物。故曰"未成乎心而有是非，猶今日適越而昔至"，言其無是理也。名家之"今日適越而昔來"，別是一理，見後。此則隨俗爲解，以爲必無之義，蓋此本成語，名家反其意以顯名理，莊生則隨俗用之也。

是非既不可知，故辯論之勝負，全與是非無涉。《齊物論》曰："使我與若辯，若勝我，我不若勝，我果是也？我果非也邪？我勝若，若不我勝，我果是也？而果非也邪？""使同乎若者正之，既與若同矣，惡能正之？使同乎我者正之，既同乎我矣，惡能正之？使異乎我與若者正之，既異乎我與若矣，惡能正之？使同乎我與若者正之，既同乎我與若矣，惡能正之？"蓋世既無一人能真知他人，自無一人能判定他人之是非者，顧執一己之是非，而欲強天下以從我，無怪其徒滋紛擾也。然執一己之是非，以爲天下之公是非不可，而在一定標準之下，而曰：我之是非如是，則固無不可。所謂"彼亦一是非，此亦一是非"也。故曰："以道觀之，物無貴賤；以物觀之，自貴而相賤；以俗觀之，貴賤不在己。"《秋水》。

天下既無是非矣，復事學問何爲？曰：不然，摧邪所以顯正。莊生之齊是非，正以執一己之是非，以爲天下之公是非者，貽害甚烈，故欲辭而闢之耳。知一己之是非，不可以爲天下之公是非，則能隨順萬物，使萬物各得其所；而己之所以自處者，亦得其道矣。《秋水》篇：北海若語河伯以齊是非之旨。河伯詰之曰："然則何貴於道。"北海若曰："知道者必達於理，達於理者必明於權，明於權者不以物害己。""知道者必達於理"，謂明於原理，則能知事物之真相。"達於理者必明於權"，言能知事物之真相，則能知其處置之方也。解牛者"依乎天理","因其固然";《養生主》。養虎者"時其饑飽,達其怒心",《人間世》。正是此旨。《則陽》篇:"長梧封人謂子牢曰:君爲政焉勿鹵莽,治民焉勿滅裂。昔予爲禾,耕而鹵莽之,則其實亦鹵莽而報予;芸而滅裂之,則其實亦滅裂而報予。"强執一己之是非,而施諸天下,終必召鹵莽滅裂之報,正由其不知道,不明理,故不達權,以至於是也。

此皆莊周之治術也。至其自處之方,則在於順時而安命。蓋自然之力甚大,吾固無從與之抗;不能與抗,而强欲抗之,則徒自尋煩惱而已。《大宗師》曰:"夫藏舟於壑,藏山於澤,謂之固矣,然而夜半,有力者負之而走。"又曰:"父母於子,東西南北,惟命之從。陰陽於人,不翅於父母。彼近吾死,而我不聽,我則悍矣,彼何罪焉。"皆極言自然力之不可抗也。自然力既不可抗,則惟有委心任運,聽其所之。故曰:"達生之情者,不務生之所無以爲;達命之情者,不務知之所無奈何。"夫一切聽其自然,似不足避禍而得福者。然所謂禍福者,本非身外實有此境,乃吾心自以爲福,以爲禍耳。《庚桑楚》篇所謂:"寇莫大於陰陽無所逃於天地之間。非陰陽賊之,心則使之也。"心苟泯乎禍福之見,則禍已不待去而去,禍去即得福矣。故"安時而處順,哀樂不能入",爲莊周所謂養生之主。

執僞是非以爲眞是非,而遂至於禍天下者,可舉實事爲證。此原未必實事。然造作寓言者,必察社會之情形可有此事,而後從而造之。故寓言之作,雖謂與實事無別,亦無不可也。《則陽》篇曰:柏矩"之齊,見辜人焉,推而强之,解朝服而幕之,號天而哭之,曰:子乎!子乎!天下有大菑,子獨先離之。曰:莫爲盜,莫爲殺人。榮辱立,然後睹所病;貨財聚,然後睹所爭。今立人之所病,聚人之所爭,窮困人之身使無休時,欲無至此,得乎"?"匿爲物而愚不識,大爲難而罪不敢,重爲任而罰不勝,遠其途而誅不至。民知力竭,則以僞繼之。日出多僞,士民安取不僞?夫力不足則僞,知不足則欺,財不足則盜。盜竊之行,於誰責而可乎"?此節所言,見得世俗所謂功罪者,皆不足以爲功罪,而强執之以賞罰人,其冤酷遂至於此,此則齊是非之理,不可以不明審矣。《胠篋》篇曰:

"爲之斗斛以量之,則并與斗斛而竊之。爲之權衡以稱之,則并與權衡而竊之。爲之符璽以信之,則并與符璽而竊之。爲之仁義以矯之,則并與仁義而竊之。"尤爲説得痛快。蓋竊仁義之名,以行不仁不義之實,正惟不仁不義者而後能之。是則仁義之立,徒爲能行仁義者加一束縛,更爲不仁不義之人,資之利器耳。是以仁義爲藥,對治不仁不義之病,絲毫未能有效,且因藥而加病也。夫必世有不仁不義之事,而後仁義之説興;非仁義之説既興,而世乃有不仁不義之事。故謂立仁義之説者,導人以爲不仁不義,立仁義之説者,不任受怨也。然以仁義之名,對治不仁不義之病,只限於其説初立之一刹那頃。即尚未爲不仁不義者所竊之時。此一刹那頃既過,即仁義之弊已形,執之即轉足爲病。故曰:"仁義者,先王之蘧廬,可以一宿,而不可以久處也。"然世之知以仁義爲蘧廬者鮮矣。已陳舊之道德,古今中外之社會,殆無不執之以致禍者。此則莊生之所以瘏口嘵音,欲齊是非以明真是非也。

第四節　列　子

《漢志》有《列子》八篇。注曰:"名圄寇,先莊子,莊子稱之。"今本出於晉張湛。湛《序》謂其祖得之外家王氏,則王弼之徒也。此書詞旨,多平近不似先秦古書處。篇中屢及周穆王西遊事,皆與《山海經》、《穆天子傳》等相符。又有西極幻人之説,明係魏、晉後人語。《山海經》爲古方士之書,見第九章。其中又有漢以後人,以所知域外地理羼入者。《穆天子傳》亦此類。世多以其言地理與實際相合而信之,殊不知此正其僞造之據也。西極幻人,即漢世之黎軒眩人,見《漢書·西域傳》。此書爲湛所僞造,似無可疑。然必謂其絶無根據,則亦不然。今此書内容,與他古書重複者正多。汪繼培謂"原書散佚,後人依採諸子,而稍附益之",最爲得實。湛《序》云:"所明往往與佛經相參,大同歸於老、莊。屬辭引類,特於《莊子》相似。莊子、慎到、韓非、尸子、淮南子多稱其言。"即湛自道其依採附益之供狀也。

此書蓋佛教初輸入時之作。然作者於佛家宗旨，並未大明，故所言仍以同符老、莊者爲多，與《莊子》尤相類。《莊子》書頗難讀，此書辭意俱較明顯，以之作《莊子》參考書最好。徑認爲先秦古書固非，謂其徹底作僞，全不足觀，亦未是也。

魏、晉人注釋之哲學書，具存於今者有三：（一）王弼之《易注》，（二）郭象之《莊子注》，（三）即此書也。而此書尤易看，看此三種注，以考魏、晉人之哲學，亦良得也。

今此書凡八篇。第一篇《天瑞》，第五篇《湯問》，乃書中之宇宙論。言宇宙爲人所不能知，極端之懷疑論也。第二篇《黃帝》，言氣無彼我，彼我之分由形。不牽於情而任氣，則與物爲一，而物莫能害。第三篇《周穆王》，言真幻無異。第四篇《仲尼》，言人當忘情任理。此等人生觀，亦與《莊子》相同。其發揮機械論定命論最透徹者，爲《力命》、《說符》二篇，其理亦皆莊生書中所已有，特莊生言之，尚不如此之極端耳。古代哲學，方面甚多，而魏、晉獨於此一方面，發揮十分透徹，亦可知其頹廢思想之所由來也。《楊朱》一篇，下節論之。

第五節 楊　　朱

楊朱之事，散見先秦諸子者，大抵與其學說無涉，或則竟係寓言。惟《孟子》謂"楊子取爲我，拔一毛而利天下，不爲也"，當係楊朱學術真相。孟子常以之與墨子並辟，謂"楊朱、墨翟之言盈天下"；又謂"逃墨必歸於楊，逃楊必歸於儒"，則其學在當時極盛。今《列子》中有《楊朱》一篇，述楊子之說甚詳。此篇也，或信之，或疑之。信之者如胡適之，謂當時時勢，自可產生此種學說。疑之者如梁任公，謂周、秦之際，決無此等頹廢思想。予謂二說皆非也。楊朱之學，蓋仍原出道家。道家有養生之論，其本旨，實與儒家修齊治平，一以貫之之理相通。然推其極，遂至流於狹義之爲我與頹廢，所謂作始也簡，將畢也巨,此學問所以當謹末流之失也。

　　道家養生之論,《老子》已言之。如曰"貴以身爲天下,若可寄天下。愛以身爲天下,若可托天下"是也。若同乃。此語諸子之言養生者多引之。《莊子》之《繕性》、《讓王》,《呂覽》之《貴生》、《不二》,《淮南》之《精神》、《道應》、《詮言》諸篇,發揮此義最爲透徹。《讓王》篇曰:"堯以天下讓許由,許由不受。又讓於子州支父。子州支父曰:以我爲天子,猶之可也。雖然,我適有幽憂之病,方且治之,未暇治天下也。夫天下至重也,而不以害其生,又況他物乎? 唯無以天下爲者,可以托天下也。"天下至重,而不以害其生,則與楊子之拔一毛利天下不爲近矣,而顧曰可以托天下,何也? 道家之意,以爲人生於世,各有其所當由之道,即各有其所當處之位。人人能止乎其位,則無利於人,亦無害於人,而天下可以大治。若其不然,一出乎其所當處之位,則必侵及他人之位;人人互相侵,則天下必亂,固不問其侵之之意如何也。此亦道家所以齊是非之一理。惟如此,故謂仁義非人性,伯夷、盜跖,失性則均也。可參看《莊子·駢拇》《馬蹄》兩篇。道家之言治,所以貴反性命之情者以此。人人反其性命之情,則能各安其位矣。故道家之言養生,其意原欲以治天下。《執一》篇曰:"楚王問爲國於詹子。詹子對曰:何聞爲身,不聞爲國。詹子豈以國可無爲哉? 以爲爲國之本,在於爲身,身爲而家爲,家爲而國爲,國爲而天下爲。故曰:以身爲家,以家爲國,以國爲天下。此四者異位同本。故聖人之事,廣之則極宇宙,窮日月,約之則無出乎身者也。"可謂言之深切著明矣。天下國家,與身異位同本,理頗難明。《淮南·精神訓》論之最好。其說曰:"知其無所用,貪者能辭之;不知其無所用,廉者不能讓也。夫人主之所以殘亡其國家,捐棄其社稷,身死於人手,爲天下笑,未嘗非爲非欲也。夫仇由貪大鐘之賂而亡其國;虞君利垂、棘之璧而禽其身;獻公艷驪姬之美而亂四世;桓公甘易牙之和而不以時葬;胡王淫女樂之娛而亡土地。使此五君者,適情辭餘,以己爲度,不隨物而動,豈有此大患哉?"此從消極方面言之也,若從積極方面言之,則其說見於《詮言訓》。《詮言訓》曰:"原天命,治心術,理好憎,識情性,則治道通矣。原天命則不惑禍福。治心術則不妄喜怒。理好憎則不貪無用。適情性則欲不過節。不惑禍福,則動靜循理。不妄喜怒,則賞罰不阿。不貪無用,則不以欲用害性。欲不過節,則養性知足。凡此四者,弗求於外,弗假於人,反己而得矣。"
"適情辭餘,以性爲度",乃養生論之真諦。"原天命,治心術,理好憎,適情性",即所謂反其性命之情也,惟反其性命之情者,乃可以養生;亦惟反其性命之情者,乃能爲天下。故曰"惟無以天下爲者,可以托天下"也。世之不明此理者,每謂天下之治,有待人爲。殊不知如是,則吾已出乎其位,出位即致亂之原。雖一時或見其利,而將來終受其弊。故桀、紂之亂在目前,而堯、舜之亂,在千世之後。何則?古之人好爭,好爭則亂,於是以禮讓爲教。夫以禮讓治當時之亂則可矣;然講禮讓太過,其民必流於弱;中國今日,所以隱忍受侮,不能與外族競者,則禮讓之教,入人太深爲之也。然如德意志,承霸國之餘業,席累勝之遺烈,志欲并吞天下,囊括歐洲。終以過剛而折。夫其今日之摧折,則其前此之軍國主義之訓練爲之也;而其前此之盛强,則亦此故。凡出乎其位之事,雖得利於一時,未有不蒙禍於將來者。佛説世人所爲,"如以少水,而沃冰山,暫得融解,還增其厚",理正由此。今中國自傷其弱,而務求强,其將來,難保不爲從前之德意志;歐洲之人,經大戰之創痛,而思休養生息,其將來,又安保不爲今日之中國?然則謂中國今日之弱,乃前此之教禮讓者致之;德意志今日之摧折,乃前此之唱軍國民主義者致之,固無不可。即謂中國將來之失之過剛,仍係昔之教禮讓者貽之禍;歐洲將來之過弱,仍係前此唱競爭者種之因,亦無不可也。一事之失,輾轉受禍,至於如此;然則孰若人人各安其位,不思利人,亦不思利己之爲當哉?故《列子》載楊朱之言曰:"善治外者,物未必治;善治内者,物未必亂。以若之治外,其法可以暫行於一國,而未合於人心;以我之治内,可推之於天下。"又曰:"古之人,損一毫利天下,不與也;悉天下奉一身,不取也。人人不損一毫,人人不利天下,天下治矣。"夫人人不損一毫,則無堯、舜;人人不利天下,則無桀、紂；無桀、紂，則無當時之亂；無堯、舜，則無將來之弊矣。故曰天下治也。楊子爲我之説如此；以哲學論，亦可謂其深微妙；或以自私自利目之，則淺之乎測楊子矣。《淮南・氾論》篇曰："全性保真，不以物累形，楊子之所立也。"可見楊子爲我之義，出於道家之養生論。

　　然則楊朱之説，即萬物各當其位之説，原與儒家相通。然所謂位者，至難言也。以人人論，則甲所處之位，非乙所處之位；以一人論，則今所處之位，非昔所處之位。以位之萬有不同，所謂當其位者，亦初無一定形跡。"禹、稷、顏子，易地則皆然"，"窮則獨善其身，達則兼善天下"，皆是理也。然則處乎君師之位者，即以一夫不獲爲予辜，亦不爲出其位；遭值大亂之時，又懷救世之志者，即如孔子之周遊列國，亦不爲出其位。若但執七尺之軀爲我，以利此七尺之軀爲我，而執此爲當處之位，則謬矣。然智過其師，乃能傳法。此一種學説，推行既廣，必不能無誤解其宗旨之人。此楊氏之末流，所以流於無君，而孟子所以辟之也。然則如《楊朱》篇所載之頹廢思想，乃楊學之末流，固非楊子之咎，而亦不得謂楊氏之徒無此失也。《列子》固係僞書，其所謂《楊朱》篇者，亦或不可信。然《莊子・盜跖》篇，設爲盜跖告孔子之辭曰："今吾告子以人之情，目欲視色，耳欲聽聲，口欲察味，志氣欲盈。人上壽百歲，中壽八十，下壽六十；除病瘦"瘦"之誤。瘦即瘠，瘠，病也。死喪憂患，其中開口而笑者，一月之中，不過四五日而已矣。天與地無窮，人死者有時，操有時之具，而託於無窮之間，忽然無異騏驥之馳過隙也。不能説其志意，養其壽命者，皆非通道者也。丘之所言，皆吾之所棄也。亟去走歸，毋復言之。子之道，狂狂汲汲，詐巧虛僞事也，非所以全真也，奚足論哉！"與《列子・楊朱》篇所謂"徒失當年之至樂，不能自肆於一時，重囚累梏，何以異哉"、"生則堯舜，死則腐骨；生則桀紂，死則腐骨。腐骨一矣，孰知其異？且趣當生，奚皇死後"者，又何以異？跖之言曰："不能説其志意，養其壽命者，皆非通道。"又曰："子之道，非所以全真。"皆可見其所持，爲道家養生論之流失也。《列子》此篇，蓋真僞參半。蓋鈔取先秦古籍，而又以己意潤飾之者耳。

第六節　管子　鶡冠子

《管子》,《漢志》隸之道家,《隋志》隸之法家,然實成於無意中之雜家也。書中道法家言誠精絕,然關涉他家處尤多。如《幼官》、《幼官圖》、《四時》、《五行》、《輕重》已爲陰陽家言;《七法》、《兵法》、《地圖》、《參患》、《制分》、《九變》爲兵家言;《霸言》爲縱橫家言;《地員》爲農家言是也。諸家之書,所傳皆少,存於此書中者,或轉較其當家之書爲精;即以道法家言論,亦理精文古,與老、莊、商、韓,各不相掩,眞先秦諸子中之瑰寶也。

孟子斥公孫丑曰:"子誠齊人也,知管仲、晏子而已矣。"管、晏之功烈,齊人蓋稱道弗衰。凡有傳説,一以傅之,而學者亦自托於此以爲重,勢也。晏子之書,傳於今者,有《晏子春秋》,大抵記晏子行事。《管子》記行事者有大、中、小《匡》、《霸形》、《小稱》、《四稱》諸篇。中、小《匡》及《立政》、《乘馬》、《問》、《入國》、《度地》諸篇,又多記治制。蓋較晏子書尤恢廓矣。制度果出管子與否,誠難質言,然必不容憑空虛構,霸國之遺烈,固因之而可考矣。《輕重》諸篇,予疑爲農家言,別於論農家時述之。此説確否,予亦未敢自信。然輕重之説,諸家皆不道,惟《管子》書爲特詳,則亦其書之所以可貴也。

《漢志》有《鶡冠子》一篇,注曰:"楚人,居深山,以鶡爲冠。"今本凡三卷,十九篇。有宋陸佃注。《四庫提要》曰:"佃《序》謂韓愈讀此稱十六篇,未睹其全。佃,北宋人,其時古本《韓文》初出,當得其眞。今本《韓文》乃亦作十九篇,殆後來反據此書以改韓集。"王闓運曰:"道家《鶡冠子》一篇,縱橫家《龐煖》二篇。《隋志》道家有《鶡冠》三卷,無《龐煖》書,而篇卷適相合,隋以前誤合之。"今案此書,第七、第八、第九、第十四、第十五諸篇,皆龐子問而鶡冠子答。第十六篇,趙悼襄王問於龐煖。十九篇,趙武靈王問於龐煖。蓋龐子趙將,而鶡冠子則龐子之師，此其所以誤合也。此書義精文古，決非後世所能偽爲，全書多道、法二家言，又涉明堂陰陽之論，第六、第八、第十、第十七諸篇。與《管子》最相似。第九篇言治法，尤與《管子》大同。蓋九流之學，流異源同，故荆楚學者之言，與齊托諸仲父之書相類也。

第七節　其餘諸家

道家之學，其書具存於今者，略如上述。外此諸家，則書已不存，僅能於他家書中，見其大略矣。

《莊子·天下》篇，以彭蒙、田駢、慎到三人爲一派，謂其"齊萬物以爲首"，"知萬物皆有所可，有所不可，故曰：選則不徧，敎則不至，道則無遺者矣"。"是故慎到棄知去己，而緣不得已。泠汰於物，以爲道理"。郭注："泠汰，猶聽放也。""不師知慮，不知前後。推而後行，曳而後往。夫無知之物，無建己之患，無用知之累，動靜不離於理，是以終身無譽。故曰：至於若無知之物而已，無用賢聖"。"豪傑相與笑之曰：慎到之道，非生人之行，而至死人之理，適得怪焉。田駢亦然，學於彭蒙，得不敎焉"。蓋即"敎則不至"之敎。高誘《呂覽》注，亦謂"田駢齊生死，等古今"，則此三人學說，實與今莊生書所載者相近。《史記·孟荀列傳》曰："慎到，趙人。田駢、接子，齊人。環淵，楚人。皆學黃、老道德之術，因發明序其指意。故慎到著十二篇，環淵著上、下篇，而田駢接子，皆有所論焉"。《漢志》亦有《田子》二十五篇，《捷子》二篇，即接子。《蜎子》十三篇，即環淵。皆亡。而《慎子》四十二篇，在法家。今存者五篇，多法家言。

《史記》謂老子著書，出於關尹之慫恿。《漢志》有《關尹子》九篇。注曰："名喜，爲關吏。老子過關，喜去吏而從之。"《莊子·天下》篇，亦以二人列爲一派，則其學之相近可知。今之《關尹子》，多闡佛理，又雜以陰陽之説。並有龍虎、嬰兒、蕊女、金樓、絳宮、寶鼎、紅爐等名，蓋融合後世之道家言及佛説而成者。其文亦似佛經，全不類先秦古書。凡作僞書,無如此不求似者。蓋其意非欲僞古,真是借題古書之名,使人易於寓目耳。

道家僞書,又有《鬻子》。案《漢志》,道家有《鬻子》二十二篇,注曰:"名熊,爲周師。自文王以下問焉。周封,爲楚祖。"小説家又有《鬻子》説十九篇,注曰:"後世所加。"《隋志》:道家,《鬻子》一卷,小説家無。《舊唐志》,小説家有,道家無。《新唐志》同《隋志》。今本凡十四篇,卷首載唐永徽四年華州縣尉逄行珪進表。各篇標題,皆冗贅不可解。又每篇皆寥寥數語,絶無精義。《列子》之《天瑞》、《黄帝》、《力命》三篇,各載《鬻子》之言一條。《賈子‧修政下》,亦載文王等問於鬻子事七章,此書皆未採及,僞書之極劣者也。

《漢志》:《文子》九篇。注:"老子弟子,與孔子並時,而稱周平王問,似依托者也。"今本《文子》,多襲《淮南》,亦取《莊子》、《吕覽》,多淺鄙之言。引《老子》處,尤多誤解,決爲後世僞書,又非《漢志》所謂依托者矣。

此外諸家,或名氏僅見他書,學術宗旨,更無可考,今皆略之。

第二章 儒　家

第一節　總　論

《漢志》云："儒家者流,蓋出於司徒之官,助人君順陰陽明教化者也。"《淮南・要略》云："周公繼文王之業,持天子之政,以股肱周室,輔翼成王。懼爭道之不塞,臣下之危上也。故縱馬華山,放牛桃林,敗鼓折枹,搢笏而朝,以寧静王室,鎮撫諸侯。成王既壯,能從政事,周公受封於魯,以此移風易俗。孔子修成、康之道,述周公之訓,以教七十子,使服其衣冠,修其篇籍,故儒者之學生焉。"今觀儒家之書,大抵推崇教化,稱引周典,《淮南子》及班《志》之語,誠爲不誣。然《中庸》言："仲尼祖述堯、舜,憲章文、武;上律天時,下襲水土。"自此迄於篇末,舊注皆以爲稱頌孔子之辭。孟子曰："自有生民以來,未有孔子也。"又引宰予之言曰："以予觀於夫子,賢於堯、舜遠矣。"《公孫丑上》。皆以爲德參天地,道冠古今。《論語》載孔子之言曰："周監於二代,鬱鬱乎文哉!吾從周。"《八佾》。然又載其答顏淵爲邦之問曰："行夏之時,乘殷之輅,服周之冕,樂則韶舞。"《衛靈公》。其治法實兼採四代。"服周之冕",爲凡尚文之事示之例,即《論語》從周之義。乘殷之輅,爲凡尚質之事引其端,則《春秋》變周之文從殷之質之義。知從周僅孔門治法之一端;孔子之道,斷非周公所能該矣。案儒之爲言柔也。漢人多以儒墨並稱,亦以儒俠對舉。竊意封建之壞,其上流社會,自分爲二,性寬柔若世爲文吏者則爲儒,性強毅若世爲戰士者則爲俠,孔因儒以設教，墨藉俠以行道。儒者之徒，必夙有其所誦習之義，服行之道，孔子亦因而仍之。此凡孔子之徒所共聞，然初非其至者。孔子之道之高者，則非凡儒者所與知。故弟子三千，達者不過七十；而性與天道，雖高弟如子貢，猶嘆其不得聞也。《論語·公冶長》。然孔子當日，既未嘗自別於儒，而儒家亦皆尊師孔子，則論學術流別，固不得不謂爲儒家。《漢志》別六藝於諸子之外，實非也。今述孔子，仍列諸儒家之首。

第二節 孔　子

孔子之道，具於六經。六經者，《詩》、《書》、《禮》、《樂》、《易》、《春秋》也。以設教言，則謂之六藝。以其書言，則謂之六經。《詩》、《書》、《禮》、《樂》者，大學設教之舊科。儒家偏重教化，故亦以是爲教，《易》與《春秋》，則言性與天道，非凡及門所得聞，尤孔門精義所在也。參看"附錄一"《六藝》。

六經皆先王舊典，而孔子因以設教，則又別有其義。漢儒之重六經，皆以其爲孔子所傳，微言大義所在，非以其爲古代之典籍也。西京末造，古文之學興，輕微言大義而重考古，乃謂六經爲伏羲、堯、舜、禹、湯、文、武、周公之傳，別六藝於儒家之外，而經學一變，而儒家之學，亦一變矣。參看"附錄二"《經傳說記》。今古文之是非，今亦不欲多論。然欲知孔子之道，則非取今文學家言不可。不然，六經皆破碎之古書，讀之將了無所得，正不獨《春秋》有斷爛朝報之譏矣。今試就六經略敷陳其大義如下：

今文《詩》有魯、齊、韓三家。今惟韓詩尚存《外傳》，餘皆亡。《外傳》及《詩》之本義者甚少。然今所傳《詩序》，雖爲《古文》家言，而《大序》總説詩義處，實取諸三家。魏源説，見《詩古微》。節取其辭，實可見《詩》之大義也。案《詩》分風、雅、頌三體。《詩大序》曰："《風》，風也，教也。風以動之，教以化之。""上以風化下，下以風刺上，主文而譎諫，言之者無罪，聞之者足以戒。故曰《風》。至於王道衰，禮義廢，政教失，國異政，家殊俗，而變風、變雅作矣。國史明乎得失之跡。傷人倫之廢，哀刑政之苛，吟咏情性以風其上，達於事變而懷其舊俗者也。故變風，發乎情，止乎禮義。發乎情，民之性也。止乎禮義，先王之澤也。是以一國之事，係一人之本，謂之《風》。言天下之事，形四方之風。謂之《雅》。雅者，政也。政有小大，故有小雅焉，有大雅焉。《頌》者，美盛德之形容，以其成功告於神明者也。"其釋風、雅、頌之義如此。《王制》：天子巡狩，"命大師陳詩，以觀民風"。《公羊》何注曰："五穀畢入，民皆居宅。""男女有所怨恨，相從而歌。飢者歌其食，勞者歌其事。男年六十，女年五十無子者，官衣食之，使之民間求詩。鄉移於邑，邑移於國，國以聞於天子。故王者不出牖戶，盡知天下所苦；不下堂而知四方。"宣公十五年。蓋古之詩，非如後世文人學士所為，皆思婦勞人，鬱結於中，脫口而出。故聞其辭可以知其意，因以知風俗之善惡，政教之得失焉。詩與政治之關係如此。至其關係身心，亦有可得而言者。陳氏澧《東塾讀書記》曰：《漢書·藝文志》云：齊、韓詩或取《春秋》，採雜說，咸非其本義。今本《韓詩外傳》，有元至正十五年錢惟善序云：斷章取義，有合於孔門商賜言詩之旨。案此指《論語》"貧而無諂"、"巧笑倩兮"兩章。見《學而》、《八佾》篇。澧案孟子云：憂心悄悄，慍於群小，孔子也，案見《盡心下》篇。亦外傳之體。《禮記》中《坊記》、《中庸》、《表記》、《緇衣》、《大學》引《詩》者，尤多似《外傳》。蓋孔門學《詩》者皆如此。其於《詩》義，洽熟於心，凡讀古書，論古人古事，皆與《詩》義相觸發，非後儒所能及。案讀古書論古人古事如此，則其觸發於身所涉歷之際者可知。蓋《詩》為文學，故其感人之力最偉，而有以移易其情性於不自知之間也。子曰："《詩》三百，一言以蔽之，曰思無邪。"《論語·為政》。又曰："詩可以興，可以觀，可以群，可以怨。邇之事父，遠之事君。"同上《陽貨》。又曰："不學《詩》，無以言。"同上《季氏》。又曰："誦《詩》三百，授之以政，不達；使於四方，不能專對。雖多，亦奚以為？"同上《子路》。《詩》與身心之關係如此。

《書》之大義,讀《孟子·萬章上》篇,可以見其一端。此篇載萬章之問曰:"堯以天下與舜,有諸?"孟子曰:"否。天子不能以天下與人。""然則舜有天下也,孰與之?"曰:"天與之。"又問曰:"人有言:至於禹而德衰,不傳於賢而傳於子。有諸?"孟子曰:"否,不然也。天與賢,則與賢;天與子,則與子。"而所謂天者,仍以朝覲訟獄謳歌之所歸爲徵驗,而引《泰誓》"天視自我民視,天聽自我民聽"之言以明之。蓋立君所以爲民,一人不容肆於民上之義,實賴孟子而大昌。數千年來,專制淫威,受其限制不少,豈徒功不在禹下而已。然此非孟子之言,乃孔門《書》説也。何以知其然?以孟子之言,皆與《尚書大傳》及《史記·五帝本紀》同。伏生固《尚書》大師,馬遷亦從孔安國問故者也。《漢書·儒林傳》:"兒寬初見武帝,語經學。上曰:吾始以《尚書》爲樸學,弗好。及聞寬説,可觀。乃從寬問一篇。"可知《書》之大義,存於口説者多矣。

《禮經》十七篇,今稱《儀禮》。以古文學家以《周官經》爲大綱,以此書爲細目故也。其實《周官經》乃政典,與此書之性質,絶不相同。《唐六典》、《明清會典》,乃周官經之類。《開元禮》、《政和五禮》、《清通禮》,則儀禮之類。特多詳王禮,非復如《禮經》爲天下之達禮耳。禮者,因人之情而爲之節文,乃生活之法式。惟有禮,然後"富不足以驕,貧不至於約"。《禮記·坊記》。非如後世,但有權力,有財產,便可無所不爲也。今人多以禮爲鄰於壓制,殊不知"禮之所尊,尊其義也"。《禮記·郊特牲》。條文節目,本當隨時變更,故曰:"禮,時爲大。"《禮記·禮運》。後人執古禮之形式,以爲天經地義,而禮乃爲斯民之桎梏;逆人情而強行,非復因人情而爲之節文矣。此誠爲無謂,抑且有弊。然要不得因此并禮之原理而亦排擯之也。《禮經》十七篇,用諸喪、祭、射、鄉、冠、昏、朝、聘,説見邵氏懿辰《禮經通論》。實爲天下之達禮。蓋孔子因舊禮所修。其義則皆見於其傳,如《禮記》之冠昏、鄉射、燕聘諸義是,其言皆極粹美也。

《樂》無經,其義具見於《禮記》之《樂記》。此篇合十一篇而成,見疏。《吕覽·仲夏紀》與之略同。蓋儒家相傳舊籍也。讀之,可見樂以化民，及以禮樂陶淑身心之旨。

《易》與《春秋》，爲孔門最高之學。《易緯·乾鑿度》曰："易一名而含三義，所謂易也，變易也，不易也。"又云："易者其德也。光明四通，簡易立節。天以爛明。此下疑奪一句。日月星辰，布設張列。通精無門，藏神無穴。不煩不擾，澹泊不失。""變易者其氣也。天地不變，不能通氣。""不易者其位也。天在上，地在下。"鄭玄依此義，作《易贊》及《易論》云："《易》一名而含三義：易簡一也，變易二也，不易三也。"《周易正義·八論》論《易》之三名。案變易，謂宇宙現象，無一非變動不居。所以戒執一而有窮變通久之義。不易則從至變之中，籀得其不變之則。故致治之道，雖貴因時制宜，而仍有其不得與民變革者，所謂有改制之名，無改道之實；而亦彰往所以能知來，所由百世以俟聖人而不惑也。簡易者，謂極複雜之現象，統馭於極簡單之原理。莫或爲之，曾不差忒。此則治法所以貴因任自然，而賤有爲之法也。此爲孔門哲學之根本。其他悉自此推演而出，亦皆可歸納於此。

《易》與《春秋》相表裏。《易》籀繹人事，求其原於天道。《春秋》則根據天道，以定人事設施之準。所謂"《易》本隱以之顯，《春秋》推見至隱"也。《春秋》之大義，在張三世，通三統。通三統者，言治法有忠質文之遞嬗。故王者當封先代二王之後以大國，使服其服，行其禮樂，以保存其治法。待本朝治法之弊，而取用焉。其說見於《春秋繁露·三代改制質文》篇。《史記·高祖本紀贊》曰："夏之政忠。忠之敝，小人以野，故殷人承之以敬。敬之敝，小人以鬼，故周人承之以文。文之敝，小人以僿，故救僿莫若以忠。三王之道若循環，終而復始。"即此義也。張三世者，《春秋》二百四十年，分爲三世：始曰據亂，繼曰升平，終曰太平。據亂之世，內其國而外諸夏。升平之世，內諸夏而外夷狄。太平之世，遠近大小若一。《春秋》所言治法，分此三等，蓋欲依次將合理之治，推之至於全世界也。《易》與《春秋》皆首元。何君《公羊解詁》曰："《春秋》變一爲元。元者，氣也。無形以起，有形以分。造起天地，天地之始也。""《春秋》以元之氣，正天之端；以天之端，正王之政；以王之政，正諸侯之即位；以諸侯之即位，正竟内之治。"此謂治天下當根據最高之原理，而率循之，以推行之，至乎其極也。

然則何者爲孔子之所謂郅治乎？讀《禮運》一篇，則知孔子之所慨想者，在於大同。而其行之之序，則欲先恢復小康，故其於政治，主尊君而抑臣。尊君抑臣，非主張君主專制。以是時貴族權大，陵虐小民者皆此輩，尊君抑臣，政出一孔，正所以使小民獲蘇息也。其於人民，主先富而後教。見《論語・子路》"子適衛"章。孔子未嘗言井田。然觀其先富後教之説，則知孟子言先制民之產，而後設爲庠序學校以教之，其説亦出孔子。教民之具，以禮樂爲最重。以其能感化人心，範其行爲，而納諸軌物；非徒恃刑驅勢迫，使之有所畏而不敢不然也。此蓋其出於司徒之官之本色。

孔子之言治，大略如此，至其立身之道，則最高者爲中庸。蓋無論何時何地，恆有一點，爲人之所當率循；而亦惟此一點，爲人之所當率循；稍過不及焉，即非是。所謂"差之毫厘，謬以千里"也。修己治人，事雖殊而理則一。修己者，不外隨時隨地，求得其當守之一點而謹守之。所謂"擇乎中庸，拳拳服膺而勿失之"也。治天下之道，亦不外乎使萬物各當其位。能使萬物各當其位，而後我之所以爲我者，乃可謂毫髮無遺憾。以人之生，本有將世界之事，措置至無一不善之責任，所謂"宇宙間事，皆吾性分内事"也。陸象山之言。故曰"能盡其性，則能盡人之性；能盡人之性，則能盡物之性；能盡物之性，則可以贊天地之化育；可以贊天地之化育，則可以與天地參"也。此以行爲言。若以知識言，則重在發見真理。真理謂之誠，所謂"誠者天之道，思誠者人之道"也。以上皆引《中庸》。孟子曰："萬物皆備於我矣，反身而誠，樂莫大焉。"即此理。《盡心上》。

中庸之道，幬天際地，而其行之則至簡易，所謂"君子素其位而行，不願乎其外"也。"素富貴，行乎富貴；素貧賤，行乎貧賤；素夷狄，行乎夷狄；素患難，行乎患難；君子無入而不自得焉。在上位不陵下，在下位不援上，正己而不求於人，則無怨。上不怨天，下不尤人。故

君子居易以俟命,小人行險以儌幸"。此以處己言也。以待人言,其
道亦至簡易,絜矩而已矣。《大學》曰:"所惡於上,毋以使下;所惡於
下,毋以事上;所惡於前,毋以先後;所惡於後,毋以從前;所惡於右,
毋以交於左;所惡於左,毋以交於右;此之謂絜矩之道。"待人之道,反
求諸己而即得,此何等簡易乎?然而行之,則終身有不能盡者矣。
《中庸》曰:"子曰:君子之道四,丘未能一焉。所求乎子以事父,未能
也。所求乎臣以事君,未能也;所求乎弟以事兄,未能也;所求乎朋友
先施之,未能也。庸德之行,庸言之謹;有所不足,不敢不勉;有餘,不
敢盡。言顧行,行顧言。君子胡不慥慥爾。"終身行之而不能盡之道,
只在日用尋常之間,爲聖爲賢,至於毫髮無遺憾,舉不外此,所謂"極
高明而道中庸"也。孔子所以能以極平易之説,而範圍中國之人心者
數千年,以此。

孔子爲大教育家,亦爲大學問家。弟子三千,身通六藝者七十有
二,私人教育之盛,前此未有也。孔子每自稱"學不厭,教不倦",可見
其誨人之勤。又曰:"不憤不啓,不悱不發;舉一隅,不以三隅反,則不
復也。"亦可見其教學之善。《禮記·學記》一篇,所述雖多古代遺法,
亦必有孔門口説矣。孔子曰:"吾嘗終日不食,終夜不寢,以思,無益,
不如學也。"《論語·衛靈公》。又曰:"學而不思則罔,思而不學則殆。"《論
語·爲政》。可見其於理想及經驗,無所畸重。古書中屢稱孔子之博
學。《論語》載達巷黨人之言,亦曰:"大哉孔子,博學而無所成名。"《子
罕》。然孔子對曾參及子貢,兩稱"吾道一以貫之",《論語·里仁》、《衛靈
公》。即其明徵也。

孔子非今世所謂宗教家,然宗教家信仰及慰安之精神,孔子實饒
有之,其信天及安命是也。孔子之所謂天,即真理之謂。《論語·八佾》子
曰:"獲罪於天,無所禱也。"集注曰:"天即理也。"篤信真理而確守之,盡吾之力而
行之;其成與不,則聽諸天命焉。《論語·憲問》:子曰:"道之將行也與?命也。
道之將廢也與?命也。"雖極熱烈之宗教家,何以過此?

此外孔子行事,足資矜式者尚多,皆略見《論語》中,兹不贅述。

附録一 六 藝

六藝傳自儒家，而《七略》別之九流之外。吾昔篤信南海康氏之説，以爲此乃劉歆爲之。歆欲尊周公以奪孔子之席，乃爲此，以見儒家所得，亦不過先王之道之一端，則其所崇奉之《周官經》，其可信據，自在孔門所傳六藝之上矣。由今思之，殊不其然。《七略》之别六藝於九流，蓋亦有所本。所本惟何？曰：《詩》、《書》、《禮》、《樂》，本大學設教之舊科。遂古大學與明堂同物。《易》與《春秋》，雖非大學之所以教，其原亦出於明堂。儒家出於司徒。司徒者，主教之官，大學亦屬矣。故其設教，仍沿其爲官守時之舊也。

古有國學，有鄉學。國學初與明堂同物，詳見學制條。《王制》曰："樂正崇四術，立四教，順先王《詩》、《書》、《禮》、《樂》以造士。春秋教以《禮》、《樂》，冬夏教以《詩》、《書》。"《詩》、《書》、《禮》、《樂》，追原其朔，蓋與神教關係甚深。《禮》者，祀神之儀；《樂》所以娛神，《詩》即其歌辭；《書》則教中典册也。古所以尊師重道，"執醬而饋，執爵而酳"，"袒而割牲"，北面請益而弗臣，蓋亦以其教中尊宿之故。其後人事日重，信神之念日澹，所謂詩書禮樂，已不盡與神權有關。然四科之設，相沿如故，此則樂正之所以造士也。惟儒家亦然。《論語》："子所雅言，《詩》、《書》執《禮》。"《論語·述而》。言禮以該樂。又曰："興於《詩》，立於《禮》，成於《樂》。"《論語·泰伯》。專就品性言，不主知識，故不及《書》。子謂伯魚曰："學《詩》乎？""學《禮》乎？"《論語·季氏》。則不舉《書》，而又以《禮》該《樂》。雖皆偏舉之辭，要可互相鈎考，而知其設科一循大學之舊也。

《易》與《春秋》，大學蓋不以是設教。然其爲明堂中物，則亦信而有徵。《禮記·禮運》所言，蓋多王居明堂之禮。而曰："王前巫而後史，卜筮瞽侑，皆在左右。"《春秋》者，史職；《易》者，巫術之一也。孔子取是二書，蓋所以明天道與人事，非凡及門者所得聞。子貢曰："夫子之文章，可得而聞也。夫子之言性與天道，不可得而聞也。"《論語·公冶長》。文章者，《詩》、《書》、《禮》、《樂》之事；性與天道，則《易》道也。孔子之作《春秋》也，"筆則筆，削則削，子夏之徒，不能贊一辭"。《史記·孔子世家》。子夏之徒且不贊，況其下焉者乎？《孔子世家》曰："孔子以《詩》、《書》、《禮》、《樂》教，弟子蓋三千焉。身通六藝者，七十有二人。"此七十有二人者，蓋於《詩》、《書》、《禮》、《樂》之外，又兼通《易》與《春秋》者也。《孔子世家》曰："孔子晚而喜《易》。……讀《易》，韋編三絕。曰：假我數年，若是，我於《易》則彬彬矣。"與《論語·述而》"加我數年，五十以學《易》，可以無大過矣"合。疑五十而知天命，正在此時。孔子好《易》，尚在晚年，弟子之不能人人皆通，更無論矣。

"六藝"之名，昉見《禮記·經解》。《經解》曰："孔子曰，入其國，其教可知也。其為人也，溫柔敦厚，《詩》教也；疏通知遠，《書》教也；廣博易良，《樂》教也；絜靜精微，《易》教也；恭儉莊敬，《禮》教也；屬辭比事，《春秋》教也。故《詩》之失愚，《書》之失誣，《樂》之失奢，《易》之失賊，《禮》之失煩，《春秋》之失亂。"淮南子·泰族："《易》之失也卦。《書》之失也敷。《樂》之失也淫。《詩》之失也辟。《禮》之失也責。《春秋》之失也刺。"曰"其教"，則其原出於學可知也。《繁露·玉杯》曰："君子知在位者之不能以惡服人也，是故簡六藝以贍養之。《詩》、《書》序其志，《禮》、《樂》純其義，《易》、《春秋》明其知。"云"以贍養"、"在位"者，則其出於《大學》，又可知也。《繁露》又曰："六藝皆大，而各有所長。《詩》道志，故長於質。《禮》制節，故長於文。《樂》詠德，故長於風。《書》著功，故長於事。《易》本天地，故長於數。《春秋》正是非，故長於治人。"《史記·滑稽列傳》及《自序》，辭意略同。《滑稽列傳》曰："孔子曰：六藝於治一也。《禮》以節人，《樂》以發和，《書》以道事，《詩》以達意，《易》以神化，《春秋》以義。"《自序》曰："易著天地陰陽，四時五行，故長於變。《禮》經紀人倫，故長於行。《書》記先王之事，故長於政。《詩》記山川谿谷禽獸草木牝牡雌雄，故長於風。《樂》樂所以立，故長於和。《春秋》辨是非，故長於治人。是故《禮》以節人，《樂》以發和，《書》以道事，《詩》以達意，《易》以道化，《春秋》以道義。撥亂世反之正，莫近於《春秋》。"此孔門六藝之大義也。賈生《六術》及《道德說》，推原六德，本諸道德性神明命，尤可見大學以此設教之原。古代神教，固亦自有其哲學也。

"《易》本隱以之顯，《春秋》推見至隱"。二者相為表裏，故古人時亦偏舉。《荀子·勸學》曰:"學惡乎始?惡乎終?曰:其數則始乎誦經,終乎讀《禮》;其義則始乎爲士,終乎爲聖人,真積力久則入,學至乎沒而後止也。""故《書》者,政事之紀也。《詩》者,中聲之所止也。《禮》者,法之大分,類之綱紀也。故學至乎《禮》而止矣。夫是之謂道德之極。《禮》之敬文也,《樂》之中和也,《詩》、《書》之博也,《春秋》之微也,在天地之間者畢矣。"古人誦讀,皆主《詩》、《樂》。詳見《癸巳存稿·君子小人學道是弦歌義》。始乎誦經,終乎讀禮,乃以經該《詩》、《樂》,與《禮》並言,猶言興於《詩》,立於《禮》也。下文先以《詩》、《書》並言,亦以《詩》該《樂》。終又舉《春秋》,而云在天地之間者畢,可見《春秋》爲最高之道。不言《易》者,舉《春秋》而《易》該焉。猶《史記·自序》,六經並舉,側重《春秋》,非有所偏廢也。《孟子》一書,極尊崇《春秋》,而不及《易》,義亦如此。《荀子·儒效》:"《詩》言是其志也,《書》言是其事也,《禮》言是其行也,《樂》言是其和也,《春秋》言是其微也。"與賈子書《道德說》:"《書》者,此之著者也;《詩》者,此之志者也;《易》者,此之占者也;《春秋》者,此之紀者也;《禮》者,此之體者也;《樂》者,此之樂者也"辭意略同,而獨漏《易》,可見其係舉一以見二,非有所偏廢也。《漢書·藝文志》:"六藝之文:《樂》以和神,仁之表也。《詩》以正言,義之用也。《禮》以明體,明者著見,故無訓也。《書》以廣聽;知之術也。《春秋》以斷事,信之符也。五者,蓋五常之道,相須而備,而《易》爲之原。故曰:《易》不可見,則乾坤或幾乎息矣。言與天地爲終始也。"至於五學,世有變改,猶五行之更用事焉。以五經分配五行,雖不免附會。然其獨重《易》,亦可與偏舉《春秋》者參觀也。

《莊子·徐無鬼》:"女商曰:吾所以說吾君者,橫說之則以《詩》、《書》、《禮》、《樂》,從說之則以金版六弢。"《金版六弢》,未知何書,要必漢代金匱石室之倫,自古相傳之秘籍也。《大史公自序》:"余聞之先人曰:伏羲至純厚,作《易》八卦。堯、舜之盛,《尚書》載之,禮樂作焉。湯、武之隆,詩人歌之。《春秋》採善貶惡,推三代之德,褒周室,非獨刺譏而已也。"上本之伏羲、堯、舜三代,可見六藝皆古籍,而孔子取之。近代好爲怪論者,竟謂六經皆孔子所自作,其武斷不根,不待深辯矣。《論衡·須頌》:"問說書者:欽明文思以下,誰所言也?曰:篇家也。篇家誰也?孔子也。"此亦與《史記》謂孔子序書傳之意同。非謂本無其物,而孔子創爲之也,不可以辭害意。

《莊子·天下》曰:"以仁爲恩,以義爲理,以禮爲行,以樂爲和,薰然慈仁,謂之君子。"又曰:"古之人其備乎？配神明,醇天地,育萬物,和天下,澤及百姓。明於本數,係於末度,六通四辟,小大精粗,其運無乎不在。其明而在數度者,舊法世傳之史,尚多有之。其在於《詩》、《書》、《禮》、《樂》者,鄒魯之士,搢紳先生,多能明之。《詩》以道志,《書》以道事,《禮》以道行,《樂》以道和,《易》以道陰陽,《春秋》以道名分。其數散於天下,而設於中國者,百家之學時或稱而道之。"以仁爲恩指《詩》,以義爲理指《書》,所謂薰然慈仁之君子,即學於大學之士也。此以言乎盛世。至於官失其守,則其學爲儒家所傳,所謂鄒魯之士,搢紳先生者也。上下相銜,"《詩》以道志"二十七字,決爲後人記識之語,羼入本文者。《管子·戒篇》:"博學而不自反,必有邪,孝弟者,仁之祖也。忠信者,交之慶也。内不考孝弟,外不正忠信;澤其四經而誦學者,是亡其身者也"。尹注:"四經,謂《詩》、《書》、《禮》、《樂》。"其說是也。古所誦惟《詩》、《樂》,謂之經。後引伸之,則凡可誦習者皆稱經。《學記》:"一年視離經辨志。"經蓋指《詩》、《樂》,志蓋指《書》,分言之也。《管子》稱四經,合言之也。可見《詩》、《書》、《禮》、《樂》,爲大學之舊科矣。舊法世傳之史,蓋失其義,徒能陳其數者,百家之學,皆王官之一守,所謂散於天下,設於中國,時或稱而道之者也。亦足爲《詩》、《書》、《禮》、《樂》,出於大學之一旁證也。《商君書·農戰》:"《詩》、《書》、《禮》、《樂》善修仁廉辯慧,國有十者,上無使守戰。"亦以《詩》、《書》、《禮》、《樂》並舉。

　　《詩》、《書》、《禮》、《樂》、《易》、《春秋》,自人之學習言之,謂之六藝。自其書言之,謂之六經。《經解》及《莊子·天運》所言是也。《天運》曰:孔子謂老聃曰:丘治《詩》、《書》、《禮》、《樂》、《易》、《春秋》六經。老子曰:夫六經,先王之陳跡也,豈其所以跡哉？亦可見六經確爲先王之故物,而孔子述之也。《莊子·天道》:孔子西藏書於周室,繙十二經以說。十二經不可考。《釋文》引説者云:六經加六緯。一説:《易》上、下經并《十翼》。又一云:《春秋》十二公經。皆未有以見其必然也。

　　六藝有二:一《周官》之禮、樂、射、御、書、數,一孔門之《詩》、《書》、《禮》、《樂》、《易》、《春秋》也。信今文者,詆《周官》爲僞書。信古文者，又以今文家所稱爲後起之義。予謂皆非也。《周官》雖六國陰謀之書，所述制度，亦必有所本，不能憑空造作也。《吕覽·博志》："養由基、尹儒，皆文藝之人也。"文藝，一作"六藝"。"文藝"二字，古書罕見，作"六藝"者蓋是。由基善射，尹儒學御，稱爲六藝之人，此即《周官》之制不誣之明證。予謂《詩》、《書》、《禮》、《樂》、《易》、《春秋》，大學之六藝也。禮、樂、射、御、書、數，小學及鄉校之六藝也。何以言之？曰：《周官》大司徒，以鄉三物教萬民而賓興之，三曰六藝，禮、樂、射、御、書、數。此鄉校之教也。《保氏》："養國子以道，乃教之六藝：一曰五禮，二曰六樂，三曰五射，四曰五馭，五曰六書，六曰九數。"此小學之教也。《論語》："子曰：吾何執？執御乎？執射乎？吾執御矣。"《子罕》。謙，不以成德自居，而自齒於鄉人也。六藝雖有此二義，然孔門弟子，身通六藝，自係指大學之六藝而言。不然，當時鄉人所能，孔門能通之者，必不止七十二人也。

《管子·山權數》："管子曰：有五官技。桓公曰：何謂五官技？管子曰：《詩》者，所以記物也。時者，所以記歲也。《春秋》者，所以記成敗也。行者，道民之利害也。《易》者，所以守凶吉成敗也，卜者，卜凶吉利害也。民之能此者，皆一馬之田，一金之衣，此使君不迷妄之數也。六家者，即見其時。使豫。先蚤閑之日受之。故君無失時，無失策，萬物興豐無失利。遠占得失，以爲未教。《詩》記人無失辭，行殫道無失義，《易》守禍福凶吉不相亂，此謂君棣。"上云五官，下云六家，蓋卜易同官也。此與《詩》、《書》、《禮》、《樂》、《易》、《春秋》大同小異。蓋東周以後，官失其守，民間顧有能通其技者，管子欲利田宅美衣食以蓄之也。此亦王官之學，散在民間之一證。

《新學僞經考》曰："史遷述六藝之序曰：《詩》《書》、《禮》、《樂》、《易》、《春秋》，西漢以前之説皆然，蓋孔子手定之序。劉歆以《易》爲首，《書》次之，《詩》又次之。後人無識，咸以爲法。此其顛倒《六經》之序也。"以此爲劉歆大罪之一。《史記經説足證僞經考》、《漢書藝文志辨僞下》。案《漢志》之次，蓋以經之先後。《易》本伏羲，故居首。《書》始唐堯,故次之。以爲顚倒六經之序,殊近深文。謂《詩》、《書》、《禮》、《樂》、《易》、《春秋》之序,爲孔子手定,亦無明據。予謂《詩》、《書》、《禮》、《樂》,乃大學設教之舊科,人人當學,故居前。《易》、《春秋》義較深,聞之者罕,故居後。次序雖無甚關係,然推原其朔,自以從西漢前舊次爲得也。

附録二　經傳説記

六經皆古籍,而孔子取以立教,則又自有其義。孔子之義,不必盡與古義合,而不能謂其物不本之於古。其物雖本之於古,而孔子自别有其義。儒家所重者,孔子之義,非自古相傳之典籍也。此兩義各不相妨。故儒家之尊孔子,曰:"賢於堯舜遠矣。"曰:"自生民以來,未有孔子。"《孟子‧公孫丑上》。而孔子則謙言:"述而不作,信而好古。"《論語‧述而》。即推尊孔子者,亦未嘗不以"祖述堯、舜,憲章文、武"爲言也。《禮記‧中庸》。若如今崇信今文者之説,謂六經皆孔子所作,前無所承,則孔子何不作一條理明備之書,而必爲此散無可紀之物?又何解於六經文字,古近不同,顯然不出一手,並顯然非出一時乎?若如崇信古學者之言,謂六經皆自古相傳之物;孔子之功,止於抱遺訂墜;而其所闡明,亦不過古先聖王相傳之道,初未嘗别有所得,則馬、鄭之精密,豈不真勝於孔子之粗疏乎?其説必不可通矣。

惟六經僅相傳古籍,而孔門所重,在於孔子之義,故經之本文,並不較與經相輔而行之物爲重。不徒不較重,抑且無相輔而行之物,而經竟爲無謂之書矣。

與經相輔而行者,大略有三:傳、説、記是也。《漢書‧河間獻王傳》曰:"獻王所得,皆經傳、説、記,七十子之徒所論。"蓋傳、説、記三者,皆與經相輔而行;孔門所傳之書,大略可分此四類也。

傳、説二者,實即一物。不過其出較先,久著竹帛者,則謂之傳;其出較後,猶存口耳者,則謂之説耳。陳氏澧曰:"荀子曰:《國風》之好色也,其《傳》曰:'盈其慾而不愆其止。其誠可比於金石,其聲可內於宗廟。'《大略》篇。據此,則周時《國風》已有傳矣。《韓詩外傳》亦屢稱傳曰,《史記・三代世表》褚先生曰:《詩傳》曰,湯之先爲契,無父而生。此皆不知何時之傳也。"《東塾讀書記・六》。陳氏所引,實皆孔門《詩傳》,謂不知何時之傳者,誤也。然孔子以前,《詩》確已自有傳,《史記・伯夷列傳》引軼詩傳是也。以此推之,《孔子世家》稱孔子"序《書傳》","書傳"二字,蓋平舉之辭。孔子序《書》,蓋或取其本文,或取傳者之辭,故二十八篇,文義顯分古近也。如《金縢》亦記周公之辭,其文義遠較《大誥》等篇爲平近。古代文字用少,書策流傳,義率存於口説。其説即謂之傳。凡古書,莫不有傳與之相輔而行。其物既由來甚舊;而與其所傳之書,又如輔車相依,不可闕一。故古人引用,二者多不甚立別;而傳遂或與其所傳之書,併合爲一焉。漢人引據,經傳不別者甚多。崔氏適《春秋復始》,論之甚詳。今更略舉數證。《孟子・萬章》一篇,論舜事最多。後人多欲以補舜典。然《尚書》二十八篇爲備,實不應有舜典,而完廩、浚井等事,亦見《史記・五帝本紀》。《五帝本紀》多同伏生書傳。蓋孟子、史公,同用孔門書説也。以此推之,《滕文公》篇引《書》曰"若藥不瞑眩,厥疾不瘳";《論語・爲政》孔子引《書》曰"孝乎惟孝",亦皆《書》傳文矣。《説文》旻部復下引《商書》曰:"高宗夢得説,使百工復求,得之傅岩。"語見《書・序》。蓋《書》傳文,而作序者竊取之。"差以毫釐,謬以千里",見《易・繫辭》。《繫辭》釋文云:王肅本有傳字。案《太史公自序》,述其父談論六家要旨,引《繫辭》"一致而百慮,同歸而殊涂",謂之《易大傳》,則王肅本是也。然《自序》又引毫釐千里二語稱《易》曰,《大戴・保傅》《小戴・經解》亦然。此漢人引用,經傳不別之證,故諸家之《易》,《繫辭》下或無傳字也。《孟子・梁惠王下》:"《詩》曰:王赫斯怒,爰整其旅,以遏徂莒,以篤周祜,以對於天下。此文王之勇也。文王一怒而安天下之民。《書》曰:天降下民,作之君,作之師。惟曰其助上帝,寵之四方。有罪無罪,惟我在,天下曷敢有越厥志? 一人衡行於天下,武王耻之。此武王之勇也。而武王亦一怒而安天下之民。""此文王之勇也","此武王之勇也",句法相同,自此以上,皆當爲《詩》、《書》之辭。然"一人衡行於天下,武王耻之",實爲後人稱述武王之語。孟子所引,蓋亦《書》傳文也。傳之爲物甚古,故又可以有傳。《論語》邢疏:漢武帝謂東方朔云,傳曰:時然後言,人不厭其言。又成帝賜翟方進策書云,傳曰:高而不危,所以長守貴也。是漢世通謂《論語》、《孝經》爲傳。然《漢志》、《魯論》有傳十九篇,《孝經》亦有雜傳四篇。蓋對孔子手定之書言,《論語》、《孝經》皆爲傳;對傳《論語》、《孝經》者而言,則《論語》、《孝經》,亦經比也。傳之名不一。或謂之義,如《禮記・冠義》以下六篇是也。或謂之解，如《管子》之《明法解》，《韓非子》之《解老》是也。《禮記》之《經解》，蓋通解諸經之旨，與《明法解》、《解老》等專解一篇者，體例異而旨趣同，故亦謂之解也。《墨子·經説》，體制亦與傳同，而謂之説，尤傳與説本爲一物主證。《孟子·梁惠王上》對齊宣王之問曰：「仲尼之徒無道桓、文之事者，是以後世無傳焉。」下篇「齊宣王問曰：王之囿，方七十里，有諸？孟子對曰：於傳有之」。《管子·宙合》曰：「宙合有橐天地，其義不傳。」此所謂傳。並即經傳之傳也。《明法解》與所解者析爲兩篇。《宙合》篇前列大綱，後乃申釋其義，則經傳合居一簡。古書如此者甚多。今所傳《易》，《繋辭》下無「傳」字，亦不能議其脱也。

《公羊》曰：「定哀多微辭，主人習其讀而問其傳，則未知己之有罪焉爾。」定公元年。古代文字用少，雖著之傳，其辭仍甚簡略，而又不能無所隱諱若此，則不得不有藉於説明矣。《漢書·蔡義傳》：「詔求能爲《韓詩》者。徵義待詔。久不進見。義上疏曰：臣山東草萊之人，行能亡所比。容貌不及衆，然而不棄人倫者，竊以聞道於先師，自托於經術也。願賜清閑之燕，得盡精思於前。上召見義，説《詩》。甚説之。」又《儒林傳》：「兒寬初見武帝。語經學。上曰：吾始以《尚書》爲樸學，弗好。樸，即老子「樸散而爲器」之樸。《淮南·精神》注：「樸，猶質也。」所謂木不斲不成器也。此可見經而無傳，傳而無説，即成爲無謂之物。及聞寬説，可觀。乃從寬問一篇。」並可見漢世傳經，精義皆存於説。漢儒所由以背師説爲大戒也。凡説，率多至漢師始著竹帛。以前此未著竹帛，故至漢世仍謂之説也。夏侯勝受詔撰《尚書》、《論語説》。《漢書》本傳。「劉向校書，考《易》説，以爲諸家《易》説，皆祖田何、楊叔元、丁將軍，大義略同，惟京氏爲異，黨焦延壽獨得隱士之説，托之孟氏，不相與同」《漢書·儒林傳》。是也。《漢書·王莽傳》：莽上奏曰：「殷爵三等，有其説，無其文。」又群臣請安漢公居攝如天子之奏曰：「《書》曰：我嗣事子孫，大不克共上下，遏失前人光，在家不知命不易，天應棐諶，乃亡隊命。説曰：周公服天子之冕，南面而朝群臣，發號施令，常稱王命。召公賢人，不知聖人之意，故不説也。」然則説可引據，亦同於傳。蓋傳即先師之説；説而著之竹帛，亦即與傳無異耳。漢人爲學，必貴師傳，正以此故，劉歆等首唱異説，其所以攻擊今文師者，實在「信口説而背傳記，是末師而非往古」兩語。而古文學家之學，遠不逮今文師者，亦實以此。以其奮數人之私智，以求之傳記，斷不能如歷世相傳之說之精也。公孫祿劾歆："顛倒五經，毀師法。"《王莽傳》。毀師法，即背師説也。

傳附庸於經，記與經則爲同類之物，二者皆古書也。記之本義，蓋謂史籍。《公羊》僖公二年："宮之奇諫曰：記曰：唇亡而齒寒。"《解詁》："記，史記也。"史記二字，爲漢時史籍之通稱，猶今言歷史也。《韓非子·忠孝》："記曰：舜見瞽瞍，其容造焉。孔子曰：當是時也，危哉，天下岌岌。"此語亦見《孟子·萬章上》篇。咸丘蒙以問孟子，孟子斥爲齊東野人之語。古亦稱史記爲語，可爲解詁之證。記字所苞甚廣。宮之奇、咸丘蒙所引，蓋記言之史，小説家之流，其典禮者，則今所謂《禮記》是也。記與禮實非異物，故古人引禮者或稱記，引記者亦或稱禮。《詩·采蘩》箋引《少牢饋食禮》稱《禮記》。《聘禮》注引《聘義》作《聘禮》。又《論衡·祭意》引《禮記·祭法》，皆稱禮。《禮記》中投壺奔喪，鄭謂皆同逸禮；而《曲禮》首句，即曰"《曲禮》曰"，可見禮與記之無別也。今《儀禮》十七篇。惟《士相見》、《大射》、《少牢饋食》，《有司徹》四篇無記。宋儒熊氏朋來之説。凡記皆記經所不備。兼記經外遠古之言。鄭注《燕禮》云："後世衰微，幽、厲尤甚。禮樂之書，稍稍廢棄。蓋自爾之後有記乎？"《士冠禮》疏。《文王世子》引《世子之記》，鄭注曰："世子之禮亡，此存其記。"蓋著之竹帛之時，有司猶能陳其數；或雖官失其守，而私家猶能舉其本末，如孺悲學士喪禮於孔子。則謂之禮；而不然者，則謂之記耳。記之爲物甚古。故亦自有傳。《士冠禮》疏："《喪服記》子夏爲之作傳，不應自造還自解之。'記'當在子夏之前，孔子之時，未知定誰所錄。"案古書多有傳說，已見前。記之傳，或孔門錄是記者爲之，或本有而錄是記者並錄之，俱未可定也。而《禮記》又多引舊記也。如《文王世子》引世子之記，又引記曰"虞夏商周，有師保，有疑丞"云云。《祭統》引記曰"齊者不樂"，又引記曰"嘗之日，發公室"云云皆是。

傳説同類，"記"以補"經"不備，"傳"則附麗於"經"，故與"經"相輔而行之書，亦總稱爲"傳記"。如劉歆《移太常博士》所言是也，《河間獻王傳》並稱經傳説記，傳蓋指古書固有之傳而言，如前所引軼詩《傳》及孔子所序之《書傳》是。其孔門所爲之傳，蓋苞括於説中。

大義存於"傳"，不存於"經"，試舉一事爲證。《堯典》究有何義？

非所謂《尚書》樸學者邪？試讀《孟子·萬章上》篇，則禪讓之大義存焉。夷考伏生"書傳"、《史記·五帝本紀》，説皆與孟子同，蓋同用孔門"書説"也。此等處，今人必謂伏生襲孟子，史公又襲伏生。殊不知古代簡策，流傳甚難；古人又守其師説甚固。異家之説，多不肯妄用，安得互相勦襲，如此之易。史公説堯舜禪讓，固同孟子矣。而其説伊尹，即以割烹要湯爲正説，與孟子正相反，何又忽焉立異乎？可見其説禪讓事，乃與孟子所本者同，而非即用孟子矣。經義並有儒家失傳，存於他家書中者。《吕覽》多儒家言，予别有考。今《尚書·甘誓》，徒讀其本文，亦絶無意義。苟與《吕覽》先已參看，則知孔子之序是篇，蓋取退而修德之意矣。"傳"不足以盡義，而必有待於説，試亦引一事爲證。王魯，新周，故宋，非《春秋》之大義乎？然《公羊》無其文也，非《繁露》其孰能明之。《三代改制質文篇》。案亦見《史記·孔子世家》。又《樂緯·動聲儀》，有"先魯後殷，新周故宋"之文，見《文選》潘安仁《笙賦》注。古人爲學，所以貴師承也。後人率重經而輕傳説，其實二者皆漢初先師所傳。若信今文，則先師既不僞經，豈肯僞傳？若信古文，則今古文經，所異惟在文字，今文經正以得古文經而彌見其可信；經可信，傳説之可信，亦因可見矣。或又謂經爲古籍，據以考證古事，必較傳爲足據。殊不知孔門之經，雖係古籍，其文字，未必一仍其舊。試觀《堯典》、《禹貢》，文字反較殷盤、周誥爲平易可知。而古籍之口耳相傳，歷久而不失其辭者，亦未必不存於傳、説、記之中也。然則欲考古事者，偏重經文，亦未必遂得矣。《史記·孔子世家》："孔子在位聽訟，文辭有可與人共者，不獨有也。至於爲《春秋》，筆則筆，削則削，子夏之徒，不能贊一辭。"《公羊》昭十二年疏，引《春秋》説云：孔子作《春秋》，一萬八千字，九月而書成。以授游、夏之徒。游、夏之徒，不能改一字。然則相傳以爲筆削皆出孔子者，惟《春秋》一經。餘則删定之旨，或出孔子，其文辭，必非孔子所手定也，即游、夏不能改一字，亦以有關大義者爲限。若於義無關，則文字之出入，古人初不深計。不獨文字，即事物亦有不甚計較者。吕不韋聚賓客著書，既成，布咸陽市門，縣千金其上，延諸侯遊士賓客，有能增損一字者予千金。高誘注多摘其誤，謂揚子雲恨不及其時，車載其金。殊不知不韋所求，亦在能糾正其義；若事物之誤，無緣舉當時遊士賓客，不及一揚子雲也。子雲既沾沾自喜，高誘又津津樂道，此其所以適成爲子雲及高氏之見也。

翼經之作，見於《漢志》者曰外傳，曰雜傳，蓋撫拾前世之傳爲之。《漢書·儒林傳》："韓嬰推詩人之意而作内外傳數萬言。"又曰："韓生亦以《易》授人，推

《易》意而爲之傳。"一似其傳皆自爲之者。然《韓詩外傳》見存,大抵證引成文,蓋必出自前人,乃可謂之傳也。曰傳記,曰傳說,則合傳與記說爲一書者也。曰說義,蓋說之二名。曰雜記,則記之雜者也。曰故,曰解故,以去古遠,故古言有待訓釋,此蓋漢世始有。曰訓詁,則兼訓釋古言及傳二者也。《毛傳》釋字義處爲詁訓。間有引成文者,如《小弁》、《緜》之引《孟子》,《行葦》之引《射義》,《瞻卬》之引《祭義》,《閟宮》之引《孟仲子》,則所謂傳也。

《漢志》:《春秋》有《左氏微》二篇,又有《鐸氏微》三篇,《張氏微》十篇,《虞氏微傳》二篇。微,蓋即定、哀多微辭之微,亦即劉歆移太常博士,所謂仲尼沒而微言絕者也。定、哀之間,辭雖微,而其義則具存於先師之口說,何絕之有?易世之後,忌諱不存,舉而筆之於書,則即所謂傳也。安用別立微之名乎?今《左氏》具存,解經處極少,且無大義,安有微言?張氏不知何人。鐸氏,注曰:"楚太傅鐸椒。"虞氏,注曰:"趙相虞卿。"《史記·十二諸侯年表》曰鐸椒爲楚威王傅,爲王不能盡觀《春秋》,採取成敗,卒四十章,爲《鐸氏微》。趙孝成王時,其相虞卿,上採《春秋》,下觀近勢,亦著八篇,爲《虞氏春秋》。二書與孔子之《春秋》何涉?鐸氏之書自名微,非其書之外,別有所謂微者在也。今乃舉左氏、張氏、虞氏之書,而皆爲之微;虞氏且兼爲之傳,其爲妄人所託,不問可知。猶之附麗於經者爲傳說,補經之不備者爲記,本無所謂緯,而漢末妄人,乃集合傳說記之屬,而別立一緯之名也。要之多立名目以自張,而排斥異己而已。故與經相輔而行之書,實盡於傳、說、記三者也。

傳、說、記三者,自以說爲最可貴。讀前文自見。漢世所謂說者,蓋皆存於章句之中。章句之多者,輒數十百萬言;而《漢書》述當時儒學之盛,謂"一經說至百萬餘言",《儒林傳》。可知章句之即說。枝葉繁滋,誠不免碎義逃難,博而寡要之失。然積古相傳之精義,則於此存焉。鄭玄釋《春秋運斗樞》云:"孔子雖有盛德,不敢顯然改先王之法,以教授於世,陰書於緯,以傳後王。"《王制》正義。古代簡策繁重,既已筆之於書,夫復安能自祕?其爲竊今文家口授傳指之語,而失其實,不問可知。《文選》劉歆《移太常博士》注:"《論語讖》曰:子夏六十四人,共撰仲尼微言。"此造緯者之自道也。然緯之名目雖妄，而其爲物，則固爲今文經説之薈萃。使其具存，其可寶，當尚在《白虎通義》之上也。乃以與訐相雜，盡付一炬，亦可哀矣。

第三節　曾　　子

孔門諸子，達者甚多。然其書多不傳於後。其有傳而又最見儒家之精神者，曾子也。今先引其行事三則，以見其爲人。

《論語‧泰伯》：﹁曾子有疾，召門弟子曰：啓予足！啓予手！《詩》曰：'戰戰兢兢，如臨深淵，如履薄冰。'而今而後，吾知免夫！小子！﹂

《禮記‧檀弓》：﹁曾子寢疾，病。樂正子春坐於床下，曾元、曾申坐於足，童子隅坐而執燭。童子曰：華而睆，大夫之簀與？子春曰：止。曾子聞之，瞿然曰：呼。曰：華而睆，大夫之簀與？曾子曰：然，斯季孫之賜也，我未之能易也。元起易簀。曾元曰：夫子之病亟矣，不可以變。幸而至於旦，請敬易之。曾子曰：爾之愛我也不如彼。君子之愛人也以德，細人之愛人也以姑息。吾何求哉？吾得正而斃焉，斯已矣。舉扶而易之，反席未安而没。﹂

又：﹁子夏喪其子而喪其明。曾子吊之。曰：吾聞之也，朋友喪明則哭之。曾子哭，子夏亦哭，曰：天乎！予之無罪也。曾子怒曰：商，女何無罪也？吾與女事夫子於洙泗之間，退而老於西河之上，使西河之民，疑女於夫子，爾罪一也。喪爾親，使民未有聞焉，爾罪二也。喪爾子，喪爾明，爾罪三也。而曰：女何無罪與？子夏投其杖而拜，曰：吾過矣！吾過矣！吾離群而索居，亦已久矣夫！﹂夫字當屬此句。今人屬下﹁晝居於內﹂讀，非也。

前兩事見其律己之精嚴，後一事見其待人之剛毅，此等蓋皆儒家固有之風概，非必孔子所教也。大凡封建及宗法社會中人，嚴上之精神，最爲誠摯；而其自視之矜重，亦異尋常。此皆社會等級之制，有以養成之也。人之知識不高，而性情篤厚者，於社會公認之風俗，守之必極嚴。至於曠代之哲人，則必能窺見風俗之原，斷不視已成之俗爲天經地義。故言必信，行必果，孔子稱爲硜硜然小人。《論語·子路》。以其爲一節之士也。曾子蓋知識不高，性情篤厚者，故竊疑其所操持踐履，得諸儒家之舊風習爲多，得諸孔子之新教義者爲少也。

儒家所傳《孝經》，托爲孔子啓示曾子之辭，未知信否。古人文字，往往設爲主客之辭；而其所設主客，又往往取實有之人，不必如西漢人造作"西都賓"、"東都主人"、"烏有先生"等稱謂也。此蓋班《志》所謂依托。後人概詆爲僞造，其實亦與僞造有別也。然曾子本以孝行見稱，其遺書中論孝之語亦極多，即出依托，亦非無因，此亦可見其受宗法社會陶冶之深也。《曾子書》凡十篇，皆在《大戴記》中。《立事》、《制言》上中下、《疾病》，皆恐懼修省之意，與前所引之事，可以參看。《大孝》篇同《小戴》中《祭義》、《本孝》、《立孝》、《事父母》，意亦相同，《天圜》篇：單居離問於曾子曰："天圜而地方者，誠有之乎？"曾子曰："如誠天圜而地方，則是四角之不揜也。"今之談科學者，頗樂道之。然天圜地方，本哲學家語，猶言天動地靜，指其道非指其形。若論天地之形，則蓋天渾天之説，本不謂天圜而地方，初不待此篇爲之證明也。

曾子爲深入宗法社會之人，故於儒家所謂孝道者，最能身體力行，又能發揮盡致，此是事實。然如胡適之《中國哲學史大綱》謂孔門之言孝，實至曾子而後圓滿，則又非是。學問亦如事功，有其創業及守成之時代。創業之世，往往異説爭鳴，多闢新見。守成之世，則謹守前人成説而已。人之性質，亦有有所創闢者，有僅能謹守前人之説者，昔人所謂作者，述者是也。學問隨時代而變化，立説恆後密於前，通長期而觀之，誠係如此。若在短時期之中，則有不盡然者。豈惟不能皆度越前人，蓋有并前人之成説而不能保守者矣。自孔子以後，直至兩漢時之儒學，即係如此。試博考儒家之書可知。近人多泥進化之説，謂各種學説，皆係逐漸補苴添造而成。殊不知論事當合各方面觀之，不容泥其一端也。夫但就現存之書觀之，誠若孔門之言孝，至曾子而益圓滿者，然亦思儒家之書，存者不及什一。豈可偏據現存之書，即謂此外更無此説乎？兩漢人説，大抵陳陳相因。其藍本不存者，後世即皆謂其所自爲。偶或偏存，即可知其皆出蹈襲。如賈、晁奏議，或同《大戴》，或同《管子》是也。兩漢如此，而況先秦？豈得斷曾子之説，爲非孔子之言邪？不徒不能斷爲非孔子之言，或其言並不出於孔子，乃宗法社會舊有之説，當時之儒者傳之，孔子亦從而稱誦之，未可知也。

儒家論孝之説，胡適之頗訾之，謂其能消磨勇往直前之氣。引"王陽爲益州刺史，行至邛郲九折阪，嘆曰：奉先人遺體，奈何數乘此險？後以病去"爲證。然曾子曰：戰陳無勇非孝也，《祭義》。乃正教人以勇往冒險，何邪？蓋封建時代之士夫，率重名而尚氣。即曰詔以父母之當奉養，臨難仍以奮不顧身者爲多。《曾子》曰"孝有三：大孝尊親，其次不辱，其下能養"同上。是也。封建時代漸遠，商業資本大興，慷慨矜懻之氣，漸即消亡，人皆輕虛名而重實利，即日日提倡非孝，亦斷無勇往冒險者。此自關社會組織之變遷，不能歸咎於儒家之學説也。胡君又謂曾子之言，皆舉孝字以攝諸德，一若人之爲善，非以其爲人故，乃以其爲父母之子故。此自今日觀之，誠若可怪，然又須知古代社會，通功易事，不如後世之繁；而惇宗收族，則較後世爲切。故并世之人，關係之密難見；而過去之世，佑啓之跡轉深。又愛其家之念切，則各欲保持其家聲，追懷先世之情，自油然不能自已。此亦其社會之組織爲之，非儒家能造此説。予故疑曾子之説，不徒不出自曾子，並不必出於孔子，而爲其時儒者固有之説也。

第四節　孟　子

孔子弟子著名者，略見《史記‧仲尼弟子列傳》。自孔子没後至漢初，儒學之盛衰傳授，略見《史記‧儒林列傳》。然皆但記其事蹟，不及其學説。儒家諸子，除二戴《記》中收容若干篇外，存者亦不多。其最有關係者，則孟、荀二子也。而孟子之關係尤大。

孟子,《史記》云:"受業子思之門人。"子思,《孔子世家》言其作《中庸》,《隋書‧經籍志》言《表記》、《坊記》、《緇衣》皆子思作。《釋文》引劉瓛則謂《緇衣》爲公孫尼子作。未知孰是。要之《中庸》爲子思作,則無疑矣。《中庸》爲孔門最高之道,第二節已論之。今故但論孟子。

孟子之功,在發明民貴君輕之義。此實孔門《書》説,已見第二節。然《書》説今多闕佚,此説之能大昌於世,實孟子之力也。次則道性善。

先秦論性,派別頗繁。見於《孟子》書者,凡得三派:一爲告子,謂性無善無不善。二三皆但稱或人,一謂性可以爲善,可以爲不善;一謂有性善,有性不善。皆因公都子之問而見,見《告子上》篇。

如實言之,則告子之説,最爲合理。凡物皆因緣際會而成,人性亦猶是也。人性因行爲而見,行爲必有外緣,除卻外緣,行爲並毀,性又何從而見?告子曰:"性,猶湍水也,決諸東方則東流,決諸西方則西流。人性之無分於善不善也,猶水之無分於東西也。"此説最是。性猶水也;行爲猶流也;決者,行爲之外緣,東西其善惡也。水之流,不能無嚮方。人之行爲,不能無善惡。既有嚮方,則必或決之。既有善惡,則必有爲之外緣者。問無決之者,水之流,嚮方若何?無外緣,人之行爲,善惡如何?不能答也。必欲問之,只可云:是時之水,有流性而無嚮方;是時之性,能行而未有善惡之可言而已。佛家所謂"無明生行"也。更益一辭,即成贅語。孟子駁之曰:"水,信無分於東西,無分於上下乎?人性之善也,猶水之就下也。人無有不善,水無有不下。今夫水,搏而躍之,可使過顙;激而行之,可使在山;是豈水之性哉?其勢則然也。人之可使爲不善,其性亦猶是也。"誤矣。水之過顙在山,固由搏激使然,然不搏不激之時,水亦自有其所處之地,此亦告子之所謂決也。禹疏九河瀹濟潔而注之海,決汝漢排淮泗而注之江,固決也;亞洲中央之帕米爾,地勢獨高於四方,於其四面之水,亦決也。月球吸引,能使水上升;地球吸引,能使水下降;皆告子所謂決也。設想既無地球,亦無月球,又無凡諸吸引之一切力,而獨有所謂水者,試問此水,將嚮何方？孟子能言之乎？故孟子之難,不中理也。

"可以爲善,可以爲不善",蓋世碩等之説。《論衡·本性》云:"周人世碩以爲人性有善有惡。舉人之善性,養而致之,則善長；惡性,養而致之,則惡長。……故世子作《養性書》一篇。宓子賤、漆雕開、公孫尼子之徒,亦論情性,與世子相出入。"董仲舒之論性也,謂天兩有陰陽之施,人亦兩有貪仁之性,亦是説也。董子論性,見《春秋繁露·深察名號》、《實性》兩篇。此説與告子之説,其實是一。董子論性,本諸陰陽。其論陰陽,則以爲一物而兩面,譬諸上下、左右、前後、表裏。《繁露》基義。然則舉此不能無彼,相消而適等於無,仍是無善無惡耳。故告子謂"生之謂性",董子亦謂"如其生之自然之資謂之性",如出一口也。然其意同而其言之有異者,何也？蓋此派之説,非徒欲以明性,並欲勉人爲善也。夫就性之體言之,則無所謂善惡；就人之行爲言,則有善亦有惡；此皆彰明較著無可辯論之事實。而人皆求善去惡之心,亦莫知其所以然而然,而人莫不然。此皆無可再推,只能知其如是而已。董子就其可善可惡者而譬諸陰陽,就其思爲善去惡者,而譬諸天道之禁陰,此即佛家以一心開真如生滅兩門,謂無明熏真如而成迷,真如亦可還熏無明而成智也。告子曰:"性猶杞柳也,義猶桮棬也,以人性爲仁義,猶以杞柳爲桮棬。"此即董子禾米、卵雛、繭絲之喻。特米成而禾不毁,桮棬則非杞柳所自爲,其喻不如董子之善,故招孟子"戕賊人以爲仁義"之難耳。

"有性善有性不善",其説最低。蓋善惡不過程度之差,初非性質之異,固不能有一界綫焉,以別其孰爲善,孰爲惡也。故此説不足論。

據理論之,告子之説,固爲如實；然孟子之説,亦不背理。何者？孟子據人之善端而謂性爲善,夫善端固亦出於自然,非由外鑠也。孟子謂惻隱、羞惡、辭讓、是非之心,爲人所同具,而又爲良知良能,不待學,不待慮。夫此四端,固聖人之所以爲聖人者。然則我之未能爲聖人，特於此四端，尚未能擴而充之耳；謂聖人之所以爲聖人之具，而我有所欠闕焉，夫固不可。故曰："聖人與我同類者。"又曰："富歲子弟多賴，凶歲子弟多暴，非天之降材爾殊也，其所以陷溺其心者然也。"《告子上》。後來王陽明創致良知之說，示人以簡易直捷，超凡入聖之途，實孟子有以啓之。其有功於世道人心，固不少也。

孟子之大功，又在嚴義、利之辨。首篇載孟子見梁惠王。王曰："叟，不遠千里而來，亦將有以利吾國乎？"孟子即對曰："王，何必曰利，亦有仁義而已矣。"《告子》篇載秦楚構兵，宋牼將說而罷之，曰："我將言其不利也。"孟子又曰："先生之志則大矣，先生之號則不可。"以下皆極言仁義之利，言利之反足以招不利。然非謂爲仁義者，乃以其終可得利而爲之；戒言利者，乃以其終將失利而戒之也。苟如是，則仍是言利矣。故又曰："雞鳴而起，孳孳爲利者，跖之徒也。雞鳴而起，孳孳爲義者，舜之徒也。欲知舜與跖之分，無他，利與善之間也。"又曰"生亦我所欲也，義亦我所欲也，二者不可得兼，捨生而取義者也。"其持之之嚴如此。爲義雖可得利，爲義者則不當計利，此即董子"正其誼不謀其利"之說也。此亦孔門成說，《論語》"君子喻於義，小人喻於利"十字，已足苞之，特至孟子，乃更發揮透澈耳。義、利之辨，正誼不謀利之說，最爲今之恃功利論者所詆訾。然挾一求利之心以爲義，終必至於敗壞決裂而後已。此今之所謂商業道德，而昔之所謂市道交者也，幾見有能善其後者乎？孟子之說，能使人心由此而純，其有功於社會，亦不少也。

孟子論政治，首重制民之產。必先有恆產，而後能有恆心，此即孔門先富後教之義。其行之之法，則欲恢復井田。凡先秦諸子，無不以均平貧富，使民豐衣足食爲首務者。其方法則互異。主張恢復井田者，孟子也；開阡陌以盡地利者，商鞅也；主去關市之征，弛山澤之禁者，孟子也；主管鹽鐵，官山海，制輕重斂散之權者，管子也。見第八章。蓋一主修舊法，一主立新法耳。此爲儒法二家之異。直至漢世，賢良與桑弘羊之辯，猶是此二派之争也。見《鹽鐵論》。

孟子修養功夫，盡於其告公孫丑二語，曰："我知言，我善養吾浩然之氣。"知言者，知識問題；養氣者，道德問題也。"何謂知言？曰：詖辭，知其所蔽；淫辭，知其所陷；邪辭，知其所離；遁辭，知其所窮。"於事之非者，不徒知其非，且必明燭其非之所以然，此由其用心推考者深，故能如是也。孟子曰："君子深造之以道，欲其自得之也。自得之，則居之安；居之安，則資之深；資之深，則取之左右逢其原。"可見孟子之於知識，皆再三體驗而得，迥異口耳之傳，浮光掠影者矣。其論浩然之氣曰："其為氣也，至大至剛，以直養而無害，則塞於天地之間。"其論養之之術，則曰："是集義所生者，非義襲而取之也。行有不慊於心，則餒矣。"其功夫尤為堅實。孟子所以能"居天下之廣居，立天下之正位，行天下之達道"，"富貴不能淫，貧賤不能移，威武不能屈"，皆此集義之功夫為之也。

"窮則獨善其身，達則兼善天下"。"禹、稷、顏子，易地則皆然"。出處進退之間，一一衷之於義，無絲毫急功近名之心，亦無絲毫苟安逃責之念，此即所謂"居易以俟命"者，故孟子確為子思之嫡傳也。孟子曰："廣土眾民，君子欲之，所樂不存焉。中天下而立，定四海之民，君子樂之，所性不存焉。君子所性，雖大行不加焉，雖窮居不損焉，分定故也。"《盡心上》。分者，我在宇宙間所處之地位。處乎何等地位，即作何等事業。行雲流水，一任自然，而我初無容心於其間。則所處之境，盡是坦途。人人如此，則天下無一勉強之事，而決無後禍矣。此實與道家養生之論相通。可參看第一章第四節。

第五節　荀　子

荀子之書，其出較晚，而多雜諸子傳記之辭。其書專明禮，而精神頗近法家。案古無所謂法，率由之軌範曰禮，出乎禮則入乎刑，禮家言之與法家相類，亦固其所。顧孔子言："道之以政，齊之以刑，民免而無恥。道之以德，齊之以禮，有恥且格。"《論語・為政》。則禮與刑之間,亦不能無出入。蓋一則導之嚮上,一則專恃威力以懾服之耳。荀子之書,狹隘酷烈之處頗多。孔門之嫡傳,似不如是。故予昔嘗疑爲較早出之《孔子家語》也。見拙撰《經子解題》。

荀子最爲後人所詆訾者,爲其言性惡。其實荀子之言性惡,與孟子之言性善,初不相背也。僞非僞飾之謂,即今之"爲"字。"爲"之本義爲母猴。蓋動物之舉動,有出於有意者,有不待加意者。其不待加意者,則今心理學家所謂本能也。其必待加意者,則《荀子》書所謂"心慮而能爲之動謂之僞,慮積焉、能習焉而後成謂之僞";楊注所謂"非天性而人作爲之"者也。動物舉動,多出本能。惟猿猴知識最高,出乎本能以外之行動最多,故名母猴曰爲。其後遂以爲人之非本能之動作之稱。故爲字之本義,實指有意之行動言;既不該本能之動作,亦不涵僞飾之意也。古用字但主聲,爲僞初無區別。其後名母猴曰爲之語亡,"爲"爲母猴之義亦隱,乃以"爲"爲作爲之爲,僞爲僞飾之僞。此自用字後起之分別,及字義之遷變。若就六書之例言之,則既有僞字之後,作爲之爲,皆當作僞;其仍作爲者,乃省形存聲之例耳。荀子謂"人性惡,其善者僞",乃謂人之性,不能生而自善,而必有待於修爲耳。故其言曰:"塗之人可以爲禹則然,塗之人之能爲禹,則未必然也。"譬之足,可以徧行天下,然而未有能徧行天下者。夫孟子謂性善,亦不過謂塗之人可以爲禹耳。其謂"生於人之情性者,感而自然,不待事而後生;感而不能然,必待事而後然者謂之僞",則孟子亦未嘗謂此等修爲之功,可以不事也。後人誤解"僞"字,因以詆諆荀子,誤矣。

荀子之言治,第一義在於明分。《王制》篇曰:"人力不若牛,走不若馬,而牛馬爲用,何也?曰:人能群,彼不能群也。人何以能群?曰:分。分何以能行?曰:義。義以分則和,和則一,一則多力,多力則彊,彊則勝物。"勝平聲。物,事也。"群而無分則爭,爭則亂,亂則離,離則弱,弱則不能勝物。""君者,善群也。群道當,則萬物皆得其宜,六畜皆得其長,群生皆得其命。"《富國》篇曰:"天下害生縱欲。欲惡同物,欲多而物寡,寡則必爭矣。故百技所成,所以養一人也。而能不能兼技,人不能兼官;離居不相待則窮,群而無分則爭。窮者患也,爭者禍也。救患除禍,則莫若明分使群矣。"又曰:"足國之道:節用裕民,而善臧其餘。""上以法取焉,而下以禮節用之。""量地而立國,計利而畜民,度人力而授事,使民必勝事,事必出利,利足以生民。皆使衣食百用,出入相揜,必時臧餘,謂之稱數。"夫總計一群之所需,而部分其人以從事焉,因以定人之分職,大同小康之世,皆不能不以此爲務,然而有異焉者:大同之世,蕩蕩平平,絕無階級,人不見有侈於己者,則欲不萌,人非以威壓故而不敢逾分,則其所謂分者,不待有人焉以守之而自固。此大同之世,所以無待於有禮。至於小康之世,則階級既萌,勞逸侈儉,皆不平等。人孰不好逸而惡勞?孰不喜奢而厭儉?則非制一禮焉,以爲率由之軌範,而強人以守之不可。雖率循有禮,亦可以致小康,而已落第二義矣。此孔子所以亟稱六君子之謹於禮,而終以爲不若大道之行也。荀子所明,似偏於小康一派,故視隆禮爲極則,雖足矯亂世之弊,究有慚於大同之治矣。

大同之世,公利與私利同符,故其趨事赴功,無待於教督。至小康之世,則不能然,故荀子最重人治。《天論》篇曰:"天行有常,不爲堯存,不爲桀亡。應之以治則吉,應之以亂則凶。強本而節用,則天不能貧;養備而動時,則天不能病;循道而不貳,則天不能禍。故水旱不能使之饑,寒暑不能使之疾,妖怪不能使之凶。""天有其時,地有其財,人有其治,夫是之謂能參。捨其所以參,而願其所參,則惑矣。"其言雖不免有矜厲之氣,要足以愧末世之般樂怠敖者也。

荀子專隆禮,故主張等級之治。其言曰:"夫貴爲天子,富有天下,是人情之所同欲也。然則從人之欲,則勢不能容,物不能贍也。故先王案爲之制禮義以分之,使有貴賤之等,長幼之差,知愚能不能之分,皆使人載其事而各得其宜,是夫群居和一之道也。故仁人在上,則農以力盡田,賈以察盡財,百工以巧盡械器。士大夫以上至於公侯,莫不以仁厚知能盡官職,夫是之謂至平。故或祿以天下而不自以爲多,或監門御旅,抱關擊柝,而不自以爲寡。故曰:斬而齊,枉而順,不同而一。夫是之謂人倫。"《榮辱》。其言似善矣。然豈知大同之世,"人不獨親其親,不獨子其子","貨惡其棄於地也,不必藏於己;力惡其不出於身也,不必爲己",則雖出入鞅掌,而亦不自以爲多;雖偃仰笑敖，而亦不自以爲寡。既無人我之界，安有功罪可論？又安有計勞力之多寡，以論報酬之豐嗇者邪？

隆禮則治制必求明備，故主法後王。所謂後王，蓋指三代。書中亦屢言法先王，蓋對當時言之則稱先王，對五帝言之則稱後王也。《非相》篇曰："欲觀聖王之跡，則於其粲然者矣，後王是也。""五帝之外無傳人，非無賢人也，久故也。五帝之中無傳政，非無善政也，久故也。禹、湯有傳政，而不若周之察也，非無善政也，久故也。傳者久則論略，近則論詳。《韓詩外傳》"論"作"愈"。略則舉大，詳則舉小。"此其法後王之故也。有謂古今異情，治亂異道者，荀子斥爲妄人。駁其說曰："欲觀千歲，則數今日。欲知億萬，則審一二。欲知上世，則審周道。"此似於窮變通久之義，有所未備者。殊與《春秋》通三統之義不合。故知荀子之論，每失之狹隘也。

其狹隘酷烈最甚者，則爲非象刑之論。其說見於《正論》篇。其言曰："世俗之爲說者曰：治古無肉刑而有象刑。……是不然。以爲治邪？則人固莫敢觸罪，非獨不用肉刑，亦不用象刑矣。以爲輕刑邪？人或觸罪矣，而直輕其刑，然則是殺人者不死，傷人者不刑也。罪至重而刑至輕，庸人不知惡矣。亂莫大焉。凡刑人之本，禁暴惡惡，且懲其未也。殺人者不死，而傷人者不刑，是謂惠暴而寬賊也，非惡惡也。故象刑殆非生於治古，並起於亂今也。治古不然。凡爵列官職，賞慶刑罰皆報也，以類相從者也。一物失稱，亂之端也。""殺人者死，傷人者刑，是百王之所同也，未有知其所由來者也。刑稱罪則治，不稱罪則亂。故治則刑重，亂則刑輕。犯治之罪固重，犯亂之罪固輕也。《書》曰：刑罰世輕世重。此之謂也。"案《尚書大傳》言："唐虞上刑赭衣不純，中刑雜屨，下刑墨幪。"此即漢文帝十三年除肉刑之詔，所謂"有虞氏之時，畫衣冠異章服以爲戮，而民弗犯"者，乃今文《書》說也。古代社會，組織安和，風氣誠樸，人莫觸罪，自是事實。今之治社會學者，類能言之。赭衣塞路，囹圄不能容，乃社會之病態。刑罰隨社會之病態而起，而繁，乃顯然之事實，古人亦類能言之，何莫知其所由來之有？荀子所說，全是末世之事，乃轉自托於《書》說，以攻《書》說，謬矣。此節《漢書·刑法志》引之。漢世社會，貧富不平，豪桀犯法，獄訟滋多。懲其弊者，乃欲以峻法嚴刑，裁抑一切。此自救時之論，有激而云。若謂先秦儒家，有此等議論，則似遠於情實矣。予疑《荀子》書有漢人依托處，實由此悟入也。

《荀子》書中，論道及心法之語最精。此實亦法家通常之論。蓋法家無不與道通也，《管子》書中，正多足與《荀子》媲美者。特以《荀子》號稱儒書；而其所引《道經》，又適爲作僞《古文尚書》者所取資，故遂爲宋儒理學之原耳。然《荀子》此論，實亦精絕。今摘其要者如下：《天論》篇曰："天職既立，天功既成，形具而神生。好惡喜怒哀樂臧焉，夫是之謂天情。耳目鼻口形能各有接而不相能也，夫是之謂天官。心居中虛，以治五官，夫是之謂天君。財非其類以養其類，夫是之謂天養。順其類者謂之福，逆其類者謂之禍，夫是之謂天政。""聖人清其天君，正其天官，備其天養，順其天政，養其天情，以全其天功。如是，則知其所爲，知其所不爲矣，則天地官而萬物役矣。"此從一心推之至於至極之處，與《中庸》之"致中和，天地位焉，萬物育焉"同理。道家亦常有此論。此儒、道二家相通處也。《解蔽》篇曰："故治之要，在於知道。人何以知道？曰：心。心何以知？曰：虛壹而靜。""虛壹而靜，謂之大清明。萬物莫形而不見，莫見而不倫，莫倫而失位。""心者，形之君也而神明之主也，出令而無所受令。自禁也，自使也，自奪也，自取也，自行也，自止也。故口可劫而使墨云，形可劫而使詘申，心不可劫而使易意，是之則受，非之則辭。故曰：心容，其擇也無禁，必自見。其物也雜博，其情之至也不貳。類不可兩也，故知者擇一而壹焉。農夫精於田而不可以爲田師。賈精於市，而不可以爲市師。工精於器而不可以爲器師。有人也，不能此三技而可使治三官，曰：精於道者也……故君子壹於道而以贊稽物。""故《道經》曰：人心之危，道心之微。危微之幾，惟明君子而後能知之。故人心譬如槃水，正錯而勿動，則湛濁在下，而清明在上，則足以見須眉而察理矣。微風過之,湛濁動乎下,清明亂於上,則不可以得大形之正也。"此篇所言治心之法,理確甚精。宋儒之所發揮,舉不外此也。然此爲《荀子》書中極至之語。至其通常之論,則不貴去欲,但求可節,見《正名》篇。仍禮家之論也。

第三章　法　家

　　法家之學，《漢志》云："出於理官。"此其理至易見。《漢志》所著錄者有《李子》三十二篇、《商君》二十九篇、《申子》六篇、《處子》九篇、《慎子》四十二篇、《韓子》五十五篇、《游棣子》一篇。今惟《韓子》具存。《商君書》有闕佚。《慎子》闕佚尤甚。《管子》書，《漢志》隸道家，然足考見法家言處甚多。大抵原本道德，《管子》最精；按切事情，《韓非》尤勝。《商君書》精義較少。欲考法家之學，當重《管》、《韓》兩書已。

　　法家爲九流之一，然《史記》以老子與韓非同傳，則法家與道家，關係極密也。名、法二字，古每連稱，則法家與名家，關係亦極密也。蓋古稱兼該萬事之原理曰道，道之見於一事一物者曰理，事物之爲人所知者曰形，人之所以稱之之辭曰名。以言論思想言之，名實相符則是，不相符則非。就事實言之，名實相應則治，不相應則亂，就世人之言論思想，察其名實是否相符，是爲名家之學。持是術也，用諸政治，以綜覈名實，則爲法家之學。此名、法二家所由相通也，世每稱刑名之學。刑實當作形。觀《尹文子‧大道》篇可知。《尹文子》未必古書，觀其詞氣，似南北朝人所爲。然其人實深通名法之學。其書文辭不古，而其說則有所本也。法因名立，名出於形，形原於理，萬事萬物之成立，必不能與其成立之原理相背。理一於道，衆小原則，統於一大原則。故名法之學，仍不能與道相背也。韓非有《解老》、《喻老》二篇，最足見二家之相通。

　　《韓非子‧楊權》篇，中多四言韵語，蓋法家相傳誦習之辭。於道德名法一貫之理，發揮最爲透切。今試摘釋數語如下:《揚榷》篇曰：
"道者弘大而無形，德者覈理而普至，至於群生，斟酌用之。"此所謂
道，爲大自然之名。萬物之成，各得此大自然之一部分，則所謂德也。
物之既成，必有其形。人之所以知物者，恃此形耳。形萬殊也，則必
各爲之名。名因形立，則名與形合，而後其名不謬。故曰"名正物定，
名倚物徙"也。名之立雖因形，然及其既立，則又別爲一物，雖不知其
形者，亦可以知其名。如未嘗睹汽車者，亦可知汽車之名。然知其名而不知
其形，即不知其名之實。則終不爲真知。一切因名而誤之事視此。人孰不知仁義
之爲貴，然往往執不仁之事爲仁，不義之事爲義者，即由其知仁義之名，而未知仁義之實
也。故曰"不知其名，復修其形"也。名因形立，而既立之後，又與形爲
二物，則因其形固可以求其名，因其名亦可以責其形。如嚮所未見之物，
執其名，亦可赴市求之。故曰："君操其名，臣效其形。"吾操是名以責人，使
效其形；人之效其形者，皆與吾所操之名相合，則名實相符而事治；否
則名實不符而事亂矣。故曰"形名參同，上下和調"也。臣之所執者
一事，則其所效者一形耳。而君則兼操衆事之名，以責群臣之各效其
形，是臣猶之萬物，而君猶之兼該萬物之大自然。兼該萬物之大自
然，豈得自同於一物？故曰"道不同於萬物，德不同於陰陽，衡不同於
輕重，繩不同於出入，和不同於燥濕，君不同於群臣"也。然則人君之
所操者名，其所守者道也。故曰："明君貴獨道之容。"抑君之所守者
道，而欲有所操，以責人使效其形，則非名固末由矣。故曰"用一之
道，以名爲首"也。萬物各有所當效之形，猶之欲成一物者，必有其模
範。法之本訓，爲規矩繩尺之類，見《管子·七法》篇;《禮記·少儀》："工依於
法。"注："法，謂規矩繩尺之類也。"《周官》：掌次，"掌王次之法"，注："法，大小丈尺。"實即
模範之義。萬物所當效之形，即法也。此道德名法之所以相通也。

　　法、術二字，混言之，則法可以該術；析言之，則二者各有其義。
《韓非子·定法》篇曰："今申不害言術，而公孫鞅爲法。術者，因任而
授官，循名而責實，操殺生之柄，課群臣之能者也，此人主之所執者
也，法者，憲令著於官府，刑罰必於民心，賞存乎慎法，而罰加乎奸令

者也，此臣之所師也。""韓者，晉之別國也。晉之故法未息，而韓之新法又生；先君之令未收，而後君之令又下。""雖十使昭侯用術，而奸臣猶有所譎其辭矣。""公孫鞅之治秦也"，"其國富而兵強。然而無術以知奸，則以其富強也資人臣而已矣。及孝公、商君死，惠王即位，秦法未敗也，而張儀以秦殉韓、魏"。"惠王死，武王即位，甘茂以秦殉周；武王死，昭襄王即位，穰侯越韓、魏而東攻齊，五年，而秦不益一尺之地，乃成其陶邑之封；應侯攻韓，八年，成其汝南之封。自是以來，諸用秦者，皆應、穰之類也。故戰勝則大臣尊，益地則私封立。"論法術之別，最爲明白。要而言之：則法者，所以治民；術者，所以治治民之人者也。

古代刑法，恆不公布。觀《左氏》載子產作刑書，而叔向諍之；范宣子鑄刑鼎，而孔子非之可見。反對刑法公布者，以爲如是，則民知其所犯之輕重而不之畏，不如保存其權於上，可用不測之罰以威民也。殊不知刑法不公布，而決於用法者之心，則其刑必輕重不倫；即持法至平，民亦將以爲不倫也，況其不能然乎？刑法輕重不倫，則有有罪而幸免者，有無罪而受罰者。有罪而幸免，民將生其僥幸之心，無罪而受罰，民益將挺而走險。法之不爲人所重，且彌甚矣。制法亦無一定程序。新法故法，孰爲有效不可知。法律命令，蓋亦紛然錯出。讀《漢書・刑法志》可知。此雖漢時情形，然必自古如此。而漢人沿襲其弊也。故其民無所措手足。此法家之所由生。又治人者與治於人者，其利害恆相反。後世等級較平，治人者退爲治於人者，治於人者進爲治人者較易。古代則行世官之法，二者之地位，較爲一定而不移，故其利害之相反愈甚。春秋、戰國之世，所以民窮無告，雖有願治之主，亦多不能有爲，皆此曹爲之梗。此則術家言之所由生也。如韓非言，申、商之學，各有所長，非蓋能並通之者邪？

法家精義，在於釋情而任法。蓋人之情，至變者也。喜時賞易濫，怒時罰易酷，論吏治者類能言之。人之性寬嚴不同，則尤爲易見矣。設使任情爲治，即令斟酌至當，終不免前後互殊，而事失其平，人伺其隙矣。法家之義，則全絕感情，一準諸法。法之所在，絲毫不容出入。看似不能曲當，實則合全局，通前後而觀之，必能大劑於平也。禮家之言禮曰："衡誠懸，不可欺以輕重；繩墨誠陳，不可欺以曲直；規矩誠設，不可欺以方圓；君子審禮，不可誣以奸詐。"《禮記・經解》。此數語，法家之論法，亦恆用之。蓋禮法之爲用雖殊，其爲事之準繩則一耳。

職是故，法家之用法，固不容失之輕，亦斷不容畸於重。世每譏法家爲武健嚴酷，此乃法家之流失，非其本意也。至司馬談訛法家"絕親親之恩"，《漢志》亦謂其"殘害至親，傷恩薄厚"，則並不免階級之見矣。

自然力所以爲人所畏服者，實以其爲必至之符。人則任情爲治，不免忽出忽入，黠者遂生嘗試之念，願者亦啓僥幸之心，而法遂廢壞於無形矣。設使人治之必然，亦如自然律之無或差忒，則必無敢僥幸嘗試者，國安得而不治？《韓非子・內儲說上》曰："董閼于爲趙上地守。行石邑山中，見深澗峭如墻，深百仞。因問其旁鄉左右曰：人嘗有入此者乎？對曰：無有。曰：嬰兒盲聾狂悖之人嘗有入此者乎？對曰：無有。牛馬犬彘嘗有入此者乎？對曰：無有。董閼于喟然太息曰：吾能治矣。使吾治之無赦，猶入澗之必死也，則人莫之敢犯也，何爲不治？"此賞之所以貴信，罰之所以貴必也。不特此也。人有所求而無術以致之，固亦未嘗不可以偶遇。然此乃或然或不然之數，不足恃也。學問之道無他，求爲可必而已矣。《韓非子・顯學》篇曰："恃自直之箭，百世無矢；恃自圜之木，千世無輪矣。自直之箭，自圜之木，百世無有一，然而世皆乘車射禽者何也？隱栝之道用也。雖有不恃隱栝自直之箭，自圜之木，良工勿貴也。何則？乘者非一人，射者非一發也。"可謂言之深切著明矣。故法家之重人治，與其信賞必罰，理實相通，皆出於法自然之說者也。

法家貴綜覈名實，故其所欲考察者，恆爲實際之情形。執舊說而謬以爲是，法家所不取也。職是故，法家恆主張變法。《韓非子》曰："古之毋變，常之毋易，在常古之可與不可。"《南面》。此即務察其實，而不眩於虛論之精神也。又曰："凡人難變古者，憚易民之安也。夫不變古者，襲亂之跡；適民心者，恣奸之行也民愚而不知亂，上懦而不能更,是治之失也。人主者,明能知治,嚴必行之,故雖拂於民心,立其治。"此則既明實際之情形,而斷以行之者矣。商鞅、吳起之徒,所以一出而收富國強兵之效者,以此。

　　術家之言,千條萬緒,而一言以蔽之,不外乎"臣主異利"四字。蓋社會之組織,非至極安和之境,則公私之利害,終不能無相反之處;而凡人之情,必皆先私而後公,此督責之所由不可廢也。不特有特權之官吏爲然也,即受治之人民亦然。故《韓子》又言"法爲人民所同惡"。此法、術二家之所由相通也。臣主異利之義,《韓非子》中《八姦》、《姦劫弒臣》、《備內》諸篇,言之最切。法爲臣民所同惡,見《和氏》篇。

　　職是故,法家之治民,乃主大處落墨,而不主苟順民情。《韓非子·心度》篇謂"聖人之治民,度其本,不從其欲,期於民利"是也。今有孺子將入井,人見而止之,或不免嬰孺子之怒。然謂孺子之入井,爲有求死之心固不可,則止之若違其欲,實順其欲也。人孰不欲利?然能得利者卒寡,不能得利者卒多,何哉?昧於利不利之故,不知利之所在也。故順人之欲者,未必其爲利之;反人之欲者,未必其非利之也。特欲或隱而難見,或顯而易知。當其隱而未見之時,無從家喻戶曉耳。故曰:"凡民可與樂成,難與慮始。"此義主張太過,有時亦有流弊。蓋不從民欲,當以民利爲期。若徑以人民爲犧牲,則失其本意矣。《韓非·備內》篇曰:"王良愛馬,爲其可以馳驅;句踐愛人,乃欲用以戰鬥。"即坐此失。《商君書·弱民》篇主張尤偏。

　　凡爲國家社會之害者,非把持則僥幸之徒。把持謂已得地位之人,僥幸則未得地位,而思篡取之之人也。法術家務申國家社會之公利,故於此曹,最爲深惡痛絕。凡裁抑大臣之說,皆所以破把持;而力詆遊士之言,即所以絕僥幸也。見《韓非子·五蠹》篇。

　　《韓非子·問辯》篇曰:"或問曰:辯安生乎?對曰:生於上之不明也。明主之國。""令者,言最貴者也。法者,事最適者也。言無二貴,法不兩適,故言行而不軌於法令者必禁。若其無法令而可以接詐應變,生利揣事者,上必採其言而責其實。言當則有大利,不當則有重罪。是以愚者畏罪而不敢言,智者無以訟。此所以無辯之故也。

亂世則不然。主上有令而民以文學非之；官府有法，民以私行矯之。人主顧漸其法令，而尊學者之智行，此世之所以多文學也。夫言行者，以功用爲之的彀者也。""今聽言觀行，不以功用爲之的彀，言雖至察，行雖至堅，則妄發之説也。是以亂世之聽言也，以難知爲察，以博文爲辨；其觀行也，以離群爲賢，以犯上爲抗。""是以儒服帶劍者衆而耕戰之士寡。堅白無厚之辭章，而憲令之法息。"此説也，即李斯之所以焚書。《管子·法禁》其説略同，可以參觀。知斯之行此，乃法家固有之義，而非以媚始皇矣。人性原有善惡兩面，法家則專見其惡，彼聞上令則各以學議之者，豈必以私計之便哉？亦或誠出於大公，冀以其所學，移易天下也，而自法家觀之，則恆以爲自便私圖之士，遂不得不取此一切之法矣。然韓子但欲採其言責其實，則似尚未欲一概禁絶之，而斯又變本加厲耳。

言行以功用爲彀的，推之至極，遂至列文學於五蠹，目《詩》、《書》爲六虱，此亦失之太過。然《韓子》又曰："糟糠不飽者，不務粱肉；短褐不完者，不待文綉。"則其意自欲以救時之弊，非謂平世亦當如此也。

人之情，恆不免先私而後公，此特凡民爲然。豪桀之士，固不如此。此少數豪桀之士，則國之所恃以立，而亦人民之所託命也。韓子之意，當時上而貴臣，下而遊士，無非國之蠹，民之賊者，惟法術之士爲不然。其説見於《難言》、《孤憤》、《説難》、《奸劫弑臣》、《問田》諸篇。此或亦實在之情形也。貴族腐敗不可救藥。遊士則多數但爲身謀。

法家之言，皆爲君主説法，設君主而不善，則如之何？萬事一決於法，而持法者爲君主，設君主而壞法，則如之何？近之持立憲論者，每以是爲難。然此乃事實問題，不足以難法家也。何者？最高之權力，必有所歸。所歸者爲君主，固可以不善；所歸者爲他機關，亦可以爲不善。歸諸一人，固不免壞法；歸諸兩機關以上，豈遂必不能壞法？今之議會，不與政府狼狽爲奸乎？議會與政府，非遂無争，又多各爲其私，非必爲國與民也。故曰：此事實問題也。

法之本義爲模範，乃有所作者之所當則。術之本義爲道路，則有所之者之所必由。自法術家言之，其學殆不可須臾離也。執法之不免拘滯，法家豈不知之？然終斤斤於是者，則以其所失少所得多也。《韓非子》曰："釋法術而心治，堯舜不能正一國。去規矩而意度，奚仲不能成一輪。"《用人》。謂此矣。即謂苟有堯舜，雖釋法術而心治，亦可正國；苟有奚仲，雖去規矩而意度，亦可成輪；然"堯、舜、桀、紂，千世而一出；背法而待堯、舜；是千世而一治；抱法而待桀、紂，是千世而一亂也"。況乎釋法術，堯、舜亦未必能治；即能治，亦事倍而功半耶？孟子曰："離婁之明，公輸子之巧，不以規矩，不能成方圓。師曠之聰，不以六律，不能正五音。堯、舜之道，不以仁政，不能平治天下。"其思想全與法家同。特又曰："徒善不足以爲政，徒法不能以自行，"人與法並重，不如法家之側重於法耳。然苟法嚴令具，則雖得中主，亦可蒙業而安，此亦儒家所承認也。則法家所謂抱法而待桀、紂，千世而一亂者，亦不背於儒也。

以上徵引，十九皆出《韓非》。以今所存法家之精義，多在此書也。至《商君書》之所論，則"一民於農戰"一語，足以盡之。《史記·商君列傳》："太史公曰：余嘗讀商君開塞耕戰書，與其人行事相類。"《索隱》曰："案《商君書》，開謂刑嚴峻則政化開，塞謂布恩惠則政化塞，其意本於嚴刑少恩。又爲田開阡陌，及言斬敵首賜爵；是耕戰書也。"釋開塞義，與今書《開塞》篇不合。晁公武《郡齋讀書志》，謂司馬貞未嘗見其書，安爲之說。今案開塞耕戰，蓋總括全書之旨，非專指一兩篇。《索隱》意亦如此，晁氏自誤解也。然《索隱》釋"開塞"亦誤。《尉繚子·兵教下》篇曰："開塞，謂分地以限，各死其職而堅守。"此則"開塞"二字之古義也。《商君書》重農戰，度必有及分地堅守之說者，今其書偏亡，而其說遂不可見耳。

《李子》，《漢志》注云："名悝，相魏文侯。"近人云："《食貨志》言李悝爲魏文侯作盡地力之教，與《史記·貨殖傳》言當魏文侯時，李克務盡地力正合，故知克、悝一人。"陳群《魏律序》言悝撰次諸國法，著《法經》六篇，商鞅受之以相秦。見《晉書·刑法志》。黃奭有輯本。《漢志》所著錄之《李子》則亡矣。

慎到棄知去己，而緣不得已，已見第一章第六節。此爲道家言。

《吕覽·慎勢》、《韓子·難勢》皆引其言,則法家言也。《慎勢》篇:"慎子曰:今一兔走,百人逐之,非一兔足爲百人分也,由未定。由同猶。由未定,堯且屈力,而況衆人乎?積兔滿市,行者不顧,非不欲兔也,分已定矣。分已定,人雖鄙不争。故治天下及國,在乎定分而已矣。"《吕覽》引此,爲"立天子不使諸侯疑焉,立諸侯不使大夫疑焉,立適子不使庶孽疑焉"之證。蓋位之所存,勢之所存,欲定於一,必先明分也。然則慎子勢治之論,即是法家明分之義。《荀子》謂慎子"有見於後,無見於先",《天論》。蓋指其道家言言之;又謂慎子"蔽於法而不知賢",《解蔽》。則指其法家言言之也。此亦可見道、法二家之相通也。
今本《慎子》五篇,皆普通法家言。

第四章　名　家

　　名家之書，《漢志》所著録者有《鄧析》二篇、《尹文子》一篇、《公孫龍子》十四篇、《成公生》五篇、《惠子》一篇、《黄公》四篇、《毛公》九篇。今惟《公孫龍子》，尚存殘本，餘則非亡即僞矣。

　　鄧析之事，見於《吕覽‧離謂》。《離謂》篇曰："子産治鄭，鄧析務難之，與民之有獄者約，大獄一衣，小獄襦褲。民之獻衣襦褲而學訟者，不可勝數。以非爲是，以是爲非。是非無度，而可與不可日變。所欲勝因勝，所欲罪因罪。鄭國大亂，民口讙譁。子産患之。於是投鄧析而戮之，民心乃服，是非乃定，法律乃行。"《荀子‧宥坐》、《説苑‧指武》、《列子‧力命》亦謂鄧析爲子産所殺。據《左氏》，則昭公二十年子産卒，定公九年，駟顓乃殺鄧析。二者未知孰是。要之鄧析爲鄭執政者所殺，則似事實也。其書《隋志》一卷。今本仍一卷，二篇。辭指平近，不類先秦古書。蓋南北朝人所僞爲，故唐以來各書徵引多同也。

　　尹文子《漢志》云："説齊宣王，先公孫龍。"《莊子‧天下》以宋鈃、尹文並舉。《吕覽‧正名》則以尹文所説者爲齊湣王。曰："齊王謂尹文曰：寡人甚好士。尹文曰：願聞何謂士？王未有以應。尹文曰：今有人於此，事親則孝，事君則忠，交友則信，居鄉則悌，有此四行者，可謂士乎？齊王曰：此真所謂士已。尹文曰：王得若人，肯以爲臣乎？王曰：所願而不能得也。尹文曰：使若人於廟朝中，深見侮而不鬥，王將以爲臣乎？王曰：否。夫見侮而不鬥，則是辱也，辱則寡人勿以爲臣矣。尹文曰：雖見侮而不鬥，未失其四行也。未失其四行，是未失其所以爲士一矣。未失其所以爲士一，而王不以爲臣，則嚮之所謂士者乃士乎？王無以應。""尹文曰：王之令曰：殺人者死，傷人者刑。民有畏王之令，深見侮而不敢鬥者，是全王之令也。而王曰：見侮而不敢鬥，是辱也。不以爲臣，此無罪而王罰之也。齊王無以應。"高注曰："尹文，齊人，作《名書》一篇。在公孫龍前，公孫龍稱之。"則《漢志》所謂尹文說齊宣王者，即指《呂覽》所載之事。一云宣王，一云湣王，古書此等處，大抵不能精審也。高氏說既與《漢志》合，則其所謂《名書》者，亦必即《漢志》所謂《尹文子》矣。今所傳《尹文子》分二篇。言名法之理頗精，而文亦平近。疑亦南北朝人所爲故《群書治要》已載之也。

公孫龍子說趙惠王偃兵，見《呂覽·審應》；說燕昭王偃兵，見《呂覽·應言》；與孔穿辨論，見《呂覽·淫辭》。其書存者六篇。篇數與《漢志》不符，其辭容有附益，然大體非後人所能爲。《呂覽》高注，謂尹文在公孫龍前，公孫龍稱之。案尹文說齊王事，見《公孫龍子·跡府》篇，以爲公孫龍難孔穿，則此篇或即高誘所見。亦此書非偽之一證也。蓋《漢志》十四篇之殘本也。毛公，《漢志》云："趙人，與公孫龍等並遊平原君趙勝家。"師古曰："劉向云：論堅白同異，以爲可以治天下。"此外無可考。

與公孫龍有關係者，又有魏公子牟。亦稱中山公子牟。見《莊子·秋水》、《讓王》，《呂覽·審爲》略與《讓王》同。《列子·仲尼》篇。又《莊子·天下》篇，以桓團、公孫龍並舉。桓團行事無考。

惠施爲名家巨子。《莊子·天下》篇，稱"惠施多方，其書五車"。又曰："南方有錡人焉，曰黃繚，問天地所以不墜不陷，風雨雷霆之故。惠施不辭而應，不慮而對，徧爲萬物說，說而不休，多而無已。猶以爲寡，益之以怪。"《徐無鬼》篇：惠施死，莊子曰：自夫子之死也，吾無與之言矣。《說苑·說叢》篇同。《淮南子·修務訓》亦曰："惠施死而莊子寢說言。"莊周學說，與惠施最相近，然而判爲二派者，莊子以生有涯而知無涯，而惠施則多其辭說。故莊子譏之曰："由天地之道觀惠施之能，其猶一蚊一虻之勞。"而又惜其散於萬物而不厭,逐萬物而不反,是窮響以聲,形與影競走也。又"惠子事"亦見《莊子·秋水》,《吕覽》中《淫辭》、《不屈》、《應言》、《愛類》諸篇。高注謂惠施宋人。

成公生,《漢志》云"與黃公等同時"。師古引劉向云:"與李斯子由同時。由爲三川守,成公生遊談不仕。"黄公,《漢志》曰:"名疵,爲秦博士。作歌詩,在秦歌詩中。"

名、法二家,關係最密,説已見前。顧其學與墨家關係有尤密者。《墨子》書中有《經》上下、《經説》上下、大小《取》六篇,雖難盡通,要可知爲論名學之作。《莊子·天下》篇,稱桓團、公孫龍辨者之徒;而晉魯勝合《墨子》之《經》上下、《經説》上下四篇而爲之注,稱之曰《墨辨》,則今所謂名學,古謂之辨學也。《吕覽》載尹文之説,極致謹於名實之間,而亦及見侮不鬥。《荀子·正論》,述子宋子之説曰:"明見侮之不辱,使人不鬥。"知莊子以宋鈃、尹文並列爲不誣矣。《吕覽·審應》載:"趙惠王謂公孫龍曰:寡人事偃兵十餘年矣而不成,兵可偃乎?公孫龍對曰:偃兵之意,兼愛天下之心也。兼愛天下,不可以虚名爲也,必有其實。今藺、離石入秦,而王縞素布總;東攻齊得城,而王加膳置酒。齊得地而王布總,齊亡地而王加膳,所非兼愛之心也,此偃兵之所以不成也。"兼愛偃兵,墨家之旨;致謹名實,名家之學也。《荀子·正名》篇:"'見侮不辱','聖人不愛己','殺盜非殺人也',此惑於用名以亂名者也。""'山淵平','情欲寡','芻豢不加甘','大鐘不加樂',此惑於用實以亂名者也。""'非而謁楹有牛,馬非馬也',此惑用於名以亂實者也。"亦皆兼名墨二家之説。《莊子·天下》篇云:"相里勤之弟子,五侯之徒,南方之墨者,苦獲、己齒、鄧陵子之屬,俱誦《墨經》,而倍譎不同,相謂別墨,以堅白同異之辨相訾,以觭偶不仵之辭相應。"其所誦,蓋即今《墨子》中之《經》上、下篇。名家縱不必即出於墨,而名墨之學,關係極密,則無可疑矣。夫墨家重實利,而名家則騁玄妙之辭;墨家主兼愛,而法家則尚刻覈之政;抑法家重綜覈,而名家則操兩可之説,設無窮之辭。其學之相反如此也,而其關係之密如彼,豈不異哉?

雖然,此無足異也,《漢志》：法家者流,出於理官。名家者流,出於禮官。墨家者流,出於清廟之守。理之與禮,關係極密,無待於言；而清廟則禮之所由行也,禮者事之準,辦事而無標準,必覺其無從辦起。故曰："名不正則言不順,言不順則事不成。"夫禮之初,則社會之習慣而已。所謂正名者,則謹守社會之習慣而已。然禮有沿亦有革,斯官有創亦有因。其因仍沿襲者,固可即固有之禮而謹守之,而不必問其何以當如此；其革故鼎新者,則必求其協諸義而協,而禮之原理,不容不講矣。職是故,古之禮官及理官,其學遂分為二派：一極言名之當正,而務求所以正之之方,此為法家之學；一深探千差萬別之名,求其如何而後可謂之正,是為名家之學。夫執法術以求正名之實行者,固應審我之所謂正者果正與否；而深探名之如何而後可稱為正者,既得其說,亦必求所以實行之。此名法二家,所以交相為用也。抑名以立別,而名家之說,反若天地萬物,皆為一體,只見其同,不見其異。此則宇宙萬物,本相反而相成,苟探求之至於極深,未有不覺其道通為一者也。名、法二者,蓋亦同源而異流,而古代庶政統於明堂,則清廟實名、法二家所由出。故二家之學,亦有存於墨家者焉。參看第五章秦始皇謂吾收天下書不中用者盡去之,豈尚微妙之論。然黃公為秦博士,蓋名法相通,黃公實以法家之學見用也。

《墨子》中《經》、《經說》、大小《取》六篇,所涉範圍甚廣。如曰："知,材也。此言能知之具。慮,求也。知,接也。此言吾知之接於物。恕,明也。此言知物之明晰狀態。此論人之知識問題者也。又曰："舉,擬實也,此言人之觀念。言,出舉也。所以謂,名也。所謂,實也。名實耦,合也。或也者,不盡也。或,有也。有然者則不盡然。假也者,今不然也。謂假設之辭。效也者,為之法也。所效者,所以為之法也。辟同"譬"。者,援也同"他"。物而以明之也。侔也者,比辭而俱行也。援也者,曰：子然,我奚獨不可以然也? 推也者,以其所不取之。同"者"。同於其所取者予之也。是猶謂也同"他"。者同也,吾豈謂也同"他"。者異也。"皆論辨論之法者也。又曰："生,形與知處也。臥,知無知也。上知字爲"知材也"之知,下知字爲"知接也"之知。夢,臥而以爲然也。平,知無欲惡也。聞,耳之聰也。循所聞而得其意,心之察也。言,口之利也。執所言而意得見,心之辨也。"説與今心理學相符。又曰："體,分於兼也。兼爲全量,體爲部分。端,體之無序而最在前者也。點。尺,前於區而後於端。尺爲綫,區爲面。區,無所大;厚,有所大也。厚爲體。平,同高也。中,同長也。圜,一中同長也。方,柱隅四襍也。"襍同匝。與今幾何學暗合。又曰："仁,體愛也。體,即分於兼之體。義,利也。任,士損己而益所爲也。"則仍與兼愛之説相應。參看第五章。此外關於科學論理者,尚有多條。近人於此,詁釋較詳,有專書可看。予所見者,有梁啓超《墨經校釋》,張之鋭《新考正墨經注》,皆佳。胡適《中國哲學史大綱》上卷,亦以論墨經一章爲最善。又《學衡雜志》載李笠定本《墨子閒詁序》,未見其書。玆不更及。其鄧析、惠施、桓團、公孫龍之學,散見諸子書中者,於下文略論之。

案《莊子·天下》篇,舉惠施之説,凡十事:

（甲）至大無外,謂之大一;至小無內,謂之小一。此破俗大小之説也。大無止境,小亦無止境。俗所謂大所謂小者,皆强執一境而以爲大以爲小耳。問之曰:汝所謂大者,果不可更大?所謂小者,果不可更小乎?不能答也。可以更大,安得謂之大?可以更小,安得謂之小?故俗所謂大小,其名實不能立也。故惠子破之曰:必無外而後可以謂之大,必無内而後可以謂之小。夫無内無外,豈人心所能想像?然則大小之説,不能立也。

（乙）無厚,不可積也,其大千里。此破有無之説也。天下惟一無所有者,乃得謂之無所不有。何也?既曰有矣,則必有與之對者。如爾與我對,此物與彼物對是也。我愈小,則與我爲對之物愈多。然若小至於無,則無物能與我對。夫與我對者非我也,則不與我對者必我也。無物能與我對,則無物非我也。故惟無爲最大。《淮南子》曰:"秋豪之末,淪於無間,而復歸於大矣。"正是此理。無厚之厚,即《墨子》厚有所大也之厚,幾何學所謂體也。其大千里,乃極言其大,即最大之意。不可泥字面看。

（丙）天與地卑，山與澤平。《荀子‧不苟》篇作："天地比，山淵平。"卑即比也。此條蓋破高下相對之見。古天官家謂自地以上皆天也。

（丁）日方中方睨，物方生方死。此說亦見《莊子‧齊物論》。破執著一事，以爲與他事有截然分界之見也。今有人焉而死，世俗之論，必以其死之一刹那爲死，而自此以前，則皆爲生。姑無論所謂一刹那者不可得也。即強定之，而凡事必有其原因。人之死，非死於其死之時也，其前此致死之因，豈得與死判爲兩事？因果既不容判，而因又有其因焉，因之因又有其因焉，則孰能定其死於何時？以人之生死論，只可謂有生以後，皆趨嚮死路之年耳；只可謂方生之時，即趨嚮死路之時耳。他皆放此。此理與儒家日中則昃，月盈則食之說相通。天體運行不已，原無所謂中，亦無所謂昃。然就人之觀察，強立一點而謂之中，則固可指自此以前之運行，爲自昃嚮中；自此以後之運行，爲自中嚮昃也。故其下文即曰："天地盈虛，與時消息。"盈虛消息，萬物之本然。所謂盛衰倚伏者，則就人之觀察，而強立一點焉，指之曰：此爲盛，此爲衰耳。

（戊）大同異與小同異，此之謂小同異；萬物畢同畢異，此之謂大同異。此破同異之說也。天下無絕對相同之物，無論如何相類，其所占之時間空間決不同，便爲相異之一點，此萬物必異之說也。天下無絕對相異之物。無論如何相異，總可籀得其中之同點。如牛與馬同爲獸，獸與人同爲動物，動物與植物同爲生物是也。此萬物畢同之說也。

（己）南方無窮而有窮。古天官家不知有南極，故於四方獨以南爲無窮。孫詒讓說。見《墨子閒詁‧經說下》。案此蓋天之說也，蓋天之說，以北極爲中心，四面皆爲南方。夫地不能無厚，既有厚，則嚮反面進，勢必復歸於正面，是南方無窮之說，不可通也。地既可以周遊，則隨處皆可爲中點。故曰："我知天下之中央，燕之北，越之南是也。"見下第九條。或謂合此兩條觀之，似古人已知地體渾圓。此殊不然。凡有厚之物，嚮反面進，皆可復歸於正面，初不問其圓不圓也。

（庚）今日適越而昔來。此破時間分析之見也。夫時無界也，今云昔云，乃至一時一分一秒，皆人之所假立也。果不離因，二者本爲一事。自人有時間觀念，乃即一事強分爲若干節，而別而指之曰：此爲因，此爲果焉。實不通之論也。何也？自適越以至於至，原爲一事，人必強分爲兩事，不過自適迄至，爲時較長，得容分析耳。今有一事，時間甚短，不復容人之分析，則即視爲一事矣。然則此或分爲兩，或合爲一者，乃人之觀念則然，而非事物之本體然也。今人之分析時間，蓋極於秒。同在一秒中之事，即不復計較其先後矣。今命初一爲 a，初二爲 b。初一自北平行，初二至南京，命之曰 a 適南京而 a 至，固不可也。又命一時爲 a，二時爲 b。一時自黃浦江邊行，二時而抵上海縣城，命之曰 a 適上海而 a 至，亦不可也。然一秒之時，既不再加以分析，則將通命之曰 a。今適至近之地，以此一秒鐘發，亦以此一秒鐘至，則以吾儕之語言道之，將曰 a 適某地而 a 至矣。假有時間分析，較吾儕更細者，彼視此一語之可笑，與吾儕視 a 適南京而 a 至，a 適上海而 a 至之語，無以異也。設有時間分別，較吾儕更粗者，其視今日適南京而明日至，一時適上海而二時至，其無庸分別其適與至，亦與吾儕視適與至皆在一秒鐘内者，無以異也。則初一適南京而初二至，一時適上海而二時至，自彼言之，雖曰 a 適南京而 a 至，a 適上海而 a 至，亦無不可矣。此今日適越而昔來之說也。又此條以理事無礙之說解之亦可通。參看下卯有毛一條。

（辛）連環可解也。此條可有二解：一即繫鈴解鈴之說。連環若本一物，無待於解；若本兩物，則如何連，即如何解耳；此一說也。又宇宙本係一體，凡宇宙間事，實係一事，而世必強分之爲若干事，實不通之論也。然世無不以爲通者。如此武斷之論，而可以成立，連環又何不可解乎？

（壬）我知天下之中央。燕之北，越之南是也。說見前。

（癸）氾愛萬物，天地一體也。此條爲惠施宗旨所在。前此九條，皆所以說明此條者也。蓋由前此九條所說，可見物無彼此之分，時無古今之別，通宇宙一體耳。古人用天地字，往往作宇宙字解。既通宇宙皆一體，則我即萬物，萬物即我，其氾愛萬物宜矣。

以上爲莊子述惠施之説。又《荀子・不苟》篇，述惠施、鄧析之説，凡五事：

（子）山淵平，天地比。説已見前。

（丑）齊、秦襲。襲，重也。齊、秦襲，猶言齊、秦只在一處。似即莊子東西相反而不可相無之理。

（寅）入乎耳，出乎口。疑當作入乎口，出乎耳。即臧三耳之旨。言人之聽不恃耳，別有所以爲聽；言不恃口，別有所以爲言也。夫聽不恃耳，而別有所以爲聽；言不恃口，而別有所以爲言，則雖謂入乎口，出乎耳，亦無不可矣。名家之言，多與常識相反，所以矯常識之謬也。入乎耳，出乎口，人人知之，何待言邪？

（卯）鉤有須。俞樾曰"鉤疑姁之假"是也。姁，嫗也。此即萬物畢同畢異之説。言世所視爲絶對相異者，其中仍有同點在也。夫人之異莫如男女；男女之異，莫顯乎有須無須。然世豈有絶對之男女乎？男子之有女性，女子之有男性者，蓋不少也。女子而有男性，則雖謂姁有須可也。

（辰）卵有毛。見下。

又《莊子・天下》篇述桓團、公孫龍辯者之徒與惠施相應之説。

（1）卵有毛。此理與華嚴之理事無礙觀門通，亦即今日適越而昔來之理。蓋凡事果不離因，而因復有因，則無論何事，皆不能指其所自始；皆自無始以來，即如此耳。今若執卵無毛者，試問此卵，如法孵之，能有毛否？若曰無毛，實驗足以證其非。若曰有毛，今實無毛，汝何以能預知。觀卵而決其能有毛，謂卵無毛可乎？卵之無毛，未有是事，實有是理。事不違理，有是理，即謂有是事可也。是卵有毛也。

（2）雞三足。此即臧三耳之説也。蓋謂官體之所爲，非徒官體，其外別有使之者。《墨經》云："聞，耳之聰也。循所聞而意得見，心之察也。"即此理。設無心之察，則耳之所聞，惟一一音耳。聽素所不解之語言即如此。然則聞者不徒耳,行者不徒足,足與耳之外,尚別有一物在也。推是理也,即一事而指其所能見者,以爲其事遂盡於此,則謬矣。如敵國來侵,豈其一一兵卒之爲之邪?

(3) 郢有天下。此似一多相容之理。萬物畢同畢異,則任舉一物,而萬物之理,皆涵於其中,故芥子可以納須彌也。閩粵械鬥之族,豈能爲民國三年歐洲之大戰?然此械鬥之性質,謂即歐戰之心理,無不可也。不忍一牛之心,擴而充之,可以保四海,即由於此。

(4) 犬可以爲羊。此即萬物畢同畢異之理。犬未嘗無羊性,其所以與羊異者:(一)由其生理之不同;(二)由一切環境,有以發達其異於羊之性,而遏抑其同於羊之性也。若有一法焉,專發達其類乎羊之性。而除去其異乎羊之性,則固可使之爲羊。男子閹割,則顯女性;少成若性,習慣自然,皆是此理。

(5) 馬有卵。似即姁有鬚之意。上條言物之後天性質,可以彼此互易。此條言其先天亦無絶對之異也。

(6) 丁子有尾。丁子,未詳。

(7) 火不熱。此條謂物之性質,起於人之感覺。同一火也,灼恆人之膚而以爲痛,炙病者之肌而感其快,火豈有冷熱邪?飲者一斗亦醉,一石亦醉,酒之性質,果能醉人乎?《墨子·經說》曰:"謂火熱也,非以火之熱。"即此理。

(8) 山出口。未詳。謂山亦可以爲谷也。

(9) 輪不輾地。此條之意,與今日適越而昔至相反。彼明一事而世人妄析之,此明多事而世人妄合之也。天下事不分析則已,既分析,則皆可至於無窮,謬視之爲一事,無當也。如德人侵法,世每以爲德意志之國家爲之,視爲一事。然無作戰之人人,豈復有侵法之事。輪之著地,實止一點。點點相續,與非全輪之碾地者何異?世乃只見輪而不復審其著地時之實狀,何邪?

(10) 目不見。此條與火不熱相反。彼言客觀之性質,皆主觀所賦。此言主觀之感覺,待客觀而成也。

(11) 指不至,至不絕。《列子》作"有指不至,有物不盡"。又載公子牟之言曰:"無指則皆至,盡物者常有。"《公孫龍子》曰:"物莫非指,而指非指。天下無指,物無可以謂物。天下而物,可謂指乎?指也者,天下之所無也。物也者,天下之所有也。"案指者,方嚮之謂。《淮南·氾論訓》:"此見隅曲之一指,而不知八極之廣大。"是其義也。《荀子·王霸》篇:"明一指。"《管子·樞言》篇:"强之强之,萬物之指也。"皆此義。《莊子·養生主》:"指窮於爲。薪,火傳也,不知其盡也。"指字當絕。爲,譌也,化也,言方嚮迷於變化也。方嚮因實物而見,非先有空間,乃將實物填塞其中。故曰:"物莫非指,而指非指。指也者,天下之所無;物也者,天下之所有也。"指因物而見。天下之物無窮,則指亦無窮。故曰:"指不至,至不絕。"若欲窮物以窮指,則既云有物,即必有他物與之對待者。故曰"有物不盡"也。

(12) 龜長於蛇。物之長短,不當以兩物互相比較,而當各以其物之標準定之。長不滿七尺,而衣七尺之衣,已覺其長。九尺四寸以長,而衣八尺之衣,已覺其短矣。此龜長於蛇之説也。<small>此即齊物之指。</small>

(13) 矩不方,規不可以爲圓。此即"跡者履之所自出,而跡豈履也哉"之意。凡一定之械器,恆能成一定之物,世遂以此械器爲能成此物,其實不然也。一物之成,必有其種種條件,械器特此諸條件之一耳。能治天下者必有法,執其法,遂謂足以治天下,其失同此。

(14) 鑿不圍枘。此破有間無間之説也。《墨經》曰:"有間,中也。""間,不及旁也",間之界説如此。然自理論言之則可,物之果有間無間,則非感覺所能察也。而世之人每憑其感覺,以定物之有間或無間。吾見兩物相密接,則以爲無間;見兩物不相密接,則以爲有間焉,其實不然也。即如枘之入鑿,<small>猶今以瓶塞入瓶口。</small>世皆以爲無間者也,此鑿圍枘之説也。然使果無間隙,枘豈得入?可見世俗所謂有間無間者繆也。此鑿不圍枘之説也。

(15) 飛鳥之影,未嘗動也。《列子》作"景不移"。公子牟曰:"影不移者,説在改也。"注引《墨子》曰:"影不移,説在改爲也。"今本《墨經》作"影不徙,說在改爲"。爲字無義,疑當如《列子》作"說在改"。《經說》曰:"光至景亡。"言後光既至,前影旋亡。目視飛鳥之影,一似其自成一物,隨鳥之飛而移者,其實鳥移至第二步,則其第一步之影已亡,所見者爲後光所生之新影矣。此以影戲爲喻,最爲易曉。人看影戲,一似其人爲一人物爲一物者,實乃無數影片所續成也。

(16) 鏃矢之疾而有不行不止之時。此條與前條,皆所以破動靜之見也。飛鳥之影,未嘗動也,而世皆以爲動,既喻之矣。然世必曰:飛鳥之影未嘗動,飛鳥固動也,則請更以鏃矢喻。夫鏃矢之行,疾矣,此世所以爲動者也。及其止也,則世所以爲靜者也。今乃曰:有不行不止之時,何哉? 今假矢行千尺,爲時一秒。則每行一尺,須一秒之千分之一。不及一秒千分一之時,矢可謂之行乎?人謂矢行而不止,只是不能覺其止耳。今假有物,其生命之長,尚不及一秒之千分之一,則彼惟見此矢之止,視此矢爲靜物也。同理,矢委地而不動,人則見爲止;然更歷千萬年,安知其不移尺寸乎? 今假有物,以萬期爲須臾,則其視此矢,豈不常見其動哉?

(17) 狗非犬。犬未成豪曰狗。是狗者,犬之小者也。謂狗非犬,是謂少壯之我,非老大之我,可乎哉? 然以新陳代謝之理言之,少壯之我,至老大已一切不存,安得同謂之我? 若其一切皆異,而仍得同謂之我,則世所指爲他者,亦不過與我一切皆異耳,何以又謂之他乎?

(18) 黃馬驪牛三。黃馬一,驪牛一,是二也,安得謂之三? 雖然,名因形立,而既立則與形爲二。黃馬驪牛之觀念,與黃馬驪牛,實非一物也。故曰三也。

(19) 白狗黑。物無色也。色者,人目所見之名耳。假物有色,則其色應恆常不變。然在光綫不同之地,同物之色,即覺不同,則物豈有本色哉? 然則白狗之云,乃我在某種光綫之下視之之色也;易一境而觀之,安知非黑?《墨經》曰:"物之所以然,與所以知之,與所以使人知之,不必同。"即此理。"物之所以然",狗之真相也,無人能見。

"所以知之",我所見狗之色也。"所以使人知之",人所見狗之色也。我所見狗之色,與人所見狗之色,人恆以爲相同,其實不然。何則?我與人不能同占一空間;又我告人,使視此犬,人聞我言,因而視之,其中時間,亦復不同。時異地異,其所見狗,必不同色也。夫我謂之白,人亦謂之白;我謂之黑,人亦謂之黑,此世人所以以其所見爲大可恃也。今則證明:我之所見,與人之所見,實不同物矣。所見實不同物,而可同謂之白,同謂之黑,則謂黑爲白,又何不可?

(20) 孤駒未嘗有母。《列子》作"孤犢未嘗有母"。公子牟曰:"孤犢未嘗有母,非孤犢也。"此言人之知識不可恃之理。蓋人之所知,止於現在。世每自用,以爲能知過去。如孤犢今雖無母,然可推知其必嘗有母,此世人自以爲能知既往之最確者也。然謂萬物必有父母,則最初之物,父母爲誰? 可知萬物必有父母之云,亦吾儕有涯之知,見以爲確,其實未必然也。《墨經》曰:"或,同"惑"。過名也。"説曰:"知是之非此,有同"又"。知是之不在此也。而以已爲然。始也謂此南方,故今也謂此南方。"即此條之理。

(21) 一尺之棰,日取其半,萬世不竭。此言計算之單位,爲人所強立也。一尺之棰,今日取其五寸,明日又取其二寸半,孰能言分至某日,則無可再分乎?既不能言,則雖取之萬世,安有竭時?

《列子·仲尼》篇載公孫龍之説,又有三條,如左:

(A) 有意不心。公子牟曰:"無意則心同。"蓋謂人之所謂心者,實合種種外緣而成,非心之本體也。今有甲焉,病而畏寒,見火而喜。又有乙焉,病而畏熱,見火而怒。甲之喜火,以其病寒。乙之惡火,以其病熱。假甲病熱,見火亦惡,使乙病寒,見火亦喜。然則追涼煬竈,皆非本心。凡百外緣,悉同此理。外緣去盡,本心則同。

(B) 髮引千鈞。此説見《墨經》。《經》曰:"均之絕不,説在所均。"《説》曰:"均,髮均。懸輕重而髮絕,不均也。均,其絕也莫絕。"《列子·湯問》篇,亦載此説。此可以物理學釋之。

(C) 白馬非馬。此説見《公孫龍子》。其説曰:"馬者,所以命形也。白者，所以名色也。命色者，非命形也，故白馬非馬。"又《堅白論》曰："視不得其所堅，而得其所白；拊不得其所白，而得其所堅。"蓋謂官體之感覺，本各獨立，一種觀念之成，皆以思想統一之而後然也。

　　名家之言，可考見者，大略如此。其傳書，《漢志》諸子十家中，爲數即最少，蓋治其學者本少也。二千年以來，莫或措意，而皆詆爲詭辯。其實細繹其旨，皆哲學通常之理，初無所謂詭辯也。然其受他家之詆斥則頗甚。《莊子》謂惠施"以反人爲實，而欲以勝人爲名"。桓團、公孫龍辯者之徒，"能勝人之口，而不能服人之心"。史談謂其"專決於名而失人情"。一言蔽之，則斥其與常識相違而已。孔穿之距公孫龍曰："謂臧三耳甚難而實非也。謂臧兩耳甚易而實是也。不知君將從易而是者乎？將從難而非者乎？"此恆人排斥名家之見也。

第五章 墨　家

當春秋之季，有一蒿目時艱、專以救世爲志者，是爲墨子。墨家者流，《漢志》云："蓋出於清廟之守。茅屋采椽，是以貴儉；養三老五更，是以兼愛；選士大射，是以尚賢；宗祀嚴父，是以右鬼；順四時而行，是以非命；以孝視天下，是以尚同。"胡適之作《九流不出王官論》，於此數語，攻擊最烈。此胡君未解《漢志》之説也。《淮南·要略》云："墨子學儒者之業，受孔子之術，以爲其禮煩擾而不説，厚葬靡財而貧民，服傷生而害事，服上當奪"久"字。故背周道而用夏政。"此説最精。清廟即明堂，見蔡邕《明堂月令論》。周之明堂，即唐虞之五府，夏之世室，殷之重屋，乃祀五帝之所，爲神教之府。《史記·五帝本紀》索隱引《尚書·帝命驗》。古代制度簡陋，更無宗廟、朝廷、學校、官府之別。一切政令，悉出其中。讀惠氏棟《明堂大道録》可見。古人制禮，於邃初簡陋之制，恆留詒之以示後人。《記》曰："禮也者，反本修古，不忘其初者也。醴酒之用，玄酒之尚，割刀之用，鸞刀之貴，莞簟之安，藁鞂之設。"《禮器》。漢武帝時，公玉帶上《明堂圖》，中有一殿，四面無壁，以茅蓋，《史記·封禪書》。即此所謂茅屋采椽。明堂建築，至後來已極壯麗，見《大戴禮記·明堂》篇。而猶存此簡陋之制，正是不忘其初之意。不忘其初，則所以示儉也。養老之禮，後世行諸學校。古辟雍清廟合一，故亦行諸清廟之中。選士本以助祭，見《禮記·射義》。其行諸清廟，更爲義所當然。順四時而行，則《禮記·月令》、《吕覽·十二紀》、《淮南·時則訓》所述之制。農牧之世，人之生活，全賴天時。其時知識淺陋，以爲日月之運行，寒暑之迭代，以及風雨霜露等，咸有神焉以司之，故其崇奉天神極篤。久之，遂謂人世一切，皆當聽命於天。《月令》等篇，條舉某時當行某政，非其時則不可行。苟能遵守其説，則政無不舉，而亦無非時興作之事，如農時興土功之類。國事自可大治。《論語》：顏淵問爲邦，孔子首告以行夏之時，精意實在於此，非但爭以建寅之月爲歲首也。此誠便民要義，而古人之信守，則亦由於寅畏上天。觀《月令》等所載，行令有誤，則天降之異以示罰，其意可知。此等天神，皆有好惡喜怒，一與人同。若如其他諸子之説，所謂命者，於己於人，皆屬前定；更無天神降鑒，以行其賞善罰惡之權，則明堂月令之説，爲不可通矣。此墨子所以非之也。《禮運》："子曰：我欲觀夏道，是故之杞，而不足徵也，吾得夏時焉。"所謂"夏時"者，鄭注以《夏小正》之屬當之，而亦不能質言。竊意《月令》等書所述，正其遺制也。嚴父配天，事始於禹。見《禮記·祭法》。鬼者人鬼，故曰右鬼。古諸侯多天子之支庶；虔奉大君，不啻只事宗子；而敬宗之義，原於尊祖，故曰"以孝示天下，是以尚同"也。《呂覽·當染》篇曰："魯惠公使宰讓請郊廟之禮於天子。桓王使史角往，惠公止之，其後在魯，墨子學焉。"此墨學出於清廟之守之誠證。《漢志》墨家，首列《尹佚》二篇。尹佚即史佚。王居明堂之禮，前巫後史。《禮記·禮運》。故清廟之禮，惟史氏爲能識之。墨學之出於史角，與墨家之首列尹佚，二事正可互證也。《莊子·天下》篇言墨子稱道禹，"使後世之墨者，多以裘褐爲衣，以跂蹻爲服，日夜不休，以自苦爲極，曰：不能如此，非禹之道也，不足爲墨"。今《公孟》篇載墨子之辭曰："子法周而未法夏也。"此爲莊子之言之誠證。《論語》："子曰：禹，吾無閒然矣。菲飲食，而致孝乎鬼神；惡衣服，而致美乎黻冕；卑宮室，而盡力乎溝洫。"致孝鬼神，致美黻冕，乃《漢志》宗祀嚴父之説；卑宮室，則茅屋采椽之謂也。《節葬》篇載墨子所制葬法與禹同，又《淮南》用夏政之注脚。此類尚多，孫星衍《墨子注後序》，可以參看。知《漢志》及《淮南》之言，皆確不可易矣。

又《墨子·非樂》篇云:"啓乃淫溢康樂,野於飲食。將銘莧磬以力。湛濁於酒,渝食於野,萬舞翼翼。章聞於天,天用勿式。"其辭不盡可解。然謂夏之亡,由啓之荒於樂,則大略可見。《離騷》:"啓九辯與九歌兮,夏康娛以自縱。不顧難以圖後兮,五子用失乎家巷。"説正相合。后羿篡夏,《史記》不言其由。《偽古文尚書》謂由太康好畋,乃移羿之惡德,以植諸夏,殊不足信。觀《墨子》、《楚辭》,則知夏祚中絶,實由嘉音沈湎。蓋後世遂懸爲鑒戒,墨子之非樂,亦有由來矣。

墨出於儒,亦有左證。《墨子》書中,與儒家相詰難者,爲《非儒》、《公孟》兩篇。《耕柱》亦間見其説。而《修身》、《親士》、《所染》三篇,實爲儒家言。《修身》、《親士》,與《大戴禮記·曾子立事》相表裏。《所染》與《吕覽·當染》略同。因有疑其非《墨子》書者。案墨子之非儒,僅以與其宗旨不同者爲限。《非儒》上篇已亡。合下篇及《耕柱》、《公孟》觀之。其所非者爲儒家之喪服及喪禮,以其違節葬之旨也。非其娶妻親迎,以其尊妻倖於父,違尚同之義也。非其執有命,以申非命之説也。非其貪飲食,惰作務,以明貴儉之義也。非其循而不作,以與背周用夏之旨不合也。非其勝不逐奔,揜函勿射,以其異於非攻之論也。非其徒古其服及言;非其君子若鐘,擊之則鳴,勿擊不鳴,以其無強聒不捨之風,背於貴義之旨也。此外詆訾孔子之詞,多涉誣妄,則古書皆輕事重言,不容泥其事蹟立論。又墨之非儒,謂其學累世莫殫,窮年莫究。然《貴義》篇謂:"子墨子南遊使衛,載書甚多。弦唐子見而怪之,曰:夫子教公尚過曰:揣曲直而已。今夫子載書甚多,何也? 子墨子曰:翟聞之,同歸之物,信有誤者,是以書多也。今若過之心者,數逆於精微,同歸之物,既已知其要矣,是以不教以書也。"然則墨子之非讀書,亦非夫讀之而不知其要;又謂已知其要者,不必更讀耳。非謂凡人皆不當讀書也。其三表之法,上本之古聖王,實與儒家之則古昔稱先王相近,而其書引《詩》、《書》之辭亦特多。《淮南·主術》云:"孔、墨皆修先聖之術,通六藝之論。"説蓋不誣。《修身》、《親士》、《所染》三篇,固不得謂非墨子書矣。

墨子宗旨，全書一貫，兼愛爲其根本。《天志》、《明鬼》，所以歆懼世人，使之兼相愛，交相利也。不利於民者，莫如兵争及奢侈，故言《兼愛》，必講《非攻》、《守御》之術，正所以戢攻伐之心。而《節用》、《節葬》及《非樂》，則皆所以戒侈也。《非命》所以伸《天志》，説已具前。《尚同》者，封建之世，禮樂征伐，自天子出，則諸侯咸有所忌，而生民可以小康。自諸侯出，已不免連摟相伐。自大夫出，陪臣執國命，則不可一日居矣。故墨家之尚同，正猶儒家之尊君，皆當時維持秩序，不得不然之勢。或訾其鄰於專制，則彼固主選天下之賢可者而立之矣。故《尚賢》之説，與《尚同》相表裏，而《尚同》以天爲極，則又與《天志》相貫通也。惟《經》、《經説》、大小《取》六篇，多言名學及自然科學。在當日，實爲高深學術，距應用頗遠，與墨子救世之旨不符。蓋古清廟明堂合一，明堂爲神教之府。教中尊宿，衣食饒足；又不親政事，專務退思，遂有此高深玄遠之學。史角明乎郊廟之禮，蓋曾習聞其説而世守之。而其後人又以授墨子。此雖非救世所急，然既與聞其説，亦即傳習其辭。正如墨子非儒，而《修身》、《親士》、《所染》等儒家言，未嘗不存其書中也。然則辯學由墨子而傳，而其學實非墨子所重。今之治諸子學者，顧以此稱頌墨子，則非墨子之志矣。諸篇雖講論理，仍有發明兼愛之辭。見上章。孔子言夏人尚忠，《墨經》實其一證。而墨子之用夏道，更不足疑矣。

欲知墨子之説，必先明於當日社會情形，不能執後人之見，以議古人也。古者風氣敦樸，君民之侈儉，相去初不甚遠。而公産之制，崩潰未盡，生産消費，尤必合全社會而通籌。《王制》：冢宰制國用，必以三十年之通。雖天子，亦必凶旱水溢，民無菜色，然後可日舉以樂。此可見墨子之《非樂》不足怪。《曲禮》曰："歲凶，年穀不登，君膳不祭肺，馬不食穀，馳道不除，祭祀不縣，大夫不食粱，士飲酒不樂。"凶歲如此，況於民之飢，不由於歲，而由於在上者之橫征暴斂，役其力而奪其時乎？"朱門酒肉臭，路有凍死骨"，後世之人，習焉則不以爲異，墨子之時，人心不如是也。古者地廣人稀，百里七十里五十里之國，星羅棋布於大陸之上,其間空地蓋甚多,故其兵爭不烈。疆場之役,一彼一此,不過如今村邑之交閧。傾國遠門,如楚陽橋、吳艾陵之役者,已爲罕聞;長平之阬、西陵之焚,不必論矣。席卷六合,罷侯置守,非墨子時所能夢想。欲求少澹干戈之禍,惟望率土地而食人肉者,稍念正義而惜民命而已。此如今之唱限制軍備,立非戰公約者,孰不知其非徹底之論?然捨此,旦夕可行者,更有何法?豈得詆唱此等議者,爲皆迂腐之談乎?故執後世之事,或究極之理,以議墨子者,皆不中情實者也。

墨家上説下教,所接者,非荒淫之貴族,即顓蒙之氓庶。非如鄒魯學士之談,稷下儒生之論,可以抗懷高義也。故其持義,恆較他家爲低,先秦諸家,言天言鬼神,皆近泛神論、無神論。墨子所謂天,所謂鬼,則皆有喜怒欲惡如人,幾於愚夫愚婦所奉,無論矣。兼愛之義,儒家非不之知。孔子曰:"道二,仁與不仁而已矣。"《孟子・離婁上》。又言大同之世,"人不獨親其親,不獨子其子"。此與《墨子》所謂"周愛人然後爲愛人"《小取》。者何異?孟子曰:"殺人之父者,人亦殺其父;殺人之兄者,人亦殺其兄;然則非自殺之也,一間耳。"亦與《兼愛下》篇:"吾不識孝子之爲親度者,亦欲人愛利其親與?意欲人之惡賊其親與?以説觀之,即欲人之愛利其親也。然則吾惡先從事即得此?"同意。然愛之道雖無差別,而其行之則不能無差等。故曰:"仁者人也,親親爲大。義者宜也,尊賢爲大。親親之殺,尊賢之等,禮所生也。"《中庸》。若其毫無等差,試問從何行起。又孟子曰:"春秋無義戰,彼善於此,則有之矣。""義兵"二字,蓋儒家論兵宗旨。《呂覽》中《孟秋》、《仲秋》、《季秋》三紀,皆論用兵。開宗明義即曰:"古聖王有義兵而無偃兵。"其下文又曰:"兵苟義,攻伐亦可,救守亦可。兵不義,攻伐不可,救守不可。"蓋儒家駁墨家之説也。夫兵不論其義不義,而但論其爲攻爲守,此本最粗淺之説。果以是爲是非之準,彼狡者,何難陰致人之攻,既居守義之名,又有得利之實邪?且世之治,不治於其治之日,而必有其由始。世之亂,亦不亂於其亂之日,而必有其所由兆。戰爭者,人類平時積種種之罪惡,而一旦破裂焉者也。其事固甚慘酷,然不務去戰爭之原,而特求弭戰爭之事,不可得也。即能弭之,其爲禍爲福,亦正未易言。何則?既已造種種惡孽矣,不摧陷廓清之,終不可以望治;欲摧陷而廓清之,則兵終不能去也。《呂覽》曰:兵"若水火然,善用之則爲福,不善用之則爲禍。若用藥者然,得良藥則活人,得惡藥則殺人。義兵之爲天下良藥也亦大矣"。又曰:"當今之世,濁甚矣;黔首之苦,不可以加矣。天子既絕,賢者廢伏;世主恣行,與民相離。黔首無所告愬。凡爲天下之民長也,慮莫如長有道而息無道,賞有義而罰不義。今之學者,多非乎攻伐,而取救守,則長有道而息無道,賞有義而罰不義之術不行矣。"其說實較墨子爲圓足也。然墨子非不知此也。墨者夷之以爲"愛無差等,施由親始"。《孟子·滕文公上》。此與儒家"親親而仁民,仁民而愛物"之說何異?《非攻下》篇,或以禹征有苗,湯伐桀,武王伐紂難墨子。墨子以"彼非所謂攻謂誅"答之。夫攻之與誅,所異者則義不義耳。墨子又曰:"今若有能信效先利天下諸侯者:孫氏曰:"效讀爲交。"人勞我逸,則我甲兵強。寬以惠,緩易急,民不移,易攻伐以治我國,攻必倍。量我師舉之費,以爭諸侯之弊,則必可得而序利焉。督以正,義其名,必務寬吾衆,信吾師,以此授諸侯之師,則天下無敵也。"則並以非攻爲勝敵之策矣。然則墨子之論,特取救一時之弊,並非究極之談。語其根本思想,與儒家實不相遠。此亦墨出於儒之一證也。

儒家言兵,恆推其原於心。墨子則但就物質立論。其非攻之說,即較計於利不利之間。謂計其所得,反不如所喪之多。宋牼欲說罷秦、楚之兵,而曰:"我將言其不利。"亦是物也。《孟子·告子下》。兵爭之事,看似出於權利爭奪之欲,實亦由於權力執著之私。試觀訟者,往往傾千金之產,以爭錙銖之物可知。古代之用兵,不如後世之審慎;國事又多決於少數人,其易動於一時之意氣,尤不待言也。《史記·律書》曰:"自含血戴角之獸,見犯則校,而況於人懷好惡喜怒之氣?喜則愛心生,怒則毒螫加,情性之理也。"此數語亦見《淮南·兵略訓》。《淮南》此篇,亦儒家言也。《呂覽》曰:"兵之所自來者遠矣,未嘗少選不用,貴賤長少賢者不肖相與同,有巨有微而已矣。察兵之微,在心而未發,兵也;疾視,兵也;作色,兵也;傲言,兵也;援推,兵也;連反,兵也;侈鬥,兵也;三軍攻戰,兵也。此八者皆兵也,微巨之爭也。今世之以偃兵疾說者,終身用兵而不自知悖。"其説精矣。儒家之化民,重禮尤重樂,蓋由此也。然兵爭之事,固由一二人發蹤指示,亦必多數人踴躍樂從。發蹤指示之人,庸或激於意氣;踴躍樂從之士,則必利其俘獲之心爲多。又況發蹤指示者,究亦多動於爭城爭地之欲也?故以救世而論,則墨子之言,尤切於事情也。

尚儉之説,諸家之攻擊墨子者,尤多不中理。非諸家之言之無理,乃皆昧於墨子之意也。《莊子·天下》篇論墨子曰:"其生也勤,其死也薄,其道大觳。使人憂,使人悲,其行難爲也……反天下之心,天下不堪。墨子雖獨能任,奈天下何?"夫墨子非謂民皆豐衣足食,猶當守此勤生薄死之法也,若其途有餓莩,而猶縱狗彘以食人食,返諸人之相人偶之心,其堪之乎?《荀子·富國》篇駁墨子曰:"夫不足非天下之公患也。特墨子之私憂過計也。今是土之生五穀也,人善治之,則畝數盆,一歲而再獲同"穫"。之。然後瓜桃棗李一本數以盆鼓。然後葷菜百疏同"蔬"。以澤量。然後六畜禽獸一而剸車。黿魚鱉鰌鱣以時別,一而成群。然後,飛鳥鳧雁若烟海,然後昆蟲萬物生其間,可以相食養者不可勝數也。夫天地之生萬物也固有餘,足以食人矣;麻葛繭絲鳥獸之羽毛齒革也固有餘,足以衣人矣。夫有餘不足,非天下之公患也,特墨子之私憂過計也。天下之公患,亂傷之也。……墨子大有天下,小有一國:將蹙然衣粗食惡,憂戚而非樂。若是則瘠。瘠則不足欲。不足欲則賞不行。……將少人徒,省官職,上功勞苦,與百姓均事業,齊功勞。若是則不威。不威則罰不行。賞不行,則賢者不可得而進也;罰不行,則不肖者不可得而退也;賢者不可得而進也,不肖者不可得而退也,則能不能不可得而官也。若是則萬物失宜,事變失應;上失天時,下失地利,中失人和,天下敖然,若燒若焦。墨子雖爲之衣褐帶索,嚽菽飲水,惡能足之乎?……故墨術誠行,則天下尚儉而彌貧,非鬥而日争,勞苦頓萃而愈無功,愀然憂戚非樂而日不和。"其言甚辯。然亦思天下之亂,果衣粗食惡,憂戚非樂者致之乎?抑亦名爲利民,而所冀實在乎賞,所畏惟在乎罰者致之也?狃於小康之治者,恆謂必得一賢君以治群有司,得群良有司以牧民,然後可幾於治;任兼人之事者,理宜享兼人之奉,故或禄以天下而不爲多。殊不知身任天下之責者,皆由其度量之超越乎尋常,初不蘄於得報。苟無其人,即倍蓰天下之禄以求之,猶是不可得也。若尋常人,則其作官,亦猶之農之耕田,工之治器,商之貿遷,求以自食焉而已。既爲求食而至,公私利害相反,勢必先私而後公。此言治所以不能廢督責。然而督責人者,亦非人群外之天神,而群中之人也。人之度量,相去固不甚遠。未嘗能任天下之事,而先禄之天下,適以蠱惑頹喪其心志,使之據其位而不肯去;而其利害,浸至與民相反耳。小康之治,終非了義,職此之由。荀子之論,徒見其以病理爲生理而已。

墨子,《史記》無傳,僅於《孟荀列傳》後附見數語,曰:"蓋墨翟,宋之大夫,善守禦,爲節用。或曰並孔子時,或曰在其後。"《孟荀列傳》,文甚錯亂。此數語究爲史公原文與否,頗爲可疑。高誘謂墨子魯人。此外說者或以爲宋人,亦難定。以其學出於儒觀之,其生當後於孔子。學孔子之術,不必及孔子之門。孔子未嘗稱墨子,而墨子屢稱孔子,即其後於孔子之證。其身即非魯人,其學則必與魯大有關係也。孫詒讓《墨子傳略》,考墨子行事頗詳,今不更及。

墨家巨子,當首推禽滑釐。故《莊子·天下》篇,以之與墨翟並稱。次則當推宋鈃。《天下》篇以之與尹文並稱。尹文事已見前章。宋鈃之事,見《孟子·告子》及《荀子》中《天論》、《正論》二篇。《正論》篇謂其"明見侮之不辱,使人不鬥"。又曰:"子宋子曰:人之情欲寡,而皆以己之情爲欲多,是過也。故率其群徒,辨其談說,明其譬稱,將使人知情欲之寡也。"《天論》篇謂:"宋子有見於少,無見於多。"其說實最堪注意。世之言生計學者,每以好奢爲人之本性。其實侈與儉皆非人之所欲。人之本性,惟在得中。奢侈之念,亦社會之病態有以致之耳。宋子之義明,則墨者之道,"反天下之心"之難解矣。而惜乎其無傳也。

孟子謂"楊朱、墨翟之言盈天下",又謂"逃墨必歸於楊,逃楊必歸於儒",則墨學在戰國時極盛。然其後闃焉無聞。則墨之徒黨爲俠,多"以武犯禁",爲時主之所忌。又勤生薄死,兼愛天下,非多數人所能行。巨子死而遺教衰,其黨徒,乃漸復於其爲遊俠之舊。高者不過能"不愛其軀,以赴士之阨困",而不必盡"軌於正義",下者則並不免"爲盜跖之居民間"者矣。以上皆引《史記·遊俠列傳》。創一說立一教者,其意皆欲以移易天下。社會中人,亦必有若干受其感化。然教徒雖能感化社會,社會亦能感化教徒。釋老基督之徒,在今日皆僅爲遊民衣食之路,營營逐逐,曾無以異於恆人,即由於此。墨學之中絶,亦若是則已矣。

第六章　縱橫家

縱橫家者流,《漢志》云:"蓋出於行人之官。"孔子曰:誦《詩》三百,"使於四方,不能專對,雖多,亦奚以爲"?又曰:"使乎使乎。言其當權事制宜,受命而不受辭,此其所長也。及邪人爲之,則上詐諼而棄其信。"蓋古者外交,使人之責任甚重,後遂寖成一種學問。此學蓋至戰國而後大成。《漢志》所謂邪人爲之者,正其學成立之時也。

縱橫家之書,今所傳者惟《戰國策》。此書多記縱橫家行事,而非事實。《漢志》入之春秋家,後世書目,遂多以隸史部,非也。《漢書·蒯通傳》:"論戰國時説士權變,亦自序其説,凡八十一首,號曰《雋永》。"而《志》有《蒯子》五篇,即本傳所謂《雋永》者矣。《戰國策》一書,正論説士權變,並序其説者也。然此書止於備載行事,於縱橫家之學理,未曾道及。縱橫家之學理,轉散見於諸子書中。而莫備於韓非之《説難》。今觀其説曰"凡説之難:非吾知之有以説之之難也,又非吾辯之能明吾意之難也,又非吾敢橫失而能盡之難也。凡説之難:在知所説之心,可以吾説當之。所説出於爲名高者也,而説之以厚利,則見下節而遇卑賤,必棄遠矣。所説出於厚利者也,而説之以名高,則見無心而遠事情,必不收矣。所説陰爲厚利而顯爲名高者也,而説之以名高,則陽收其身而實疏之;説之以厚利,則陰用其言,顯棄其身矣"云云。全篇所論,皆揣摩人君心理之術。蓋縱橫家所言之理,亦夫人之所知,惟言之之術,則爲縱橫家之所獨耳。《吕覽·順説》篇,亦論説術。

《戰國策》載蘇子說秦，不用而歸。妻不下機，嫂不爲炊，父母不與言。乃發憤讀書。期年，復說趙王，爲縱約長。路過雒陽。父母聞之，清宮除道，郊迎三十里。妻側目而視，側耳而聽。嫂蛇行匍匐，四拜自跪而謝。秦乃喟然曰："貧窮則父母不子，富貴則親戚畏懼。人生世上，勢位富厚，蓋可以忽乎哉？"世人讀此，因謂當時縱橫之士，皆自謀富貴之徒。此亦不然。縱橫家固多自便私圖，而以人之家國殉之者。然此等人，各種學術中，皆所難免。儒家豈無曲學阿世者乎？要不得以此並没真儒也。縱橫家亦然。《說難》篇曰："伊尹爲宰，百里奚爲虜，皆所以干其上也。此二人者，皆聖人也，然猶不能無役身以進，如此其汙也。今以吾言爲宰虜，而可以聽用而振世，此非能仕據《索隱》，當作"士"。之所恥也。"其救世之心，昭然若揭矣。《孟子·滕文公》篇："陳代曰：不見諸侯，宜若小然。今一見之，大則以王，小則以霸。且《志》曰：枉尺而直尋，宜若可爲也。"亦此意也。《吕覽·愛類》篇曰："賢人之不遠海內之路，而時往來乎王公之朝，非以要利也，以民爲務故也。人主有能以民爲務者，則天下歸之矣。"此其用心，亦即孔子周流列國之心也。《盡心》篇載孟子之言曰："說大人，則藐之，勿視其巍巍然。"則孟子亦講說術矣。凡成爲一種學術，未有以自利爲心者；以自利爲心，必不能成學術也。

《史記·蘇秦列傳》："東事師於齊，而習之於鬼谷先生。"《集解》引《風俗通》曰："鬼谷先生，六國時縱橫家。"《法言》曰："蘇秦學乎鬼谷術。"《論衡》曰："《傳》曰：蘇秦、張儀縱橫，習之鬼谷先生。掘地爲坑，曰：下，說令我泣出。則耐分人君之地。蘇秦下，說鬼谷先生泣下沾襟。張儀不若。"《答佞》篇。又《明雩》篇亦曰："蘇秦、張儀，悲說坑中，鬼谷先生，泣下沾襟。"說雖不經，而鬼谷先生爲戰國時縱橫家大師，爲儀、秦之術所自出，則無可疑矣。今世所傳，有《鬼谷子》十二篇。《漢志》不載。《隋志》著録三卷，有皇甫謐、樂一二注。《意林》、王應麟《漢志考證》皆作"樂臺"。《史記》秦傳云："得周書《陰符》，伏而讀之。期年，以出揣摩。"《集解》曰："《鬼谷子》有《揣摩》篇。"《索隱》引王劭云："揣情、摩意，是

《鬼谷》之二章名，非爲一篇也。"又《漢書·杜周傳》："業因勢而抵陒。"注引服虔曰："抵音底，陒音戲，謂罪敗而復抨彈之。蘇秦書有此法。"師古曰："一説：陒讀與戲同。《鬼谷》有《抵戲》篇。"論者因謂今《鬼谷子》即《漢志·蘇子三十一篇》之殘。然今書詞意淺薄，決非古物。且《説苑》、《史記注》、《文選注》、《意林》、《太平御覽》所引《鬼谷子》，或不見今書，或雖有之，而又相差異，見秦刻本附錄。則並非《隋志》著錄之本矣。即《隋志》著錄之本，亦僞物也。據《史記》、《風俗通》、《法言》、《論衡》諸書，鬼谷先生明有其人。而《索隱》引樂壹注謂"蘇秦欲神秘其道，故假名鬼谷"，則以秦習業鬼谷爲無其事，其不合一矣。古稱某先生或某子者，多冠以氏，鮮冠以地者。而《集解》引徐廣謂"潁川陽城有鬼谷，蓋是其人所居，因爲號"。《索隱》又謂："扶風池陽，潁川陽城，並有鬼谷墟。"扶風、潁川，並非齊地。蓋以東事師於齊與習之鬼谷先生爲兩事。《史記》之意，恐不如此。其不合二矣。然則《隋志》所錄，已爲僞物；今本則又僞中之僞耳。《隋志》著錄之本，既有皇甫謐注，必出於晉以前。雖爲僞書，要必多存古説。《史記·太史公自序》："聖人不朽，時變是守。"《索隱》謂其語出《鬼谷》，蓋正造《鬼谷》者採摭《史記》也。可以見其一斑。

第七章 兵 家

兵家之書，《漢志》分爲權謀、形勢、陰陽、技巧四家。陰陽、技巧之書，今已盡亡。權謀、形勢之書，亦所存無幾。大約兵陰陽家言，當有關天時，亦必涉迷信。兵技巧家言，最切實用。然今古異宜，故不傳於後。兵形勢之言，亦今古不同。惟其理多相通，故其存者，仍多後人所能解。至兵權謀，則專論用兵之理，幾無今古之異。兵家言之可考見古代學術思想者，斷推此家矣。

《漢志》有《吳孫子兵法》八十二篇、《齊孫子》八十九篇。今所傳者，乃《吳孫子》也。《史記·孫武傳》云："以兵法見於吳王闔閭。闔閭曰：子之十三篇，吾盡觀之矣。"又謂："世俗所稱師旅，皆道《孫子》十三篇。"則今所傳十三篇，實爲原書。《漢志》八十二篇，轉出後人附益也。此書十之七八，皆論用兵之理，極精。

《史記》曰："吳起《兵法》世多有。"《韓非子·五蠹》篇曰："藏孫、吳之書者家有之。"則二家之書，在當時實相伯仲。《漢志》有《吳起》四十八篇，今僅存六篇。其書持論近正，而精義甚少，且皆另碎不成片段。蓋原書已亡，而爲後人所綴拾也。又《軍禮司馬法》百五十五篇。《漢志》出之兵家，入之於禮。此書太史公盛稱之。《司馬穰苴列傳》曰："齊威王使大夫追論古者《司馬兵法》而附穰苴於其中，因號曰《司馬穰苴兵法》。"明二家兵法，當以司馬爲主。太史公曰："余讀《司馬兵法》，閎廓深遠，雖三代征伐，未能竟其義，如其文也，亦少褒矣。若夫《穰苴》，區區爲小國行師，何暇及《司馬兵法》之揖讓乎？"亦褒司馬而貶稷苴也。今所傳者五篇，精義亦少，蓋亦後人掇拾佚文，加以聯綴者也。昔人輯佚之書，往往不注出處；又或以己意爲之聯綴。後人遂疑爲僞書。其實書不盡僞，特輯佚之法未善而已。

《漢志》：雜家，《尉繚》二十九篇；兵家，《尉繚》三十一篇。今《尉繚子》二十四篇，皆兵家言，蓋兵家之《尉繚》也。二十四篇中，有若干篇似有他篇簡錯，析出，或可得三十一篇邪？又今本《六韜》，凡五十篇。題周呂望撰。世多以爲僞書。然標題撰人，原屬後人之謬。至著書托之古人，則先秦諸子皆然。《史記》所謂"後世之言兵，及周之陰權，皆宗太公爲本謀"也。《齊世家》。《漢志》：道家，《太公》二百三十七篇。中有兵八十五篇。疑今之《六韜》，必在此八十五篇中矣。《六韜》及《尉繚子》，皆多存古制，必非後人所能僞爲。如《陰符》篇曰："主與將有陰符，凡八等。所以陰通言語，不泄中外。"正可考見古制。乃《四庫提要》謂："僞撰者不知陰符之義，誤以爲符節之符，遂粉飾以爲此言。"然則此篇之外，又有《陰書》，又緣何而僞撰邪？惟言用兵之理者較少耳。兵家言原理之書，存於諸子書中者，有《荀子》之《議兵》篇；《呂氏春秋》之《孟秋》、《仲秋》、《季秋》三紀；及《淮南子》之《兵略訓》。其持論之精，皆足與孫子相匹敵。又《墨子》書《備城門》以下十一篇，亦兵技巧家言之僅存者。

兵家之言，與道法二家，最爲相近。孫子曰："行千里而不勞者，行於無人之地也。攻而必取者，攻其所不守也。守而必固者。守其所不攻也。"又曰："夫兵形象水，水之形，避高而趨下；兵之形，避實而擊虛。水因地而制流，兵因敵而制勝。故兵無常勢，水無常形。"《虛實》篇。此道家因任自然之旨也。又曰："百戰百勝，非善之善者也，不戰而屈人之兵，善之善者也。"《謀攻》篇。又曰："昔之善戰者，先爲不可勝，以待敵之可勝。不可勝在己，可勝在敵。故善戰者，能爲不可勝，不能使敵之必可勝。故曰：勝可知而不可爲。……故善戰者之勝也，無智名，無勇功。故其戰勝不忒。不忒者，其所措勝；勝已敗者也。故善戰者，立於不敗之地，而不失敵之敗也。"《軍形》篇。此道家守約之説也。又曰："兵聞拙速，未睹巧之久也。"《作戰》篇。又曰："後人發，先人至。"《軍爭》篇。又曰："善戰者致人而不致於人。"《虛實》篇。此道家以靜制動之術也。又曰："善出奇者，無窮如天地，不竭如江河。終而復始,日月是也。死而復生,四時是也。聲不過五,五聲之變,不可勝聽也。色不過五,五色之變,不可勝觀也。味不過五,五味之變,不可勝嘗也。戰勢不過奇正,奇正之變,不可勝窮也。"《兵勢》篇。又曰:"善攻者敵不知其所守,善守者敵不知其所攻。微乎微乎!至於無形。神乎神乎!至於無聲,故能為敵之司命。"《虛實》篇。此則將至變之術,納之至簡之道;又自處於至虛之地,尤與道家之旨合矣。

至其用諸實際,必準諸天然之原理,亦與名法家言合。故曰:"善用兵者,修道而保法,故能為勝敗之政。兵法:一曰度,二曰量,三曰數,四曰稱,五曰勝。地生度,度生量,量生數,數生稱,稱生勝。"《軍形》篇。"凡治眾如治寡,分數是也。鬥眾如鬥寡,形名是也。"《兵勢》篇。皆名法家先審天然之條理,立法而謹守之之意。而以整齊嚴肅之法,部勒其人而用之,如所謂"金鼓旌旗者,所以一人之耳目也。人既專一,則通者不得獨進,怯者不得獨退"者,《軍爭》篇。尚其淺焉者已。

古有所謂仁義之師者,非盡虛語也。蓋係虞之多,殘殺之酷,攘奪之烈,皆後世始然。此等皆社會之病態有以致之。社會病態,亦積漸而致,非一朝一夕之故也。古所謂大同小康之世,國內皆較安和。講信修睦之風,亦未盡廢墜。偶或不諒,至於兵爭,必無流血成渠,所過為墟之慘矣。即吊民伐罪,亦理所可有。後世土司,暴虐過甚,或兵爭不息,政府固常易置其酋長,或代以流官也。其行軍用師,誠不能如古所謂仁義之師者之純粹;然議論總較事實稍過,太史公所為嘆《司馬法》閎廓深遠,雖三代征伐,未能竟其義,如其文者也。然則設使社會內部,更較古所謂三代者為安和,則其用兵,亦必能較古所謂三代者為更合乎仁義。不得執社會之病態,為人性之本然,而疑其康健時之情形為夸誕之辭也。義兵之說,《呂覽》而外,見第五章。《淮南·兵略》,略同《呂覽》。又見孟、荀二子。荀子曰:"孫吳上勢利而貴變詐。暴亂昏嫚之國,君臣有間,上下離心,故可詐也。仁人在上,為下所仰;猶子弟之衛父兄,手足之扞頭目。鄰國望我,歡若親戚,芬若椒蘭。顧視其上,猶焚灼仇讎。人情豈肯為其所惡,攻其所好哉?故以桀攻桀,猶有巧拙。以桀詐堯,若卵投石,夫何幸之有?"見《議兵》篇。此則制勝之術,初不在抗兵相加之時,而其用兵之意,亦全不在於爲利,可謂偭乎遠矣。

第八章　農　家

農家之學，分爲二派：一言種樹之事。如《管子·地員》、《吕覽》之《任地》、《辨土》、《審時》諸篇是也。一則關涉政治。《漢志》曰：“農家者流，蓋出於農稷之官。播百穀，勸耕桑，以足衣食。故八政一曰食，二曰貨。孔子曰：所重民食。此其所長也。及鄙者爲之，以爲無所事聖王，欲使君臣並耕，誖上下之序。”君臣並耕，乃《孟子》所載。爲神農之言者，許行之説。“神農”二字，乃農業之義，非指有天下之炎帝其人。“爲神農之言”，猶言治農家之學耳。《漢志》著録，首《神農》二十篇。注曰：“六國時，諸子疾時怠於農業，道耕農事，託之神農。”今《管子·揆度》篇，實引《神農之教》。《揆度》爲《管子·輕重》之一。《輕重》諸篇，有及越、梁事者，正六國時書。則《輕重》諸篇，皆農家言也。又有《宰氏》十七篇。注曰：“不知何世。”案《史記·貨殖列傳》集解引《范子》曰：“計然者，葵丘濮上人。姓辛氏，字文子。”而《元和姓纂》十五，海宰氏下引《范蠡傳》曰：“陶朱公師計然，姓宰氏，字文子，葵丘濮上人。”近人謂據此則唐人所見《集解》，辛氏本作宰氏。案宰氏果即計然，劉、班無緣不知。或後人正因《漢志》之書，附會計然之姓。然必計然事蹟學説，本與農家有關乃啓後人附會之端。則《史記·貨殖列傳》所載生計學説，又多農家言矣。

蓋交易之行，本在農業肇興之世。農業社會，雖一切多能自給，而分工稍密，交易已不能無。又其時交易，率由農民兼營，尚未成爲專業，故食貨兩字，古人往往連言。至東周而後，商業日盛，“穀不足而貨有餘"，《前漢紀》卷七語。附庸已蔚爲大國，而農、商二業，猶視爲一家之學也。

《管子·輕重》諸篇，所言不外三事：（一）制民之產，（二）鹽鐵山澤，（三）蓄藏斂散。制民之產，爲農業社會制治之原。然東周以後之政治，有不能以此盡者。蓋人民生活程度日高，社會分工合作益密。則日常生活，有待於交易者日多，而兼併因之而起。兼併之大者，一由山澤之地，漸爲私家所占。二則工官之職，漸歸私家所營。三則"歲有凶穰，故穀有貴賤；令有緩急，故物有輕重"。於是"蓄賈遊於市，乘民之急，百倍其本"，遂使"知者有十倍人之功，愚者有不賡本之事"矣。《管子·國蓄》。土地任人私占；一切事業，皆任人私營；交易贏絀，亦聽其自然，官不過問。此在後世，習以爲常。在古代則視爲反常之事。故言社會生計者，欲將鹽鐵等業，收歸官營，人民之借貸，由官主之，物價之輕重，亦由官制之也。此爲農家言之本義。以此富國而傾敵，則其副作用耳。漢世深通此術者爲桑弘羊，讀《鹽鐵論》可知。惜其持論雖高，及其行之，則僅爲籌款之策。王莽六筦及司市泉府，所行亦此派學說。惜乎亦未有以善其後也。

此派學說。必深觀百物之盈虛消息，故用其術亦可以富家。《史記·貨殖列傳》所載計然、范蠡、白圭之徒是也。計然之說曰："知鬥則修備，時用則知物。二者形，則萬貨之情，可得而觀已。"此蓋深觀市情，以求制馭之之術。其觀察所得，爲"貴上極則反賤，賤下極則反貴"。故白圭"樂觀時變"，"人棄我取，人取我予"也。其行之之術，重於"擇人而任時"。故"薄飲食，忍嗜欲，節衣服，與用事僮僕同苦樂。趨時若鷙鳥猛獸之發"。白圭又曰："吾治生產，猶伊尹、呂尚之謀，孫吳用兵，商鞅行法是也。是故其智不足與權變，勇不足以決斷，仁不能以取予，彊不能有所守，雖欲學吾術，終不告之矣。"其術則可謂善矣。然徒以之富家，終非治道術者之本意也。

輕重一派，深知社會生計之進化，出於自然，無可違逆。《史記·貨殖列傳》曰："老子曰：郅治之極，鄰國相望，雞狗之聲相聞，民各甘其食,美其服,安其俗,樂其業,至老死不相往來。必用此爲務,挽近世塗民耳目,則幾無行矣。太史公曰:夫神農以前,吾不知已。至若《詩》、《書》所述虞、夏以來,耳目欲極聲色之好,口欲窮芻豢之味,身安逸樂,而心誇矜勢能之榮。使俗之漸民久矣,雖户説以眇論,終不能化。故善者因之,其次利道之,其次教誨之,其次整齊之,最下者與之爭。"此極言日趨繁盛之社會,斷不能以人力挽之,使返於榛狉之世也。社會改革,當從組織加之意。至於生利之術之進步,人民對天然知識之增加,暨其享用之饒足,與風氣之薄惡,了不相干。惡末世之澆漓,遂欲舉一切物質文明,悉加毁棄,正醫家所謂誅伐無過;不徒事不可行,本亦藥不對證也。此義論道家時已詳言之。觀《史記》之言,則古人久知之矣。

輕重一派,近乎今之國家社會主義。許行之言,則幾於無政府主義矣。行之言曰:"滕君,則誠賢君也。雖然,未聞道也。賢者與民並耕而食,饔飧而治。今也,滕有倉廩府庫,則是厲民而以自養也,惡得賢?"其徒陳相則曰"從許子之道,則市價不貳,國中無僞;雖使五尺之童適市,莫之或欺。布帛長短同,則賈相若;麻縷絲絮輕重同,則價相若"云云。此等説,今人無不聞而駭,而無庸駭也。郅治之極,必也蕩蕩平平,毫無階級。而階級之興,首由生計。政治既成職業,從事於此者,勢必視爲衣食之圖,其利害遂與民相反,政治總無由臻於極軌,論墨學時已言之。許行必欲返諸並耕,蓋由於此。其於物價,欲專論多寡,不計精粗,亦欲率天下而返於平等。孟子謂:"夫物之不齊,物之情也。""巨屨小屨同價,人豈爲之哉?"謂精粗同價,必無肯爲其精者。而不知許子之意,正欲汰其精而存其粗也。此似舉社會之文明而破壞之者。然至全社會之生計皆進步時,物之精者將自出。若大多數人,皆不能自給,而糜人工物力,造精巧之物,以供少數人之用,則衡以大同郅治之義,本屬不能相容。許子之言,自有其理。特習於小康若亂世之俗者,不免視爲河漢耳。

第九章　陰陽數術

《漢志》陰陽，爲諸子十家之一，數術則別爲一略，蓋由校書者之異其人，説已見前。論其學，二家實無甚區別。蓋數術家陳其數，而陰陽家明其義耳。故今並論之。

司馬談《論六家要指》曰："陰陽之術，大祥而衆忌諱，使人拘而多所畏。然其序四時之大順，不可失也。"《漢志》亦曰："陰陽家者流，蓋出於羲和之官，敬順昊天，曆象日月星辰，敬授民時，此其所長也。及拘者爲之，則牽於禁忌，泥於小數，捨人事而任鬼神。"蓋所長者在其數，所短者在其義矣。然陰陽家者流，亦非皆拘牽禁忌之徒也。

陰陽家大師，當首推鄒衍。《史記》述其學云："深觀陰陽消息而作怪迂之變，《終始》、《大聖》之篇，十餘萬言。其語閎大不經，必先驗小物，推而大之，至於無垠。先序今以上至黄帝，學者所共術，大並世盛衰，因載其機祥度制，推而遠之，至天地未生，窈冥不可考而原也。先列中國名山大川，通谷禽獸，水土所殖，物類所珍，因而推之，及海外人之所不能睹。稱引天地剖判以來，五德轉移，治各有宜，而符應若兹。此二十一字，疑當在"大並世盛衰"下。"大"當作"及"。以爲儒者所謂中國者，於天下乃八十一分居其一分耳。中國名曰赤縣神州。赤縣神州內，自有九州，禹之序九州是也，不得爲州數。中國外如赤縣神州者九，乃所謂九州也。於是有裨海環之，人民禽獸，莫能相通者，如一區中者，乃爲一州。如此者九，乃有大瀛海環其外，天地之際焉。其術皆此類也。"史事地理，均以意推測言之，由今日觀之，未免可駭。然宇宙廣大無邊，決非實驗所能盡。實驗所不及，勢不能不有所據以爲推，此則極崇實驗者所不能免。鄒衍之所據，庸或未必可據；其所推得者，亦未必可信。然先驗細物，推而大之，其法固不誤也。

莊周有言："六合之外，聖人存而不論。"多聞且當闕疑，何乃馳思太古之初，矯首八荒之外，專腐心於睹記所不及乎？不亦徒勞而無益哉？鄒子之意，蓋病恆人之所根據，失之於隘也。原理寓於事物。事務繁多，必能博觀而深考之，籀其異同，立爲公例，所言乃爲可信。否則憑狹隘之見聞，立隅曲之陋説，不免井蛙不可語海，夏蟲不可語冰之誚矣。此鄒子所以鶩心閎遠，於睹記之所不及者，必欲有所據以爲推也。《鹽鐵論·論鄒》篇謂："鄒子疾晚世儒墨，守一隅而欲知萬方。"其意可見。夫於睹記之所不及者，且欲有所據以爲推，豈有於共見共聞者，反置而不講之理？故鄒子之學，謂其鶩心閎遠可，謂其徒鶩心於閎遠，則不可也。

鄒子之學，非徒窮理，其意亦欲以致治也。《漢志》著録衍書，有《鄒子》四十九篇，又有《鄒子終始》五十六篇。其終始之説，見《文選·齊安陸昭王碑》注。謂虞土，夏木，殷金，周火，從所不勝。秦人以周爲火德，自以爲水德，漢初又自以爲土德，皆行其説也。《漢書·嚴安傳》：安上書引鄒子曰："政教文質者，所以云救也。當時則用，過則捨之，有易則易之。"則五德終始之説，原以明政教變易之宜，實猶儒家之通三統，其説必有可觀矣。《史記》謂鄒奭"頗採鄒衍之術"；又謂衍之術，迂大而閎辯，奭也文具難施，則鄒奭似更定有實行之方案者。豈本衍之理論爲之邪？《漢志》載《鄒奭子》十二篇。又有《公梼生終始》十四篇，注曰："傳鄒奭終始。"豈即傳其所定實行之方案者邪？雖不可知，然其説必非漢之方士經生，徒求之服飾械器之末者可比矣，而惜乎其無傳也。

《史記·項羽本紀》載范增説項梁，引楚南公之言曰："楚雖三户，亡秦必楚。"《漢志》陰陽家，有《南公》三十一篇。注曰："六國時。"《史記正義》曰："服虔云：三户，漳水津也。孟康云：津峽名也，在鄴西三十里。……南公辨陰陽，識廢興之數，知秦亡必於三户，故出此言。後項羽果渡三户津，破章邯軍，降章邯，秦遂亡。"説近附會。果如所言，雖字何解？況上文曰："夫秦滅六國，楚最無罪。自懷王入秦不反，楚人憐之至今。"僅爲亡國怨憤之詞，絕未涉及預言之義邪？然《漢志》謂南公在六國時，而《集解》引徐廣亦謂其善言陰陽，則必爲一人可知。豈范增引南公此言，雖無以爲預言之意，而楚人之重南公之言而傳之，則實以其爲陰陽家有前識故邪？若然，則當時之陰陽家，不獨能如鄒衍之順以減往，並能逆以知來矣，或不免泥於小數之譏也。

《漢志》天文家，有《圖書秘記》十七篇。此未必即後世之讖緯。《後漢書·張衡傳》，載衡之言曰："劉向父子，領校秘書，閲定九流，亦無讖録。"則《七略》中不得有讖。然讖緯之作，有取於天文家者必多，則可斷言也。歷譜家有《帝王諸侯世譜》二十卷、《古來帝王年譜》五卷。使其書亦如《史記》世表、年表之類，安得入之數術？當入之春秋家矣。疑亦必有如《春秋緯》所謂"自開闢至於獲麟，三百二十七萬六千歲，分爲十紀"等怪迂之説矣。此説如確，則其所用之術，頗與鄒衍相類。故知學術思想，無孑然獨立者，並時之人，必或與之相出入也。

《洪範》五行，漢人多以之言災異，殊不足取。然亦自爲當時一種哲學。若更讀《白虎通義·五行》篇，則其網羅周徧，尤有可驚者。此篇於一切現象，幾無不以五行生剋釋之，其説亦間有可採，猶蓍龜本所以"決嫌疑，定猶豫"，而《易》亦成爲哲學也。

諸家中思想特異者，當推形法。《漢志》曰："形法者，大舉九州之勢以立城郭宫舍，形人及六畜骨法之度數，器物之形容，以求其聲氣貴賤吉凶。猶律有長短，而各徵其聲，非有鬼神，數自然也。"然，成也。此今哲學所謂唯物論也。《漢志》又曰："然形與氣相首尾，亦有有其形而無其氣，有其氣而無其形，此精微之獨異也。"則駁唯物之説者也。中國哲學，多偏於玄想，惟此派獨立物質爲本。使能發達，科學或且由是而生，惜其未能耳。

《漢志》數術略六家，其書無一存者。惟《山海經》，形法家著録十三篇,今傳世者十八篇,因多信其書非全偽。然今之所傳,必非《漢志》之所著錄,不在篇數多少之間也。《漢志》"大舉九州之勢以立城郭宮舍",二語相連。"大舉九州之勢",乃爲"以立城郭宮舍"言之。謂九州地勢不同,立城郭宮舍之法,各有所宜也。《王制》曰:"凡居民材,必因天地寒暖燥濕,廣谷大川異制。"蓋即此理。《管子·度地》篇所載,則其遺法之僅存者也。《漢志》著錄之書:曰《國朝》,曰《宮宅地形》,皆"立城郭宮舍之法"。曰《相人》,曰《相寶劍刀》,曰《相六畜》,則所謂"形人及六畜骨法之度數,器物之形容"者。《山海經》一書,蓋必與"大舉九州之勢"有關,然仍必歸宿於"立城郭宮舍之法",乃得著錄於形法家。若如今之《山海經》,則全是記山川及所祀之神,與形法何涉?《漢書·郊祀志》載漢時所祠山川極多,多由方士所興。方士雖怪迂,其所興祠,亦不能全行鑿孔,必其地舊有此説。今之《山海經》蓋當時方士,記各地方之山川,及其所祀之神者,此以大部分言。其又一部分,則後人以當時所知之外國地理附益之。此説甚長,當別論。乃宗教家之書,非形法家言,並非地理書也。以《漢志》體例論,當援《封禪群祀》之例,入之禮家耳,與形法何涉?

第十章　方　技

方技一略，《漢志》分爲四家：曰醫經，曰經方，曰房中，曰神仙。醫經爲醫學，經方爲藥物學，房中亦醫學支派。三者皆實在學問；循序前進，本可成爲正當科學，不徒本身有用，亦於他種學問有裨，惜乎未能如此，顧以陰陽五行等説塗附之耳。神仙一家，在當時似並無理論根據。及後世，因緣際會，乃與儒釋並稱三教，此則奇之又奇者也。參看附録三、四。

先秦醫籍，傳於後世者，凡有四家：雖有後人羼雜，然大體以先秦舊書爲依據。（一）《素問》，（二）《靈樞》，皇甫謐以當《漢志》之《黃帝内經》。見《甲乙經序》。（三）《難經》，托諸扁鵲，疑爲《漢志》扁鵲《内外經》之遺。（四）《神農本草經》。《漢志》有《神農黃帝食禁》七卷。《周官醫師》疏引作《食藥》。孫星衍謂《漢志》之禁字實譌，蓋即今《神農本經》之類也。説皆不知信否。然《曲禮》：“醫不三世，不服其藥。”疏引舊説曰：“三世者，一曰黃帝針灸，二曰素女脈訣，三曰神農本草。”似古代醫學，分此三科，傳於今之《靈樞經》，爲黃帝針灸之遺，《難經》爲脈訣一科，《本經》則神農本草一科也。三世非父祖子孫相傳，猶夏、殷、周稱三代。三者並方技家質樸之辭。惟《素問》一書，多言五行運氣，爲後世醫家理論所本。中國醫學，可分三期：自上古至漢末爲一期。其名醫：《漢志》謂“太古有歧伯、俞柎，中世有扁鵲、秦和”。列傳於史者，前有倉公，後有華佗。而方論爲後人所宗者，又有張機。此期醫學，皆有專門傳授，猶兩漢經學，各有師承也。魏晉而後，專門授受之統緒，漸次中絶。後起者乃務收輯古人之遺説，博求當世之方術。其書之傳於後者：有皇甫謐之《甲乙經》，巢元方之《諸病源候總論》，孫思邈之《千金方》，羅嵩之《外臺秘要方》。至宋之《惠民和劑局方》而結其局。此一時期也，務綴拾古人之遺逸，實與南北朝、隋、唐義疏之學相當也。北宋時，士大夫之言醫者，始好研究《素問》，漸開理論醫學之端。至金、元之世，名醫輩出，而其業始底於成。直至今日，醫家之風氣，猶未大變。此一時期，蓋略與宋、明之理學相當。清儒考據之學，於醫家雖有萌蘗，未能形成也。各種學問之發達，皆術先而學後，即先應用而後及於原理，惟醫亦然。北宋以前，醫經、經方兩家，皆偏於治療之術，罕及病之原理。雖或高談病理，乃取當時社會流行之說，如陰陽五行等，以緣飾其學，非其學術中，自能生出此等理論也。宋人好求原理，實爲斯學進化之機。惜無科學以爲憑藉，仍以陰陽五行等，爲推論之據。遂至非徒不能進步，反益入於虛玄矣。此則古代醫學，本與陰陽五行等說相附麗之流毒也。中國術數之學，其精處，亦含有數理哲學之意，然終不脫迷信之科臼，弊亦坐此。

　　神仙之說，起於燕、齊之間，似因海市蜃樓而起。故其徒之求神仙者，必於海中也。神仙家之特色，在謂人可不死。古無謂人可不死者。《禮記·檀弓》曰："骨肉歸復於土，命也。若魂氣，則無不之也。"《禮運》曰："體魄則降，知氣在上。"《祭義》曰："衆生必死，死必歸土。骨肉斃於下，陰爲野土。其氣發揚於上爲昭明，焄蒿悽愴。"蓋吾國古代，以爲天地萬物，皆同一原質所成，而此等原質，又分爲輕清、重濁二類。輕清者上爲天，重濁者下爲地。人之精神，即《檀弓》所謂"魂氣"，《禮運》所謂"知氣"，《祭義》所謂"昭明之氣"，乃與天同類之物，故死而上升。人之體軀，即《檀弓》及《祭義》所謂"骨肉"，《禮運》所謂"體魄"，則與地同類之物，故死而下降。構成人身之物質，原與構成天地之物質同科，故曰"民受天地之中以生"，《左傳》成公十三年。又曰"萬物負陰而抱陽，沖氣以爲和"也。《老子》。然則鬼神者，亦曾經構成人身之物質，今與其體魄分離而已矣。此爲較進步之思想。其未進步時之思想，則所謂神所謂鬼者，皆有喜怒欲惡如人，墨子之所明者是也。偏於物質者，爲形法家之說，可謂之無鬼論。此三說者，其有鬼無鬼不同；同一有鬼也，其所謂鬼者又不同；要未有謂人可不死者。求不死者俗情，謂人可不死者，天下之至愚也；曾是言道術者而有是乎？古人雖愚，亦豈可誣。故知必緣海上蜃氣，現於目前；城郭人物，一一可睹；目擊其狀，而不解其理，乃有以堅其信也。神仙家之說，其起源蓋亦甚早。《漢書·郊祀志》謂齊威、宣、燕昭王，皆嘗使人入海求三神山。然其説實不起於戰國。《左氏》載齊景公問晏子："古而無死,其樂何如?"古無爲不死之説者,景公所稱,必神仙家言也。神仙家皆言黃帝。黃帝東至於海,登丸山,《漢志》作"凡山",在琅邪朱虛縣。而邑於涿鹿之阿,實燕、齊之地。得毋方士術雖怪迂,而其托諸黃帝,固不盡誣邪？然其無理論以爲根據,則無俟再計矣。神仙家求不死之術,大抵有四：一曰求神仙,二曰導引,三曰服餌,四曰御女。求神仙不足道。導引,服餌,御女,皆醫經、經方、房中三家之術也。今所傳《素問》,屢稱方士。後世之方士,亦時以金丹等蠱惑人主。張角等又以符咒治病,誑惑小民。符咒者,古之祝由,亦醫家之術也。則知神仙家雖不足語於道術,而於醫藥之學,則頗有關矣。《漢志》列之方技,誠得其實也。

附錄三 此與下附錄四,皆予《讀漢書札記》。因辭太繁,故僅節錄。

天下事無可全欺人者。人之必死,衆目所共見也。以不死誑人,其術拙矣。然時人信之甚篤,蓋亦有由。淫祀之廢也,成帝以問劉向。向言："陳寶祠自秦文公至今七百餘歲矣,漢興世世常來。光色赤黃,長四五丈,直祠而息,音聲砰隱,野雞皆雊。每見雍太祝祠以太牢,遣候者乘乘傳馳詣行在所,以爲福祥。高祖時五來,文帝二十六來,武帝七十五來,宣帝二十五來,初元元年以來亦二十來。"此衆目昭見之事,非可虛誑。蓋自然之象,爲淺知者所不能解,乃附會爲神怪。其說誣,其象則不虛也。神仙之説,蓋因海上蜃氣而起,故有登遐倒景諸説,而其所謂三神山者,必在海中,而方士亦必起於燕、齊耳。

《史記·封禪書》曰："三神山者,其傳在勃海中,去人不遠。患且至,則船風引而去。蓋嘗有至者,諸仙人及不死之藥皆在焉。其物禽獸盡白,而黃金銀爲宮闕。未至,望之如雲。及到,三神山反居水下。臨之,風輒引去,終莫能至雲。"《漢書·郊祀志》：谷永述當時言神仙者之説，謂能"遺同"遙"。輿輕遐舉，登遐倒景，覽觀縣圃，浮遊蓬萊"。司馬相如《大人賦》曰："世有大人兮，在於中州。宅彌萬里兮，曾不足以少留。悲世俗之迫隘兮，朅輕舉而遠遊。垂絳幡之素蜺兮，載雲氣而上浮。"皆可見神仙之説初興，由蜃氣附會之跡。

神仙家之説，不外四端：一曰求神仙，二曰練奇藥，三曰導引，四曰御女。練藥、導引、御女，皆與醫藥相關。《漢志》神仙家，與醫經、經方、房中同列方技，蓋由於此。然奇藥不必自練，亦可求之於神仙。《史記·封禪書》：三神山嘗有至者，諸仙人及不死之藥皆在焉；又謂始皇"南至湘山，遂登會稽，並海上，冀遇海中三神山之奇藥"是也。《史記·淮南王傳》：伍被言：秦使徐福入海。"還爲偽辭曰：臣見海中大神，言曰：汝西王之使邪？臣答曰：然。汝何求？曰：願請延年益壽藥。神曰：汝秦王之禮薄，得觀而不得取。"尤顯而可見。此與自行練藥者，蓋各爲一派。

服食與練藥，又有不同。練藥必有待於練，服食則自然之物也。《後漢書》注引《漢武内傳》，謂封君達初服黄連五十餘年，却儉多食茯苓，魏武能餌野葛是也。《華佗傳》云："樊阿從佗求方可服食益於人者，佗授以漆葉青黏散。"注引《佗別傳》曰："本出於迷入山者，見仙人服之，以告佗。"此神仙家言與醫家相出入者。

導引之術，亦由來甚久。《莊子》已有熊經鳥申之言。《漢書·王吉傳》吉諫昌邑王遊獵曰："休則俯仰屈申以利形，進退步趨以實下，吸新吐故以練臧，專意積精以適神，於以養生，豈不長哉！"王褒《聖主得賢臣頌》曰："何必偃仰屈信若彭祖，呴嘘呼吸如喬松。"崔寔《政論》曰："夫熊經鳥伸，雖延歷之術，非傷寒之理；呼吸吐納，雖度紀之道，非續骨之膏。"仲長統《卜居論》曰："呼吸精和，求至人之方佛。"皆導引之術也。《華佗傳》："佗語吳普曰：古之仙者爲導引之事，熊經鴟顧，引挽腰體，動諸關節，以求難老。吾有一術，名五禽之戲：一曰虎，二曰鹿，三曰熊，四曰猨，五曰鳥，亦以除疾，兼利蹏足，以當導引。"則導引又醫家及神仙家之所共也。

《後漢書》言普行五禽之法，年九十餘，耳目聰明，齒牙完堅，此行規則運動之效，首見於史者。注引《佗別傳》曰："普從佗學，微得其方。魏明帝呼之，使爲禽戲，普以年老，手足不能相及，粗以其法語諸醫。普今年將九十，耳不聾，目不冥，牙齒完堅，飲食無損。"云手足不能相及，蓋其戲即今所傳《八段錦》中所謂"兩手攀足固腎要"者。《後書注》曰："熊經，若熊之攀枝自懸也。鴟顧，身不動而回顧也。"云若攀枝自懸，則未必真有物可攀，亦不必其真自懸。竊疑《八段錦》中所謂"兩手托天理三焦"，即古所謂熊經者。身不動而回顧，其爲《八段錦》中之"五勞七傷望後瞧"，無疑義矣。《後漢書》又云："冷壽光行容成公御婦人法，常屈頸鵂息，須髮盡白，而色理如三四十時。王真年且百歲，視之面有光澤，似未五十者。自云：周流登五岳名山；悉能行胎息、胎食之方。漱舌下泉咽之。不絕房室。注引《漢武内傳》："王真習閉氣而吞之，名曰胎息。習漱舌下泉而咽之，名曰胎食。真行之，斷穀二百餘日，肉色光美，力壯數人。"又引《抱朴子》曰："胎息者，能不以鼻口噓歙，如在胎之中。"孟節能含棗核不食，可至五年十年。又能結氣不息，狀若死人，可至百日半年。"胎食、胎息，即今所謂吞津及河車般運之術。靜之至，自可不食較久。二百餘日或有之，云五年十年，則欺人之談也。不息若死，亦其息至微耳。魏文帝《典論》曰："甘陵甘始，名善行氣，老而少容。始來，衆人無不鴟視狼顧，呼吸吐納。軍祭酒弘農董芬，爲之過差，氣閉不通，良久乃蘇。"蓋導引宜順自然，又必行之有序，而與日常起居動作，亦無不有關係。山林枯槁之士，與夫專以此爲事者，其所行，固非尋常之人所能效耳。

房中、神仙，《漢志》各爲一家，其後御女，亦爲神仙中之一派。蓋房中本醫家支流，神仙亦與醫家關係甚密耳。《後漢書·方術傳》言甘始、東郭延年、封君達三人，率能行容成御婦人術。又冷壽光，亦行容成御婦人法。魏文帝《典論》謂："廬江左慈，知補導之術。慈到，衆人競受其術。至寺人嚴峻，往從問受。奄竪真無事於斯，人之逐聲，乃至於是。"此並《漢志》所謂房中之傳。《史記·張丞相列傳》言："妻妾以百數，嘗孕者不復幸。"蓋亦其術。此尚與神仙無涉。《漢書·王莽傳》：莽以郎陽成脩言：黃帝以百二十女致神仙。因備和嬪、美御，與方士驗方術，縱淫樂。則房中、神仙合爲一家矣。

附錄四

道家之説，與方士本不相干。然張脩、于吉等，不惟竊其言，抑且竊其書以立教，一若奉爲先聖先師，而自視爲其支流餘裔者。案張脩使人爲奸令祭酒，祭酒主以《老子》五千文使都習，見《三國志·張魯傳》注引《典略》。于吉有《太平清領經》，見《後漢書·襄楷傳》注引《太平經·帝王》篇，有"元氣有三名：太陽、太陰、中和"；"人有三名：父、母、子"之語。蓋竊老子"一生二，二生三，三生萬物"，"負陰而抱陽，沖氣以爲和"之説者也。何哉？予謂方士之取老子，非取其言，而取其人；其所以取其人，則因道家之學，以黃、老並稱；神仙家亦奉黃帝。黃、老連稱，既爲世所習熟，則因黃帝而附會老子，於事爲甚便耳。

《後漢書·襄楷傳》：楷上書言：聞宮中立黃、老、浮屠之祠。《桓帝紀》延熹九年，七月，庚午，祠黃、老於濯龍宮，蓋即楷所斥。先是八年，正月，遣中常侍左悺之苦縣祠老子。十一月，使中常侍管霸之苦縣祠老子，所以但祠老子者，以之苦縣之故，一歲中遣祠老子至再。則祠黃、老之事，史不及書者多矣。續書《祭祀志》："桓帝即位十八年，好神仙事。延熹八年，初使中常侍之陳國苦縣祠老子。九年，親祠老子於濯龍。文罽爲壇，飾淳金釦器，設華蓋之坐，用郊天樂也。"此與《後書》帝紀所言同事。而九年之祠，《紀》言黃老，《志》但言老子。《紀》又曰："前史稱桓帝好音樂，善鼓笙。飾芳林而考濯龍之宮，設華蓋以祠浮圖、老子，斯將所謂聽於神乎！"注："前史謂《東觀記》也。"以考濯龍與祠老子對言，則濯龍之祠，所重蓋在黃帝。黃帝無書，而老子有五千文在。治符咒治病者且取之，而後此之以哲理緣飾其教者，不必論矣。《典略》言張脩之法略與張角同，而《後漢書·皇甫嵩傳》言張角奉祀黃、老道，此張脩之使人都習《老子》，爲由黃帝而及之鐵證也。楷之疏曰："聞宮中立黃、老、浮屠之祠。此道清虛，貴尚無爲；好生惡殺，省欲去奢。今陛下嗜欲不去，殺罰過理。既乖其道，豈獲其祚哉！或言老子入夷狄爲浮屠。浮屠不三宿桑下，不欲久生恩愛，精之至也。天神遺以好女，浮屠曰：此但革囊盛血。遂不眄之。其守一如此，乃能成道。今陛下淫女艷婦，極天下之麗；甘肥飲美，單天下之味；奈何欲如黃、老乎？"此所謂老子之道，全與道家不合，蓋方士所附會也。《楚王英傳》："晚節更喜黃、老，學爲浮屠齋戒祭祀。(永平)八年，詔令天下死罪皆入縑贖。英遣郎中令奉黃縑白紈三十匹詣國相。……國相以聞。詔報曰：楚王誦黃老之微言，尚浮屠之仁祠，潔齋三月，與神爲誓。何嫌何疑，當有悔吝？其還贖，以助伊蒲塞桑門之盛饌。"此所謂黃老學者，亦非九流之道家，乃方士所附會也。然則黃老、神仙、浮屠三者，其轇葛不清舊矣，而桓帝亦沿前人之波而逐其流耳。

又不獨淫昏之君主藩輔然也，枯槁之士亦有之。《後漢書·逸民傳》：矯愼，少好黃老，隱遯山谷，因穴爲室，仰慕松、喬導引之術。汝南吳蒼遺書曰："蓋聞黃、老之言，乘虛入冥，藏身遠遁；亦有理國養人，施於爲政。至如登山絕跡，神不著其證，人不睹其驗。吾欲先生從其可者，於意何如？"此風以治道家之黃、老，絕神仙家所托之黃、老也。仲長統《卜居論》曰："安神閨房，思老氏之玄虛。呼吸精和，求至人之仿佛。"亦以道家與神仙家之言並稱。

又《陳愍王寵傳》："熹平二年，國相師遷追奏前相魏愔與寵共祭天神，希冀非幸，罪至不道。……檻車傳送愔、遷詣北寺詔獄。使中常侍王酺與尚書令、侍御史雜考。愔辭與王共祭黃老君，求長生福而已，無它冀幸。"劉攽《刊誤》曰："黃老君不成文，當云黃帝老君。"《刊誤補遺》曰："《真誥》云：大洞之道，至精至妙，是守素真人之經。昔中央黃老君秘此經，世不知也。則道家又自有黃老君。"案言中央黃老君，似指天神中之黃帝，則正實師遷所奏。而當時遷以誣告其王誅死，足見《後漢書》所云，非《真誥》所載，貢父之説，爲不誤也。或《後漢書》衍"君"字。

第十一章　小説家

小説家之書，今亦盡亡。據《漢志》存目觀之，則有《伊尹説》、《鬻子説》、《師曠》、《務成子》、《天乙》、《黄帝説》，蓋立説托諸古人者。有《周考》，注曰："考周事也。"又有《青史子》，注曰："古史官記事也。"蓋雜記古事者。《漢志》於《伊尹説》下曰："其語淺薄，似依托也。"《鬻子説》下曰："後世所加。"《師曠》下曰："其言淺薄，似因托之。"《務成子》下曰："稱堯問，非古語。"《天乙》下曰："其言非殷時，皆依托也。"《黄帝説》下曰："迂誕依托。"則其説蓋無足觀，故不得與九流並列也。然武帝時，虞初所撰之《周説》，至九百四十三篇。應劭曰："其説以《周書》爲本。"蓋《周考》之類。又有《百家》，百三十九卷，不知爲誰所撰。《史記·五帝本紀》，謂"《百家》"言黄帝，其文不雅馴"。似即此《百家》，則亦雜記古事者。觀二書篇卷之富，則小説家之多識往事，實可驚矣。

《漢志》曰："小説家者流，蓋出於稗官。街談巷語，道聽塗説者之所造也。孔子曰：雖小道，必有可觀者焉，致遠恐泥，是以君子勿爲也。然亦勿滅也。閭里小知者之所及，亦使綴而不忘。如或一言可採，此亦蒭蕘狂夫之議也。"曰"街談巷語"，曰"道聽塗説"，曰"君子勿爲"，曰"閭里小知所及"，曰"蒭蕘狂夫之議"，則此一家之説，雖出自稗官，實爲人民所造；稗官特蒐集之，如採詩者之採取民間歌謡而已。古代學術，爲貴族所專，人民鮮事研究。即有聰明才智之士，閲歷有得，發爲見道之言，而既乏儔侶之切磋，復無徒黨之傳播，其不能與九流媲美,固無足怪。然十室之邑,必有忠信;三人同行,必有我師;集千百閭里小知者之所爲,亦必有君子之慮所勿及者,且必深可考見古代平民之思想,而惜乎其盡亡也。

《御覽》八百六十八引《風俗通》:謂宋城門失火,取汲池中以沃之,魚悉露見,但就取之。其説出於《百家》。案此説古書用之者甚多。《風俗通》之言而確,則古書中此類之説,尚必有取自小説家者。小説家之書雖亡,而未可謂之盡亡也。惜無所據以輯之耳。

第十二章 雜　家

雜家者流，《漢志》曰："蓋出於議官。兼儒、墨，合名、法，知國體之有此，見王治之無不貫，此其所長也。"體者，四支百體之體，諸子之學，除道家爲君人南面之術，不名一長外，餘皆各有所長；猶人身百骸，闕一不可；故曰知國體之有此。雜家兼容而並苞之，可謂能攬治法之全。所以異於道家者，驅策衆家，亦自成爲一種學術，道家專明此義，雜家則合衆說以爲說耳。雖集合衆說，亦可稱爲一家者。專門家雖有所長，亦有所蔽。如今言政治者或偏見政治之要，言軍事者或偏見軍事之要，不惜閣置他事以徇之。然國事當合全局而統籌，實不宜如此。惟雜家雖專精少遜，而閱覽無方，故能免此弊而足當議官之任，此後世所謂通學者之先驅也。參看第一編第五章。

雜家之書，存於今者，爲《尸子》及《呂氏春秋》。《尸子》僅有後人輯本，以汪繼培本爲最善。闕佚已甚。就其存者，大抵爲儒、道、名、法四家之言。《呂氏春秋》，則首尾大略完具，編次亦極整齊。不徒包蘊弘富，並可借其編次，以考見古代學術之條理統系，誠藝林之瑰寶也。

《史記·呂不韋傳》謂不韋"使其客人人著所聞，集論以爲八覽、六論、十二紀，二十餘萬言。以爲備天地萬物古今之事。號曰《呂氏春秋》。布咸陽市門，縣千金其上，延諸侯遊士賓客，有能增損一字者，予千金。"其述作之時，規模之閎大，去取之謹慎，可以想見。高誘注此書，多摘其中事實誤處，謂揚子雲恨不及其時，車載其金而歸。見《慎人》、《適威》二篇注。不知古人著書，重在明義；稱引事實，視同寓言；

人物差違，非所深計。增損及於一字，庸或傳者已甚之辭，亦非古人著書之體。然當時之集思廣益，不憚博採周咨，則概可見矣。此其所以能成此包蘊弘富、條理明備之作歟？若高誘之言，則適成其爲高誘之見而已。舊作《讀呂氏春秋》一篇，可見此書編纂之條理。今錄於後，以見當時"集論"之法焉。

《呂氏春秋》二十六篇。凡爲紀者十二，爲覽者八，爲論者六。其編次，實當以覽居首，論次之，紀居末。《史記》本傳稱此書爲《呂氏春秋》，《漢志》同，蓋此書之本名。《太史公自序》及《報任少卿書》又稱此書爲《呂覽》。蓋以覽居全書之首，故有是簡稱，一也。古書自序，率居全書之末，今此書序意，實在十二紀後，二也。《有始覽》從天地開闢説起，宜冠全書之首，三也。畢氏沅泥《禮運注疏》謂以十二紀居首，爲春秋所由名。<small>説本王應麟，見《玉海》。</small>梁氏玉繩，初本謂覽當居首，後乃變其説，自同於畢氏，非也。《禮運》鄭注並無以"春秋"名書，由首十二紀之意。古人著書，以"春秋"名者多矣，豈皆有十二紀以冠其首邪？

此書二十六篇，《漢志》以下皆同。庾仲容《子鈔》、陳振孫《書錄解題》作"三十六"，"三"蓋誤字。《文獻通考》作"二十"，則又奪"六"字也。今本諸覽論紀之下，又各有其所屬之篇，都數爲百六十，與《玉海》引王應麟之説相符。盧氏文弨曰："《序意》舊不入數，則尚少一篇。此書分篇極爲整齊，十二紀紀各五篇，六論論各六篇，八覽當各八篇。今第一覽止七篇，正少一。《序意》本明十二紀之義，乃末忽載豫讓一事，與《序意》不類。且舊校云，一作《廉孝》，與此篇更無涉。即豫讓亦難專有其名。竊疑《序意》之後半篇俄空焉，別有所謂《廉孝》者，其前半篇亦脱，後人遂強相符合，並《序意》爲一篇，以補總數之闕。《序意》篇首無'六曰'二字，於目中專輒加之，以求合其數。"案盧説是也。古書之存於今者，大率掇拾於叢殘煨燼之餘，編次錯亂，略無法紀。此書獨不然。即就此一端論，已爲藝林之瑰寶矣。

八覽、六論、十二紀之分，必此書固所有。其下各篇細目，不知其爲固有，抑爲後人所爲？然要得古人分章之意。《四庫提要》謂惟夏令多言樂，秋令多言兵，似乎有意，其餘絕不可曉，謬矣。今試略論之。八覽爲全書之首，《有始覽》又居八覽之首，故從天地開闢說起。其下《應同》，言禎祥感應之理，因天以及人也。《去尤》、《聽言》、《謹聽》三篇，論人君馭下之道，《務本》言人臣事君之理。《諭大》言大小交相恃，猶言君臣交相資。此篇蓋總論君若臣治國之道，而本之於天者也。《孝行覽》言天下國家之本在身，身之本在孝。其下各篇，多論功名所由成。蓋從創業時說起，故追念及於始祖也。《慎大覽》言居安思危之義。所屬各篇，言人君用賢，人臣事君及治國之道，皆守成之義。《先識覽》專從識微觀變立論。《審分覽》明君臣之分職。《審應覽》言人君聽說之道。《離俗覽》言用人之方。《恃君覽》言人之樂群，由於群之能利人；群之能利人，由君道之立。因論人君不當以位爲利；及能利民者當立，不利民者當替之道；並博論國家之所謂禍福。凡八覽，蓋本之於天，論國家社會成立之由，及其治之之術者也。六論：《開春論》言用人之術。《慎行論》明利害之辨。《貴直論》言人君當求直臣。《不苟論》言當去不肖。《似順論》言百官之職，無可不慎；因及謹小慎微之義。《士容論》首二篇言人臣之道，下四篇言氓庶之事。六論蓋博言君臣氓庶之所當務者也。十二紀者，古明堂行政之典。《禮記·月令》、《管子·幼官》、《淮南·時則》，皆是物也。後人以呂氏書有之，疑爲秦制，非也。古代政事，統於明堂。明堂出令，必順時月。故舉十二紀，則一國之政，靡不該矣。所屬諸篇：《孟春紀》言治身之道，春爲生長之始，故本之於身也。《仲春》、《季春》二紀，論知人任人之術，因身以及人也。《孟夏紀》言尊師、取友、教學之法。夏主長大，人之爲學，亦所廣大其身也。《禮記·文王世子》："況於其身以善其君乎？"鄭注"於讀爲迂。迂猶廣也，大也。"《仲夏》、《季夏》皆論樂。樂盈而進，率神而從天，故於盛陽之時論之也。《孟秋》、《仲秋》二紀皆言兵，顯而易見。《季秋》所屬《順民》、《知士》二篇，乃用兵之本；《審己》者，慎戰之道；《精通》者，不戰屈人之意也。《孟冬紀》皆論喪葬。葬者藏，冬閱藏物也。《仲冬》、《季冬》二紀，論求知及知人。人能多所畜藏則知，所謂"多識前言往行，以畜其德"，抑知莫大於知人也。覽始於天地開闢，而紀終之以一國之政，先理而後事也。《序意》一篇，當兼該全書，而但及十二紀者，以有缺脫也。始乎理，終乎事；條其貫，綱舉目張。古書之編次，信無如此書之整齊者已。

大同釋義

《文化建設月刊》編者以孔子之思想，徵文於予。夫孔子之思想，其大不可以一言盡也。抑後人之立說者，莫不自附於孔子，究之孰爲孔子之眞傳？孰爲後人所傳益？又不易辨也。然今日闡發孔子之思想，所急尚不在此。蓋聖哲之立說，必因乎其時；即後人之所傳益者亦然。說之宜於一時者，未必其宜於異時，此泥古之所以病也。孔子治天下之法，具於《春秋》。《春秋》大義，在張三世。三世者：曰亂世，曰升平世，曰太平世，實與《禮記·禮運》大同、小康之義合。孔子謂世運之降，由大同入小康，由小康入亂世；欲逆而挽之，進於升平，更進於太平也。孔子教義，傳於後世，及後人所推闡者，皆以治小康之法爲多；其說不盡宜於今，遂爲今人所詆訾，若將大同之義，闡而明之，則其廣大精微，而無所偏黨，尚有非今人所能逮者，絕無陳舊不適於時之誚矣。然大同之義，非可以空言釋，非根據社會科學，闡明孔子思想之所由來，固無以服今人之心；抑非此，亦不足以闡明孔子之說也。茲篇之作，意在於是。學識陋劣，安能有當，尚望當代通人，惠而教之。民國二十四年五月，武進呂思勉自識。

一、論大同究實有其事抑係孔子想望之談

大同爲治化最高之境,在今日已無疑義;所争者,果爲往古實有之事,抑孔子想望之談耳。想望之談,原非必不可見諸實事,然較之曾見諸實事者,其難易終有間矣。故就此問題,加以討論,實於世人對大同之信心,頗有關係也。

大同之說,以予觀之,當係實事。諸子百家,論世運升降,多以皇帝王霸,分別隆汙;如《管子·乘馬》云"無爲者帝,爲而無以爲者王,爲而不貴者霸。"《兵法》云:"明一者皇,察道者帝,通德者王,謀得兵勝者霸。"又如《史記·商君列傳》,載商君見秦孝公,初説之以帝道,繼説之以王道,終乃説之以霸道。且皆同仞邃古之世,曾有一黄金世界;一也。孔子曰:"大道之行也,與三代之英,丘未之逮也,而有志焉。"鄭注曰:"志,謂識,古文。"此以識字釋志字;又申言之,謂所謂志者,即係古書也。識字讀。古文爲東漢人稱古書之辭,見王靜庵《漢代古文考》。三代之英,指禹、湯、文、武、成王、周公,皆實有其人;其事亦皆布在方策;安得論大同之世,獨爲想望之談? 二也。人之思想,不能無藉乎境。所謂聖哲,亦其識高願弘,不論處何境地,總覺有所不足,而思有以改正之耳。謂其能超出境地之外,憑空樹一新説,無是理也。故大同必實有其事者也。

二、論大同之世當在何時

然則所謂大同者,當在何世邪?社會演進,自有定法。既伣大同之世爲實有之事,自當根據社會演進之理,求之故籍矣。

人類之仁暴,恆因其所處之境而異;而其資生之具,則食爲尤急。故社會學家分別演進之等級,有以其取得食物之法定之者。曰蒐集,曰漁獵,此取物以自養者也。曰牧畜,曰耕農,此育物以自養者也。蒐集之世,無足言已。漁獵之民,習於殺伐;然因食物不足,不能合大群,故不能爲大患。牧畜之民,生事已較饒足,然所需土地亦多;其所合之群較大;而便於移徙;又多兼業射獵,漁獵之世,殺伐之氣未消,而其技亦甚閒;故其人多好侵略,而其勢亦特强。惟農耕之民,所事既極和平,生計又最寬裕。有協力以對物,無因物而相爭。群之內甚爲安和,於群以外,亦不事侵略。社會最善之組織,乃於此出見焉。孔子所謂大同,蓋指此等社會言之也。

昔時言社會演進者,多謂人類之生計,必自漁獵進於牧畜,自牧畜進於耕農,其實不然。漁獵之或進爲牧畜,或進爲農耕,蓋亦視乎其地。以歐洲之已事言之:大抵草原之地,多進於牧畜;山林川澤之地,則進於農耕。吾國亦然。古帝事蹟,足以考見社會演進之跡者,莫如巢、燧、羲、農。巢、燧事蹟,見於《韓子・五蠹》篇,其爲漁獵之世,了無疑義。伏羲,舊說謂其能馴伏犧牲,故稱伏犧;又謂其能取犧牲,以充庖廚,故又曰庖犧;實皆望文生義。伏羲乃"下伏而化之"之義,見於《尚書大傳》。其時生計,則《易傳》謂其:"爲網罟以佃以漁。"

《尸子》亦曰："燧人之世，天下多水，故教民以漁；伏羲之世，天下多獸，故教民以獵。"其在漁獵之世，亦無足疑。"神農"二字，本農業之義。《禮記・月令》：季夏之月，"毋發令以妨神農之事。水潦盛昌，神農將持功"。神農氏亦稱烈山氏。烈山，即《孟子》"益烈山澤而焚之"之烈山，謂其起於湖北隨縣之厲山者，繆也。八蜡之祭，始於伊耆。伊耆氏或以爲堯，或以爲神農，皆農業始於神農時之證：繫世之職，掌於小史，其傳於後者，世次雖不完具，記載要非虛誣。燧人風姓，見鄭注《通卦驗》。伏羲亦風姓，其後有任宿，須句，顓臾，見《左氏》僖公十一年，神農姜姓，則其後裔之存者甚多，不勝徵引矣。繫世雖主記名氏世次，於行事之大者，亦不得無傳，如《史記・夏殷本紀》，僅記傳授，蓋即本於繫世，然於殷代諸主，亦略記其時盛衰；又如大康失國，雖不言其所由，然亦言其"昆弟五人，須於洛汭"是也。假使風姓姜姓，嬗代之間，有如阪泉、涿鹿之役，古史不應無跡可求，今也不然。又《商君書・畫策》篇曰："神農之世，男耕而食，婦織而衣；刑政不用而治，甲兵不起而王。神農既殁，以彊勝弱，以衆暴寡。故黃帝内行刀鋸，外用甲兵。"此爲炎帝之族好和平，黃帝之族樂戰鬥之鐵證。炎黃之際，蓋古史之一大轉折矣。

有巢氏治石樓山，在琅邪南，見《遁甲開山圖》。燧人氏出暘谷，分九河，見《春秋命歷序》，魯有大庭氏之庫。爲神農遺跡，見於《左傳》。地皆在今山東。伏羲氏都陳，亦距山東不遠。漢族文明，蓋起黃河下游泰山兩側，正山林川澤之地。黃帝之族，蓋起於河北。黃帝邑於涿鹿之阿。涿鹿，張晏謂在上谷，蓋因漢世縣名傅會；不如服虔說謂在涿郡之可信。涿郡即今河北涿縣，正平坦宜於牧畜之區也。黃帝"遷徙往來無常處，以師兵爲營衛"，其爲遊牧之族可見。東至海，西至空同，南至江，北合符釜山，亦非遊牧之族，不能有此遠跡。教熊羆貔貅貙虎，又可見其兼事射獵。阪、泉涿鹿之戰，蓋以野蠻獵牧之民，克文明農耕之民者也。

然黃帝雖以兵力，擊炎帝之族而破之，至於文明，則一切採自炎族。何以言之？案吾國最古之文化，起自漁獵之世，而遞嬗於耕農之世，有誠證焉。明堂者，古政教之府也。明堂亦稱辟雍。辟即璧，玉肉好若一曰璧，蓋言水之周環。雍今壅字。西北積高，故稱雍州，則辟雍者，水中積高之處也。漢武帝時，公玉帶上《明堂圖》，水環宮垣，爲復道。上有樓，從西南入，名爲昆侖。見《史記·封禪書》。古無島字，洲字即島字，州、洲同字，尤顯而易見。人所聚曰州，水中可居者亦曰洲，隆古島居可見。明堂之水環宮垣，築城之必鑿池，蓋皆其遺象也。古代一切政令，皆出明堂，讀惠定宇《明堂大道錄》可見。其要義，一言蔽之，在於順時行令。顏淵問爲邦，孔子首告以行夏之時，精意實在於此，非徒爭以建寅之月爲歲首也。夫順時行令，則農業國之要義也。農耕之世，政令之樞，實沿自漁獵之世，河南民族，爲自漁獵遞進於農耕，概可見矣。明堂者，唐虞之五府，夏之世室，殷之重屋。《史記·五帝本紀》《索隱》引《帝命驗》。晚周之世，遺跡猶存。齊宣王問孟子："人皆謂我毁明堂，毁諸？已乎？"孟子曰："夫明堂者，王者之堂也，王欲行王政，則勿毁之矣。"可見羲農之族，政教之府，仍爲黃帝之後所嚴畏。此爲黃族文化因仍炎族之最大端。又《世本作》篇，紀制度器物之原，十九皆在黃帝之世，雖曰古代傳言，率多不審，不足深考，然何以託之某人，某世，亦必仍有其由。凡諸制度器物，雖不必皆始黃帝時，而黃帝時之能盡其用，則較然可知。世豈有發明之事，如是其風起雲涌者哉？其必採自異族，無可疑矣。故炎族者，東方之希臘，猶太，黃族則羅馬也。蚩尤姜姓，炎帝之族也。古書多言蚩尤作兵，而易傳言黃帝弦木爲弧，剡木爲矢，兩族文明程度之高低，亦於此可見。

古帝世系，可徵者蓋始黃帝，故《太史公書》，託始於是。黃帝，顓頊，帝嚳，身相接否，不易質言，然相去必不能甚遠。堯、舜、禹之相接，夏、殷、周之遞嬗，則無可疑者矣。顓頊、帝嚳兩代，無甚事蹟可考。黃帝以後，治化蓋以唐虞爲隆。《尚書》虞夏同科，治法當無大異。夏傳子與周同，殷人顧兄弟相及，類於後世之句吳，二者疑非同族。然興朝之治法，多取諸勝國，治化之同異，實與民族之同異無干，猶遼、金、元、清，薦居上國，未嘗不襲宋明之法也。儒書雜引四代之制，無不小異大同，羲農之族之治化，有演變而無廢墜可知。然則大同之世，雖文獻無徵，固可於小康之世之遺跡求之矣。

三、論大同之世之情形

　　大同之世之情狀，果何如乎？請據後世之事以推測之。
　　孔子述大同之制曰："男有分。"分謂分地，蓋井田之制，爲大同之世之遺法也。土地之不容私有，理極易明；而其非可私有，亦事極易見。井授之法，特以耕作不容不分，故家畀之以若干畝；非謂土地爲其所有，是以有還受之法焉。其授田也，與其謂畀之以業，毋寧謂責之以役。"肥饒不得獨樂，磽角不得獨苦，故三年一換主易居"，《公羊》宣公十五年《解詁》。蓋亦後世之事。何者？惟所穫皆藏於己，然後肥饒者見爲樂，磽角者見爲苦；若其不藏於己，則肥瘠皆公衆之肥瘠耳，何苦樂之有哉？
　　群之內土地之法如此，群與群之間，雖各有疆界，亦不相侵奪。《春秋》曰："器從名，地從主人。器之於人，非有即爾。地之於人則不然，俄而可以爲其所有矣。"《解詁》曰："凡人取異國物，非就有，皆持以歸。爲後不可分明，故正其本名。土地各有封疆里數；後王者起，興滅國，繼絕世，反取邑，不嫌不明；故不復追錄繫本主。"桓公二年。孟子謂慎子曰："周公之封於魯，爲方百里也，今魯方百里者五，子以爲有王者作，則魯在所損乎？在所益乎？"《告子下》。國與國之疆界，原於部落與部落之疆界，侵奪者必歸本主，此古部落之間土地之法也。亦講信修睦之一端也。
　　田以外之土地，古人總稱爲山澤，無分賦之法，以其用之無須分也。其用之有定法當守，如數罟不入汙池，斧斤以時入山林是也。所以惜物力也。

簡易之器，人人能自爲之；其較難者，則有專司其事之人。《考工記》曰：「粵無鎛，燕無函，秦無廬，胡無弓車。粵之無鎛也，非無鎛也，夫人而能爲鎛也。燕之無函也，非無函也，夫人而能爲函也。秦之無廬也，非無廬也，夫人而能爲廬也。胡之無弓車也，非無弓車也，夫人而能爲弓車也。」注：「言其丈夫人人皆能作是器，不須國工。」東印度農業共產社會，木工、陶工、理髮工，各有專職，不事種植，禄以代耕，見波格達諾夫《經濟科學大綱》，施存統譯本。知後世之工官，原於古之共產社會也。此乃分職之一，非以牟利。

商業行於群與群之間。群之內皆公產。無所謂交易也。隆古社會，生活必須之物，率能自給。有求於外者，非凶荒札喪之日，則干戈擾攘之年。鄭之遷國，與商人俱，《左氏》昭公十六年。衛爲狄滅，文公通商；《左氏》閔公二年。即由於此。商人所求，皆大衆必須之物；而其求之也，又非以己之資本經營，而因以牟利；則是時之商人，特跋涉山川，蒙犯霜露，且冒寇盜侵略之危，爲其群服役耳。固消費者之友而非其敵也。商亦分職之一也。

《王制》曰：「冢宰制國用，必於歲之杪。五穀皆入，然後制國用。用地小大，視年之豐耗，以三十年之通制國用。量入以爲出。」所謂三十年之通者？下文云：「三年耕，必有一年之食；九年耕，必有三年之食。以三十年之通，雖有凶旱水溢，民無菜色，然後天子食，日舉，以樂。」《漢書·食貨志》曰：「三載考績，三考黜陟，餘三年食，進業曰登。再登曰平，餘六年食。三登曰大平，二十七歲，遺九年食。然後王德流洽，德化成焉。故曰：如有王者，必世而後仁。」知古之所謂大平者，不過有菽粟如水火而已。然人既受豢於群，而群之生計，寬裕如此，則真無一夫不獲其所矣，安得不謂之大平？宰者，掌財政之官。自天子至於大夫皆如是。故《王制》制國用者爲冢宰，《周官》亦然；冉求爲季氏宰而爲之聚斂；《論語·先進》。孔子謂顏淵亦曰「使爾多財，我爲爾宰」也。《史記·孔子世家》。戰勝之族，賦斂之司，安能恤民如是？其必大同之世制用之規，概可見矣。非徒通衆力而合作，亦且合前後而通籌；自有贏餘，以備空乏，又安用攘奪他人爲哉？此其所以能講信修睦也。

講信修睦之遺規，亦有可見者。一無遏糴。葵丘之盟，以是列於載書。《穀梁》僖公九年。《孟子·告子下》。晉饑，乞糴於秦，秦伯謂百里："與諸乎？"對曰："天菑流行，國家代有。救菑恤鄰，道也，行道有福。"《左氏》僖公十三年。此所謂道，蓋亦大同之世之遺也。二曰更財。澶淵之會是也。諸侯相聚，而更宋之所喪，曰："死者不可復生爾！財復矣。"《公羊》襄公十四年，《穀梁》義同。此猶今之保險，惟只彌補其損失，不須豫付保費耳。三曰代耕。孟子曰："湯居亳，與葛爲鄰。葛伯放而不祀。湯使人問之曰：何爲不祀？曰：無以共犧牲也。湯使遺之牛羊。葛伯食之，又不以祀。湯又使人問之曰：何爲不祀？曰：無以共粢盛也。湯使亳衆，往爲之耕。"《滕文公下》。此在後世之人，非謂爲湯之陰謀，即以孟子爲誕謾。殊不知陰謀貴使人不覺，立說亦必求取信；如後世之俗，湯何以能使其民？民安肯聽於湯？若孟子妄爲此說，亦何以見信於人也？則知代耕本古之所有；孟子時雖無其事，而古者曾有其事猶爲衆所共喻；故孟子於此，亦不如瞽瞍北面之斥爲東野人之言，血流漂杵之有不如無書之歎也。此所謂力惡其不出於身，不必爲己者邪？墨子曰："今有能信效孫仲容曰："讀爲交。"先利天下諸侯者：大國之不義也，則同憂之。大國之攻小國也，則同救之。小國城郭之不全也，必使修之。布粟之絕則委之。幣帛不足則共之。"《非攻下》。齊桓公伐山戎以救燕；卻狄以存邢衛；合諸侯而城杞；戴公之廬於曹，歸之乘馬，祭服五稱，牛、羊、豕、雞、狗皆三百，與門材；歸夫人魚軒，重錦三十兩；猶其事也。而曷怪湯之於葛哉？然則所謂王霸之道者，皆大同之世，講信修睦之遺規之稍以陵夷者爾。

群與群之間如此，而況於群之內？《說文》曰：醵，"合錢飲酒也"。此即所謂群飲也。《酒誥》曰："群飲，汝勿佚，盡執拘以歸於周，予其殺。"其嚴如此。然終不能絕也。漢世所謂賜酺者，即弛群飲之禁耳。以是爲惠,可見民樂群飲之深。其樂之深何哉？習不易變也。孟子述晏子之言曰:"師行而糧食。"糧同量。量食者,度其口實所需,餘悉歸諸官,趙宋之世所謂"括糴"也。在晏子時固爲虐政,然實計口賦食之遺,猶可想見隆古食物公有之制。日食皆仰於公,安用家家自爨？然則隆古之世,必曾有合群共食之時也。《詩》曰:"言私其豵,獻豜於公。"非謂小者可以自私也；小者爲一人所能盡,雖獻諸公,及其分賦,亦還以畀諸一人,則不如許其遂私有之耳。然而公產之制,稍以陵夷；有食無食,家家不同；美食惡食,人人而異；則合食之法,不復可行；然而飲酒所以取樂也,獨樂樂,不若與人；與少樂,不若與衆；是以合食之制雖替,群飲之俗猶存。群飲其合食之餘羊哉？合食之世,則所謂貨惡其棄於地,不必藏於己者也。如是,則其分賦,視其有求焉爾與否而已矣,不論其有功焉否也。所謂"食志"非"食功"也。《禮記·王制》曰:"瘖、聾、跛、躄、斷者,侏儒,百工各以其器食之。"注曰:"使執百工之事。"殆非也。荀子亦有《王制》篇,與《禮記》相出入,但曰"五疾上收而養之"而已,不曰使執百工之事也。"食"字固有引申之義,《左氏》文公十八年"功在食民"是也。然則"百工各以其器食之",猶言百工各以其器共其用耳。一人之身,而百工之所爲備,雖瘖、聾、跛、躄、短者、侏儒,無所闕焉,是則所謂鰥、寡、孤、獨、廢疾者皆有所養也。此必大同之世之遺規,至於後世,雖稍以陵夷,猶未盡湮滅者也。若必執百工之事而後食之,則亦其自養而已,而何謂收而養之哉？《樂記》曰:"强者脅弱,衆者暴寡,知者詐愚,勇者苦怯,疾病不養,老幼孤獨,不得其所,此大亂之道也。"雖小康之世病之,曾謂大同之世而有是乎？嗟乎！如《樂記》之言,雖號稱治平如漢唐,富强如今日之歐美,曷嘗能免於大亂之誚哉？

　　陳相道許行之言曰:"滕君,則誠賢君也。雖然,未聞道也。賢者與民並耕而食,饔飧而治,今也,滕有倉廩府庫,則是厲民而以自養也,惡得賢？"孟子譏之,此未達許子之意者也。蓋所謂政府者,有威壓之性質焉,有鰲務之性質焉。風俗既薄,人之以私害公者多,人與人亦日爭,政府乃不可無威權,而其事務亦日繁。若其不然,人人以善意相與,莫或背公黨私;人與人亦不相爭;外之則"鄰國相望,雞狗之聲相聞,民各甘其食,美其服,安其俗,樂其業,至老死不相往來"。據《史記·貨殖列傳》引。今見於《老子》書者,辭小異而意大同。案此特謂彼此不相爭鬥;亦不以相往來故,而風俗隨之而變耳。蓋兩社會相往來,而至於交受其弊,率由豔人之所有而思奪之;或者群起慕效他人,風尚大變,至於與舊習不相容。漢與匈奴通,匈奴時時入盜邊,而漢受其弊;匈奴變俗好漢物,爭著長城下,賈生乃欲以五餌之策制之,而匈奴亦受其弊。今者中西交通,西人恃其富強,以陵轢我,朘削我;我又從而慕效之,遂至國蹙民貧,不可終日。事與古異,理實相同。老子但謂無此患耳。非真不相往來也,不可以辭害意。無詐欺也,無爭奪也;雖並耕而食,饗飧而治,亦何不給之有。今偏僻之地,固猶有俗美風淳,終日無事,令長持坐嘯臥治者,豈得以南京、上海不然,而疑其無此事乎?烏桓大人,各自畜牧營產,不相侵役。《後漢書》本傳。吐谷渾無常稅,調用不給,乃斂富室商人,足而止。《晉書》本傳。古之選賢與能,亦若是則已矣。《周官》三年大比,使民興賢,入使治之;使民興能,出使長之。此持比長閭胥之類,在邃古則皆一部落之君長也。並耕而食,饗飧而治,夫何不可行?而亦安得有倉廩府庫乎?為此說者,出於為神農之言者許行,益知蕩然無等級之大同之世,乃古農業公產之小社會也。

大同之世之情形,可據後世之事推測者如此。

四、論大同之世如何降爲小康

假使地表之情形，只能營農業以自養，而畜牧射獵，皆非所許，則人類社會之情形，必與今日大異。何則？農耕社會，內安和而外信睦，戰鬥非其所樂，農耕社會之戰爭，主於守禦，所謂"重門擊柝，以待暴客"也。墨子非攻而主守禦，其遠原蓋在於此，即或征伐，亦必無係累殺戮之事。古有所謂義兵者，其說略見《呂覽・懷寵》、《淮南・兵略》兩篇，蓋亦此時代之事。《史記・司馬穰苴列傳》，謂《司馬法》閎廓深遠，雖三代征伐，未能竟其義，如其文，夫三代固已入於小康之世矣。使舉世而皆如是，則各社會相遇之時，或能有和平之法，以互相結合；而惜乎其不能也。有好和平之族焉，有好戰鬥之族焉，二者相遇，兵爭斯起。有兵爭則有勝敗；有勝敗，則有征服人者，有服於人者；而等級起，而德化衰矣。

黃族征服炎族，遺跡最易見者，厥惟國人野人之別。炎族古居洲渚，說已具前，黃族則似居山。黃帝邑於涿鹿之阿，其一證也。章太炎有《神權時代天子居山說》，蓋黃族之古制。古有畦田，有井田。井田行諸野，畦田行諸國中。故孟子說滕文公，"請野九一而助，國中什一使自賦，卿以下必有圭田"，圭田即畦田，亦受諸國中者也。國中行畦田，野行井田者？野平正而國崎嶇也。古者"國主山川"，《國語・周語》。故曰："王公設險以守其國"；《易・坎卦象辭》。故曰"域民不以封疆之界，固國不以山谿之險"也。《孟子・公孫丑下》。國必居山險者？征服人之族，於此屯聚自守，而使所征服者，居四面平夷之地，任耕種，出稅賦焉。古者兵嘗近國都，故陽虎作亂，壬辰戒都車，令癸巳至。說本江慎修，見《群經補義》。今文家説：天子畿方千里，公侯皆方百里，伯七十里，子男五十里；天子公侯之國，百倍相懸；而其兵，則天子六師，方伯二師，諸侯一師，三倍或六倍而已。古文家説：公方五百里，侯四百，伯三百，子二百，男百，則天子地四上公而百男，然王六軍，大國三軍，次國二軍，小國一軍，兵數之多少，亦與封土大小不相應。蓋大國之所多者爲農民，其本族任戰之民，相去初不甚遠也。《周官》之制：五家爲比，五比爲閭，四閭爲族，五族爲黨，五黨爲州，五州爲鄉。其兵制：五人爲伍，五伍爲兩，四兩爲卒，五卒爲旅，五旅爲師，五師爲軍。蓋家出一卒。此任戰之民，以什伍制之，其本，征服人之族也。《尚書大傳》：古八家而爲鄰，三鄰而爲朋，三朋而爲里，五里而爲邑，十邑而爲都，十都而爲師，州十有二師焉。此野鄙之民，因井田制其邑居，不與征戍；其本，服於人之族也。夫野鄙之民，非不任戰也，特不用以征戰，僅使保衛本地方爾。如鞌之戰，齊侯見保者曰：“勉之，齊師敗矣！”此猶今日大軍戰敗於外，勉民團以自守也。戰鬥之事，悉由戰勝之族任之，此猶高句麗之俗，“有敵，諸加自戰，下户儋魚米飲食之”矣。故曰“四郊多壘，卿大夫之辱；地廣大，荒而不治，士之辱”也。《曲禮》士初指戰士，其後則大夫以上世官，戰勝之族爲之；士無爵，由農民中選舉，《周官》興賢興能之制是也，可參看《癸巳類稿·鄉興賢能論》。服於人之族，雖不事征戰，然兵賦實其所出，今文家言：十井出兵車一乘，《公羊》宣公十五年，又昭公元年《解詁》。古文家據《司馬法》，而《司馬法》又有兩説，一説以井十爲通，通十爲成，成十爲終，終十爲同，《周官·小司徒》鄭注。又一説以四井爲邑，四邑爲丘，四丘爲乘，鄭注《論語》“道千乘之國”用之，見《小司徒》疏。雖爲法不同，而其與井田相附麗則一，可見賦爲野人所出。然利器不以畀之，故僅寓兵於農，世多以寓兵於農，爲以農夫爲兵，此誤解也。寓兵於農，乃謂以農器爲兵器。其制，詳見《六韜·農器》篇。此自野人言之，可謂藉寇兵齎盗糧矣。古者野無守禦，故列國兵争，大軍入境，輒直傅國都；而攻圍大邑，歷時始下如長葛者，則《春秋》重而書之。《公羊》隱公五六年。此野人之所以易制也。厲王暴虐，起而逐之者國人，以其故爲戰士。若野人，則“逝將去女，適彼樂土",以逃亡圖苟免而已。三代以前所以無叛民也。陳勝之起,賈生説爲揭竿斬木。漢世大盜,猶多先刼庫兵。江慎修曰:"齊有士鄉,其中賢能者,有升選之法。"亦見《群經補義》。此即《周官》三年大比興賢興能之制。蓋古惟戰士可以入仕,農工商皆不然也。士、仕實一字。詢國危,詢國遷,詢立君;皆曰賢然後察之,見賢焉然後用之;皆曰不可,然後察之,見不可焉,然後去之;皆曰可殺,然後察之,見可殺焉,然後殺之。與政治者,亦皆以國人爲限,未問謀及野人也。此自大同降入小康所生之等級也。

炎黃二族,社會之組織,亦本有異。周家特重適長,殷法則弟兄相及,其後吳人猶行之;楚國之舉,恆在少者;《左氏》文公元年。知南方之族,不甚嚴宗法也,然宗法非始於周也。世謂宗法始於周者?(一)以自殷以前,其制無可徵。(二)則殷既兄弟相及,五帝又官天下,然君位之承襲,本與家族承襲之法,不能盡符。女真非無傳子之法,而生女直部族節度使之承襲,太祖以前,皆以景祖之命定之。蒙古大汗之立,與其家族承襲之法無干,則尤易見矣。故五帝之官天下,不能爲其時無宗法之徵。況夏人固父子相傳矣。又周世宗法,制極嚴密,亦非行之未久者所能至也,然則宗法蓋黃族所固有,民之初生,必以血脈相搏結。始焉,凡血脈相承者,皆搏結爲一,是爲姓。不論其從女抑從男。後稍析而爲家。家之大小,略有一定。蓋不獨親其親,不獨子其子之風既逝,則老者非其子莫之養,幼者非其父母莫之長;而人之情不能無妃匹;是以一夫上父母,下妻子,家人之數,率自五口至八口。然此五口至八口中,強壯善戰鬥者,惟一夫耳。有血脈之親者,臨事相集,素無統率;亦又心力不齊,不能必集;故無宗法之制者,戰鬥之力,不能甚強。有宗法者則不然。小宗五世而遷,所統率者已非寡弱;大宗百世不遷,則所統彌衆矣。試讀《禮記·文王世子》一篇,則知周天子之有庶子官,其初蓋專以訓齊其族人,與異族競爲務。《禮·喪服傳》曰:"禽獸知有母而不知父。野人曰:父母何算焉?都邑之士,則知尊禰矣,學士大夫,則知尊祖矣。諸侯及其大祖,天子及其始祖之所自出。"此古征服人之族有宗法,所征服之族無宗法之證。炎黃成敗,此其大原矣。宗法之制,有分土,無分民。戰勝之族之酋豪,使其子弟,統其所征服之衆,舜命象,"惟兹臣庶,女其予於治"是也,故知封建之原,所由來者遠矣。特使分治理之勞,其統率之權仍在。故古卿大夫多以私甲從王事;諸侯之勤王,其事殊,其義一也。後屬疏遠,相攻擊如仇讎,然其初,固已收指臂之效矣。百足之蟲,死而不殭,周之東遷,晉鄭焉依其事也。

男女之不平等,亦以黃族爲甚。孔子論大同之世曰:"男有分,女有歸。"則男子實爲權利之主,女子特有所依附耳,亦非全平等也。然以視小康之世,則迥不侔矣。古者一群之中,男女無適儀匹,其相媾合,惟論行輩而已。是以民知其母,不知其父也。其後蓋以爭色致鬥亂,而同姓不昏,乃懸爲厲禁。《禮記‧郊特牲》:"取於異姓,所以附遠厚別也。"此爲同姓不昏之真原因。"男女同姓,其生不蕃"等説,皆借以恐怖人,以行其教令而已。異姓之昏,在農耕社會爲聘取,在遊牧社會,則爲刼略,《世本》言伏羲始制儷皮爲嫁娶之禮,譙周亦云然。見《禮記‧昏義》疏。此即六禮之納徵。六禮多用雁,雁守一雌一雄之法最謹,知羲農之族,本無妾媵之制。《鹽鐵論》謂古者一男一女,而成家室之道,蓋指是時也。《散不足篇》,古書言一夫一婦者,予所見惟此一條蓋其制破壞久矣。黃族則不然。黃帝二十五子,而得姓者十有四人,其多妻婦可知。堯以二女妻舜,實即以姪娣從之制,《堯典》重堯女舜,故不及其姪耳。帝嚳四妃,見《禮記‧檀弓》"舜葬於蒼梧之野"注。文王則百斯男,無不以多妻婦多子孫相誇耀者,何譏於後世之羌與匈奴也?《記》曰:"繫之以姓而弗別,綴之以族而弗殊,雖百世而昏姻不通者,周道然也。"足見殷代昏姻之制,與周不同。楚王妻妺,《公羊》桓公二年,楚有江芊,見《左氏》文公元年。吳亦以女女魯昭公。蓋三苗立國江域,殷人亦化被九夷,故南東之國,禮俗猶與周異。觀其同姓不昏之禁,不如周人之嚴,則知其略取妻婦之風不甚,同姓昏媾,卿或聘諸名族,妻皆與我匹敵,男女之間,無由不平等,亦無由多得妻婦也。以力劫掠,斯不然矣。女謁之禍,不絶於後世，儻亦黃族野蠻之俗，有以使之然歟？

凡此，皆足見黃族之文化，本不如炎族；而戰勝之後，又頗壓制炎族，封豕長虵，薦食上國，以理揆之，古代文化之區，且將黯無天日，然不至是。自西周以前，雖暴君代作，而亦有其治平之時；以大體論，猶克稱為小康者？則以野蠻民族，陵暴文明民族，一時雖肆其凶燄，究不能搖動其社會組織之根柢；閱時稍久，凶燄衰而文化之力復張，則野蠻民族，且去其故俗，而自同於文明民族矣。遼、金、元、清之同化於中國，職此之由。黃族之漸化於炎族，亦若是則已矣。

孟子曰："夏后氏五十而貢。"又引龍子曰："貢者，校數歲之中以為常。樂歲，粒米狼戾，多取之而不為虐，則寡取之；凶年，糞其田而不足，則必取盈焉。"此制自後人思之，殊不可解。然亦何難解之有？此乃戰勝者，責令所征服之地，按年包納租稅若干，而其他皆非所問耳。可謂無功而受禄矣。然亦以此，而所征服之族固有之良法美意，得以保存而弗失。舉此一端，餘可推測也。

戰敗之族困苦之深，必由戰勝之族朘削之甚。然自西周以前，即孔子所謂禹、湯、文、武、成王、周公之世者，則此弊尚不甚烈。蓋戰勝之族，多起瘠薄之區，其人本習於儉；儉者之不可使遽奢，猶奢者之不可使遽儉也。《詩》曰："曾孫來止，以其婦子，饁彼南畝，田畯之喜。"鄭箋以為成王與其后、太子巡行南畝，饟食農夫與田畯也。後人多疑之，其實此何足疑？周之初，亦西戎間小國耳，此事固理所可有，讀《金史·昭肅皇后傳》，則知之矣。昭肅后，唐括氏，景祖后，《傳》曰："景祖部，輒與偕，政事獄訟，皆與決焉。景祖歿後，世祖兄弟，凡用兵，皆禀於后而後行，勝負皆有懲勸。農月，親課耕耘刈穫。遠則乘馬，近則策杖。勤於事者勉之，晏出早歸者訓勵之。"不獨此也，孟子引晏子之言曰："天子適諸侯曰巡守。""春省耕而補不足，秋省斂而助不給。夏諺曰：吾王不遊，吾何以休？吾王不豫，吾何以助？"然則巡守之初，亦係勸農之政，特如朱梁之世，張全義之所為，至於方岳之下而朝諸侯，蓋遊牧之族酋長之所為，非羲農之族所有，故其說僅著於《堯典》焉，堯北教八狄；舜野死蒼梧；禹會諸侯於塗山,殁葬會稽;五帝三王之間,多有遠跡,其後遂不聞有是,以去遊牧之世遠,不復能以師兵爲營衞,遷徙往來也。穆王欲肆其心,周行天下,則欲行黃帝、舜、禹之事者也。巡行田野,勸農聽訟之遺規,則未嘗廢。故夏有遊豫之諺,成王有饁農夫田畯之事焉。召伯行部而聽訟於甘棠之下,亦猶金景祖行部而決獄訟耳。古聽訟本於棘木之下也。此豈如後世之人君,深居宫禁之中,能極萬方玉食之奉者哉？又不獨此也。孟獻子曰:"畜馬乘,不察於雞豚,伐冰之家,不畜牛羊,百乘之家,不畜聚斂之臣。與其有聚斂之臣,寧有盜臣。長國家而務財用者,必自小人矣。彼爲善之,小人之使爲國家,菑害並至,雖有善者,亦無如之何矣。"朘削不已,終至自斃,此古征服之族,所鑑觀遂事,深引爲戒者也。又不獨此也,戰勝之族,必有剛健不溺晏安之德焉;亦必有哀矜惻怛,不忍所征服之族之仁焉。彝秉之良,人所同具,固不能至於戰勝之族而絕無;此在上者所以能行仁政之原也。凡此,皆所以限制戰勝之族之誅求,使不至於過甚者也。

　　益進,則征服之族,且將慕悦所征服之族之文明,而捨己以從之焉。孔子之告賓牟賈曰:"獨未聞牧野之語乎？武王既克殷,反商:未及下車,而封黃帝之後於薊,封帝堯之後於祝,帝舜之後於陳,下車而封夏后氏之後於杞,投殷之後於宋。封王子比干之墓,釋箕子之囚,使之行商容而復其位,庶民弛政,庶士倍禄,濟河而西,馬散之華山之陽而弗復乘;牛散之桃林之野而弗復服;車甲釁而藏之府庫而弗復用;倒載干戈,苞之以虎皮;將帥之士,使爲諸侯,名之曰建櫜;然後天下知武王之不復用兵也。散軍而郊射,左射貍首,右射騶虞,而貫革之射息也。皮弁搢笏,而虎賁之士説劍也。祀乎明堂,而民知孝;朝覲,然後諸侯知所以臣;耕籍,然後諸侯知所以敬;五者,天下之大教也。食三老五更於太學,天子袒而割牲;執醬而饋,執爵而酳;冕而總干;所以教諸侯之弟也。"其言武王克殷,偃武修文之速,容或失之太過。然周公東征,製禮作樂,然後歸政,上距克殷之時,亦不過十稔耳。其慕效大邦殷之文明,亦可謂亟矣。武王周公之營雒,得毋有元魏南遷之意邪？夫周之作五官有司，而邑別居其民，乃自古公以來耳。然則前乎此，雖曰后稷、公劉，世隆農業，實誠如蘇子瞻之言，與狄人無以異也。而知自進於文物聲明，如此其速，則知黃帝之族，慕效羲農之族之文明非難也。《荀子》曰："父子相傳，以持王公；三代雖亡，治法猶存，官人百吏之所以取祿秩也。"《榮辱》。知戰敗之族之治法，爲戰勝之族所保持者多矣；有賢王作，舉而措之，猶反掌也，《春秋》通三統之法，由此來也。抑《春秋》之義：諸侯用夷禮則夷之，進於中國則中國之。然則當時之蠻夷，自同於上國者多矣。匈奴、鮮卑、突厥、女真、蒙古之倫，所由一入中國，而遂泯然無跡也。觀於今，固可以知古也。

《記》曰："禮無不答，言上之不虛取於下也。上必明正道以道民。民，道之而有功，然後取其什一。故上用足而下不匱也。是以上下和親而不相怨也。"《燕義》。只此數語，君民之故爲兩族，躍然紙上，知是義也，則上必有勞而後可以食於下，以視五十而貢之世，歲之豐凶，民之飢飽，悉非所問，惟責其歲納租稅若干者，迥不侔矣。又進，則君亦盡於天官之責，而爲社會筦百事之樞焉。《荀子》曰："君者，善群也。群道當，則萬物皆得其宜，六畜皆得其長，群生皆得其命，故養長時則六畜育；殺生時則草木殖；政令時則百姓一，賢良服，聖王之制也；草木榮華滋碩之時，則斧斤不入山林。鼃黽魚鼈鰍鱣孕別之時，罔罟毒藥不入澤，春耕，夏耘，秋收，冬藏，四者不失時，故五穀不絕，而百姓有餘食也。汙池淵沼川澤，謹其時禁，故魚鼈優多，而百姓有餘閒也。斬伐養長，不失其時，故山林不童，而百姓有餘材也。"《王制》，古書中此類甚多，此特引其一而已，《淮南·主術》、《史記·貨殖列傳序》等皆可參看。此皆大同之世固有之良規，世及爲禮之大人，引爲己任，而修明之保守之者也。記曰："先王能修禮以達義，體信以達順。"《禮運》。其斯之謂歟？

《記》曰："歲之成，百官齋戒受質，然後休老勞農。"《王制》。又曰："孟冬之月，天子乃祈來年於天宗，大割祠公社及門閭，臘先祖五祀，勞農以休息之。"《月令》。又曰："蜡也者，索也；歲十二月，合萬物而索饗之也。黃衣黃冠而祭，息田夫也。既蜡而收民息已，故既蜡，君子不興功。"《郊特牲》。此古者農功既畢，施惠於民之事，所謂"百日之蜡，一日之澤"也,《雜記》。又曰："祭者,澤之大者也,是故上有大澤,則民夫人待於下流,知惠之必將至也。"《祭統》。此國有慶典,施惠於民之事也。雖上之所施,固爲下之所有,奪之而又以施之,近乎朝三暮四,然此亦充類至義之盡之言，終勝於屯其膏而不施者矣。

然則是時也；井田之制仍存。山澤猶爲公有。文王之囿,芻蕘者往焉,雉兔者往焉是也。《王制》："名山大澤不以封。"注："與民同財,不得障管。"蓋封建之制初行時猶如此。工官制器,以共民用,非以矣利也。商業,大者猶行諸國外；其在國中者,《考工記》"匠人營國,面朝後市"是也,《孟子》言"市廛而不稅"。所謂廛,蓋國中之地。則監督之者甚嚴；《王制》"有圭璧金璋"一節是其遺制。在田野者,則何邵公所謂"因井田而爲市",《公羊》宣公十五年《解詁》。孟子所謂"求龍斷而登之"之賤丈夫,《周官》所謂販夫販婦者耳,固不能牟大利。自士以下,至於府史胥徒,禄亦僅足代耕,除有土之封君外,固無甚貧甚富之差,雖多一寄生之蟲,病狀猶不甚劇也,夫是之謂小康。

五、論小康之治如何降爲亂世

《莊子》曰："藏舟於壑,夜半,有力者負之而走。"《齊物論》。社會之遷流,夫固非人所能逆睹;抑且身丁其境而不自知哉!

野蠻民族,侵犯文明民族,自當時視之,固爲一大變,然不久而患即平,何也?社會之根柢,未嘗動搖,則其組織不生遷變;野蠻民族,既欲入居文明民族之中,而享受其所有,其勢即不得不順從其組織,而與之俱化也,至於社會之組織,自起變遷,而其勢非復如此矣。

社會組織之遷變,何自起哉?則起於交通日便,生齒日繁,通工易事之範圍,隨之而日擴。從來論世風之升降者,每致慨於民德之日澆。其實民之秉彝,古今一也,而何以古人仁而後人暴?古俗醇而末俗澆?則必有使之然者矣。蓋古者社會小,易以人力控馭,故其組織,皆足當今人之所謂合理。Rational。後世則體段太大,控馭無從,遂一聽其遷流之所至也,人莫不隨所處之境而轉移。處於合理之社會中,居心自不得不善。而不然者,則亦將如江河之日下而不可遏止。故風俗之澆醇仁暴,社會之組織實爲之;而社會組織之不善,亦可云人之智力不逮,僅能控馭其小者,而不能控馭其大者使然也。古代農業社會,有所需求,率由自給。一社會中,分職如何,至易見,亦至易定也。隆古之世,人有協力以對物,而無因物以相爭,人處此境界中,自私之心,固無由而起。及生齒繁而拓地廣,交通便而來往頻,則各甘其食美其服之社會,遂不免互有關係。古之公產,公諸部落之內,非公諸部落之外也。部落之內,人受養於群,作務亦皆以爲群,至於部落之外，則有所取必有所以爲酬，而貿易之事以起。人孰不欲多得利？不相往來之世，某物必須自造，某物當造若干，著爲定則，確不可易者，至此，則可不造而求諸人，或多造以與人易；向者之分職，遂不復合理，而漸次隳壞於無形。又人莫不愛異物。當不相往來之時，所見者皆習見之物，貪求之心，無自而起也；至於與異部落接，而異物日呈於目，則有勃然不能自遏者矣。人之好異物，自古已然。歷代嶺南官吏之所以多貪污，原因固多，多見異物，亦其一也。《禮記·禮器》曰："三牲魚腊，四海九州之美味也。"以多致遠方之物爲孝，則三代以前，已如此矣。夫公產之世，無所謂私產也。且無私產，何從有私產之禁？與異部落接，愛其異物，遂不免多造本土之物，以與之易；所易得者，自然爲所私有；於是公產社會之中，有私產者漸多。至於固有之分職，破壞已盡，則人不能受豢於群；其所作爲，亦非以爲群；交易之事，向僅行諸部落外者，今遂行諸部落之中；向僅以饜貪求之欲者，今遂非此不能生活。人人當勞力以自養，人人莫或顧恤人，遂變爲貨力爲己之世界矣。夫能壞人心術者，莫交易若也。赤子之心，不知人我之別也，使之適市，賣者多所求焉，買者則靳之；人之厚，則我之薄也；人厚若干，則我薄若干，其數適相當也，再三往焉，而人己利害之相反，昭然若揭矣。此等教育，既有私產以後，人人童而習之；少成若性，習貫自然，此其壯而行之，所以造次必於是，顛沛必於是也。豈無一二賦性獨厚之人；以人之利，爲己之利；以人之害，爲己之害？然此等人胡可多得？其滔滔者，則皆惟利是視而已。有權力者，遂不恤糜爛其民而戰之，所謂"謀用是作，而兵由此起"也。古代論兵爭者，咸以爲出於人之情性，所謂"自含齒戴角之獸，見犯則校，而況於人"也。然以爭利而動者，實亦甚多。墨子非攻，所以斤斤計較於所得所喪之多寡也。孟子曰："爭地以戰，殺人盈野；爭人以戰，殺人盈城；此所謂率土地而食人肉。"其說亦隱與墨子相通矣。爭利不必土地、人民、金玉重器亦昔人所視爲利，列國兵爭，率以賂得免，即由於此。虞公以寶劍亡身，囊瓦以裘馬覆國，讀史者莫不笑之；然今之好骨董，愛飾物者，果有虞公、囊瓦之權力，能保其不爲虞公、囊瓦乎？致治之極，必貴清靜寡欲，亦自有至理也。

　　財之爲用，語其究竟，終在消費，此理之自然也。世之先貧後富者，怵於貧而習於儉，恆斤斤不敢自肆，然飲食服用，終必有逾於初，即由於此。一再傳後,創業之艱難,已非後人所深悉;而人之情,由儉入奢易,由奢入儉難,始焉視為奢侈者,繼則以為當然矣;寖假明知其奢而不能自克矣;淫昏之子,又有不知奢之為惡;或雖知之而肆行無忌者;此其所以始漸陵夷,終若山頹也。古代貴族,降而愈侈,亦由於此。其人既有權力,則有所不足於己,必也虐取於民,而大同之世之遺制,為所破壞者多矣,井田其一也。

井田之制,非必暴君污吏之所破壞也,而不能不謂暴君污吏,有以促其成。何也?夫人私心既起,則凡物皆欲據以自私。土地者,利之原也,安得不思私之乎?然土地之不可私,理至顯也,亦安敢遽私之乎。此則暴君污吏,有以助之矣。古者阡陌溝洫,占地甚多。生齒既繁,土田稍感不足,則不免稍破壞之,此本君與吏之所當禁;然為君與吏者,或利土地闢而稅收可多;或又侵奪人之土田,於封疆亦利改造;則陰許之,且陽唱率之矣。世皆以開阡陌為商鞅咎,然自秦以外,井田誰實破壞之邪?故知當時,壞井田之民,及許民壞井田之暴君污吏,徧天下矣。古之民,十九以農為業,井田壞,地權不均,農乃失職矣;乃有所謂閑民。乃有離鄉輕家,如鳥獸者;而民乃不可治,而風化乃日壞。

山澤故公有也,後乃障管焉,《管子》之官山海是也。《管子》之官山海,其意固以為公,然必先有障管山澤者,而《管子》乃為是言;而其時之障管山澤者,其意非以為公,則彰彰明甚也。何也?漢世山澤,自天子至於封君,各自以為私奉養,苟非晚周之遺法,漢人其敢一旦行之哉?人君障管山澤,不能自用之也,乃或以賜佞幸,如漢文帝以銅山賜鄧通。或利饋獻,以賜企業之家,如戎王多與烏氏倮畜,畜至以谷量。必不徒賜之畜,蓋其量畜之谷,亦取之戎王矣。其地遂漸入私家之手。《史記·貨殖列傳》所載事牧畜、種樹、煮鹽、開礦之人是也。古之侵民地者,多以供遊樂馳騁,孟子所謂"壞宮室以為汙池,棄田以為苑囿"是也。齊宣王郊關之內,有囿方四千里,殺其麋鹿者,如殺人之罪,猶是如此。此等苟有賢君,弛以與民易耳;為企業之家所據,則難變矣。董仲舒謂漢世富人,田連阡陌,又專川澤之利,筦山林之饒,由此也。

工官之制,亦稍廢壞。蓋新器日出,不必皆由官營;其舊有者,或不給於用;或雖給用,而不如私家所造者之良;則國工稍以陵夷,而私家之業製造者顧日盛。漢世郡國,有工官者無幾,可見考工之制久廢也。王莽行六筦之詔曰:"夫鹽,食肴之將。酒,百樂之長,嘉會之好。鐵,田農之本。名山大澤,饒衍之藏。五均賒貸,百姓所取平,仰以給澹。鐵布銅冶,通行有無,便民用也。此六者,非編户齊民,所能家作,必仰於市。雖貴數倍,不得不買。豪民富賈,即要貧弱",蓋不能家作之具,皆有人焉,起而經營之矣,漢世所謂商人者,其中實多工業家,鹽鐵酒酤,其最顯者也。

其專以買賤賣貴爲事者,是爲名副其實之商人。《管子》曰:"歲有四秋,農事作爲春之秋。絲纊作爲夏之秋。五穀會爲秋之秋。紡績緝屨作爲冬之秋。物之輕重,相什而相百。"《輕重乙》。又曰:"歲有凶穰,故穀有貴賤;令有緩急,故物有輕重。然而人君不能治,故使蓄賈遊於市,乘民之急百倍其本。"《國蓄》。所謂令有緩急者,古税斂多以實物,上以是求,下不得不以是應,而或非其所有,則不得不求之於市,《輕重甲》篇所謂"君朝令而夕求具,有者出其財,無者賣其衣屨"者也。古惟王公貴人之家,爲能多所蓄藏;如《管子》謂丁氏歲粟,足食三軍之師,見《山權數》篇。又商賈所挾珠玉金銀等,惟王公貴人,爲能消納之;故商人多與王公貴人爲緣。子貢結駟連騎,以聘享諸侯,非必以其官而尊之,亦由平時本有交接也,晁錯謂當時商人,交通王侯,力過吏勢,由此。

商人非徒買賤賣貴也,亦兼爲子錢家。《管子》曰:"使萬室之都,必有萬鍾之藏,藏繦千萬;便千室之都,必有千鍾之藏,藏繦百萬;春以奉耕,夏以奉耘;耒耜、械器、種穰、糧食,畢取澹於君,則大賈蓄家,不得豪奪吾民矣。"《國蓄》。明當時農夫耕耘之資,皆取諸大賈蓄家也。《管子》又曰:"養長老,慈幼孤,恤鰥寡,問疾病,弔禍喪,此謂匡其急。衣凍寒,食饑渴,匡貧窶,振罷露,資乏絶,此謂振其窮。"《五輔》。又《幼官》:再令諸侯,令曰:"養孤老,食常疾,收孤寡。"省耕省斂之法既廢,匡急振窮之政又亡,嗟嗞吾民,不於大賈蓄家取之,而誰取之哉?且爲人君者,亦或躬爲子錢之家焉。孟嘗君使馮煖收責於薛是也。非別有用心,而肯如陳氏之厚施於國者鮮矣。夫子錢,最易使人淪於饑寒之淵者也。《管子·問》:"問鄉之良家,其所牧養者,幾何人矣?問邑之貧人,債而食者幾何家?貧士之受責於大夫者幾何人?問人之貸粟米有別券者幾何家?"良者,對賤而言。牧養人者爲良,所牧養者,自然爲賤,此俘虜而外,奴隸之所由起也。貧人謂凡民,貧士則故以仕官爲業者,失職而受責於大夫,此四公子之徒所由以養士名也。

《史記·平準書》曰:"自太昊以來,則有錢矣。"未知信否。要即有之,亦爲用不廣。又云:"大公爲周立圜法,錢圜函方,輕重以銖。"《說文》曰:"古者貨貝而寶龜,周而有泉,至秦廢貝行錢。"蓋後世之所謂錢者,實始於周而專行於秦。周雖有錢,猶兼用貝,殷以前可知也。物無不可爲易中,然利儲藏,便分割,實惟金屬具有此德;故以金爲幣,而幣之用始弘。然泉幣之興,固使利源易於流通,亦使利源易於專錮。何也?物過多則無用,故苟有菽粟如水火,過客必饜,非難事也。有泉幣則易易爲他物,物不可盡,而人之欲隨之無窮矣。生計學家言:"昔歐洲教會所以能布施,以所有者多日用必須之品故。"豈惟教會,今鄉僻之富人,所以能好行其德者,蓋亦由於此焉;而古王者所以能省耕省斂,匡急振窮,其故亦從可思矣。錢幣興而可致之物多,而興發之事始少矣。又無用之物,可轉化爲資本,以貸於人,而子錢家之業亦益盛。漢景帝之世,七國之叛也,長安中列侯行從軍,皆齎貸子錢。子錢家以爲侯國邑在關東,關東成敗未可知,莫肯貸;獨無鹽氏出捐千金貸。一歲,其息什之。假使無黃金銅錢,寧有貸粟帛而行者哉?故曰:錢幣之用弘而子錢家之業益盛也。而其利於商人之廢居,更不俟言矣。

閭閻之民如此,其在鐘鳴鼎食之家,亦因爭鬥之日烈,而亡國敗家相隨屬。亡一國,則國族皆夷爲庶民;敗一家,則家人悉淪爲皁隸。"要下寶玦青珊瑚,可憐王孫泣路隅。問之不肯道姓名,但道困苦乞爲奴"。在後世則見而哀之,其在弑君三十六,亡國五十二之世,又何足異也?此曹豈能槁項黃馘,安於耕鑿,老死於庸下哉?挾其所長,敖遊王公之間,優於文者爲儒,長於武者爲俠。豈無誦法孔子,進以禮,退以義;服膺墨翟,勤其生,薄其死之人?然其多數,則貪飲食,惰作務,爲盜跖之居民間者而已矣。曲學阿世,豪桀務私,自此昉也。

人心之仁暴,風俗之澆醇,豈不以其境哉?社會之組織既殊,而世風亦於是乎一變。

六、論自大同至亂世人心風俗之變遷

自來論世運之升降者,每致慨於風俗之澆漓;以爲欲躋治道於隆平,必先振人心之陷溺。其實所謂人心者,分而觀之,則若不可測;合而觀之,其升降自有定則。處於何等境界中,即有何等思想;合衆人而相熏相染,而一世之風俗以成焉。不知改良社會,以振救人心;而欲先振救人心,以改良社會;因果倒置,本末誤持,此其所以萬變而不當也。然此惑之由來舊矣。今故追論大同之世,降逮小康,以迄亂世,一一舉其變遷之所由,以釋世論之惑焉。

古代之風俗,有以爲極美者,如孔老大同郅治之說是也。有以爲極惡者,如《管》《商》書《君臣》、《開塞》二篇是也。二者果孰是?曰:皆是也。人也者,自動物進化者也。惟其自動物進化,故好生惡死,先己後人,一切與動物無異。飲食男女之欲,有所不遂,即不免賊人以自利。然人也者,亦進化之動物也。惟其爲進化之動物,故其相仁偶之心,非凡動物所及;而其智能燭事,又能將其措置妥帖,使人我之利害,不相衝突,亦非凡動物所能。人在進化途中,係走至此一步,不必妄自菲薄,亦不容過事誇張。古人謂人之所以異於禽獸者幾希,實最得其情也。惟其然也,故除少數聖哲外,率先己而後人;而苟非境遇迫之,則亦不肯戕賊人以自利。又人也者,群居之動物也。社會之組織既定,一人處於其間,其能自由之境極微,故中材之轉移,率視乎其所遭直。人類社會之情狀如此。

隆古之世,人有協力以對物,而無因物以相争。斯時也,因其捍患之力甚弱，凡物皆足以爲害；又因其智識愚昧，不知害之所自來，而無從豫防；是以其對物極殘酷。而人與人之間，則極爲和平。以其利不存於剝削人，而存於與人相合力也。淺演之民，往往殘暴仁慈，兩臻其極，自文明人觀之，殊覺其不可解，其實無難解也。彼其殘酷，蓋視人如物；其仁慈，則視人如人。凡人皆與我相仁偶，而能害我之人，則概視爲物，蓋斯時之人之意念然也。夫其對人固和平矣，對物雖恐懼猜疑，然因不明其性質，不能知患之所自來而豫防之，故在平安無患之時，即亦寬閑自適；遠慮非斯時之人所有也，況於機械變詐？此皇古之世，風俗所由淳厚也。《白虎通義》稱三皇之民曰：「臥之詓詓，行之盱盱；饑即求食，飽即棄餘。」蓋其狀也。

斯時之民，爭奪相殺，不起於群之中，而恆起於群之外，故當漁獵遊牧之世，口實不足，生活堪虞，往往釀成爭鬥殺戮。至於耕農之群，生計饒足；人與人之關係，仍極和平；而其對於物也，亦因抗禦之力漸強，不憂其爲害，而殘酷之情漸減；人類之黃金世界，遂於此出見焉。此即孔子所謂大同，老子所謂郅治也。

老子曰：「失道而後德，失德而後仁，失仁而後義，失義而後禮。」此非虛言也。道也者，宇宙自然之則也。德也者，知此則而能遵循之之謂也。手能持，足能履，道也。知持必以手，履必以足，手當如何持，足當如何履，德也。人之初，則行乎其所不得不行，止乎其所不得止而已；未嘗知有所謂宇宙定律者，而遵循之也；蓋猶未知物我之別也；此所謂道也。至於知有宇宙定律，而有意於遵循之，縱其所行，能悉與定律合，而已知有物我之別矣；已不如物我不別之淳矣；故曰失道而後德也。仁也者，人相人偶之謂也。至於知人之當相人偶，而又有人我之別矣。義也者，事之宜也。人之相人偶之心無窮，而或格於事，不能遂，則須斟酌於其處置之方；或割小以全大焉；或忍目前以濟將來焉。蓋人不能盡相人偶，故所處之境，遂有迫之使不得兩全者也。然當是時，猶人人思酌度乎處置之宜，以全夫人與人之相人偶也，至於不恤損人以利己，則非有軌範以限制其行爲不可，而所謂禮者起矣。故曰：失德而後仁，失仁而後義，失義而後禮也。老子之言，看似玄妙，然以社會風俗升降言之，固極平易之解也。

　　大同之世，如何降爲小康邪？曰：其必自愚智之分始矣。古之人，厚於仁而薄於智。與多費一分心，寧多出十分力。有能指揮而統率之者，則歡喜擁戴之；必不曰"爾何以當指揮統率我，我何以當受爾指揮統率"也。古代傳說，率視其酋長爲聰明才智，首出庶物；而文明社會，才能不過中庸之子，一入蠻夷，即能爲之大長，實由於此。夫如是，在上者而欲濫用威權，在下者固無如之何；猶能噢咻而撫摩之，則父母不翅矣。故小康之世，在上者之道德，曰仁與智。在下者則利於愚，所謂安分守己也。又有所謂臣者，愛豢養於君；助之戰鬥，爲之服役焉。其道德曰忠。忠也者，盡力以衛其君，及其家人，與其子姓；使保其財産及榮名，其初意如此而已矣。有安社稷臣者，以安社稷爲說；君而死亡也，視其所爲死亡者，爲己死，爲己亡，非其親曈，莫之敢任；此君臣之義既進化後之說，非其朔也。臣民之義固異，後稍相淆，合忠與愚而一之；忠不叛其上，愚不慊於己，是以上下之位，若天澤之懸殊；其奉養，尤什百倍蓰而未有已；而猶可以相安也。征服者與所征服者，其初未嘗不相怨嫉。然古人疏於慮患，在上之噢咻撫摩，雖僞而亦易以爲誠；且無書史記載，過去之事，亦極易忘耳。清之陷江南也，下薙髮之令，民奮起抗之，至喪其身而不恤；然不及三百年，民國光復，又有以髮辮爲吾所固有，而冒死欲存之者矣；此前事易忘之明徵也。今世如此，況於古初？征服者與所征服者之怨嫉，不一再傳而消失，固其宜矣。上下之分既立，推之父子兄弟夫婦長少主僕，莫不皆然。在上者利其然而鼓厲之；雖在下者，亦忘卻萬人平等，亦可相安，而誤以爲欲維社會之治安，非立此上下之分而嚴守之不可也。上下合力，維持此人與人間之關係，而小康之世之倫理，遂歷千載而不敝焉。今日深入乎人心，視爲是非善惡之準者，大抵此時代之所留遺也。曾國藩《陳岱雲妻墓銘》曰："民各有天惟所治，燾我以生託其下，子道母道妻道也；以柱擎天臂廣廈，其柱苟頹無完瓦。"最足見小康時代之思想。彼皆視此等倫紀壞，則社會將不可一日居，而不知非其朔也。

　　"父慈子孝，兄友弟恭，夫義婦聽，長惠幼順，君仁臣忠"。此《禮運》所謂人義，即小康時代之倫理也。使能謹守其畔而不越，各盡其分而無歉，原亦可以小康。然而人莫不欲利，利在前而權在手，總不免於濫用，此事之無可如何者也。在下者則將譎以自免。於是上虐其下，下欺其上矣。至於上虐下欺，而父子兄弟夫婦長幼君臣之道苦矣；而小康之世之倫紀，本實先撥矣。雖曰：彝秉之良，無時或絕；人與人相人偶之心，未嘗不存於衰世；然而恆人之情，恆先己而後人；不能人人皆殺身成仁，行菩薩行；則在一定情形之下，其道德心，亦必僅能維持至一定限度；其情形有變遷，其道德心，亦必隨之而爲消長；此勢有必至，理無可疑者也。人與人之利害，既相衝突矣；損人以自利之事，既不可免矣；則必有公仞之法；而此法亦必有強力以守之；於是刑政生焉。然刑政必有人司之；司之者亦人也；在一定情形之下，其道德心，亦必止能維持至一定限度；其情設有變遷，其道德心，亦必隨之而爲消長；亦勢有必至，理無可疑者也。於是禹、湯、文、武、成王、周公之治，亦終不可久，而暴君代作焉。

商人者，民治主義之師長也。何以言之？曰：欲行民治主義，必有較計利害之心。必能自度曰：爾之才智，果逾於我邪？爾所以統治我，我當受爾統治者，果才智爲之邪？抑亦地位爲之邪？抑爾之命令文誥，若皆爲國爲民者，其果然邪？抑亦口雖云然，而嗜利固無以異於小人邪？知較計及此，則上之所以臨下，不過地位爲之；下之從上與否，亦惟視其利害以爲衡；較然可見矣。此等較計利害之心，徧於天下，而民不可以端拱而治矣；而人與人之相處，其道亦益苦矣。

何謂貧？貧者，不能全其生之謂也。然此至難言也。尋常所謂貧，則皆相形之下，覺其不足耳。與我相形者無窮，則我之自覺其不足亦無窮。故曰："萬取千焉，千取百焉，不爲不多矣，苟爲後義而先利，不奪不饜。"故曰："民之饑，以其上食稅之多。"歷代大亂之前，以物力論，必遠較大亂之後爲豐，然人心恆覺蹙然不可終日；及大亂之後，赤地無餘，顧彼此相安焉；此所謂足不足者，不在於物之多寡，而係於彼此相形之鐵證也。

人也者，有遠慮者也；不惟顧恤現在，亦且懸念將來。然人之爲力至微，非合群相保，其陷於饑寒死亡至易。既已人自爲謀，莫或相顧恤矣，安得不汲汲皇皇，惟利是圖，惟力是視？太史公曰："賢人深謀於廊廟，論議朝廷，守信死節；隱居巖穴之士，設爲名高者；安歸乎？歸於富厚也。是以廉吏久，久更富；廉賈歸富；富者，人之情性，所不學而俱欲者也。故壯士在軍，攻城先登，陷陣卻敵，斬將搴旗，前蒙矢石，不避湯火之難者，爲重賞使也。其在閭巷，少年攻剽椎埋，刼人作姦，掘冢鑄幣，任俠併兼，借交報仇，篡逐幽隱，不避法禁，走死地如鶩，其實皆爲財用耳。今夫趙女鄭姬，設形容，揳鳴琴，揄長袂，躡利屣，目挑心招，出不遠千里，不擇老少者，奔富厚也。遊閑公子，飾冠劍，連車騎，亦爲富貴容也。弋射漁獵，犯晨夜，冒霜雪，馳阬谷，不避猛獸之害，爲得味也。博戲馳逐，鬭雞走狗，作色相矜，必爭勝者，重失負也。醫方諸食技術之人，焦神竭能，爲重糈也。吏士舞文弄法，刻章僞書，不避刀鋸之誅者，沒於賂遺也。農工商賈，畜長固，求富益貨也。此有知盡能索耳，終不餘力而讓財矣！""天下熙熙，皆爲利來；天下攘攘，皆爲利往。"人人懷利以相接，安有能善其後者邪？

則有因人欲利之心以驅使之者。管子曰："利之所在，雖千仞之山，無所不上；深淵之下，無所不入。故善者，勢利之在，而民自美安；不推而往，不引而來；不煩不擾，而民自富。如鳥之覆卵，無形無聲，而惟見其成。"《禁藏》。斯密亞丹《原富》之精義，此數語括之矣。又曰："渾然擊鼓，士忿怒，輿死扶傷，爭進而無止，非大父母之仇也，重祿重賞之所使也。故軒冕立於朝，爵祿不隨，臣不爲忠；中軍行戰，委予之賞不隨，士不死其列陳。故使父不得子其子，兄不得弟其弟，妻不得有其夫，惟重祿重賞爲然耳。故不遠道里，而能威絕域之民；不險山川，而能服有恃之國。發若雷霆，動若風雨；獨出獨入，莫之能圉。"《輕重甲》。今帝國主義之所以侵略人，得毋有合於是邪？夫因自然之勢以使其民，則誠"下令於流水之原"矣；然而勢處於必亂，則亦熟視而無如何。何也？自然之勢在敵也。故曰："民不畏死，奈何以死懼之。"夫人孰不畏死，然進亦死，退亦死；進則其死抒，退則其死迫；人孰不爭死敵？非不畏死也，正畏死使然也。違死之衆，孰能圉之？夫誰使之自視以爲退不能生，寧進而死者邪？則與其人之生活程度，大有關係矣。故曰："民之輕死，以其奉生之厚。"

人之情，莫不先己而後人，故處境窘則親愛之情薄，親愛之情薄，則責望之心深。韓非曰："今世之學士，語治者，多曰與貧窮地，以實無資。今夫與人相若也，無豐年旁入之利，而獨以完給者，非力則儉也；與人相若也，無饑饉疾疢禍罪之殃，獨以貧窮者，非侈則惰也。侈而惰者貧，力而儉者富。今人徵斂於富人，布施於貧家，是奪力儉而與侈惰也。"《顯學》。何其與遠西論卹貧者之言，如出一口也？夫人與人之相若，豈易言哉？今姑勿論此，而"母之於子也，賢則親之，無能則憐之"。《禮記·表記》。貨力不私，孰與爲侈？又豈不能養數無能之人乎？然則民去大同之世而入於小康，猶去慈母之懷，而立諸嚴師之側也；入亂世則委爲奴虜矣。

且衰世之刑罰人，豈當其罪哉？莊周曰："柏矩之齊，見辜人焉。推而強之，解朝服而幕之，號天哭之，曰：子乎！子乎！天下有大菑，子獨先罹之。曰莫爲盜，莫爲殺人。榮辱立然後覩所病，貨財聚然後覩所爭。今立人之所病，聚人之所爭；窮困人之身，使無休時；欲無至此，得乎？匿爲物而愚不識，大爲難而罰不敢，重爲任而罰不勝，遠其途而誅不至，民知力竭，則以僞繼之。日出多僞，士民安取不僞？夫力不足則僞，知不足則欺，財不足則盜。盜竊之行，於誰責而可乎？"《則陽》。天災人禍，其非一人之力之所能禦同。然天災之爲害也，有定而可以豫測，人禍則不然。天災也，可合人力以禦之，人禍則禍我者，正我所欲與協力之人也，又誰與禦之乎？然則人禍深於天災也。舉衆所共造之孽，責諸一人之身，而刑戮之，人復何以自免乎？

淮南王曰："仕鄙在時不在行，利害在命不在智。"《齊俗》。豈不信哉？韓非曰："古者丈夫不耕，草木之實足食也；婦人不織，禽獸之皮足衣也；不事力而養足，人民少而財有餘，故民不爭，是以厚賞不行，重罰不用，而民自治。今人有五子不爲多，子又生子，大父未死，而有二十五孫。是以人民衆而貨財寡，事力勞而共養薄。故民爭。雖倍賞累罰,而不免於亂。堯之王天下也,茅茨不翦,採椽不斲;糲粢之食,藜藿之羹;冬日麑裘,夏日葛衣;雖監門之服養,不虧於此矣。禹之王天下也,身執耒臿,以爲民先;股無胈,脛不生毛;雖臣虜之勞,不苦於此矣。以是言之,夫古之讓天下者,是去監門之養,而離臣虜之勞也,古傳天下而不足多也。今之縣令,一日身死,子孫累世絜駕。故人重之。是以人之於讓也,輕辭古之天子,難去今之縣令者,薄厚之實異也。"《五蠹》。士之毀方而爲圓,又曷足怪哉?古之人之於朋友也,"久相待也,遠相致也"。其後至於"入門各自媚,誰肯相爲言",以此。

約束人使不敢肆者,莫如輿論之力之強。子曰:"孝哉閔子騫,人不間於其父母昆弟之言。"《論語・先進》。孟子曰:"暴其民甚,則身弒國亡;不甚,則身危國削;名之曰幽厲,雖孝子慈孫,百世不能改也。"《孟子・離婁》。毀譽之不可枉如此,是以能使人知所畏。故曰:"斯民也,三代之所以直道而行也。"《論語・衛靈公》。然而其後則有不能盡然者矣。"色取仁而行違,居之不疑,在邦必聞,在家必聞"。《論語・顏淵》。則知世有違道干譽之人。"行何爲踽踽涼涼?生斯世也,爲斯世也善,斯可矣。"《孟子・盡心》。則知世有枉道避謗之士。至是而毀譽不足憑矣。故鄉人皆好之,鄉人皆惡之,皆有所未可也。《論語・憲問》。論者必曰:"古國小,人民少,又重遷徙,所謂大國,不過如後世之僻邑而已。一言一行,恆爲衆所周知,無所逃於指摘。毀譽所被,榮辱隨之;榮辱所在,利害隨之;是以輿論爲衆所嚴憚。至於後世,四海一家,士不北走胡,則南走越。'異域之人,瑕疵未露',雖或負累,猶得自容;而社會情形複雜,士亦或爲高世之行,非恆人之所能知;毀之或以爲喜,譽之或以爲憂;故毀譽不復能爲是非之準,寖至失其裁制之權。"斯固然也。然而評論果本於良心,即應以己所聞知者爲限。殊方異域之士,"道不同不相爲謀"之人,皆應置諸不論不議之列。如是,是非何由淆亂?是非之淆亂,非其智之不及,實其心之不正。知其人之惡也,而懾於勢,則不敢毀;受其恩,則不肯毀;與之爲朋黨,則且可矯情以譽之。知其人之善也,而以其有負俗之累,以欲避嫌,則不肯譽。知其事之有害也,而己有利焉,則可以肆行簧鼓。知其事之有益也,而己有害焉,則可以胥動浮言。要而言之,不以所毀譽者之善惡為憑,而以己之利害為準,此是非之所以紛然淆亂也。天下之人,非皆可欺也,且皆極不易欺。所以可欺,全因其先為私意所中。故毀譽之不正,實由人與人之關係,先失其常也。夫如是,得天獨厚之士,安得不孤行其是,以毀為喜,以譽為憂哉?蓋至獨行之士興,而知其時之輿論之為反社會者矣。

不徒輿論之為反社會也,法律亦然。法律者,所以裁制反社會之行為者也。何謂反社會?不道德是已。故法律與道德當合一。然而不能然,今有居心不可問,而法律顧無如之何者,俗稱其言曰官話。官話者,合乎法律之言也。然則合乎法律者,不合乎道德也;然則合乎道德者,不必為法律所保護,或且為其所懲治;不合乎道德者,不必為法律所懲治,或且為其所保護也。是則法律自為反社會者也。法律之反社會,何自始哉?曰:觀於決獄者不問居心,但論行為,則知其所由來矣。是非善惡,當論居心,本無疑義。所以不是之問者,非謂其不當問,乃以人之居心,多不可問;且亦無從問耳。子曰:"聽訟,吾猶人也,必也,使無訟乎。無情者不得盡其辭。"《禮記‧大學》。曾子曰:"如得其情,則哀矜而勿喜。"《論語‧子張》。《王制》曰:"凡聽五刑之訟,必原父子之親,立君臣之義以權之;意論輕重之序,慎測淺深之量以別之;悉其聰明,致其忠愛以盡之。疑獄,氾與眾共之;眾疑赦之。"古之人聽訟,所以其難其慎者,凡以求其情也。夫豈不知人藏其心,不可測度,求其情,釋其行,將不免於失出失入。然而有失出失入之害,亦有維持人之良心,使之能以善意相與之利;利害相消,而利猶覺其有餘;此鄭鑄刑書,晉作刑鼎,叔向仲尼,所由斷斷以為不可也。見《左氏》昭公六年,二十九年。然此亦必風俗猶未甚薄,輿論猶未甚枉之世乃能行之。如其不然,則適為貪官污吏舞文弄法之資而已。故至後世,遂無以是為言者也。然至此而法律之反社會,亦彌甚矣。

　　輿論法律,皆失其約束裁制之權,則所以畏怖人使之不敢爲非者,惟在宗教。嗟乎！宗教果足以維持民德,扶翼民德,使之風淳俗美,漸臻上理邪？宗教者,社會既缺陷後之物,聊以安慰人心,如酒之可以忘憂云爾。宋儒論佛教,謂其"能行於中國,乃由中國禮義之教已衰,故佛之說,得以乘虛而入；亦由制民之產之法已敝,民無以爲生,不得不託於二氏以自養"。斯言也,世之人,久目爲迂闊之論,莫或措意矣。然以論宗教之所由行,實深有理致,不徒可以論佛教也。世莫不知宗教爲安慰人心之物,夫必其心先有不安,乃需有物焉以安慰之,此無可疑者也。人心之不安,果何自來哉？野蠻之民,知識淺陋,日月之運行,寒暑之迭代,風雨之調順與失常,河川之泛濫與安流,皆足以爲利爲害,而又莫知其所以然,則以爲皆有神焉以司之,乃從而祈之,而報之,故斯時之迷信,皆可謂由對物而起。人智既進,力亦增大；於自然之力,知所以禦之矣；知祈之之無益,而亦無所事於報矣；此等迷信,應即消除,然宗教仍不能廢者,何也？則社會之缺陷爲之也。"出師未捷身先死,長使英雄淚滿襟"；"但恨在世時,飲酒不得足"；無論其爲大爲小,爲公爲私,而皆有一缺陷隨乎其後。人孰能無所求？憾享用之不足,則有託身富貴之家等思想焉；含冤憤而未伸,則有死爲厲鬼以報怨等思想焉；凡若此者,悉數難終,而要皆社會缺陷之所致,則無可疑也。人之所欲,莫甚於生,所惡莫甚於死；其不能以人力彌補其缺憾者,亦莫如生死。故佛家謂生死事大,無常迅速,藉此以畏怖人；天國淨土諸説,亦無非延長人之生命,使之有所畏有所歆耳。然而死果人之所畏邪？求生爲人欲之一；而人之有欲,根於生理。少之時,血氣未定,戒之在色；及其壯也,血氣方剛,戒之在鬥；及其老也,血氣既衰,則皆無是戒焉。然則血氣漸滅而至於死,亦如倦者之得息,勞者之知歸爾,又何留戀之有？《唐書·党項傳》謂其俗"老而死,子孫不哭,少死,以爲天柱,乃悲"。此等風俗,在自命爲文明之人,必且誚其薄，而不知正由彼之社會，未甚失常；生時無甚遺憾，故死亦不覺其可悲也。龜長蛇短，人壽之修短，固不繫其歲月之久暫，而視其心事之了與未了。心事苟百未了一，雖逾大齊，猶爲夭折也。曷怪其睠戀不捨；又何怪旁觀者之悲慟哉？夫人之所欲，莫甚於生；所惡莫甚於死；而不能以人力彌補者，亦莫甚於生死；然其爲社會之所爲，而非天然之缺憾猶如此；然則宗教之根柢，得不謂之社會之缺陷邪？儒者論郅治之極，止於養生送死無憾，而不云死後有天堂可昇，淨土可入，論者或譏其教義之不備，不足以普接利鈍，而惡知夫生而有欲，死則無之；天堂淨土之説，本非人之所願欲邪？故曰：宋儒論佛教之言，移以論一切宗教，深有理致也。

　　程明道曰："至誠感天地，人尚有不化，豈有立僞教而人可化乎？"斯言可謂極其透澈。伊古以來，各種宗教，設爲天堂地獄之説，以畏怖歆羨人，亦多方矣，然終不能維持世道人心者，其説固無驗，人不可以盡誑也。一種宗教盛行之時，往往能使若干人赴湯蹈火而不顧，此非虛無之説，真足誑惑人也。世固有殺身成仁者，爲宗教而殺身之上，豈盡冀身後不可知之報哉？又社會之迷信甚，則信教者自可得若干利益，其事固真實不虛也。中國人性頗務實，故所以歆羨畏怖之者，不在死後虛無不可知之境，而在生前可目驗之事。曰天道福善而禍淫。不於其身，則於其子孫，故曰："積善之家，必有餘慶；積不善之家，必有餘殃。"然而福善禍淫，本於賞善罰惡，非天道，實人事也。世愈亂，賞罰愈倒置，善人受禍，淫人獲福者愈多矣。世惟至愚之人，肯信無驗之説。稍明事理者，即不肯信之矣。"使我有身後名，不如即時一杯酒"，抑豈待後世之詩人，而後有此感慨哉？試讀《史記・伯夷傳》，二千年前之人，早知之矣。故欲以宗教維持扶翼民德，乃無聊之極思；聊以是自欺自慰云爾。其無益，三尺童子知之矣。豈無一二至愚之人，爲其所誑？然此等人本不能爲惡，誑惑之何益？徒使其惑於死後猶可得福，猶可報怨，免卻現在之爭鬥，而强者益得自肆也。姑婦之勃豀，夫妻之反目，債權債務之陵迫，屢見弱者懸梁服毒，曷嘗見强者有所畏怖邪？夷齊槁餓，湯武豈以其故廢王哉？

輿論不能約束也，法律不足裁制也，宗教不能歆動畏怖之也，世風遂如江河日下；人人相猜疑，相屠戮，娑婆世界，變爲修羅之場矣。人非故如此也，社會之組織，實使之然；迫之不得不然也。不正其本，而雖治其末，雖勞心焦思，胼手胝足，何益哉？

七、論入亂世後之改革

語云："積勞始信閒爲福,多病方知健是仙。"此猶是曾經閒曾經健之人。若有人焉,生而勞苦,從來未識安閒;長於疾疢,自小未知康健;則彼將誤以勞苦疾疢,爲人生之本然矣。後世是也。自大同降入小康,自小康降入亂世,人之相扶相助之意日益微,而其相爭相鬥日益烈。敗者不必論矣,勝者亦如處重圍中,日虞敵人之侵襲。人生百年,無一日釋其重負;偶或開口而笑,則所謂苦中作樂者也。生人之趣復何在?然而大同之世云遙矣,人不復知人之性固相扶相助,而非相爭相鬥者也,則以爲世界本不過如此;人生本不過如此而已。豈不哀哉?先秦之世則不然。其時去大同之世未甚遠,去小康之世則更近;其遺跡蓋猶有存者;即故書雅記,亦不得無徵;故孔子謂大道之行也,與三代之英,丘未之逮,而有志焉。夫以爲人生之固然,則無可如何,知其爲疾病,未有不思療治者也。此先秦言治之家,所以多欲舉社會之根柢,撥亂而反諸正也。

諸家之中,言改革最澈底者,爲道家與農家,皆欲撥亂世逕反諸大同者也。道家之旨,在歸真反樸。此意爲後人誤解,以爲欲舉晚近之風俗,還諸皇古之淳,必將一切文明,悉行摧毀,而其事遂不可行。殊不知風俗之薄,由於人與人利害之不相容,與其駕馭天然智力之增高,了無干涉。如謂駕馭天然之智力增高,其對於人,亦必增其殘暴詭譎,則古來學問之士,必且爲鬼爲蜮,不可鄉邇矣,然按其實,不徒不如是,而其仁慈誠信,轉遠非不讀書無知識者所及,何也?今人莫不知與之交涉,易於受虧者,爲醫師與律師。然惟請醫師治病,延律師訴訟時爲然。若與醫師閒談病理,請律師講演法律,未聞其作誑語以欺人也。此可見人與人之相爭鬥,由其利害之不相容,非由其智識之相越也。今使舉文明國中,凡學自然科學之所資者,悉移而致之野蠻部落中,其人之能通其學,必與文明人同,無待變其社會之組織,而後其學可通,無足疑也。至於社會科學,處於風淳俗美之社會中,容或不能瞭解。然社會科學之精深,本係社會病狀,日益增劇之所致。今者錢幣亦成爲專門之學矣,然無交易,安有錢幣?且無錢幣,何從成爲學問邪?故苟能使今日人與人之關係,其利害相同而不相異也,一如大同之世,人之相親相愛,未有不一如大同之世者也。雖欲不如是,而不可得也。老子曰:"民之難治,以其上之有爲。"此言最有理致。治人者必用智,用智,夫亦知用智矣,智者詐愚,由是起也。治人者必用權力,用權力,夫亦知用權力矣,勇者侵怯,由是起也。夫民日以勇相侵,以智相詐,上之人坐視而無以治之,不可也;欲治之,安得不用智用權?在都市中豈能去警察,罷遣偵探,裁法院,廢刑罰哉?然而老子不云乎?"聖人不死,大盜不止;剖斗折衡,而民不爭"。夫豈謂殺傷人之案日出,而先去警察,裁法院?剖斗折衡者,斗衡指爭奪之原言,非指平爭之具言也。人之相殺傷,自有其原,塞其原,又何殺傷人之有?又安用警察與法院?道家之意如此,其理至平易也,而數千年以來,皆以爲迂闊難行之論,信乎慣於病者之不復可語夫健哉!

神農之言曰:"賢者與民並耕而食,饗飧而治。"此即剖斗折衡之謂。所謂政府,本有兩種作用:一以治事,一以鎮壓。人之利害,既相與同矣,莫或爭奪,焉用鎮壓?至於治事,只對天然,非以治人,亦極易簡。雖並耕而食,饗飧而治,固無虞其不給也。治人之事,愈複雜愈難,治物則不然。治三軍者,必不如管理小學校之易也;用大機器者,則不必難於用小機器。今工商等業,管理之難,亦皆在對人,非在對物也。人與人之相與,無虞無詐,悉以誠,生產運輸等規模,雖合全世界爲一,猶無改其簡易也。《荀子》曰:"或祿以天下而不以爲多，或監門御旅，抱關擊柝，而不自以爲寡。故曰：斬而齊，枉而順，不同而一，夫是之謂至平。"《榮辱》。斯言也，自古至今，視爲不易之論，而惡知夫任大任小，實由其度量之相越，初非由歆榮名厚利而爲之；苟無其人，雖懸重賞，終莫之致哉？而美惡相形，人必歆於美而不肯自安於惡，而爭奪之原，遂自此起，此即老子所謂斗衡也。故爲神農之言者，欲使五穀布帛多寡長短同，則價相若。孟子謂巨屨小屨同價，人豈爲之？以爲質之不同，猶其量之有異，而惡知許子之意，正欲使人莫爲其精者，然後豔羨之原去，爭奪之禍泯哉？或謂如此，是毀社會之文明，而復返於野蠻也。殊不知衆人之生活程度皆增高時，物之精者將自出；而因享用不平，寖至釀成大亂，僅有之文明，旋復摧毀，進寸退尺之禍，則無之矣。合全局而衡之，吾見文明之進益速，而未見其遲也。夫今日社會之難理，益倍蓰十百於古矣，然人之才智，未能倍蓰十百於古也。欲臻斯世於治平，非人之才智，倍蓰十百於今日，則必事之易理，蓰倍十百於今日而後可。由前之說，生物學明其無望矣。由後之說，則社會本係如此，而後乃失之者也。譬諸身，康健時本不勞療治，所以見爲難治者，皆病狀日深，以致諸醫束手也。復於康健，飲食起居，人人能自調護，何待於醫？更何待國手哉？故真欲臻斯亂世於治平，非還諸淳淳悶悶之境不可；而欲求認真反樸，則必改變社會之組織，使人與人之利害，相同而不相背。道家農家，固皆深知此義者也。

儒家亦慨慕大同，然其議論，其主張，皆欲先復小康之治。蓋欲由是漸進於大同，非以小康爲止境也。何以知儒家非以小康爲止境也？《記》曰："禮，時爲大。"其釋時爲大之義曰："堯授舜，舜授禹，湯放桀，武王伐紂，時也。"古之所謂禮者，非徒動容周旋，節文度數之末，一切人事，靡不該焉。故禪讓放伐，乃禮之最大者也。禮也者，"因人之情而爲之節文"。人情猶素，節文猶繪。故曰"繪事後素"。禮家之責，在繪事之得其宜，素之美惡，非所問也。不徒非所問，禮也者，因人情而有，人之情變而禮不變，禮則有罪焉。違人情以存禮，非製禮之意也。此小儒之所以不可語於通方也。禮莫大於禪讓放伐，禪讓放伐，猶因人情而變，況其下焉者乎？然則一切小康之制，不容拘守審矣。宋儒羅處約，謂"六經之教，化而不已，則臻於大同"，見《宋史·文藝傳》。可謂知言。彼疑大同非孔子之言者，不亦拘於墟哉？

儒家出於司徒之官，故最重教化。然教必先富，儒家於此義最明。故孟子斤斤於制民之產。"樂事勸功，尊君親上，然後興學"；《禮記·王制》。未聞救死不贍，顧責之以治禮義也。儒家富民之策，首重平均地權；勿奪其時；食之以時，用之以禮。其意在於生之者眾，食之者寡；為之者疾，用之者舒。故必合生產消費而通籌，非如今之言生計者，但汲汲於生產也。儒者之於工商，主市廛而不稅，關譏而不征，似與春秋戰國時情勢不合。然讀《禮記·王制》、《鹽鐵論·散不足》篇，即可知其主張之所由。蓋如儒家之意，居民上下，一舉一動，皆當率循乎禮；如此，淫侈之事，自莫敢為；莫敢為淫侈之事，安所用淫侈之物？商人自無所牟大利；儒家治國之制而誠行，末蓋有不待抑者矣。此論固不易行，然議論則不能謂其有誤。如今苟能使人民日用飲食，一守閉關之世之舊，豈慮入口貨之日增？又焉用關稅以為壁壘也？今之論者，率謂生產果多，則消費雖增而無害，故奢侈惟在貧乏時當禁，在富裕時即不為惡德。此以言布帛菽粟，日用必須之物則可。何者？其消費之量，自有定限也。若人炫垂珠，我求和璧，相高無已，安有足時？不特此也，雕文刻鏤者眾，則操耒耜者寡矣；刺繡纂組者多，則事女紅者少矣；即使生產既多，奢不為惡，而生產未多時，奢不能禁，生產又何緣而多也？故教有二義：衣食饒多矣，設為庠序學校以教之，使樂禮義而不為惡，教之一義也。衣食未足時，與生活程度不相稱之物，禁不得為，與生活程度不相稱之費，禁不得用，教之又一義也。二者不可偏廢，此義漢世儒者，猶多知之。《坊記》言禮之精義曰："使民富不足以驕，貧不至於約。"今之貧者，固欲求其不約而不可得也，物力限之也。然惟富者不能驕，而後貧者可以無約，狗彘食人食，則終必至於塗有餓莩矣。雖有仁人，不能躬耕以食之也；即能躬耕以食之，又何策保吾所種之粟，不為以人食之狗彘者之所奪也。此政之所以不可不立也。夫梁惠王，一國之君也，特狗彘食人食而不知檢而已，未嘗躬以人食食狗彘也,孟子猶非之。今上海,乃有日市牛肉於番菜館,以養其狗者,辦公畢,則自駕摩託車往,取之而歸。此等事,實行儒家之禮教,能否自由?世徒訾禮教之殺人也,殺人果由禮教乎哉?舊禮教未嘗無殺人者,然救人者皆不行,惟殺人者獨存,且變本而加厲也,又豈禮教之咎乎哉?

　　法家之義,異於儒家。儒家重平均地權,法家重節制資本。蓋古工業皆官營;山澤皆公有;省耕省斂,補不足,助不給,亦皆仰賴於上;故齊民莫能相併兼。至山澤爲私家所有;工業亦爲私家所營;交易漸廣,賣者與買者,亦不得直接,而必藉商人爲之介;而其情勢大異矣。法家之所以處置之者:曰官山海,所以收山澤之利,使不爲私家所障管也。曰收輕重斂散之權,所以抑商人也。曰收借貸之權,所以制今之所謂高利貸者也。其說具見於《管子》。《管子‧國蓄》曰:"使萬室之都,必有萬鍾之藏,藏繦千萬;使千室之都,必有千鍾之藏,藏繦百萬;春以奉耕,夏以奉芸,耒耜械器,種饢糧食,畢取贍於君,則大賈蓄家,不得豪奪吾民矣。"大賈者商人,蓄家即今所謂高利貸者也。

　　當春秋戰國之世,有蒿目時艱,不爲高論,惟以救世爲急務者,時爲墨子。墨子之所行,乃古凶荒札喪之變禮也。《記》曰:"歲凶,年穀不登,君膳不祭肺,馬不食穀,馳道不除,祭祀不縣,大夫不食粱,士飲酒不樂。"《曲禮》。凶荒則當謀節省,而節省當全社會而通籌,大同之世,本係如此;即小康之世,亦有能行之者,衞文公大布之衣,大帛之冠;齊頃公七年不飲酒,不食肉皆是。越句踐臥薪嘗膽,蓋亦猶行古之道,而傳者過甚其辭耳。"庖有肥肉,廄有肥馬,民有飢色,野有餓莩",此禮制既壞後事,古之人無是也。莊子譏墨子曰:"其道大觳,違天下之心,使人不堪。墨子縱能獨任,奈天下何?"然則飲食衎衎,而坐視民之飢而死,反諸人之相人偶之心,能堪之乎?莊子其以此爲人之本性邪?《荀子‧富國》篇曰:"不足非天下之公患也,特墨子之私憂過計也。"其說若甚辯。然亦思荀子富國之策,非以有政故乎?其政,非即古之所謂禮乎?荀子所言,平世之禮也;墨子所言,凶荒札喪之變禮也;當凶荒之時,而行平世之政,則蔡京之豐亨豫大爾。抑墨家之言,尤有可深長思者。《荀子‧正論》述宋子之言曰:"情欲寡。"

今之人，皆以人性爲好奢也；其儉者不得已也。誤於是説，變本加厲，故非所欲，習與性成，而奢侈之事，遂相引於無窮。其實人之有欲根於生理；飢飽寒燠勞逸，皆自有其度。過儉固非所堪，過奢亦非所欲。人之本性，惟在得中。道家養性之說，所以貴"適情辭餘，以性爲度"也。見《淮南·精神訓》。禮之不背人性，實以此爲本原。必明乎此，然後知爲仁義者，非戕賊人，若戕賊杞柳以爲杯棬也。墨家用夏，夏之政忠。以哀矜惻怛之心，行勤生薄死之事，正所謂忠也。儒家亦曰：三王之道若循環。救周之文敝，莫若以忠。知孔墨必相爲用矣。

先秦之世，言改革之家如此，皆欲舉社會組織，革其變以復其常，非徒曰修明政事，維持治安，以求一時之安云爾。夫思想者，事實之母也。有是思想矣，一時雖若受挫折，遲早終必見諸事實。先秦之世，有志之士，公認社會之當改革如此，其必不能免於改革，亦審矣。

改革當在何時邪？力征經營之世，自未暇及此，一統之後，則其時矣。世皆以秦始皇爲徒暴虐，事佚遊，此語大失其實。始皇之罷侯置守，開千古未有之弘規；其燔詩書百家語，令民欲學法令，以吏爲師，亦得古者政教合一、官師不分之意。其所行是否，別是一事，要不可謂非無意於根本改革者。始皇怒侯生等曰："吾前收天下書不中用者盡去之。悉召文學方術士甚衆。欲以興大平。方士欲練，以求奇藥。"求奇藥不足言。興大平必有所作爲。以始皇之威嚴，輔之以李斯之覈實，苟有興革，或能較新莽爲切於事情，不致引起大亂，亦未可知。惜乎運祚短促，其力盡於鎮壓反側，攘斥夷狄，而未能及於致治清濁之原也。秦滅漢興，劉邦故無賴子；一時將相，非刀筆吏，則椎埋少文者流；不足語於改革。然蕭曹爲相，填以無爲；高后女主，政不出房户，而刑罰罕用，民務稼穡，亦得蕭曹遺意。自此至於景帝，凡七十年，漢之爲政，皆可謂守黃老之道者；而文帝之節儉，亦墨家之遺意也。而天下卒以不治者，何也？道家之要，在於無爲。無爲非無所事事之謂也。爲之言化也。淺演之世，民皆蠢愚，摶心一志，以聽於上。斯時之民，本不能爲惡；爲淫侈之事，以敗壞風俗者，皆在上之人，故老子曉音瘏口，欲一悟之；欲其守小國寡民之俗。此猶今日告川滇土司，令勿效法漢人耳。以此語南京、上海之市長，則僨矣。以南京、上海，爲淫侈以敗風俗者，不在市長也。漢世則猶是也。后之衣，富人以衣婢妾；而文帝所幸慎夫人，衣不曳地，何益？墨家之言節儉，亦非謂躬自儉，坐視人之淫侈，而不爲之法度也。是時欲用老墨，必先大變天下之俗，俗既淳矣，無不守法度者矣，在上者乃守之以儉，填之以靜，乃爲有益。否則猶治病者，不去其病，而欲養其體，必不可得之數也。故自蕭曹至文景之安靜節儉，除政府不自擾民，不自導民爲非外，更無他益。《史記》述武帝初之富庶，至於"都鄙廩庾盡滿，而府庫餘財；守閭閻者食粱肉，爲吏者長子孫"。然又曰："網疏而民富，役財驕溢，或至兼併。"夫兼併行於窮困之日，豈有行於富庶之時者哉？而顧如此，可見是時富者自富，貧者自貧也。故蕭、曹、文、景之安靜節儉，必不足以致太平也。武帝起，用桑弘羊。弘羊，世徒以爲賈人子，工心計，此又誤也。其人湛深於學術，所行皆管、商遺教，讀《鹽鐵論》可知。夫不務扶植貧弱，而務摧抑豪強，以治業已傾危之社會，似得之矣。然而亦無驗者，私家商工之業已盛，弘羊所行之策，固不足以制之也。常平之法，即所以收穀物輕重斂散之權，後世迄未廢絕，然不能平穀價者，穀物之市場已廣，在官之資本甚微故也。他事視此。且其所用多賈人子，以自私牟利之心，行抑制併兼之政，其不能善其後，無俟再計矣。讀《鹽鐵論·水旱篇》可知。又況是時，縣官大空，急於聚斂，平準之法，悉成爲搜括之策哉？先秦之世，言社會改革者，不過儒、道、法、農、墨五家。農家之旨，與道家同。至是，則四家之説，皆已行之而無驗矣。儒亦當時顯學，必將有所藉手，勢也；況復經武帝之表章乎？故自宣、元以後，而儒家之説遂獨盛。

儒家言治，本先富後教。此義在後世稍以湮晦，漢儒則猶具知之。而教有二義：一漸之以仁，摩之以義，輔之翼之，使自得之，必在衣食饒足之後。一爲之法度，禁其逾侈，必奢侈越禮之事絕，而後民可得而足。則在今日，知者亦少，然先秦兩漢之世，凡儒者無不明於此也。民之好侈，非有憾於物之不足，皆憾與人相形而見其不逮耳。不然，飢寒爲切身之患,人人所知;奢侈必致飢寒,亦人人所知;當有不待誥誡,自知警惕者。然每當承平數十年,論者必以風俗漸奢爲患,雖誥誡亦無益,何哉？或引於前,必或逐於後,民之性則然,非空言所能挽也。夫入逾於出,雖貧必富;出逾於入,雖富必貧;理至易明,而實不可易。故欲求足民,必能節用,徒能多生利無效;欲言節用,必能禁奢,徒善言勸導無效。足民之策,儒者重平均地權。行之急者,爲新莽之王田。行之徐者,爲董仲舒、師丹之限民名田。教化之義,主於輔翼者,欲興庠序,設學校,劉向、王吉等主之。見《漢書·禮志》。主立法度者,以翼奉爲最急,欲遷都以更化。然皆未及行,至新莽乃行之。然新莽之所行,又非純儒家言也。蓋儒家言詳於平均地權,略於節制資本,此在東周之初,商工之業,尚未大盛,其説或可用;至於漢世,鹽鐵酒酤之家,履絲曳縞,乘堅策肥,千里敖游之流,其勢力,曾不下於有土之君;居民上者不摧抑之,終不足以言治,其事正明而易見矣。故新莽更制,實兼儒法。田爲王田,賣買不得,儒家平均地權之義也。五均六筦,法家官山海,制輕重斂散之意也。凡有所爲者,無不當自占納稅於上;而民欲祭祀喪紀無費,若欲治產業者,上以是貸之。物周於民用而不讎者,均官以本價取之,而治產業者不虞消乏;物昂過平價一錢,以所取者平價賣與民,而仰給者不病貴廋。不殖,不毛,浮游無事者有罰;不能得業者,亦得尤作縣官。其計劃可謂周且悉。然而反以召亂者？大同之世,去之久矣;雖小康之治,亦云遙矣,人皆挾自爲之心,習私產之俗,徒恃在上者之力,操刀代斲,未有能善其後者也。新莽之敗,非新莽一人之敗,乃先秦以來言社會改革者之公敗。何也？莽所行,非莽之私見,乃先秦以來言社會改革者之成說,特假手於莽耳。自此以降,無復敢言根本改革者,皆委心任運,聽其遷流之所屆耳。其善者,不過彌縫補苴,去其泰甚,而成否猶視乎其所遭;成不成,乃其幸不幸耳,非必其善不善也。而"治天下不如安天下,安天下不如與天下安"之語,遂爲言政治者之金科玉律。

八、論大同之可復

予年九歲,始讀陶淵明《桃花源詩》。當時父師詔我,以爲是寓言也,予亦誠以爲寓言而已矣。及年十四,讀《經世文編》,於其第二十三卷中,見喬光烈所撰《招墾里記》,述其地風俗之淳,與桃花源曾無以異,頗疑淵明《詩序》,亦非寓言。元文亦云:"予小時讀《桃花源記》,特以爲出於作者之寓言,及觀於是,始歎與淵明所云,未有異者。"其後測覽所及,此等記載,見於諸家著述中者,尚不可一二數,惜當時未知群治變遷之義,未能一一錄存,及今日,遂如大海撈鍼,無從繙檢耳。然民國二十二年十一月某日,上海《申報》,載是月十五日山東費縣通信,述蒙山居民之俗,謂其室用巨石壘築,甚寬大而無門,此則孔子所謂外戶不閉者也;又謂其服裝及婚嫁儀式,類似明代;問其年代,尚不知有民國,此則淵明所謂"不知有漢,何論魏晉"者也。元文云:"蒙山縣亙魯南臨郯、費嶧、蒙泗、新萊各縣,東西二百餘里,南北百餘里:泉水清洌,森林徧山。産名藥異果鉛錫等礦。因交通滯澀,百年來鮮有入山開泉者。山内人民,尚有野人風。不知耕稼,僅採山藥及銀花,易粟而食。其人面色黝黑,聲剛而鈍。不履,足底岡子,有二分厚,登山攀樹捷如猿。居石室内,每村十家數十家不等。皆推舉年長有力者,管理村事,頗似部落酋長。凡有糾紛,均訴請解決。婚嫁儀式,與明代無異。民性極蠻橫。山外人除採購藥材外,不得久居山内,否則必遭暗殺。山居不知歲月,梅花盛開便過年。秋夏工作之餘,村長即率全村人民,在山下跳躍聚樂,且唱山歌。有婚娶者,全村前往幫忙慶祝。居山洞或石室内。室用巨石壘築,高丈許,甚寬大,無門。在壁上留洞,以透日光。室内敷草爲牀。全家均睡一室。用薄石板爲桌。鍋碗由内地購往。服裝類似明代,均以土布爲之。婦女尚纏足。服裝與男子無異,惟頭裹粗布帕。言語行動,與内地類似,但無識字者。問其年代,尚不知有民國也。"岡子,元注云:"俗名。"案蓋謂足繭也。風俗蠻橫,蓋其對外人則然,其自相與,和親康樂,必有非吾儕所能想像者。登山攀樹如猿，儼然三國時之山越，知當時目為深山化外之民，強出之以充軍伍者，其中風淳俗美之地，爲不少矣。山越之名，晉後罕見，實則晉南北朝所謂蠻，皆三國時之山越也，特易其名耳。蠻與山越，其蔓衍，蓋徧今秦豫湘鄂皖贛兩浙之境，而在湖南者，同化尤晚，桃源蓋亦其一也。彌以徵淵明所記，非寓言矣。足徵淵明所記，非寓言矣。觀此，知人心隨境而變；有何等境地，即有何等風俗；無所謂世風不古；亦無所謂古今人不相及。苟能使社會組織，與古風淳俗美之世無以異，必將求今人之不爲古人而不可得也。

孟子曰："大人者，不失其赤子之心者也。"此語最好。人欲求智識，當增益其所本無；而欲求進德，則但當去其舊染。以凡惡皆是"後來沒把鼻生底"，朱子之言。無一爲生初所固有也。惟社會亦然。一切惡俗，皆由惡制所致；而制之不善，則皆人類駕馭天然之力未足，因之，人與人之關係，亦失其正耳。佛說："凡事皆因緣際會所成，無自性。"無自性，則知其爲業力所造。黑業造成之事，無不可以白業袪除之者，大同之必可致，吾儕當有此信念也。惟今後所謂大同，有與古之大同異者。古之大同，乃處境優良所致，而此境非其所自造，故境變，制即與之俱替，俗亦隨之而壞焉。今後則經歷萬難，明知前此之惡，而有意造出一善境，乃可入於不退轉地。故古之大同赤子，今後之大同，則爲大人。赤子者，環境所造之大人，大人則自力回復於赤子者也。

今後之大同，其情狀果何如邪？曰：人與人之利害，全然一致。其於物也，亦因其智識之高，防禦及利用之力之強，蒙其利而不蒙其害，見其可愛而不見其可畏。至於一切不可遂之欲，則本非人性所固有，皆社會之缺陷，有以致之；社會無缺陷，人自無此等欲念矣。如是，人遂有樂而無苦。夫物不可窮也，人有樂而無苦，則易不可見，而乾坤或幾於息邪？曰：不然。人類是時之所爭，乃在道德。甲行仁而乙自媿其勿如，乙行義而丙自慚其不逮。夫如是，則愈競爭而愈得和平。人類至此，所視爲大敵而欲克服之者，乃不在外物而惟在其心。夫如是，一切學術宗教中最高之義，乃能爲萬人所領受，亦能爲凡人所享用，非如前此，說雖甚深微妙，實徒有極少數人能知之能行之也。夫是之謂大同。

大同之不可致，皆囿於小康之治者爲之。人類既有階級，則兩階級之利害，必不能相容。小康之治，本因兩階級對立而起。其一切制度，皆所以維持其時之社會組織者，能自此更進一步，自可臻於大同；抑人類本自大同之境，墮落至此也。乃世之小儒，必執此時之制度爲天經地義。明知其不盡合於人性也；不免毀此階級以利彼階級也；乃以爲人性本惡，非此無以治之，釋此則世事將更不可問。本爲人而立制度者，其極，乃殺人以維持其制度焉。今所謂舊禮教食人者，其禮教皆此類也。今若詰責之，彼且衎衎有辭曰："子不見夫人心風俗之惡，雖跂就見制度，尚覺其不及邪？"於是彼輩乃日以正人心、移風俗爲務。以爲人心既正，風俗既淳，制度乃可繼之而變也。而惡知篤守今日之制度，人心永不可得而正，風俗永不可得而移邪？孟子曰："待文王而後興者，凡民也，若夫豪傑之士，雖無文王猶興。"尋常之人，不能自振於惡劣環境之下，此義古本明白。譬諸居室，棟折榱崩，處其下者皆覆壓焉，苟非力士，孰能掀牆而起？惡得曰：凡處其下者，吾皆將待其自起焉，而不自外爲之去其瓦礫也？故治化之不能進，不知恆人之心恆制於境者實爲之。此義明，凡惡無不可去，凡善無不可臻矣。故今後救世之務，不當空言改革人心，而當努力改革社會。循是而行，大同之世，雖去今猶遠乎，固未嘗不可以漸致也。

孔子果聖人乎？較諸佛、耶、回諸教主，亞里斯多德、柏拉圖、康德諸大哲如何？此至難言也。吾以爲但論一人，殆無從比較。若以全社會之文化論，則中國確有較歐洲、印度爲高者。歐印先哲之論，非不精深微妙，然或太玄遠而不切於人生；又其所根據者，多爲人之心理；而人之心理，則多在一定境界中造成；境界非一成不變者，苟舉社會組織而丕變之，則前此哲學家所據以研究，宗教家所力求改革者，其物已消滅無餘矣，復何事研求，孰與變革也？人之所不可變革者何事乎？曰：人之生，不能無以爲養。又生者不能無死，死者長已矣，而生者不可無以送之。故"養生送死"四字，爲人所必不能免；餘皆可有可無,視時與地而異其有用與否焉者也。然則惟"養生送死無憾"六字,爲真實不欺有益之語,其他皆聊以治一時之病者耳。今人率言:人制馭天然之力太弱,則無以養其生,而人與人之關係,亦不能善;故自然科學之猛晉,實爲人類之福音。斯言固然。然自然科學,非孤立於社會之外,或進或退,與社會全無干係者也。社會固隨科學之發明而變,科學亦隨社會之情形,以爲進退,究之爲人之利與害者,人最切而物實次之。人與人之關係,果能改善,固不慮其對物之關係不進步也。中國之文化,視人對人之關係爲首要,而視人對物之關係次之,實實落落,以"養生送死無憾"六字,爲言治最高之境,而不以天國淨土等無可徵驗之說誑惑人;以解決社會問題,爲解決人生問題之方法,而不偏重於個人之修養;此即其真實不欺,切實可行,勝於他國文化之處。蓋文化必有其根原,中國文化,以古大同之世爲其根原,故能美善如此也。今之人,亦知慕效西洋文化,不免有弊矣,而欲反諸舊文化者,又多爲人訾議,其主張,亦誠有可訾議之處,遂至皇惑而無主。予謂此由其所提倡者,多小康世之倫紀耳;若知小康之法,本非了義;其說或不可行於今;或雖不能遽去,亦如蘧廬可一宿而不可久處;不必愛戀衛護,視爲天經地義;所蘄嚮者,一以大同之義爲依歸,則中國文化,美妙殊勝,但可愛慕,無可非議矣。下士聞道大笑之,吾願其深觀世變,勿拘於墟也。

挾泰山以超北海,非人力所能爲也。然鑿巴拿馬地峽,開蘇彝士運河,與挾泰山以超北海,亦何以異?是知人之筋力有限,其心力則無限也。精誠所至,金石爲開;子又有子,孫又有孫;爲山九仞,方覆一簣,進吾往也,何事不成?二乘聾瞽,雖能生天,不到佛地;四海皆秋氣,一室難爲春;既聞高義,安可不勉?請誦兩大賢之言,以結吾書。曾子曰:"士不可以不弘毅,任重而道遠。仁以爲己任,不亦重乎?死而後已,不亦遠乎?"張子曰:"爲天地立心,爲生民立命,爲往聖繼絕學,爲萬世開太平。"

跋

此書爲民國二十二三年間，予在光華大學所講，二十四年夏，樊君仲雲主編《文化建設月刊》，以孔子之學說徵文於予。予謂惟孔子之說，中國人人童而習之，今生徒雖不讀經，然其父師皆讀經之人，不患無所聞之。抑學說之行既久，則化爲凡民之日用行習，雖不聞其說，固已知其義矣。衆所共知之義，固無俟贅陳，抑且不免有弊。其亟待發揮者，實在湮晦之高義。無論何種學說，傳述者率以中材爲多。仲尼没而微言絶，七十子喪而大義乖，劉歆攻擊今文師之言，誠不盡可信；然《春秋》文成數萬，其指數千，今讀其書，有其文無其義者甚多；則知歆雖瞽瞽，此言初不盡誣。書缺有間，口說何獨不然，安得執今之所傳者，爲足盡孔子之道乎？況學說恒隨時勢爲變遷乎？孔子之道，蓋久非其朔矣。世之自謂護衛孔教，而轉使孔道蒙垢，詒害於世者，實由執小康之義；甚至所執者，爲治亂世之法，有以致之。欲拯其弊，非昌明大同之說不可。此義惟康南海最明，然皆以空言說經，不知社會變遷之情狀，固無以使人起信。其所想望之大同，遂亦如海上三神山，可望而不可即，固不可無以補正之也。乃復將講稿，略加删正，以覆樊君焉。

此書之意，主於考古，特欲明孔子所謂大同者確有其世爲何如世，並明其不可復耳。至於如何復之，則一致百慮，同歸殊途，固非可以一言盡，亦非淺學所能言。然私見所在，亦有不妨爲讀者一言之者。予謂中國今日，欲言救正社會，古人之策劃，仍宜注意者有三焉。其一，中國之革命，當注重農人，不當偏重工人；而其牖啓農人，則當以耕作使用機械爲要義。今之迷信蘇俄者,輒曰革命當以工人居前列,以其有團結,能鬥爭,習公産;農人則反是,且皆錮蔽難啓發也。然中國之民,十八九業農,新式工業,惟通都大邑有之耳。將不革命邪?抑坐待資本主義之成,而後爲之計也。夫自私之制之下,不足以言公心久矣,今日之大弊,即在於是。故欲正農民,非革土田私有之制不可。然土田私有之制,非簡單之強力均田之法所能革也。果其能之,則新莽王田之法早行。北魏均田之令,唐租庸調之法,亦久存而不廢矣。害於其事者,必先生於其心,心不革,事固無由而變;雖強變之,亦必旋復也。然心又非可以空言革也。人之心,恆隨乎境,故生活實爲最大之教育。惟耕作使用機械,然後土地割裂,乃覺其不利,而共同耕作之法,乃可以徐行。制曰公,則人之公心,亦油然而生焉。此則俄國集合農場之制,實深可取法者也。其二,孔子所謂大同者,乃古農業共產社會。此等社會,其規模小,故其事之是非利害易見而易於措置;其人數少,故其和親之情深;而偶有桀驁不馴者,社會裁制之力亦強。在今世固無由斷其聯結,復反於孤立之境,而人之相人偶,亦惟在其利害之相同,而不繫於孤立與否,此義篇中已言之矣。然當撥亂反正之時,古者度地居民之制,仍不可以不講。人之居處,自有其天然之則。人之性,皆樂群居,空山之叟,聞足音猶爲之色喜,自非有大不得已之苦衷,未有樂絕人逃世者,此吸合人使之聚者也。然人雖樂群居,其所能與接爲構者,究有定限,處於萬人如海之都會中,將不覺其樂,惟苦其囂矣。此又限制人使聚集不能過甚者也。生產之規模,則用力少,成功多,此吸合人使之聚集者。然今所生產,皆爲商品,商品必求其價廉,故寧忍居處之苦,以求生產規模之大。至於分配之制異於今日,人尚忍居處之不適,以就生產之機械乎?此則未必然矣。此又限制人使聚集不能過甚者也。今之都會,其緣起非以戰守,則以工商業;又以富人貴族聚居淫樂之事多,守衛之力亦強;人或貪逸樂,托庇護,又窮人衣食者爭托跡焉,皆社會之病態,非天然之規律。今之政治,徒聞自上鎮壓下,不則訓練其民以禦外,或事侵略,亦治者之自私;而聯合人共善其事,共樂其生之義,反日益廢墜矣。苟欲撥亂世返諸正,非依自然之情勢,兼地理與人民風俗言。劃爲若干區;區各自善其事,未有足語於真聯結者。不聯結則不同矣,而況於大乎?

中國社會變遷史

中国现代文学

自　序

從前的人，總説知易行難；孫中山先生卻獨説知難行易；這兩種説法，究竟哪一種對呢？我説：這兩種説法，各有其立場。從實行上説，自然是知易行難。不論怎樣壞的人，總没有不知好壞的。卻到該遵照道德律而行時，就有許多説法，替自己辯護，寬恕自己了。"子路有聞，未之能行，惟恐有聞"，果有這種勇猛精進之心，盡其所知而行之，已足成其爲聖賢，爲豪傑。所以知易行難之説，確有其理由。但是從處事的方法上説，卻就不然了。要把一件事情措置得妥貼，必須先把這件事情的本身，弄個明白，這是自然之理，誰也不會反對的。然而弄明白一件事情，談何容易？古往今來，不少自以爲明白的人，而其所謂明白，究竟確實與否？徹底與否？從後人看來，往往很有可疑。古今不少熱心任事的人，而其對於事情，往往不能措置得妥貼；甚至轉益糾紛，即由於此。從這一點而言，行易知難，又不能不謂之真理了。我們對於事情，不能明白，其受病的根原，究竟在哪里呢？

《易》曰："窮則變，變則通，通則久。"這句話，是一個很普徧的法則。不但社會上一切事情如此；即社會的本身，亦是如此。社會必有其環境；環境本不是恒常不變的，社會的力量；又多少能使環境改變；環境既變，其影響復及於社會；而社會中的各分子，亦是互相影響的；所以社會的分子——人與物，無時不在變遷之中；社會的本身，自然要不絶地變化了。治法乃人所以對付事物之工具。事物一變，工具當然隨之改變，這亦是自然之理，人人都能明白的。然而抽象地説，如事物現放在眼前,就大不同了。人們往往在理論上承認變革爲當然,而在事實上,卻固執變革爲不可,尤其是社會的組織,不但固執爲不可變,並有不知其爲可變遷之物的。於是一切爭執,從此而起。提倡變革之人,往往因之而遭戮辱、殺害。其在一枝一節的事情上,固然未嘗不爲有意之改變。然而社會全體,是互相關聯的。變其一,不變其二,不但不能得所預期,甚至所得者轉出於所預期之外,或與之相反,天下就從此多事了。

自歐亞大通後,我們遭遇着曠古未有的變局。我們的不能不變,數十年來,亦逐漸爲衆所共認了。然而其變之始終不得其法,迄今日,仍在流離顛沛之中;這是什麼理由呢?分而言之,其說可以更僕難盡。總而言之,則由於我們不明白我們自己的社會。不明白社會的現狀,則不知今古之異,而欲執陳方以藥新病;不明白自己社會的性質,則不知人我之異,而強欲以他人所有者,施之於我;遂到處見其扞格而難通。數十年來,不論守舊維新,莫不言之成理,而行之無不碰壁,即由於此。然則我們的社會,情形究竟如何,必須弄一個明白,看似迂闊,實係目前至急之務,且爲自救根本之圖了。

現在是不能說明現在的,要明白現在,必須溯其原於既往。此書之作,是我從民國廿二年到廿三年,在上海光華大學所講,原名《中國社會變遷史》。吾國史料之流傳,自以秦漢以後爲多;而社會的變遷,則實以三代以前爲烈。秦漢以後,我們現在的社會漸次形成,根本上沒有什麼大變動了。固然,晚周、秦、漢之世,爲這種社會形成之初,人心上還覺得不安;還要想把他回復到已往的狀況。果其熟悉這一時期的歷史,亦可見得社會本來不是如此;因而悟到社會不是恒常不變之物。然而前此的史材,所傳太少了,又多隱晦難明;很難給人以充分正確的知識。人們就很容易誤會:社會是恒常如此的。即使不然,亦以爲社會之爲物,只能聽其遷流,而不容易以人力加以改造。大家懷抱着這種思想,社會所以永無改革之望,即一枝一節之改革,亦多扞格而難通。然則將社會的本身,探本窮原,弄一個明白,確實是根本之圖，而亦是至急之務了。此書雖然不足以語此，卻是有志於此的。此書原名《中國社會變遷史》，所以改定今名者，我認爲孔子所說的大同、小康、亂世，確足以代表中國社會變遷的三大時期。大同，不但是孔子，亦是人人心中所想望的。孔子在二千年前，指示我們以這最高的模範，闡明而光大之，自是後死者之責。亦且大同、小康、亂世，三者相因，明其一，亦即能明其二；不明其二，亦終不能明其一的；所以舉一可以概三。我們所求明白者，爲自大同時代直至現在的情形；我們心所嚮慕而蘄其實現者，則尤在大同時代；故而改定今名，以志蘄嚮。

既然想把中國的社會，弄個明白，自然該從最古的時代，直說到如今了。而此書卻止於兩漢之際，這是何故？原來中國的社會，體段太大，所關涉的方面太多，情形太復雜了。要徹底說明它，自然非短時期所能。而在今日，需要精詳研究之書，亦似不如說明大體之書之切。因爲中國的社會，以前是怎樣一個經過，現在是怎樣一個情形，爲什麼有此經過，成此情形，還全在茫昧之域。必須有大概的知識，然後可作精詳的研究。所以此書係用鳥瞰之法，說明中國社會變遷大端。一枝一節之處，都不之及，以免蕪雜之累。東漢以後的社會，根本上無大變遷，所以就略而不及了。雖然如此，稍枝節的考證，總是不能免的。所以我在行文時，都力求置之附注之中，以免正文蕪雜。全書的綱領，自然要借重於現在社會學家的成說，可是由我考據所得，亦不能謂之絕無。我雖然不敢以有學問自居；可是所讀的書，也還相當；立說也還謹慎；牽強附會，是生平所不肯出的；於這一點，頗希望讀者注意。至於闡明中國社會的真相，這麼一個大題目，自非如我之淺學，所能擔當。我不過覺得此類的書籍，還很缺乏，希冀拋磚引玉，以此爲大輅之椎輪而已。全書在去年暑假前，本已用文言寫成。正文不足三萬字。以簡要論，自勝於現在的白話本，但我天賦至愚，篤於自信，一得之見，頗想對於全民族以芹曝之獻，覺得現在讀這一類書的人，和白話接近者較多，和文言接近者較少。求其傳布較廣,收效較弘,暑假後,乃將文言之稿毀棄,改用白話,隨講隨編,將次完竣,因病中輟。直至昨日,始行全部寫成。"家有敝帚,享之千金",我並無此勇氣。不過天賦至愚,篤於自信,總以爲不至一無可取而已。其大部分,自然是燕石。如有錫以指正,使我不至終寶其燕石的,敬當禱祀以求,馨香以祝。

自歐洲學術輸入中國之後,社會學的學說,要算最爲風行。這也有個理由,社會是整個的,不是片斷的。不論什麼社會現象,都是整個社會上的一種現象。離開了社會的全體,都無從解釋的。從前的人——不論東西洋——都不知此義,所以其對於一種現象的解釋,都不能真確;而其所擬的對策,亦多不可行。現在就不然了,人類的知識進步到能闡明社會學,確是人類的福音。中國人之傾心於這種學問,亦固其所。但是社會進化的程序,雖然大致相同;而其小節偏端,以至於現在所達到的地位,則不能劃一。所以研究可以借資於人,而硬拉了人家的問題,以爲亦是我們的問題;甚至硬鈔人家解決的方法,以爲亦就是我們解決的方法,則必不免無病而呻,削足適履之病。所以把中國的社會,研究明白,實在是至急之務,而亦是根本之圖。

世界進化到極點,我相信:人類是只有相親相愛,相扶相助,而沒有互相爭鬥殘殺的——人類有餘的勢力,要求消耗,都用之於對自然的抗爭了。然而未至其時,則欲求自存,亦必須有相當的強力。古來許多夭殤的社會,其組織,豈必其皆不良?然而其結果,反被野蠻之族所征服,即由武力太缺之故。我國古代,從文化上說,主要的有炎黃兩族。炎族組織較優良,黃族武力較強盛。其後,炎族遂爲黃族所征服。說具篇中,茲不更贅。天幸!黃族征服炎族之後,沒有把它優良的組織,盡行破壞;而且還爲相當的保存;甚且能夠發揚光大;我國遂爲一文化優越之民族,以迄於今。在現在世界上,中國文化,確實是有相當的價值的,然亦靠黃族的武力,東征西討,使中國成爲大國,乃能保存此優越之文化。否則古代與我同時並存之民族,安知其文化沒有足與我大同時代媲美的呢?然則世界未進於大同,文事武備,確乎兩者不可缺一。我們今日,遐稽古史,也不必贊美炎族的文明,而痛恨黃族的憑陵了。

　　但是武力的超越,亦要靠文化維持。"大同"二字,就字面講來,就是全體利害相同,更無衝突的意思。我們現在,爲什麼不競於人?是武力的不逮麼?我們的陸軍,並不少於日本;海空軍及其餘一切戰備,固然自愧不如,但在戰略上,亦並非無補救之法;卻爲什麼不能抵抗?這是内部的問題呢?還是外部的問題?"一二八"之役,以及今日華北戰區,爲什麼會有所謂内奸?内奸的利害,是和國家民族的利害相同的呢?還是相反的?爲什麼我們社會裏,會有和全體利害相反的人?固然,内奸是各國都有的。然而號稱强盛之國,是不是其内奸較少,而亦不能發揮其力量?而號稱衰亂之國則反之?吳三桂、洪承疇,是不是此等内奸的擴大?然則要爭民族、國家的自存,雖不必侈語大同,而其所謂同者,是否應保持一最小的限度,而今日所謂强盛之國,苟其内部的不同,愈擴愈大,是否有不能保持現狀的危險呢?這真是可以深思的問題了。民國二十三年九月二十六日,武進呂思勉自序。

第一章　發　端

今日的世界，到底是什麼世界？機關槍、大炮、坦克車、毒氣，日造殺人之器，日以殺人爲樂，恬不爲怪。雖説是施諸異族異國，實未嘗不施諸同族同國。大之如內戰；小之如軍警之於盜賊，盜賊之於人民。這是有形的。其無形的：則想藉勞力以自活的人多，而位置少，一人得業，即必有一人失業。想藉工商等業以牟利的人多，而購買力薄，一家得利，必有他家失利。如其都能得利，則消費者受其剝削。這都無異紾人之臂而奪之食。總而言之，人類奉生之具，出於天然。而天然之物，非勞力不能得。所以爲人類計："本應協力以對物，不該因物而相爭。"因爲因物而相爭，即對物之力薄了。然而人類之生存，有一部分，實建築於剝削他人之上。此事究極言之，實無異於人相食。在人相食的世界中，自然是強者爲刀俎，弱者爲魚肉。然而物極必反。所謂強者弱者，只是根據某種條件而分。假使據以競爭的條件變了，則強弱可以易位。這便是所謂反亂。我們知道：嚮來的歷史，是每隔數十年或數百年，便要有一次反亂的。亂非少數人所能爲，如其大多數人，都不要亂，少數人決無法強他。所以歷代的反亂，都以大多數人不能安其生爲真原因。合前後而觀之，即是人因求食而競爭，因競爭而相食，失敗之徒，迫得另取一法以自衛。萬事根於人心，人心而思亂，決無法可使之治的。人，似乎是最難測的東西，然而人人而觀之，則係如此。若合大多數人而觀之，則其程度略有一定。從來隨時隨地，不患無才；只患無用兵之將，不患無可用之兵；只患綱紀廢弛，風氣頹敗，無所謂某國某族之民,簡直不足與有爲;即由於此。此其故,由於上智下愚,在各社會中,皆居少數;其大多數,都是中材;凡中材,恆視其環境爲轉移。蘇子瞻説:"有人人之勇怯,有三軍之勇怯。人人而較之,則勇怯之相去,若梃與楹;至於三軍之勇怯則一也;出於反覆之間,而差於毫釐之際,故其權在將與君。人固有暴猛獸而不操兵,出入於白刃之中而色不變者;有見虺蜴而卻走,聞鐘鼓之聲而戰栗者;是勇怯之不齊,至於如此。然閭閻之小民,爭鬥戲笑,卒然之間,而或至於殺人。當其發也,其心翻然,其色勃然,若不可以已者;雖天下之勇夫,無以過之。及其退而思其身,顧其妻子,未始不惻然悔也。此非必勇者也,氣之所乘,則奪其性而忘其故。故古之善用兵者,用其翻然勃然於未悔之間;而其不善者,沮其翻然勃然之心,而開其自悔之意,則是不戰而先自敗也。"亦於此理見及其一端。前此致亂的原因,如其不去,其結果是決不能免。社會的弱肉强食,固然已歷數千年,然而嚮來的範圍,未嘗如此其廣;其鬱結,亦未嘗如此其甚。我們知道:三代以上之所謂内亂,不過如鄭國的萑苻之盜,匿居山澤之中,偶或殺人越貨而已。大之如盜跖、莊蹻,就不免飾説而非事實。然而秦一天下之後,便爾揭竿斬木,徧於山東;蒼頭異軍,蔓及百越;新安降卒,並命大阬;咸陽宮室,付之一炬;其波瀾之壯闊,斷非戰國以前之人,所能想像了。然則交通的範圍愈廣,禍亂的規模亦愈大,勢有必至,理有固然。鑒觀往古,懸念將來,真可爲不寒而栗。人類的將來如何?這真是厝火積薪之下,而寢其上,火未及燃,因謂之安。人將如何脱離這修羅的世界,而進入天國呢?

第二章　論所謂大同者究係實有其事抑理想之談

"金丹換凡骨,誕幻苦無實"。耶教的天堂,佛教的净土,不是我們所敢希望的。我們所希望的,只是孔子所説的:"老有所終;壯有所用;幼有所長;鰥寡孤獨廢疾者,皆有所養。"更簡而言之,便是"養生送死無憾"六個字。

這究是實有的世界呢,還是孔子的希望? 假如是實有的,則人類所失去的故物,自可以人力恢復之。歷史上的已事,業經證明我們有建造黄金世界的能力,可使我們的膽氣一壯。如其僅係理想,理想原非必不可實現,然而其可能性,就較薄弱了。

説大同是實有的世界,照現在的情形看起來,似乎萬無此理。然而(一) 古人論世運的升降,把皇帝王霸,分作數等的甚多。儒家此等語,固人所習見,即各家亦多有之。今舉一二爲例。如《管子·乘馬》云:"無爲者帝,爲而無以爲者王,爲而不貴者霸。"又《兵法》云:"明一者皇,察道者帝,通德者王,謀得兵勝者霸。"又《史記·商君列傳》,載商君見秦孝公之事曰:因孝公寵臣景監以求見,既見,語事良久,孝公時時睡,弗聽。罷,而孝公怒景監曰:子之客,妄人耳。安足用邪? 景監以讓衛鞅,衛鞅曰:吾説公以帝道,其志不開悟矣。後五日,復求見鞅。鞅復見。孝公益愈。然而未中旨。罷,而孝公復讓景監。景監亦讓鞅。鞅曰:吾説公以王道,而未入也。請復見鞅。鞅復見孝公。孝公然之,而未用也。罷而去,孝公謂景監曰:汝客善,可與語矣。鞅曰:吾説公以霸道,其意欲用之矣。誠復見我,我知之矣。衛鞅復見孝公。孝公與語,不自知膝之前於席也。語數日不厭。景監曰:子何以中吾君? 吾君之歡甚也? 鞅曰:"吾説君以帝王之道，比三代，而君曰：久遠，吾不能待。且賢君者，各及其身，顯名天下，安能邑邑，待數十百年，以成帝王乎？故吾以強國之術説君，君大説之耳。然亦難以比德於殷周矣。"此等蓋傳其事者的飾説，非必事實。然分治法爲數等，則確有此理。蓋將社會徹底改革，其功大，其效自遲。若但圖略加整理，或改革一枝一節，其規模小，其程功自易。這是古今一轍的。譬如今日，欲徹底推行社會主義，其事自較難；追隨帝國主義之後，苟圖富強，其事自較易也。這固然是理想之談，不能徑認爲事實。然而諸子百家，大都認皇古的治化，較後世爲隆；大都認隆古之世，曾有一黄金世界。假使全係理想之談，似不易如此符合。這其間，似當有事實的暗示。
(二) 古書的記事和寓言，很難分別，這誠然。然非竟無可分別。《禮運》孔子論大同小康一段，按其文體，固明明莊論而非誕辭。孔子説："大道之行也，與三代之英，丘未之逮也，而有志焉。"鄭注説："志，謂識，古文。"這是把識字解釋志字；更申言之，謂所謂志者，即係漢人所謂古文。志即現在口語中的記字；下筆或作記，或作志；古人則作志作識，都係名動詞通用。古文則東漢人通稱古書之辭。王靜庵《漢代古文考》論之頗詳。予昔撰《中國文字變遷考》曾駁之。但所駁者，限於西漢的初期，至東漢以後，則確有此語。孔子所謂"三代之英"，即指禹、湯、文、武、成王、周公六君子之世。這是歷史上明有其人，明有其時代的，不能指爲子虛烏有之談。然則所謂大道之行者，在今日雖文獻無徵，而在孔子當日，則必薄有所據；所以與三代之英，同稱其有志。此"志"字，必不能釋爲"志之所之"之"志"。因志之所之，只可有一，不容有二。若釋爲"志之所之"之"志"，則孔子既志於大道之行，又志於三代之英，於理爲不可通矣。《莊子》"《春秋》經世，先王之志"的"志"，與此相同。准此看來，所謂大同者，實當確有其世。但① 這究在何世？② 以何因緣，而能有此黄金世界？③ 又以何因緣，而不能保守？④ 而在現在，又究竟能否恢復呢？這都是我們急於要問的。諸君且慢，聽我道來。

第三章　論人類仁暴之原

邃古的情形,到底是怎樣？古書所載,有說得文明的,亦有說得極野蠻的。

其說得極文明的,如《禮運》所載孔子論大同之言,業已人人耳熟能詳,無待再舉。又如老子說:"郅治之極,鄰國相望,雞犬之聲相聞,民各甘其食,美其服,安其俗,樂其業,至老死不相往來。"此數語見《史記·貨殖列傳》,其見於《老子》書者,辭小異而意略同。老死不相往來,用現在人的眼光看起來,固然不是美事。然而甘其食,美其服,安其俗,樂其業,卻是不易得的。這頗可與孔子論大同之語,互相發明了。而如《淮南子·本經訓》說:"古者機械詐偽,莫藏於心。"而以"分山川溪谷,使有壤界;計人多少眾寡,使有分數;築城掘池,設機械險阻以為備;飾職事,制服等,異貴賤,差賢不肖,經誹譽,行賞罰",為後世之事。尤與孔、老之言,若合符節。總而言之:分界限而別人我,異善惡而定是非,因之以行賞罰,都不是至治之事。孔、老皆不認為真善。老子所以貴道德而賤仁義者以此。觀孔子論大同之言,則孔、老宗旨,並不相背;不過孔子所論,以小康之治為多,而大同不過偶一及之罷了。古人學說傳者,皆闕佚已甚。或孔子對於大同,多有論列,而所傳者僅此,亦未可知。

其說得極野蠻的,則如《管子·君臣下》篇說:"古者未有君臣上下之別,夫婦妃匹之合;獸處群居,以力相征。於是智者詐愚,強者陵弱;老幼孤獨,不得其所。"這是說社會內部的情形的。又如《商君書·開塞》篇説："天地設而民生之。當此之時，民知其母而不知其父。其道親親而愛私。親親則別，愛私則險。民衆而以別險爲務，則民亂。當此時也，民務勝而力征，務勝則争，力征則訟。訟而無正，則莫遂其性也。"性同生。這是説各社會相互的情形的，與孔老之説正相反。

二説果孰是？我説："皆是也，皆有所據。"

原來人是從動物進化來的，而亦是進化的動物。惟其是從動物進化來的，所以好生惡死，有己無人。飲食男女之欲，苟不得遂，即不恤殺人以自利。惟其是進化的動物，所以有深厚的同情心，爲他動物所不逮。又其知力發達，凡能使人起衝突的事情，都能把他措置得妥帖，使衝突因之消滅。人在生物進化途中，是走到這一步了。所以今人説："人有神格，亦有獸格。"這實在就是古人所説："人之所以異於禽獸者幾希。"所以人之性，是仁暴並存的。既有愛人之心，亦有利己之念。而普通的人，愛人的心，恒不敵其利己之念。苟非先有以自遂，即不免賊人以自利。事實證明，不論哪一個社會，上知下愚，總居少數；其大多數，總是中人。所以人類的仁暴，恒視乎其所處之境。

然則人所處之境，又是如何呢？

人之資生，不能無藉乎物。衣食住行，都是如此。而四者之中，食爲尤急。所以人類處境之豐嗇，可以其取得食物的方法定之。取得食物的方法有兩種：一是取天然之物以自養，一是育天然之物以自養。取天然之物以自養，是爲搜集及漁獵。育天然之物以自養，是爲畜牧及農耕。

搜集這一個時期，昔人不大注意，其實與初民的生活，關係極大。緣漁獵亦必有相當的械器，初民則并此而無之。搜集則採取植物，或捕捉小動物，又或拾取大動物的尸體。總而言之，是較漁獵更爲易於取得之物。《周官》大宰九職，八曰臣妾，聚斂疏材。其所做的，即是搜集時代之事。《禮記·月令》：仲冬之月，"山林藪澤，有能取蔬食，田獵禽獸者，野虞教道之"。這是搜集與漁獵並行。《管子·八觀》説"萬家以下，則就山澤"，可見其養人之衆。春秋戰國時代，尚且如此，古代就不必論了。

人類所恃以爲生之食物，僅能用較漁獵更粗拙之方法取之，則此時代之人，其饑窘可想。然即進而至於漁獵時代，其人亦未嘗不饑窘。因爲此時代之人，多恃動物以自養，而動物之生殖力有限。即使不虞闕乏，亦爲時節所限。如大雪封山，即不能獵；川澤凍結，即不能漁。所以此時代之人，仍以饑窘爲苦。後世饑荒的情形，在其時，蓋爲恒有之事。漁獵時代的人，所操的本是殺伐之業，而又爲饑餓所迫，便不免以其對物之殺伐，移而對人。管、商諸子所說古代野蠻的情形，大抵即在此時。

漁獵進而爲畜牧，而人類生活的情形一變。此時養命之原，本已不全靠天然，而多少可參以人力。然而所需牧地，面積甚廣，而又時患水草的缺乏。而這種人的生活，本是便於移動的，且這種人大抵兼事射獵，漁獵時代殺伐的技能，既未忘卻；殺伐的性質，亦未消除。所以在歷史上，游牧民族往往成爲侵略者。游牧民族殺伐之性質與技能，本沿自漁獵時代。特漁獵時代因食物闕乏，不能合大群；又其所居，率在山澤之地，非如游牧民族之處於平原，故其爲患，不若游牧民族之烈。在我國歷史上，海藏高原的羌人，不如蒙古高原的匈奴、突厥等可畏，即由於此。又游牧民族，有時不能敵耕稼工商之國者，以其文明程度太低，供戰鬥用之械器太劣；部勒編制之法，又非所知也。若其漸次進化，而達於一定的程度，則文明國民，往往轉非其敵。此事證據甚多，特在此不暇徧舉耳。世每譏我國屢遭北族之蹂躪爲不武，其實羅馬之困於日耳曼，印度之困於伊蘭高原諸民族，與我之見陵遼、金、元、清，又何以異？今日白種人勢力之盛，似乎野蠻民族決無翻身之理。然亦其進化之時間，尚未許此諸種人，達到可與歐美人争衡的程度耳。然遲早總有達到的一日。到這時候，現在所謂文明民族，將處於怎樣的地位，真正可爲寒心。所以人類若不從速回頭，專借武力財力，以相陵暴，必有今日所不能想像的大禍在其後。現今得意洋洋的人，屆時受禍必酷。這並非我好爲咒詛。我若專做一篇文字，舉史實以證明此理，正見其理極平常，絲毫不足爲怪也。這才是老子所說的：「天網恢恢，疏而不失」。

從游牧再進到耕農，則人類的生活，益形寬裕；而其性質，亦因之大變。這實緣其所操事業之平和，而其生活程度，亦遠高於舊時之故。孔、老所想望的境界，大抵即在此時。

人類生活的情形，及其性質的轉變，略説如上。以下再舉史實以明之。

第四章　論古代進化的大略和大同小康的遞嬗

從來講社會學的，多說社會經濟的進化，是從漁獵到畜牧，畜牧到農耕，其實亦不盡然。社會經濟的進化，蓋亦視乎其地。就歐洲的已事看來，大抵草原之地，漁獵之民，多進爲畜牧；山林川澤之地，則進爲農耕。中國古代，似亦如此。

中國古代，進化之跡，稍有可徵的，當推巢燧羲農。巢燧事蹟，見於《韓非子》的《五蠹》篇。《五蠹》篇說："上古之世，人民少而禽獸衆，人民不勝禽獸蟲蛇。有聖人作，構木爲巢，以避群害，而民說之，使王天下，號曰有巢氏。民食果蓏蚌蛤，腥臊惡臭，而傷害腹胃，民多疾病。有聖人作，鑽燧取火，以化腥臊，而民說之，使王天下，號曰燧人氏。"其爲漁獵時代的君長，顯而易見。伏羲氏亦作庖羲氏。後人望文義，遂生出"馴伏犧牲"、取犧牲以充庖厨諸曲說，釋爲游牧時代的君長。其實伏羲乃"下伏而化之"之義，明見《尚書大傳》。巢燧羲農之稱，皆後人據其所做的事業而名之，並非其人當時的稱號。伏羲之畫八卦，古人蓋視爲一大事。所以《易·繫辭傳》說："古者庖犧氏之王天下也：仰則觀象於天，俯則觀法於地。觀鳥獸之文，與地之宜。近取諸身，遠取諸物。於是始作八卦，以通神明之德，以類萬物之情。作結繩而爲網罟，以佃以漁。"說作八卦之事甚詳，佃漁之事較略。蓋古代政教合一，畫卦之事，爲宗教上一大發明；即在政治上有大影響。所以以"下伏而化之"之義，爲之立名。這是就宗教政治上的事業言之，與有巢、燧人、神農，就其利物前民的事業以立名者不同。至其事蹟，則《易·繫辭傳》明言其"作結繩而爲網罟，以佃以漁"。

《尸子》亦説：" 燧人氏之世，天下多水，故教民以漁。伏羲之世，天下多獸，故教民以獵。" 其爲漁獵時代的君長，更信而有徵。謂爲游牧社會的首領，卻除附會字面、妄生曲解外，更無證據。

伏羲氏殁，神農氏作。"神農" 二字，確爲農業的意義。神字有變化之義。又《説文》："神，天神，引出萬物者也。" 農業必待種子的變化發生而後成，所以稱爲神農。《禮記·月令》：夏季三月，"毋發令，以妨神農之事。水潦盛昌，神農將持功，舉大事，則有天殃。" 此 "神農" 二字，即農業之義。與 "伏羲" 二字，必待曲解，乃成爲畜牧的意義者不同。神農又號烈山氏。烈山，即《孟子》"益烈山澤而焚之" 的烈山，乃今社會學家所謂 "伐栽農業"。後人謂因起於隨縣北之厲山，故以爲氏，則因厲、烈同音而附會耳。其實春秋時魯有大庭氏之庫，實爲神農遺跡。神農的都邑，固明明在山東而不在湖北也。

還有一個證據，足以證明我國古代的農業，是從漁獵時代進化來的。我國最古的建築物，名爲明堂。是古代政治之樞，亦是古代神教之府；爲一切政令教化之所自出。讀惠定宇《明堂大道錄》可見。阮芸臺説得好，明堂是最古的建築物。其時文明程度尚低，全國之中，只有這一所房屋。天子就住在裏頭，所以就是宮殿。祭祖宗於此，所以就是宗廟。古代的學校，本來是宗教之府，所以明堂就是辟雍。其時並無諸多官府，所以一切政令，都自明堂中出。後世文明程度高了，一切事都從明堂中分出。於是明堂僅成爲一個空空洞洞的東西；久之且不知其作何用，而有欲毀之者，如齊宣王告孟子 "人皆謂我毀明堂" 是也。至此時而返觀古代的明堂，乃於政治教化，無所不包，就覺其神秘不可思議了。然而其在上古，自爲極重要的機關。明堂亦稱辟雍。辟即璧，乃肉好若一的圓形的玉。圓形的玉所以稱爲璧，則因辟的一音，本有周圍的意義。人若兜一個圓形的圈子，即稱還辟。《下曲禮》："大夫士見於國君，君若勞之，則還辟再拜稽首；君若迎拜，則還辟不敢答拜。" 雍、壅同字，是積高之意。雍州之名，即因其積高而得。明堂的建築，漢武帝時，公玉帶上其圖。"水環宮垣。爲複道，上有樓，從西南入，名曰昆侖"。見《史記·封禪書》。這明是島居的遺象。蓋古人對於猛獸等，無防禦之力，所以藉水爲屏障以自衛。後來雖能居於平地，仍不忘其遺制。不但明堂，築城必鑿池，亦是從此蜕化而來的。古無島字，洲字即島字。洲、島同音。《禹貢》"島夷皮服"、"島夷卉服"，島皆當作鳥，謂鳥語也。《僞孔傳》讀鳥爲島,則其行文亦作鳥,今本徑改爲島,非是。洲、州之爲一字,尤顯而易見。然則"人所聚"和"水中可居之地",同用一語,可謂島居的確證。明堂行政,精義何在？一言蔽之,在於順時行令。行令何以必順時,則全因重視農業之故。因爲非時興作,最足以妨農功；而古人有許多輔助農業的政令,若其當行而不行,亦於農業有害也。《論語》：顏淵問爲邦。孔子告以"行夏之時,乘殷之輅,服周之冕,樂則《韶》舞"。這四句話,似乎很爲迂闊。其實行夏之時四字,已包括一篇《月令》。一年之中當行何事,當於何時行之,以及何時不可行何事,悉具其中。舉而措之,一國大政,業已綱舉目張矣。並非徒爭以建寅之月爲歲首也。至於乘殷之輅,乃爲尚質之事舉其例；服周之冕,則爲尚文之事引其端。樂則《韶》舞,乃功成治定後事。故此四語,包蘊甚富。然則漁獵時代,政治之樞,神教之府,至農業時代,仍然不失其尊嚴。古代農業,係從漁獵時代進化而來,也大略可見了。

　　古有所謂三皇五帝者,雖然異説紛如,要以《尚書大傳》燧人、伏羲、神農爲三皇,《史記·五帝本紀》黃帝、顓頊、帝嚳、堯、舜爲五帝之説,爲較可信。三皇異説有四：(一)司馬貞《補三皇本紀》引《河圖》及《三五曆》：謂天地初立,有天皇氏,兄弟十二人,各一萬八千歲。地皇十一人,亦各萬八千歲。人皇兄弟九人,分長九州。凡一百五十世,合四萬五千六百年。緯候荒怪之説,不甚可信。(二)《白虎通》正説同《尚書大傳》,或説以伏羲、神農、祝融爲三皇。(三)《禮記·曲禮》、《正義》説：鄭玄注《中候敕省圖》,引《運斗樞》,以伏羲、女媧、神農爲三皇。(四)《史記·秦始皇本紀》：丞相綰與博士議帝號,説："古有天皇,有地皇,有泰皇,泰皇最貴。"案伏生係秦博士之一。《尚書大傳》："燧人以火紀,火太陽,故托燧皇於天。伏羲以人事紀,故托羲皇於人。神農悉地力,故托農皇於地。"則第四説與《大傳》同。《補三皇本紀》説"諸侯有共工氏,與祝融戰。不勝,而怒,乃頭觸不周山,天柱折,地維缺。女媧氏乃煉五色石以補天"云云。前稱祝融,後稱女媧,則祝融、女媧係一人。《白虎通》或説,與《運斗樞》同。燧人風姓,女媧亦風姓,總之與伏羲係同一族的酋長也。五帝異説,只有鄭玄注《中候敕省圖》引《運斗樞》,加入一少昊,謂"實六人而稱五者,以其俱合五帝座星"也。案《後漢書·賈逵傳》："逵奏《左氏》之義,長於二傳者,説：五經家皆言顓頊代黃帝,而堯不得爲火德。《左氏》以爲少昊代黃帝,即圖讖所謂帝宣也。如令堯不得爲火,則漢不得爲赤。"蓋秦漢之世,有五德終始之説。一説從所不勝。水勝火,土勝水,木勝土,金勝木,火勝金。秦人以周爲火德,故自以爲水德。漢初亦主此説,故自以爲土德。後來改主相生之説。木生火,火生土,土生金,金生水,水生木。漢人自謂堯後,故必以堯爲火德。舜土,禹金,殷水,周木。秦爲閏位,不列於行序。至漢則復爲火德矣。自堯以上追溯之,黃帝的黃,係中央土色,故黃帝爲土德,不能改動。黃帝之後,顓頊爲金德,帝嚳爲水德,則堯當爲木德。今加入一少昊,稱爲金天氏,以當金德,則顓頊爲水德,帝嚳爲木德,而堯恰爲火德矣。此係古文《左氏》家,與今文《公羊》家及先立學之古文《穀梁》家爭立學的手段,不足爲據。所以《尚書大傳》三皇之説,《史記・五帝本紀》五帝之説,最爲可信。《五帝本紀》之説,與《大戴禮記》同,亦今文經説也。前於三皇者,大抵荒渺難稽。三皇以後,則漸有氏姓世系可考。燧人氏,鄭注《通卦驗》説是風姓。伏羲氏亦風姓,其後有任、宿、須句、顓臾等國,見於《左氏》僖公二十一年。神農氏爲姜姓,和黃帝以後的世系,則衆所共知,不煩徵引。知道古帝王的氏姓世系,固然不能算在古史上得有多大的知識,然而氏姓世系,乃《周官》小史之職,有此,即知其人爲歷史上之人物,而非神話中之人物。古史雖然簡略,於興亡篡弑等大事,不能置之不提。如后羿篡夏之事,《史記》雖不載其詳,然亦言太康失國,昆弟五人,須於洛汭。《史記・夏殷本紀》,大略只載世系,便是根據小史所記帝系、世本一類之書的。假使燧人、伏羲、神農遞嬗之間,亦有如阪泉、涿鹿爭戰之事,古史中不應無形跡可求。而今竟絶無形跡,這可推想,自燧人至神農,實在平和之中,由漁獵進化到耕稼了。

至其地域,則有巢氏治石樓山,在琅邪南。見於《遁甲開山圖》。人皇氏,即燧人,出暘谷,分九河,見於《春秋命曆序》。伏羲都陳。神農亦都陳,徙魯;見《史記・五帝本紀》、《正義》所引諸説,都在今河南山東。可推想這一群漁獵之民,實根據山東半島的山地,和魯西豫東一帶川澤之地,後乃進於耕農。

從燧人到神農,雖然保持和平的關係,然而神農氏數傳之後,卻有一軒然大波,起於河北,是爲炎、黃二族的爭鬥。黃帝,《史記・五帝本紀》,稱其"遷徙往來無常處,以師兵爲營衛"。即此二語,已可想見其爲游牧之族。又稱其東征西討,"東至海;西至空同;南至江;北逐葷粥,合符釜山"。此等遠跡,亦非游牧之族不能至。"黃帝邑於涿鹿之阿"。涿鹿,山名。服虔説在涿郡。張晏説在上谷。服説蓋是。張説恐因後世地名而附會。涿郡,即今河北的涿縣。這一帶,正是平坦適於游牧之地。《商君書・畫策》篇:"神農之世,男耕而食,婦織而衣；刑政不用而治，甲兵不起而王。神農既歿，以強勝弱，以眾暴寡。故黃帝作爲君臣上下之義，父子兄弟之禮，夫婦妃匹之合。內行刀鋸，外用甲兵。"這數語，可爲炎帝之族尚平和，黃帝之族好戰鬥的鐵證。推想古時，似乎河南之地，適於農耕；河北之地，宜於畜牧。所以炎、黃兩族，因地利之不同，生事遂隨之而異。一旦發生衝突，愛好平和的農耕之民，自非樂於戰鬥的游牧之民之敵；而阪泉、涿鹿之役，炎族遂爲黃族所弱了。農耕的共產小社會，內部的組織，最爲合理；相互的關係，亦極平和。孔子所謂大同，老子所謂郅治，實在就是指這一種社會言之。自爲游牧之民所征服，於是發生階級。上級之人，剝削下級的人以自養。其善者，不過小康之治。並此而不能維持，就入於亂世了。世運的升降，大略如此。

第五章　論大同之世的情形

　　大同之世，究竟是怎樣一個情形？在今日已文獻無徵，只得從小康時代的情形中，推想其大略了。

　　原來征服之族，雖能征服人而吸其膏血，而自居於寄生者的地位，然而社會的組織，以及其餘諸文化，則必因仍被征服之族之舊。因爲征服之族，不過要吸取被征服之族之膏血，若把它的社會，徹底破壞，則被征服之族，成爲枯臘，而征服之族，也無所施其吸取了。遼、金、元、清所以不敢大破壞漢族的社會組織，即由於此。蒙古滅金後，太宗近臣別迭說：漢人無益於國，不如空其人，以其地爲牧地。又速不臺攻汴時，想城破後全行屠戮。耶律楚材力爭，說：奇巧之工，厚藏之家，都在於此，乃已。俱見《元史·耶律楚材傳》。我們固不敢說征服者絕無同情心，只是替自己打算。然而這種心理，亦不能說沒有的。

　　把一部《世本》看起來，黃帝之世，真是一個黃金時代。遠而天文、律曆，大而井田、封建，小而舟車、弓矢、醫藥、衣服，莫不肇始於此時。甚至荒誕的神仙家，亦以黃帝爲口實。固然，古代的事，往往把許多無名的英雄抹殺了，而強附諸一有名的人。又或把眾人所做的事，硬栽在一個人身上，然亦決沒有一時代之中，發明家如此其多之理。因此可知：黃帝時代的文明，必係採取他族，而非其所自爲。然則採自何方呢？可不問而知其爲被征服的炎族了。"周因於殷禮，所損益可知也"，而世都稱周公製禮作樂，更沒人追想到殷朝。這和黃帝掠取羲農之族的文化，而獨尸創造之名，正是同一情況。

　　黃帝以後，傳顓頊、帝嚳二代而至堯舜。顓頊、帝嚳無甚實事可見。《大戴禮記》和《史記》小異大同，所以稱揚他們的，都只是幾句空話。大約這兩代，在五帝之中，是比較無關係的。舜之後是禹，便是三王之首了。堯舜時代的政治，大約和夏代差不多。殷因於夏，周因於殷，雖有損益，大體總是相沿的。夏殷似非一民族，夏周或較近，看君位繼承之法可知。殷之繼承法，與句吳很相像。然是否同一民族是一事，其治法相襲與否，又是一事。因爲較野蠻之族，征服較文明之族，多少是要採取其治法的。而當時所謂天子之國者，其文化程度，必較侯國爲高。所以民族之同異，與其治法之相沿與否，並無關係。所以三代的治法，必有一部分，是保存羲農以前之舊的。我們正好因此推想大同時代的情形。

然則三代的治法，哪一部分是羲農以前之舊？哪一部分是黃帝以後所改革的呢？我說凡社會組織，表現自由平等的精神的，必係大同時代的舊制。其表現階級性，和顯分人我之界的，必是黃帝以後，逐漸創造，或添設出來的。我們試本此眼光，把三代的制度，作一分析。

誰都知道：古代社會的根柢是農業。大同時代的農業，卻是怎樣情形呢？我說：很均平的井田制度，必是大同時代的遺制。孔子說大同時代"男有分"，分即是各人所分得的田。使用起來，雖有此分配之法，而田初非其所有，所以有還受之法。又可以換主易居。而每一個人，其爲社會服務，亦有一定的年限。《漢書・食貨志》："民年二十受田，六十歸田。七十以上，上所養也。十歲以下，上所長也。十一以上，上所強也。"案十一歲未能耕田，古人言語粗略，過十歲即可以云二十，過六十即可云七十。如以今人言語述之，當云："民二十一受田，六十歸田。六十一以上，上所養也。二十以下，上所長也。"可參看《禮記・曲禮》"人生十年曰幼"一節《正義》。《公羊》宣公十五年《解詁》："上田一歲一墾，中田二歲一墾，下田三歲一墾。肥饒不得獨樂，墝埆不得獨苦，故三年一換土易居。"按這是爰田的一法。《漢書・食貨志》："上田夫百畝，中田夫二百畝，下田夫三百畝。歲耕種者爲不易，上田；休一歲者爲一易，中田；休二歲者爲再易，下田。三歲更耕之，自爰其處。"這又是爰田的一法。《漢書》之說是本於《周官》遂人的。大約地廣人稀之處，可行後法。地狹人稠之處，則行前法。若使征服階級的士大夫，來定起制度來，怕沒有如此寬大了。

田，平地以外的土地，古人總稱爲山澤。這是作爲公有的，不過使用起來,要守一定的規則而已。《王制》:"林麓川澤,以時入而不禁。"又:"獺祭魚,然後漁人入澤梁。豺祭獸,然後田獵。鳩化爲鷹,然後設罻羅。草木零落,然後入山林。昆蟲未蟄,不以火田。不麛,不卵。不殺胎,不殀夭,不覆巢。"古人所以如此,乃爲珍惜物力起見。《孟子》所謂"數罟不入汙池,魚鱉不可勝食,斧斤以時入山林,材木不可勝用也。"《荀子·王制》亦説:"養長時則六畜育,殺生時則草木殖。"《淮南·主術》亦説:"草木之發若蒸氣,禽獸之歸若流泉,飛鳥之歸若烟雲,有所以致之也。"因其使用本無須乎分也。

工業:簡單的器具,人人會自製的,本不成其爲專業。較難的器具,則特設專司其事之人,製造以供衆用。這是後來工官之制所本。《考工記》説:"粤無鎛,燕無函,秦無廬,胡無車。粤之無鎛也,非無鎛也,夫人而能爲鎛也。燕之無函也,非無函也,夫人而能爲函也。秦之無廬也,夫人而能爲廬也。胡之無弓車也,夫人而能爲弓車也。"注:"此四國者,不置是工也。言其丈夫人人皆能作是器,不須國工。"然則非人人所能作之器,其必須國工,更無疑義了。所以《考工記》又説:"知者創物,巧者述之,守之世,謂之工。"案波格諾達夫的《經濟科學大綱》説:"東印度的農業共產社會,紡織是家内副業,由各家族分別經營。其鐵工、木工、陶器工、理髮師等,則由共社任命,不從事農業。把公費來維持生活。"據施存統譯本。大江書鋪出版,第三章第五節。這正是後世的工官,原始共產社會的一個好例。

破壞共產制度最利害的,要算商人,説見後文。然而此時的商人,則是生產消費者之友而非其敵。因爲這時候,本部落之中,無所謂交易,交易是行於部落之外的。自給自足的社會,在平時,必能自給自足,斷無求之於外之理。《鹽鐵論·水旱》篇説:"古者千室之邑,百乘之家,陶冶工商,四民之求,足以相更。故農民不離畎畝而足乎田器,工人不斬伐而足乎陶冶,不耕而足乎粟米。"《管子·權修》説:"市不成肆,家用足也。"都可見古者各個小社會,都能自給自足。如此情形,在平時自然無甚貿易了。其有求於外,必係凶荒札喪之日,或則干戈擾攘之年。當此之時,若無商人以求得必要之物於外,本部落的情形,勢必不堪設想。此時的商人,既非以自己的資本,把貨物屯積下來,然後出賣,則其損益,都是歸之於部落的。在商人,不過代表本部落出去做交易而已，必要的消費品，萬一缺乏，固非商人求之於外不可，過剩的生產品，亦非商人運輸出外，不能得較大的利益。如此，商人跋涉山川，蒙犯霜露，且負擔寇賊劫掠的危險，代表本部落出去做賣買，而自己不與其利，如何不是消費、生產者之友呢？《左氏》昭公十六年，鄭子產對韓宣子說：“昔我先君桓公，與商人皆出自周，庸次比耦，以艾殺此地，斬之蓬蒿藜藋而共處之。”遷國之初，所以要帶着一個商人走，就因爲新造之邦，必須之品，庸或有所闕乏之故。衞爲狄滅，而文公注意通商——閔公二年——亦同此理。

此等小社會，其生活的基礎，全靠農業，所以其經濟的規劃，全以農業的收穫爲標準，《禮記・王制》說：“冢宰制國用，必於歲之杪。五穀皆入，然後制國用。用地小大，視年之豐耗，以三十年之通制國用，量入以爲出。”所謂“三十年之通者”，下文說：“三年耕，必有一年之食，九年耕，必有三年之食。以三十年之通，雖有凶旱水溢，民無菜色。”不但通衆力而合作，亦且合前後而通籌，自有贏餘，以備荒歉，自然用不到從事於掠奪了。宰是征服之族，管理財政之官，實在是被征服之族的榨取者。不論家與國，管理財政的，都謂之宰。所以冉求爲季氏宰，而爲之聚斂。見《論語・先進》。《孟子・離婁上》篇則謂其"賦粟倍他日"。孔子亦對顏淵說："使爾多財，我爲爾宰。"見《史記・孔子世家》。然而其財政計劃，有條不紊如此。謂非大同時代，有組織的社會的遺規，其誰信之？《漢書・食貨志》："三考黜陟，餘三年食，進業曰登。再登曰平，餘六年食。三登曰泰平，二十七歲，遺九年食。然後王德流洽，禮樂成焉。故曰：如有王者，必世而後仁。"知古之所謂太平者，不過蓄積有餘，人人皆能豐衣足食而已。

既無所謂私產，其分配，自然只論需要，而無所謂報酬。所以不能勞動的人，其分配所得，亦和衆人一樣。《王制》說："瘖、聾、跛、躄、斷者、侏儒，百工各以其器食之。"鄭注說："使執百工之事。"好像現在對於殘廢的人，一一爲謀職業者然。恐非記者之意？《荀子》的《王制》篇和《禮記》的《王制》篇相出入，而荀子說："五疾上收而養之。"然則"百工各以其器食之"，亦是說百工各以其器，供給他用。食字原有引伸的意思，如《左氏》文十八年之"功在食民"是，本不專指飲食。若定要責令他執百工之事，何謂"收而養之"呢？現在的人，看見外國有所謂盲啞學校等等，對於殘廢的人，亦能爲謀職業，便五體投地，不勝佩服，趕快要想學步。我要問：資本主義的國家，一食而罄貧民終歲之糧，一衣而費中人十家之產的何限？是何理由，這幾個殘廢的人，不能養活他，定要迫令執業呢？迷信的人，一定說：盲啞的人，閑得難受，亦要做些事情，消遣消遣。請問：教他們學習執業的動機，是爲他們閑着難受，替他謀消遣的麼？話是由得你說。然而撫心自問，吾誰欺，欺天乎？《禮記‧樂記》上說："強者脅弱，衆者暴寡，知者詐愚，勇者苦怯；疾病不養；老幼孤獨，不得其所，此大亂之道也。"幾個盲啞的人，不能養活，定要迫令執業，我只認爲是"疾病不養"而已。

　　社會的內部如此，就彼此相互之間，也都表示着好意。我們都知道：古代有所謂乞糴，就是一個部落，糧食不足，向他部落討取之謂。人，最要緊的是活命；活命，最要緊的是飲食。人和人，是最應當互相人偶的。所以沒飯吃，向人討，這是最平常的事。有飯吃，分給人，這是最應當的事。然而現在，卻變爲最難開口、最爲罕見的事。"上山擒虎易，開口告人難"。一飯之恩，至於要相詡以冥報。儻使不習於社會病理的人，驟然見之，真要失聲痛哭了。大同時代則不然。齊桓公葵丘之盟，"無遏糴"是其條件之一。《穀梁傳》僖公九年，《孟子‧告子下》。"晉饑乞糴於秦。秦伯謂百里：與諸乎？對曰：天災流行，國家代有。救災恤鄰，道也。行道有福"。《左傳》僖公十三年。不但口實，襄公三十年，"晉人、齊人、宋人、衛人、鄭人、曹人、莒人、邾婁人、滕人、薛人、杞人、小邾婁人會於澶淵，宋災故。諸侯相聚，而更宋之所喪，曰：死者不可復生爾，財復矣"。《公羊》、《穀梁》云："其曰人何也？救災以衆，何救焉？更宋之所喪財也。"這同現在的保險，是一樣的意思。不論天災人禍，一人獨當之，往往至於不能復振，若其攤在衆人身上，原算不得什麼。所以現在有保險的辦法，一人受損，衆人彌縫。在事實上，固能減少受損者的損失，甚而至於不覺得損失，然而在道德上，必須先出了保費，才有人來填補你，還只算自己保自己。這許多，固然是小康時代的事。然而其規制，一定是大同時代遺傳下來的。我相信：在大同時代，行起來,還要徹底,還要普徧。

不但危難之中,互相救援而已,即平時,亦恒互相幫助。《孟子》說:"湯居亳,與葛爲鄰。葛伯放而不祀。湯使人問之曰:何爲不祀?曰:無以供犧牲也。湯使遺之牛羊。葛伯食之,又不以祀。湯又使人問之曰:何爲不祀?曰:無以供粢盛也。湯使亳衆,往爲之耕。"《滕文公下》。這件事,用後世的眼光看起來,簡直是不可解。信他的人,一定說:這是湯的一種手段,利用葛伯殺掉饋餉的童子,然後去征伐他。不信的人,就要說孟子採聽謠言,或者編造鬼話了。殊不知造鬼話要造得像。採謠言,亦要這謠言有些像。假使古代社會,本無代耕的習慣,孟子豈得信口開河?亦豈得無識至此?可知孟子的時代,雖未必有代耕的事,而古代社會,可以有代耕之事,這一層還是人人能瞭解的。不然,孟子的話,豈不成爲傻話呢?又使古代的社會,本無代耕的習慣,湯算用的什麼手段?豈不要給旁人大笑?司馬昭之心,路人皆知,豈非弄巧成拙?而且亳衆也何能唯唯聽命,不視爲怪事呢?可知代人家做事;吃自己的飯,做人家的事,在古代原不算得什麼。"貨惡其棄於地也,不必藏於己;力惡其不出於身也,不必爲己"。在古代,只因事實上,各部落互相隔絕,所以推廣的機會很少。論其時的人的心理,原是無間於彼此的。

《墨子》說:"今若有能信效孫詒讓《閒話》:"效讀爲交。"先利天下諸侯者:大國之不義也,則同憂之。大國之攻小國也,則同救之。小國城郭之不全也,必使修之。布粟之絕則委之。幣帛不足則共之。"《墨子·非攻下》。這也並不是空話。齊桓公合諸侯而城杞,僖公十四年。就是所謂城郭不全使修之。衛爲狄滅,立戴公以廬於曹。齊桓公"歸公乘馬;祭服五稱;牛羊豕雞狗皆三百;與門材。歸夫人魚軒,重錦三十兩"。《左傳·閔公二年》。就是所謂"布粟之絕則委之,幣帛不足則共之"。"大國之不義,則同憂之,大國攻小國,則同救之"。一部《春秋》之中,更是不勝枚舉。這些,都該是大同之世,留詒下來的,這就是孔子所謂"講信修睦"。

人類是不能没有分業的。政治也是分業的一種。説太平世界，就能够没有公務；或者把公務拆散了，變做私務，人人自己去辦，這是無此情理的。然而世界上，政治往往成爲罪惡，政治家往往成爲罪惡的人，這是什麽原故？這並非政治是罪惡；亦非一經手政治，便要成爲罪惡的人。實緣我們所謂政治者，性質不純，本含有罪惡的成分在内。怎樣叫我們的政治性質不純呢？原來我們的政治，含有兩種元素：一是公務，一是壓迫。惟其常帶權力壓迫的性質，所以政治會成爲罪惡，而政治家亦成爲罪惡的人。若其不然，政治只是衆人的事務所聚集起來的公務而已，則亦如我們幾個人的結社，委托一人爲幹事。以何因緣，而今成爲罪惡？而這個人，亦何須特别的身份？何須吃特别的俸禄呢？許行説："賢者與民並耕而食，饔飧而治。"《滕文公上》。這並非故爲高論，在古代原是如此的。烏桓大人，"各自畜牧營産，不相徭役"，《後漢書·烏桓傳》。便是一個證據。孔子説大同時代，"選賢與能"，所選舉出來的賢能，其地位，亦不過如此。"神農"兩字，是農業的意思，已見前。神農之言，即農家之學。爲神農之言，即治農家之學。所以《漢書·藝文志》論農業，説："鄙者爲之，欲使君臣並耕，悖上下之序。"這話明是指許行。許行是治農家之學的人，是無疑義的。許行之言，即農家之言。其所主張，正是大同時代的治法。大同時代的文化，是農業的文化，得此又添一證據。

　　或者疑惑：既要經手公務，又要耕田和做飯，哪得這許多功夫？殊不知國家擴大了，公務才繁忙，才有一日二日萬幾之事。小小的一個社會，其治者，不過如今日村長閭長之類，有何繁忙，而至於没有工夫？況且並耕而食，饔飧而治，原不過這麽一句話。其意思，不過説當時的治者，既無權力，亦無權利。並非説一定要耕田，一定要做飯。依我看：耕田是當日普通的職業。治者既没甚繁忙，自用不着廢掉耕種。至於做飯，則在當時，怕本没有家家做飯自己吃這一回事罷？

　　我們知道：後世還有所謂醵。醵是什麽？《説文》説："合錢飲酒也。"飲酒爲什麽要合錢呢？何不獨酌？我們又知道：飲酒全無禁令,只是近數百年來的事,前此是沒有蕩然無禁的。而愈到古代,則其禁愈嚴。一個人在家獨酌,政治無論如何嚴酷,都不能户立之監。群飲就容易犯法了。漢世所謂賜酺,就不過許人群飲,並不是真有什麼東西,賞給人吃。這個也算作恩典,可見當時的人,對於群飲嗜好之深。最可怪的:《書經‧酒誥》上説:"群飲,汝勿佚。盡執拘以歸於周,予其殺。"酒禁之嚴如此,真使人聞之咋舌,如此,何得有群飲的人?這句話還説他做甚?然而既説這句話,就見得當時的風氣,實還有群飲的可能。爲什麼如此敢於冒法呢?我説:這不過習慣之不易改,習慣之不易改,則因古代本是合食慣了的,並非家家自己做飯吃。到後來,私産制度行了,有飯吃,無飯吃,家家不同;吃好的,吃壞的,人人而異;自然只得各做各吃,然而吃酒,古人是不常有的事;而且當作一件尋歡樂的事。"獨樂樂,孰若與人?與少樂樂,孰若與衆"?所以共食之制度雖廢,共飲的習慣猶存。習慣既入之已深,就任何嚴刑峻法,一時也難於禁絶了。食料的作爲公有,也是古人共食的一個佐證。《詩經》説:"言私其豵,獻豜於公。"《豳風‧七月》。這是田獵時代的規則,小者自私,大者公有。小者自私,並不是承認你有自私的權利。只爲小者可以獨盡;歸公以後,再行分配,也還是分給一個人,所以樂得省些手續。至於農業時代,一切糧食,亦仍是作爲公有的。所以孟子述晏子的話,説:"今也師行而糧食。"《梁惠王下》。糧即量。量食,就是把全社會的食料,一切作爲公有,再行平均分配。在當時,固然成爲虐政,此近乎宋人之所謂"括糴"。然而追原其始,正可見得古代一切食料公有的制度。一切食料公有,又安有家家自炊之理呢?我們現在,只家家做飯自己吃,已够表現我們自私的醜態了,而且也不經濟。"破屋明斜陽,中有賢婦如孟光。搬柴做飯長日忙,十步九息神沮傷。"林琴南《戒纏足詩》,今斷章取義引之。人啊!爲什麼把寶貴的精力,不經濟地花在這瑣屑的事上呢?

第六章　從大同到小康

假使地面的情形，和現在大異，人不能藉漁獵游牧以自活，而只能從事於農耕，則人類的歷史，必和現在大異。爲什麽呢？因爲農耕之族，是不樂戰爭的。即使戰爭，亦和漁獵游牧之民戰爭有異。農業社會，不好侵略，止以防他人的侵略爲目的，故其用兵，亦以守禦爲主。所謂"重門擊柝，以待暴客"也。見《易・繫辭傳》。墨子非攻尚守禦，此其遠源。古有所謂義師，蓋亦農業社會戰爭時共認之法。略見《呂覽・懷寵》、《淮南・兵略》兩篇。不以侵略爲目的，用兵本不過如此也。地面上而盡爲農耕之族，則其相互之間，戰鬥的空氣，必極淡薄；而其内部，平和的空氣，卻極濃厚。人的性質，是隨環境而變的。處於這種空氣之中，則其性質，必和現在的人類大異。如此，彼此相遇時，或者能本於善意，互相諒解，謀一和平結合的方法，亦未可知。即有戰爭，亦或者能不遠而復，而惜乎其不能也。漁獵游牧之族，戰爭即是其生產的方法。其性質又極活動，在英主指揮之下，易於集合。和農耕民族，性質重滯，安土重遷；平時不甚來往，臨時難於結合的，迥不相同。炎、黃兩族的成敗，其最大的原因，似即在此。炎爲黃弱，我們黃金的大同時代，就成過去，而入於小康時代了。然則小康時代的情形，又是怎樣的呢？

略讀古書的人，都知道古代有所謂宗法。大多數人的意見，都以爲此制是起自周朝的，其實不然。此制怕是所謂黃族者所固有，何以見得呢？所謂宗法，是以家族中的一個男子做始祖。其繼承之法，特重嫡長。始祖之嫡長子，是大宗之子。其次子以下，別爲小宗。以後代代皆然。小宗宗子的嫡長子，亦是世代相繼，爲小宗之宗子的。小宗五世而遷，就是説小宗宗人，服從小宗宗子管轄的，以在五服之內爲限。大宗則百世不遷。凡始祖之後，不論親疏遠近，都該服從他。所以有一大宗宗子，則凡同出一祖的人，都能夠團結不散。即以小宗宗子而論，亦能團結五服以內的人。較之一盤散沙者，大不相同。所以此制於競爭極爲有利。世所以稱爲周制者，（一）因此制至周始有可考；（二）則此制特重嫡長，而五帝皆非父子相傳，殷又行兄終弟及之制之故。然書傳又無可考，不能因以斷定其事之有無。因爲古代的書，傳於後世的，太闕乏了。至於五帝及殷，都非傳子，則君位的繼承，和家長的繼承，本非一事。女真、蒙古，都不是沒有父子相傳之法的。而金自景祖至於太祖，生女真部族節度使的承襲，都由景祖以命令定之；蒙古汗位的繼承，和其家族的繼承無關，那更顯而易見了。《金史・世紀》："景祖九子：元妃唐括氏生劾者，次世祖，次劾孫，次肅宗，次穆宗。及當異居，景祖曰：劾者柔和，可治家務。劾里鉢有器量智識，何事不成？孫亦柔善人耳。乃命劾者與世祖同居，劾孫與肅宗同居。景祖卒，世祖繼之。世祖卒，肅宗繼之。肅宗卒，穆宗繼之。穆宗復傳世祖之子，至於太祖，竟登大位焉。"案此事與殷人的兄終弟及頗相類。蒙古自成吉思汗以前，有汗號者凡四世。其第一人爲海都。海都歿後，汗位空闕。至其曾孫哈不勒，乃復稱汗。哈不勒死後，其再從兄弟俺巴孩繼之。爲金人所殺。遺言告其子合答安，及哈不勒子忽圖剌，爲之報仇。蒙古人共議，立忽都剌。見《元秘史》。忽都剌死後，汗位復闕。至成吉思汗强，乃復被舉。蓋有其人則舉之，無其人則闕，與家族繼承之法，了無關係。成吉思汗以諸部族推戴而即汗位。太宗、定宗、憲宗亦皆如此。世祖始不待正式的忽力而臺。忽力而臺者，蒙古語，譯言大會。然仍有若干宗王，貌爲推戴。即位後，立太子真金，始用漢法。真金早死。成宗之立，仍以宗藩、昆弟、戚畹、官僚合辭推戴爲言。武宗亦然。至仁宗即位之詔，乃謂大寶之承，既有成命，非前聖賓天而始徵集宗親，議所宜立者比。舊法至此，始破壞净盡。我國五帝官天下，至夏禹而傳子之局始定，疑亦有此等變遷。孟子説舜禹之立，必待朝覲、訟獄之歸，亦頗和蒙古人的忽烈而臺，有些相像。又案蒙古稱幼子爲斡赤斤，義爲守竈。然太宗時命拔都等西征，諸王駙馬，和萬户、千户，各以長子從行，謂之長子出征。因爲所征的都是强部，長子出征，則兵强而多。於此，可見財産雖歸幼子承襲，統率之權，仍歸長子。蓋年長之子，或早與父母異居，惟幼子則不然，所以在事實上，父母的家庭，自以幼子承襲爲便。長子不異居的，則管理之權，全歸長子。古人本沒有所有權的觀念，只有管理之權，屬於何人的事實耳。但管理之權既屬於其人，在事實上，即與財産爲其所有無異，久之，遂變爲長子襲産。至於統率之權，以長子承襲爲便，則事理明白,更無待多言。總而言之,承襲有種種方面,不能一律也。所以自殷以前,王位不以嫡長子承襲,並不能證明自殷以前,不行宗法。而周代宗法,頗爲完整,斷非短時間所能發達至此,卻是顯而易見的。假定周朝當后稷之時,已有宗法的存在。則《帝系》上所稱爲后稷之父的帝嚳,其時代亦不能斷定其無宗法;而帝嚳不過是黃帝的曾孫,我們就可推想,宗法爲黃族的古制了。系世爲《周官》小史之職,已見第四章。《大戴禮記》的《帝系姓》,即此類記載之僅存者。子上説:"楚國之舉,恒在少者。"《左氏》文公元年。楚在江域,或沿三苗之俗,三苗乃姜姓之國。以此推之,似乎炎族並無像周朝一般的宗法。同出一始祖的人,至於年深代遠,則其關係甚疏。所以今《戴禮》、《歐陽夏侯尚書》説九族,父之姓,只以五屬之内爲限。而益以父昆弟適人者與其子,己女昆弟適人者與其子,己之子適人者與其子。又母族三:母之父姓,母之母姓,母女昆弟適人者與其子。妻族二:妻之父姓,妻之母姓。見《詩・葛藟》正義引《五經異義》。這都是血緣相近,真是《白虎通義》所謂"恩愛相流湊"的。然而沒有統率,所以在競爭上,不如宗法之制之適宜。《禮記・文王世子》:"戰則守於公禰,孝愛之深也。正室守大廟,尊宗室,而君臣之道著矣。諸父諸兄守貴室,子弟守下室,而讓道達矣。"即此數語,便見宗法社會團結的緊密,組織之整齊,於競爭上非常有利。《儀禮・喪服傳》:"禽獸知母而不知父,野人曰:父母何算焉?都邑之士,則知尊禰矣,學士大夫,則知尊祖矣。諸侯及其太祖,天子及其始祖之所自出。"天子、諸侯、學士大夫、都邑之士,即所謂國人,都是征服之族。野人則被征服之族。可見其一以團結而獲勝,一以散漫而致敗。宗法之制,不但聚族而居之日,可藉此緊密其團結,整齊其組織,即至彼此分離之後,亦仍可藉此以相聯繫。衆建親戚,以爲屏藩之制,即由此而生。固然"後屬疏遠,相攻擊如仇讎",然而當其初,不能説没有夾輔之效。"周室東遷,晉、鄭是依",即其明證。不然,恐九鼎之亡,不待赦王入秦之日了。衆建親戚,以爲屏藩之制,疑亦黃族舊法,不過至周始有可考。黃帝征師諸侯,與蚩尤戰,疑所征者即係同姓的諸侯,未必異姓之國,真因炎帝的侵陵而歸之也。

　　宗法是幾經進化後的制度;要明白宗法,必先知道宗法的由來,有必要追溯到社會原始的狀態。社會原始的狀態,是怎樣的呢?人類當原始時代,是無組織之可言的。不過男子爲一群,女子爲一群,幼童爲一群,此時的人,因爲謀食的艱難,及饑餓時或者至於人相食,能終其天年者很少,所以沒有老者之群。各自逐隊,從事於搜集而已。進而至於漁獵,則男子專務馳逐,而女子多坐守後方,做些較和平的事業。幼孩則多隨其母。於是男女之分業稍顯,而母子的情感益親。然而夫婦之倫,還未立也。此時結婚，大抵專論行輩。此事予昔有一文論之，今節錄於此，以資參考。原文曰：社會學家言：淺演之世，無所謂夫婦，男女妃合，惟論行輩，我國古代，似亦如此。《大傳》："同姓從宗合族屬，異姓主名治際會，名著而男女有別。其夫屬乎父道者，妻皆母道也；其夫屬乎子道者，妻皆婦道也。謂弟之妻為婦者，是嫂亦可謂之母乎？名者，人治之大者也，可無慎乎？"曰"男女有別"，曰"人治之大"，而所致謹者不過輩行，可見古無後世所謂夫婦矣。職是故，古人於男女妃合，最致謹於其年。《禮運》曰："合男女，頒爵位，必當年德。"《荀子》曰："婦人莫不願得以為夫，處女莫不願得以為士。"見《非相》。老婦士夫，老夫女妻，則《易》譬諸"枯楊生華"、"枯楊生稊"，言其鮮也。《釋親》："長婦謂稚婦為娣婦，娣婦謂長婦為姒婦"，此兄弟之妻相謂之辭也。又云："女子同出，謂先生為姒，後生為娣。"孫炎曰："同出，謂俱嫁，事一夫者也。"同適一夫之婦，其相謂，乃與昆弟之妻之相謂同，可見古無後世所謂夫婦矣。古之淫於親屬者，曰烝，曰報，皆輩行不合之稱。其輩行相合者，則無專名，曰淫，曰通而已。淫者，放濫之辭，好色而過其節，雖於妻妾亦曰淫，不必他人之妻妾也。通者？《曲禮》曰："嫂叔不通問。"又曰："內言不出於梱，外言不入於梱。"內言而出焉，外言而入焉，則所謂通也。《內則》曰："禮始於謹夫婦，為宮室，辨內外，深宮固門，閽寺守之，男不入，女不出。"自為宮室、辨內外以來，乃有所謂通，前此無有也。《匈奴列傳》曰："父死妻其後母，兄弟死，皆取其妻妻之。"父死妻其後母，不知中國古俗亦然否；兄弟死，皆取其妻妻之，則亦必如是矣。象以舜為已死，而曰：二嫂使治朕棲是也。父子聚麀，《禮記》所戒；新臺有泚，詩人刺焉。至衛君之弟，欲與室夫人同庖，則齊兄弟皆欲與之，《柏舟》之詩是也。然則上淫下淫，古人所深疾，旁淫則不如是之甚。所以者何？一當其年，一不當其年也。夫婦之制既立，而其刺旁淫，猶不如上下淫之甚，則古無後世所謂夫婦，男女妃合，但論行輩之徵也。今貴州仲家苗，女有淫者，父母伯叔皆不問，惟昆弟見之，非毆則殺，故仲家苗最畏其昆弟云，亦婚姻但論行輩之遺俗也。古語說得好，飽暖思淫欲。這是人和動物一樣的。野禽多一雄一雌，如雁是。家禽或一雄多雌，如雞是。而人的我執，比動物更強。尤其是男性，占有的衝動，特別強烈。飽暖之餘，遂思占女性為己有。而女性，也有賣弄手段，坐觀男子爭鬥的惡習。一群之中，爭風吃醋之事，遂時時發生，弄得秩序都要維持不住了。於是在同一團體之中，男女不許發生關係的戒條，遂漸為眾所共認，而成為同姓不婚之俗。古人說："男女同姓，其生不蕃。"又說："美先盡矣，則相生疾。"都不是同姓不婚的真原因，因其在生物學及病理學上，並無證據。同姓不婚的真原因，當是由於一姓之中，爭風吃醋，《晉語》所謂"黷則生怨"也。《郊特牲》說："取於異姓，所以附遠厚別也。"厚別則可免於黷，而藉此又可結他部落為外援，則所謂厚別也。至此，則想覓配偶的人，不得不求之於外，而掠奪賣買的婚姻以起。掠得來，買得來的，自然是屬於個人，而他人自亦不敢輕於侵犯，而夫婦之倫以立。當漁獵時代，大都是聚族而居。夫婦之制，或者尚不能十分嚴格。楚人有同姓結婚之俗，所謂楚王妻妹也。所以據《左氏》所載，楚國有江芉。文公元年，楚是江域之國，或染三苗之俗，說已見前。然則羲農之族，同姓不婚，或者亦不如黃族的嚴格。至於游牧時代，則人須逐水草而生。嚮來聚族而居的，至此都不得不分散。此時女子必隨男子而行。個別夫婦的制度，至此就更形確定了。夫婦之制度既立，則父子之關係亦明。

當夫婦之制未立時，生子自然是從其母而得姓。即至夫婦之制既立，而女權尚未甚墜落時，子女亦還是從其母之姓的。但是到後來，女權日益墜落，男權日益伸張，妻與子，變爲夫與父之附屬物。當此之時，自無更表明其母子之間的關係的必要，只須表明其父爲何人就得了。女系的姓，是純爲表明血統的。男系的姓則不然。因爲人有財産，多欲傳之於子；而子之身份如何，亦與其父大有關係。酋長之子所以仍爲酋長者，以其爲酋長之子也。奴隸之子，所以仍爲奴隸者，以其爲奴隸之子也。然則欲知財産之誰屬；和某一人的身份如何，都有知道其男系的必要。所以男系之姓，是因表示"權力、財産的系統"而設的。於是女系遂易爲男系。

古代的所謂姓，其初没一個不是從女系來的，而後皆易爲男系。這一個變換之間，正表示着一種男女權遞嬗的遺跡。因爲一個姓，就是一個氏族的記號。氏族的記號，而用女子的系統，即使女權不十分伸張，亦總留有一點以女子爲主體的意思。到改用男子的系統，就大不然了。

夫婦父子之倫既立，而所謂家的團結以生。什麼叫作家呢？我國古書上明示其範圍：是"一夫上父母，下妻子，自五口以至於八口"。這是一個天然的界限。因爲"不獨親其親，不獨子其子"的風氣，已成過去了，則老者非其子莫之養，幼者非其父母莫之長；而人不能没有配偶，這是不消說的。所以這一個天然的界限，在各親其親，各子其子的時代，不容易擴大，而亦不能縮小。但是此所謂家者，其中實在只有一個强壯適宜於鬥爭的人。要是和異族鬥爭，其力量實在嫌小。所以要有一個以男子爲中心的宗法的聯結。

此等組織的轉變,我們説是男權的伸張,女權的墜落,而在游牧社會爲尤甚。男女的關係,就是在農業共産社會,也不是絶對平等的。孔子説大同時代,"男有分,女有歸",這便分明是以男子爲主體;在女子,不過人人得一個可依附的男子罷了。所以然者,因爲生産之事,雖和爭鬥不同,而亦不能完全不要强力。本來生産也是對自然,甚而至於是對動物的一種爭鬥。爭鬥,自然以男子之力爲較强。漁獵時代不必論。即畜牧時代,動物亦並不是十分易於馴伏的。農業雖説是女子所發明,男子之贄、卿羔,大夫雁,而婦女之贄爲棗栗,見《禮記·曲禮下》篇。宗廟之事,君親割,夫人親舂,見《穀梁》文公十三年。《周官》職金:其奴,男子入於罪隸,女子入於舂藁。《天官内宰》:上春,詔王后帥六宫之人,而生穜稑之種。這都是農業爲女子之事的遺跡。又《禮記·昏義》:"古者婦人先嫁三月,祖廟未毁,教於公宫;祖廟既毁,教於宗室。宗室教成,祭之,牲用魚,芼之以蘋藻。"《毛傳》説《詩經·采蘋》這一首詩,就是這教成之祭。又説:公侯夫人,執蘩菜以助祭;王后則執荇菜。又《左氏》哀公七年,陳乞對諸大夫説:"常之母有魚菽之祭。"婦女的祭品,是魚和植物。推想漁獵農耕遞嬗的社會,或者獵是男子之事,漁和農業,是女子之事。然到所謂伐栽農業時代,則所需要的强力亦頗多,亦就漸漸的移於男子手中了。生産既以男子爲主,自然權力亦以男子爲大。所以即在農業共産社會中,男女亦非絶對平等的。然而其關係,總比在游牧社會裏好得多。某社會學者説:"中國婚姻之禮,是農業社會的習慣。歐人婚姻之禮,則係游牧社會的習慣。農耕之民,大家安土重遷,住處固定。男女兩人的性情面貌,是彼此互相知道的。即其家族中人,亦彼此互相知道。覺得年貌等等相當,便挽人出來做個媒妁説合。這全是農村中的風習。歐人則男女接吻,便是從動物之互相齅學得來的。新婚旅行,其爲妻由劫掠而來,怕其母族中人再來搶還,所以急急逃避,更其顯而易見了。若非游牧民族,何能如此輕易?"我們須知:男女之數,是大略相等的。苟非略自異方;或者一社會之中,顯分等級,可以多妻者多妻,無妻者無妻,則一夫多妻之制,勢必不容發生。《鹽鐵論·散不足》篇説:"古者夫婦之好,一男一女,而成家室之道。及後世,士一妾,大夫二,諸侯有侄娣，九女而已。"可見蓄妾係後起之事。在隆古，曾有一個嚴格的一夫一妻時代。這時代是什麼時代呢？古書說我國嫁娶之禮，始於伏羲。伏羲制以儷皮爲嫁娶之禮，見《世本·作篇》，譙周亦云然。見《禮記·昏義疏》。而六禮之中多用雁。雁是動物之中，守一雌一雄之制最謹嚴的。可見羲、農之族，沒有一夫多妻之俗。《鹽鐵論》所謂"一男一女而成家室之好"者，當在此時。至於黃帝之族，則本來是多妻的。所以堯以天子之尊，而降嫣嬪虞，仍守以侄娣從之法。堯以二女妻舜，其一即娣。叙述重於堯之以女妻舜，所以未及其侄。此外黃帝二十五子，而其得姓者十有四人；《史記·五帝本紀》。帝嚳四妃。見《禮記·檀弓》"舜葬於蒼梧之野，蓋三妃未之從也"鄭《注》。文王則百斯男，無不以多妻多子爲誇耀。《鹽鐵論》所謂後世，定是黃族征服炎族之後了。我們又須知，母愛在天演界中，是起源很早，而其根柢亦很深的。至於父之愛子，則其緣起較晚，所以其爲愛，亦不如母愛之深。假使人類有多夫而無多妻，一母所生之子，總是自己懷胎十月，坐草三朝生出來的，則對於夫的感情，雖分濃淡，對於子之愛護，必無大差殊。斷不至如多妻之夫，有殺害其子之事。以母殺子之事，亦非無之，但係受壓迫而然，非其本性。又輿論對母之殺子，似較對父之殺子，責備爲嚴。如《殺子報》等戲劇，即表現此等思想。此正見其壓迫女子之甚耳。"高宗，殷之賢王也"，《禮記·喪服四制》文。而殺孝己。古公亶父亦是後世所頌爲聖王的，而泰伯、仲雍，連袂而逃之荊蠻。晉獻公、漢成帝等昏暴之主，更不必說了。匡章，他的母親，給他父親殺而埋諸馬棧之下，後來以君命，僅得改葬，而猶自以爲"死其父"，"出妻屛子，終身不養"，然而通國的人，還是說他不孝。見全祖望《經史問答》。從父權夫權發達以來，天下古今，不知道有多少慘事。真是佛書說的，生生世世，哭的眼淚，比江海還多。這便是"不獨親其親，不獨子其子"的制度破壞了，然後有的，這便是大同降入小康第一重罪惡。

土地不是該私有之物，理極易明。而土地不是能私有之物，亦事極易見。因爲別的東西，可以搬回去，藏在屋裏，土地是無從的。所以《春秋》說："器從名，地從主人。"《公羊》桓公二年，"夏，四月，取郜大鼎於宋。

此取之宋,其謂之部鼎何? 器從名,《解詁》:從本主名名之。地從主人。《解詁》,從後所屬主人。器何以從名? 地何以從主人? 器之與人,非有即爾。《解詁》:即,就也。凡人取異國物,非就有。取之者皆持以歸爲有。爲後不可分明,故正其本名。宋始以不義取之,故謂之部鼎。至於地之與人,則不然,俄而可以爲其有矣。《解詁》:諸侯土地,各有封疆里數。今日取之,然後王者起,興滅國,繼絕世,反取邑,不嫌不明,故……不復追録繫本主。然則爲取可以爲其有乎? 曰: 否,何者? 若楚王之妻媦,無時可用也。"《解詁》:爲取,恣意辭也。媦,妹也。又《孟子·告子下篇》:孟子對慎子説:"周公之封於魯,爲方百里也……今魯方百里者五,子以爲有王者作,則魯在所損乎? 在所益乎?"然則照古人的意思,列國侵奪所得的土地,以理論,都應歸還元主的。然而人類資生之具,無一不出於地。取用之餘,稍感不足,於是據土地而私之之念漸生。最初是無所謂個人私有的,只是部落的私有。

　　什麼叫做部落呢? 便是其結合以地爲主,而不盡依於血統。人類最初,親愛之情,只限於血統以内;而其能互相瞭解,亦只限於血統相同的人。因爲這時候的人,知識淺短,凡事都只會照着習慣做,而交通不便,彼此無甚往來,兩個血緣不同的團體,其習慣亦即往往不同之故。這是事實。然而世界是進化的。同一血統之人,勢不能始終聚居於一處。而同一地域之内,亦難始終排斥血統不同的人。既已彼此同居一地,歲月漸深,終必要互相結合,這便成爲部落。部落,固然有同一血統,如《遼史》所謂"族而部"的。又有血統雖不同,而丁單力弱之族,併入丁衆力強之族而從其姓,如《遼史》所謂部而族的。然而族而不部、部而不族的,畢竟很多。四種部族,見《遼史·部族志》。這是本有此四種,而遼人因之,並非遼人的創制。雖在部落之中,族的界限,自然還是存在。凡强大之族,在戰時及平時,如聯合以作一大工程等,都易處於指揮統馭的地位。又族大則生利之力較大,受天災人禍等影響較難,小族往往要仰賴其救濟。一部落之中,族和族的關係,固然如此。即部落與部落之間,其關係亦是如此。各部落共同作戰,或赴役,亦必有一部落爲其中心。後世的所謂霸主,其遠源,便是從此而來。而部落與部落間主從的關係,固然有由於兵力的不敵,然亦有因債務之故,而陷於從屬地位的。凡弱小的部落,因饑荒窮困,而歸附強大的部落的,都該屬於此類。

兩個部落,勢不能不相接觸。遼初的接觸,或者較少。到交通漸便,拓殖漸廣,則其接觸亦漸多。有不能諒解之時,便不得不出於爭戰。爭戰的規模,亦是逐漸擴大的。各部落的關係,日益密切,就不免有合從連衡,摟諸侯以伐諸侯之事了。既有戰爭,就有勝敗。既有勝敗,就有征服者和被征服者。征服者和被征服者的關係,又是如何的呢?

其痕跡最顯著的,爲古代國人和野人的區別。第四章已說過:遼古時代的民族,是居於水中洲渚之上的。但這是羲、農之族如此,黃帝之族,是居於山上的。怎見得黃帝之族,是住在山上的呢? 黃帝邑於涿鹿之阿,便是一個證據。章太炎有《神權時代天子居山說》,證據搜輯得很多,可以參看。古代有所謂井田和畦田。井田,是把一方里之地,畫爲九區,和我們畫九宮格一樣。這無疑是施行於平地的。畦田,則算學中有一種算不平正之地的面積之法,便喚做畦田法,可見其在山險之地。滕文公要行井田,孟子說:"請野,九一而助;國中,什一使自賦。"古所謂國,即都城之謂。都城都在山上,所以說"國主山川";《國語·周語》。所以說"王公設險以守其國"。《易·坎卦象辭》。野則多是平地,僅靠人爲封疆。所以說:"域民,不以封疆之界,固國,不以山溪之險。"《孟子·公孫丑下》。爲什麼要如此呢? 這無疑是戰勝之族,擇中央山險之地,設立堡壘,聚族而居,而使被征服之族,居於四面平夷之地,從事農耕了。國的起源如此。古代都城,大略都在國之中央,所以《孟子》說:"中天下而立,定四海之民。"見《盡心上》。《呂覽》也說:"古之王者,擇天下之中而立國,擇國之中而立宮,擇宮之中而立廟。"見《慎勢》。

國中之人當兵,野人則否。怎見得呢? 案後世之人,都誤謂古代兵農合一,其實不然。江慎修說得好:"說者謂古者寓兵於農,井田既廢,兵農始分,考其實不然。……管仲參國伍鄙之法,制國以爲二十一鄉:工商之鄉六,士鄉十五。……是齊之三軍,悉出近國都之十五鄉,而野鄙之農不與也。五家爲軌,故五人爲伍。積而至於一鄉二千家,旅二千人。十五鄉三萬人爲三軍。是此十五鄉者,家必有一人爲兵,其中有賢能者,五鄉大夫有升選之法,故謂之士鄉,所以別於農也。其爲農者,別爲五鄙之法。三十家爲邑,十邑爲卒,十卒爲鄉,三鄉爲縣,十縣爲屬,五屬各有大夫治之。專令治田供稅,更不使之爲兵。……他國兵制,亦大略可考。……如晉之始惟一軍。既而作二軍,作三軍,又作三行,作五軍。既捨二軍,旋作六軍。後以新軍無帥,復從三軍。意其爲兵者,必有素定之兵籍,素隸之軍帥。軍之以漸而增也,固以地廣人多;其既增而復損也,當是除其軍籍,使之歸農。……隨武子云:楚國荊尸而舉,商農工賈,不敗其業,是農不從軍也。魯之作三軍也,季氏取其乘之父兄子弟盡征之;孟氏以父兄及子弟之半歸公,而取其子弟之半;叔孫氏盡取其子弟,而以其父兄歸公。所謂子弟者,兵之壯者也。父兄者,兵之老者也;皆其素在兵籍,隸之卒乘者,非通國之父兄子弟也。其後捨中軍,季氏擇二,二子各一,皆盡征之,而貢於公,謂民之爲兵者,盡屬三家,聽其貢獻於公也,若民之爲農者出田稅,自是歸之於君。故哀公云:二吾猶不足。……三家之采地,固各有兵。而二軍之士卒車乘,皆近國都。故陽虎欲作亂,壬辰戒都車,令癸巳至。可知兵常近國都,其野處之農,固不爲兵也。"《群經補義》今案封建之制,天子之田方千里,公侯方百里,百倍相懸,而其兵,則《公》、《穀》稱天子六師,諸侯一軍,不過六倍。可知全國之民,是不皆爲兵的。《周官》的兵制:五人爲伍,五伍爲兩,四兩爲卒,五卒爲旅,五旅爲師,五師爲軍。其六鄉的編制:則五家爲比,五比爲閭,四閭爲族,五族爲黨,五黨爲州,五州爲鄉。可知其係家出一卒。平時的比長、閭胥、族師、黨正、州長、鄉大夫,就是戰時的伍長、兩司馬、卒長、旅帥、師帥、軍將。和滿洲人沒有地方官,只有自都統至佐領等軍職一樣。野鄙之民,則《尚書大傳》說:"古八家而爲鄰,三鄰而爲朋,三朋而爲里,五里而爲邑,十邑而爲都,十都而爲師,州十有二師焉。"全與井田之制相應。此等人並不爲兵。非其不能爲兵,乃是不用作正式的軍隊;僅用以保衛本地方,如後世鄉兵之類。鞍之戰,齊頃公見保者曰:"勉之,齊師敗矣。"《左傳》成公二年。便是此等人。此等人是無甚訓練的,亦沒有精良的器械。又其地平夷,無險可守。所以春秋時代,交戰一敗,敵兵輒直傅國都;攻圍歷時的大邑,是很少的。古代大邑很少,所以宋人圍長葛,取長葛,《春秋》特書之。見《公羊》隱公五、六年。

這樣說,戰勝之族,既要出什一之稅,還要服兵役;戰敗之族,名爲九一而助,實則出十一分之一之稅而已。公田百畝,以二十畝爲廬舍,八家各耕私田百畝,公田十畝;私田所入歸私,公田所入歸公,故爲十一分而取其一。而又不要服兵役,豈非其負擔反較戰勝之族爲輕呢? 其實不然。須知古代有所謂賦,是野鄙之農出的。出賦之法,今文家謂十井出兵車一乘。《公羊》宣公十五年《解詁》。古文家據《司馬法》,而《司馬法》又有兩說:一說以井十爲通,通爲匹馬,三十家,士一人,徒二人。通十爲成,成十爲終,終十爲同,遞加十倍。又一說以四井爲邑,四邑爲丘,有戎馬一匹,牛三頭。四丘爲甸。戎馬四匹,兵車一乘,牛十二頭,甲士三人,步卒七十二人。前說鄭注《周官》小司徒所引,後說則鄭注《論語》"道千乘之國"引之,見小司徒疏。《漢書·刑法志》,亦採後說。這話不必管其誰是誰非,總之和井田相附麗,可知其爲野人所出。須知古代野鄙之人,是沒有好好的兵器的。所謂寓兵於農,並非謂使農人當兵。古書上的兵字,是不能作軍人講的。所謂寓兵於農,乃謂以農器爲兵器。其制,詳見於《六韜》的《農器》篇。所以要寓兵於農,正因鄉人沒有兵器之故。馬牛車輦都出於鄉人,而兵器則不給他們自衛。自出賦的人言之,真可謂借寇兵齎盜糧了。

所以當時被征服階級,很少反抗的事。被虐得不堪,則逝將去女,適彼樂土,以逃亡爲抵抗而已。從來政治上,亦沒聽見徵詢野人的意見。至於國人,則詢國危,詢國遷,詢立君,《周官·小司寇》。管仲聽於䵱室;《管子·桓公問》。子產不毀鄉校;《左傳》襄公十三年。孟子說:"國人皆曰賢,然後察之,見賢焉,然後用之。""國人皆曰不可,然後察之,見不可焉,然後去之。""國人皆曰可殺,然後察之,見可殺焉,然後殺之。"《孟子·梁惠王下》。都是最初征服之族,築一堡壘,住居於中央山險之地的。即厲王監謗,道路以目,起而流之於彘,亦仍是他們。梁任公説:中國歷代的革命,只有這一次,可以算是市民革命,見所作《中國歷史上革命之研究》。其實古無所謂市民。當兵的國人,起而革暴君之命,亦仍是軍人革命而已。

其在選舉,則俞理初説得好。他説:"周時鄉大夫三年比於鄉,考其德行道藝,而興賢者,出使長之,用爲伍長也;興能者,入使治之,用爲鄉吏也。其用之止此。《王制》推而廣之,升諸司馬曰進士,焉止矣。諸侯貢士於王,以爲士,焉止矣。太古至春秋,君所任者,與共開國之人,及其子孫也。……上士、中士、下士,府史胥徒,取之鄉興賢能;大夫以上皆世族,不在選舉也。……故孔子仕委吏乘田,其弟子俱作大夫家臣……周單公用羈,鞏公用遠人,皆被殺。"《癸巳類稿·鄉興賢能論》。古代士字,含有兩種意思:一是戰士,一是任事。士和仕亦即一字。士、農、工、商四種人,其初有入仕資格的,只有士。農、工、商都是没有的。

財產本非一人所私有,一家的財產,原係家人婦子,合作得來的。然而在習慣上,法律上,都看作家長一人之所有。《禮記·曲禮上》:"父母存……不有私財。"《内則》:"子婦無私蓄。"後世法律,亦有卑幼不得擅用財之條。案世之論者,率以女子爲分利,此大謬也。上流社會的女子,庸或分利,然上流社會的男子,亦何嘗不分利?總計其消費之量,總較女子更大些,而且女子没有全分利的。爲什麼呢?生產小孩,至少要算作生利的事。下層社會,烟賭等惡習,亦以男子爲多。況且從古到今的社會,不乏杜陵所謂"土風坐男使女立"的。利的大部分爲女子所生,管理的權利依然屬於男子,這除掠奪外,更有何説?總之,私產之興,是無不帶掠奪壓迫的性質的。此無他,管理財產之權,屬於家長一人,則事實上和他一人所私有無異。其初不過事實如此,其後則以爲理所當然了。一部落中,管理財產之權,屬於酋長。於是一部落的財產,亦視爲酋長一人所有。被征服者之財產,是無條件認爲征服者所有的;連被征服者之人身,亦是征服者的奴隸;亦即是戰勝之族之酋長之財產、之奴隸了,"普天之下,莫非王土;率土之濱,莫非王臣"。其思想,就是由此而來的。然則征服之族之酋長,而欲虐取於下,除非事實上受制限,理論上是不受制限的。自然,在事實上,征服之族的酋長,決没有這麼大的消費力,然而可以分給本族的人共享,使之食其人而治其人,這便是所謂封建。至此,而征服之族,乃悉成爲寄生之蟲。

這樣説,被征服之族,必然被壓迫得不堪了。其所過的日子,一定是慘無人道的了。這真是修羅的世界,如何還能稱爲小康呢？這也有個原故。

其一,榨取者的榨取,亦必須保存其所榨取的人,這話第五章中業已説過,此等利害上的計算,並非甚深微妙難懂得的事。即謂不然,而無謂的氣力,總是人所不肯花的。須知征服之族之戰鬥,在彼原視爲生產的一種手段。生產的目的,總是在於消費的。安坐而食,何等舒服？何所苦而再去干涉被征服之族内部的事情呢？因此之故,被征服之族,内部優良的組織,遂得保存。《孟子》説:"夏后氏五十而貢。"又引龍子的話,説:"治地莫不善於貢。貢者,校數歲之中以爲常。樂歲,粒米狼戾,多取之而不爲虐,則寡取之。凶年,糞其田而不足,則必取盈焉。"《滕文公上》此法,直是征服之族,勒令被征服之族,包還他多少租税而已,其他則一切不管。這便是征服之族,不干涉被征服之族内部之事的一個證據。禹的時代,離黄帝征服炎族的時代,總該在一百年以外了,而其政策還是如此,可想見黄族征服炎族之初,於其内部的組織,是不甚過問的。

其二,淫佚之習,非一日之致。征服之族,總是處於較瘠薄的地方的。其生活程度,本來不高,習慣非可驟變。奢侈慣了的人,使之節儉,固然覺得難受。節儉慣了的人,使之奢侈,亦一樣覺得難堪的。歷代開國之君,所以多能節儉者以此。《甫田》之詩:"曾孫來止,以其婦子,饁彼南畝,田畯至喜。"鄭箋説:這是周朝的成王,帶着自己的媳婦兒子去勸農,請農夫和管理農夫的田畯吃飯的,後來讀詩的人,多不信其説。其實這必是古義。康成先治《韓詩》,所以能知道。試讀《金史》的《景祖昭肅皇后傳》,便知其非瞎説了。鄭箋讀喜爲饎。《金史·景祖昭肅皇后唐括氏傳》:"景祖行部,輒與偕行。政事獄訟,皆與決焉。景祖歿後,世祖兄弟,凡用兵,皆禀於后而後行。勝負皆有懲勸。農月,親課耕耘刈穫。遠與乘馬,近則策杖,勤於事者勉之。晏出早歸者訓勵之。"這是舉其一例。其他類此之事,舉不勝舉的還多。古代征服之族,對於被征服之族,其初期,也該有此情形的。

其三,則凡征服之族,必有不好利的美德,和哀矜弱者的仁心。前者,觀於古代士大夫的戒條,如"畜馬乘,不察於雞豚,伐冰之家,不畜牛羊"等,《禮記·坊記》:"子曰:君子不盡利以遺民。《詩》曰:彼有遺秉,此有不斂穧,伊寡婦之利。故君子仕則不稼,田則不漁,食時不力珍,大夫不坐羊,士不坐犬。"便可知之。公儀子相魯,之其家,見織帛,怒而出其妻;食於舍而茹葵,慍而拔其葵。董仲舒對策,見《漢書》本傳。決不是沒有的事。後者則秉彝之良,則無時或絶,戰勝之族之能行仁政,此其根源。此兩者,亦和戰勝之族所以能戰勝,很有關係。因爲誅求無已,不留餘地,人家迫於無可如何,總只得同你拼命,反抗將無已時,爾朱氏之亡,便是其前車之鑒;而且好利太甚,強武之風就要喪失,更何所恃而能戰勝?遼、金、元、清的末運,人家都說他同化於漢族而弱,其實何嘗如此?只是溺於利欲,因而變爲弱者罷了。

其四,則文化的性質,足以使人愛慕。此觀於北魏孝文帝便可知之。古代野蠻之族,慕悦文明之族之文化,而捨己以從之,亦必有此等情景。黃帝時代的文化,前經證明爲採自炎族,觀其一時雲蒸霞蔚,所採取者如是之多,其勇決,正不下於北魏的孝文帝了。這不但野蠻之族,對於文明之族如此,便文明之族,對於野蠻之族亦有之。趙武靈王的胡服騎射,是其一例。我們現在,試再引一段《禮記》,以見其概。"且女獨未聞牧野之語乎?武王既尅殷,反商。反,當依《鄭注》讀"及"。未及下車,而封黃帝之後於薊,帝堯之後於祝,帝舜之後於陳。下車而封夏后氏之後於杞,投殷之後於宋。封王子比干之墓,釋箕子之囚,使之行商容而復其位。庶民弛政,庶士倍祿。濟河而西,馬散之華山之陽而弗復乘,牛散之桃林之野而弗復服,車甲釁而藏之府庫而弗復用;倒載干戈,苞之以虎皮;將帥之士,使爲諸侯,名之曰建櫜;然後天下知武王之不復用兵也。散軍而郊射,左射《狸首》,右射《騶虞》,而貫革之射息也。裨冕搢笏,而虎賁之士説劍也。祀乎明堂,而民知孝;朝覲,然後諸侯知所以臣;耕藉,然後諸侯知所以敬;五者,天下之大教也。食三老五更於大學,天子袒而割牲,執醬而饋,執爵而酳;冕而總干;所以教諸侯之弟也。若此,則周道四達,禮樂交通,則夫《武》之遲久,不亦宜乎?"這是《樂記》上孔子告賓牟賈的話。古代的歷史,亦稱爲語,如《論語》、《國語》是也。語同倫,謂將關於孔子的歷史,分類編纂也。《史記》列傳,在他篇中提及,尚多稱爲語。足見其書本名語,太史公乃改其名爲傳,猶表之體原於譜,而史公改其名爲表也。牧野之語,就是當時相傳的武王滅商的一段歷史。此等口相傳述的歷史,固然總不免言之過甚。然而周公東征之後,即行制禮作樂,亦不可謂之遲。以後例前,可見牧野之語所述武王之事,不能全謂之子虛。此可見周民族採取他族文化之速。不但周民族,正恐別一朝亦是如此。不過年湮代遠,文獻無徵,而讓周代的事蹟獨傳罷了。這亦是戰勝之族,所以不肯破壞戰敗之族之文化的重要原因。不但不敢破壞,怕還要移植之於本族;甚至無條件的甘心拜倒於異族文化旗幟之下呢。

如此,則被征服之族,其文化保存的機會,還很多了。我們設想當時的社會:則

(一)井田之制仍存。

(二)山澤還是公有的。《王制》"名山大澤不以封"。注:"與民同財,不得障管。"案《孟子》謂文王之囿,芻蕘者往焉,雉兔者往焉,即不障管之謂也。《周官》的山虞、林衡、川衡、澤虞、跡人、丱人等官,尚是此意。

(三)重要的工業,設官製造,仍是爲供給民用起見,非以牟利。《孟子》説:"萬室之國,一人陶,則可乎? 曰:不可,器不足用也。"《告子下》:"度民數而造器。"可見其以供給民用爲目的。雖然爲供奉貴人而設的工官,總在所不免。

(四)商業之大者,仍行諸國外。古代的商人,所以多才智之士,如鄭弦高等,至能矯君命而卻敵兵,即因其周歷四國,深知風土人情之故。《白虎通》:"商之爲言章也。"可見其能運用心思,和農工的樸僿大異。其行於國中的:較大的,則國家監

督之甚嚴。《王制》"有圭璧金璋不鬻於市"一段,即管理商人規則之一端。《周官》司市所屬,有胥師、賈師、司虣、司稽、質人、廛人等官,亦都係管理商人的。較小的,如《孟子》所謂賤丈夫,《周官》所謂販夫販婦等,則僅博蠅頭,並無大利可獲。《孟子》所說的賤丈夫,只是在野田墟落之間,做小賣買的。壟斷,只是田間略高之處。所登者高,所見者遠,易於被人注目,自己亦易於招徠主顧。

實業如此,其任公職的士及府史胥徒等,亦僅祿足代耕。所以此時,除擁有廣土的封君外,其餘的人,仍和從前相像,並無甚貧甚富之差。

在倫理上,固然階級很為森嚴。然而此時的人君,亦並非沒有責任的;其責任且很為重大。《荀子・王制》說:"君者,善群也。群道當,則萬物皆得其宜,六畜皆得其長,群生皆得其命。故養長時則六畜育,殺生時則草木殖,政令時則百姓一,賢良服。聖王之制也:草木榮華滋碩之時,則斧斤不入山林,不夭其生,不絕其長也。黿鼉魚鱉鰍鱣孕別之時,罔罟毒藥不入澤,不夭其生,不絕其長也。春耕夏耘,秋收冬藏,四者不失時,故五穀不絕,而百姓有餘食也。汙池淵沼川澤,謹其時禁,故魚鱉優多,而百姓有餘用也。斬伐養長,不失其時,故山林不童,而百姓有餘材也。"此特舉其一端。其餘類此的,不可勝舉。如《淮南・主術》,《漢書・貨殖列傳序》等,都可參看。

大同社會的一切規則,至此,悉由天下為家的大人管其樞。固然,此等大人,並非大同社會中需要他,把他請得來,是他自己憑藉武力,侵進來的。然而侵入之後,沒有妄作妄為,把大同社會的規則破壞,而且認此規則為必要,肯進而自任其責,代管其樞,總還算是被征服的人民的幸運了。周武帝畢竟勝於齊文宣,元世祖也到底勝於金海陵庶人。

君民相對之間,自然不免有彼此之見。如《禮記・燕義》上說:"禮無不答,言上之不虛取於下也。上必明正道以道民。民,道之而有功,然後取其什一,故上用足而下不匱也。是以上下和親而不相怨也。"只這幾句話,君民之本係兩族,躍然紙上。然而還未敢無功而食祿。如此,聚斂之事,安得不引為大戒。《大學》:"德者,本也;財者,末也;外本內末,爭民施奪。是故,財聚則民散,財散則民聚。是故,言悖而出者,亦悖而入;貨悖而入者,亦悖而出。"又:"孟獻子曰:……百乘之家,不畜聚斂之臣。與其有聚斂之臣,寧有盜臣。……長國家而務財用者,必自小人矣。……小人之使爲國家,災害並至,雖有善者,亦無如之何矣。"聚斂必致人民流散,這便是貪小利而招大不利;而且財多則必驕侈,驕侈亦必有後患;此等經驗,古人一定很多,所以諄諄懸爲訓戒。不但不敢聚斂,而且還有施惠於民之事。

《禮記‧王制》上説:"歲之成,……大司徒、大司馬、大司空,以百官之成,質於天子。百官齊戒受質。然後休老勞農。成歲事,制國用。"又《月令》:孟冬之月,"天子乃祈來年於天宗,大割祠於公社,及門閭,臘先祖五祀,勞農以休息之"。又《郊特牲》説:"臘也者,索也,歲十二月,合萬物而索饗之也。……黃衣黃冠而祭,息田夫也。……既臘而收民息已,故既臘,君子不興功。"又《雜記》上説:"子貢觀於臘。孔子曰:賜也樂乎? 對曰:一國之人皆若狂,賜未知其樂也。子曰:百日之臘,一日之澤,非爾所知也。張而不弛,文武弗能也。弛而不張,文武弗爲也。"爲,化也。五穀必待變化而後成。賈生《諫放民私鑄疏》:"奸錢日多,五穀不爲多。下"多"字妄人所加,見王念孫《讀書雜志》。五穀不爲,即五穀不化也。一張一弛,文武之道也。這是古人農功既畢,施惠於民之事。又《祭統》説:"凡餕之道,每變以衆,所以別貴賤之等,而興施惠之象也。……祭者,澤之大者也。是故上有大澤,則惠必及下;顧上先下後耳,非上積重而下有凍餒之民也。是故上有大澤,則民夫人待於下流,知惠之必將至也。"這是國家有慶典,施惠於民之事。雖然所施之惠,原是掠奪來的,然而這亦是充類至義之盡的話,總勝於"老羸轉於溝壑,壯士散之四方,而倉廩實,府庫充"的了。《梁惠王下》。

"小人學道則易使",固然不免於奴隸教育,然而君子學道則愛人,《論語‧陽貨》。則所謂君子者,亦漸受戰敗之族文化之熏陶了。這真是所謂"吾且柔之矣"。

然則這時候,除多頂着一個偶像在頭上,多養活一個寄生蟲在身上外,其餘還無甚大苦;病象不甚利害,總還算個準健康體,夫是之爲小康。

第七章　從小康到亂世

孔子說小康之治,數禹、湯、文、武、周公爲六君子,其意蓋謂小康之治,至此而終;自此以後,就漸入於亂世了。

小康之治,爲什麼會變爲亂世呢?

人類無階級則已,苟其有之,則兩階級的利害,必不能相容。固然,人之"相人偶"之心,是無時而或絕的。無論怎樣利害相對立,其"相人偶"之心總還在。然而人,至少最大多數的人,總是先己後人的。見第三章。到人己利害不相容、自己有欲而不能遂時,就不免犧牲他人了。到這時候,除非彼此的權力相等,可以互相限制,否則終不免有以此一階級,壓迫彼一階級的事。古代的征服階級,權力是無限的。他要壓迫被征服階級,被征服階級固無如之何。其初因淫佚之習,非一日之致。見上章。征服者的生活,比較的節儉,所以榨取還不十分利害。但是生產的目的,終竟是在消費。征服者的戰爭,原是一種生產的手段,既因此手段而得到偌大的一分財產,倘使永不消費,這財產又要他做什麼?從來窮人致富,無有不兢兢以節儉爲訓的。一者,追念疇昔的貧窮,有所警惕。二者,其生活習慣於儉樸,驟然使之享用過分,在身體上反覺得不慣,而於心亦有所不安。然而其生活,亦總不免漸流於奢侈。一個富翁,既富之後,其享用,較諸其少小孤窮之時,總不可以同年而語了。這是根據於經濟學上"生產終極的目的,在於消費"的原理的,所以奢侈之事,無論如何,總無法絕對防止。家國一理。所以開國之君,無論怎樣節儉,至其子孫,終必漸流於奢侈。人之情,由儉入奢易,由奢入儉難。既奢侈之後,再增加其程度,更如順流而下。當初覺得享用過度,身體轉覺不便的,至此則非此不可了。當初享用過度,於心即覺蹙然不安的,至此則習爲故常了。如此,統治者奢侈愈增,即其對於所治之人,榨取愈甚。而前章所述,暫得維持的被征服社會內部的優良組織,遂逐漸爲其所破壞。這是破壞小康社會的第一種力。古代的人民,是無甚反抗力的。所以政治不良,論者多歸咎於君大夫;而瘏口曉音,也只是希望君大夫覺悟。

社會的組織而要求其合理,是必須隨時改變的。但這是件極難的事。往往其組織已和其所處的地位,利害衝突,不能相容了,而人還沒有覺得。即使覺得,亦或因種種方面的障礙,憚於改革;或雖欲改革而不能;又或勉強爲之而致敗。古代的大同社會,其組織所以合理,全由其社會小,故其全部的情形,一望可知,而其組織亦極容易。到各社會之間互有關聯,則其社會,已於無形中擴大。此時而欲求合理,即須廢棄舊組織,代以新組織;而此所謂新組織,即應合此互有關係的社會而通籌。此豈可能之事?於是因事實的遷流,舊制度逐漸破壞,新制度逐漸發生;而此所謂新制度,全是一任事勢遷流之所至,無復加以人爲修整的餘地,各方面自不免互相衝突。乃亦聽其遷流之所至,互相爭鬥,互相調和。所求者,不過含有矛盾性的苟安,和前此無一物不得其所的大順世界,全然背道而馳了。所謂大順,是把社會上件件事情,都措置得極妥貼,使無一物不得其所之謂。《禮記·禮運》說:"故事,大積焉而不苑,並行而不繆,細行而不失,深而通,茂而有間,連而不相及也,動而不相害也,此順之至也。"就是表示這等理想的。後世無組織的社會,要能多數人以安其生,已經不容易了。在有組織的社會裏,要使無一物不得其所,是並非不可能的。這就是所謂亂世。亂世是如何開始的呢?其最重要的關鍵,在經濟上。自給自足的社會,需要一物,除自造之外,是別無法想的。《管子·侈靡》說:"佶堯之時,牛馬之牧不相及,人民之俗不相知。不出百里而來足。""來"疑當作"求"。和《老子》所說"鄰國相望,鷄犬之聲相聞",而"民至老死不相往來",同爲商業未興以前,自給自足的景象。《鹽鐵論·水旱》篇說:"古者千室之邑,百乘之家,陶冶工商,四民之求,足以相更。故農民不離畎畝而足乎田器,工人不斬伐而足乎陶冶,不耕而足乎粟米。"也還是這等景象。稍進,則不必自造，而可以與他社會相交易。當此之時，就獲利的多少上計算，某物宜於自造，某物不必自造，某物當造若干，……就都發生問題。當此之時，理應將社會的組織改變，以適應新環境。然而人的智力，固不及此。於是舊組織依舊維持着，而此組織，在此時，實成爲獲利、獲最多之利的障礙。人之欲利，如水就下，而此組織，遂逐漸破壞而不能維持。其破壞是怎樣的呢？原來共產社會，雖說共產，只是共之於本部落之中，並非此部落與彼部落相共。其時雖說沒有私產，卻亦未曾禁止人之有私產。不但私產的流弊，此時無從預燭。而且這時代的人，也並不知私產爲何事，既不知私產爲何事，那如何預行禁止呢？而人是最喜歡異物的。歷代在嶺南的官吏，率多貪污；對於外商的誅求，無一代不黑暗。五口通商之役，外人以兵力強迫，實亦有以激之使然。假使歷代的外夷，早有兵力，此等事，就不待清道光之世了。此事甚長，必別爲專篇，乃能論之。欲知其略，可看日本桑原騭藏《提舉市舶西域人蒲壽庚事蹟》本文四的考證十至十六。此書商務、中華，都有譯本。商務改名《唐宋元時代中西通商史》。中華本名《蒲壽庚傳》。此等官吏所以貪污，原因固然很多，而多見異物，亦是原因之一。他部落之物，大抵爲本部落所無有，易於引起貪求之心。就有自行製造，以與他部落相交易的。所易得之物，自然爲其所私有。如此，私產之制，遂潛滋暗長於共產社會之中。共產社會的分職，是很嚴密的。他算定了有若干人，要用若干物品，然後分配若干人去工作。《孟子·告子下》："萬室之國，一人陶，則可乎？曰：不可，陶不足用也。"就是算定了需要之數，以定製造人數的一個證據。假使一個人而荒其分職，其貧乏可以立見。古書多引神農之教，說："一夫不耕，或受之饑；一女不織，或受之寒。"或，有也。是說一定有受饑寒的人。古有、或二字，同音通用，如九域即九有，並非如後世用或字，作爲游移不定之詞。到與他部落交易之世，其情形，就不如此嚴重了。甚而至於有許多東西，本部落雖亦會造，卻不如外貨之便美，大家就棄而不用，而甘心求之於外。如此，本部落中人所從事的職業，漸漸和本部落的生活，無直接關係，而其組織，遂破壞於無形。驚人的山崩，源於無人注意的風化。這種因交易的逐漸發生，逐漸盛大，而致某種社會組織，爲之破壞的現象，雖然無形可見，其力量，實遠超乎政治之上。因爲前者只行於征服階級與被征服階級之間,後者卻普及於人人了。如此,人類的分工合作,就借着交易的形式而行。遂成爲人自爲謀、而無人和你互相幫助的世界。這是破壞小康社會的第二種力。

人和人的相處,其能否和親康樂,全視乎其心理。而人的心理,是環境養成的。最能養成人互相敵對之心的是商業。要是有個小孩,不明白損人利己之道,我們只消叫他去買東西,討價、還價、打折扣,……如此一兩次,他的賬簿上是負,我的賬簿上就是正;他的賬簿上是正,我的賬簿上就是負,就沒有不明白的了。這真是最明切的教訓。比諸父詔兄勉,說什麽損己利人總有好報的話,要容易明白,容易使人相信得多。也有一種人,天天和實事接觸,依舊毫無覺悟,只相信相傳的訓條的。然而此等都是極無用的人,在社會上無甚影響。況且自私自利反社會的經驗,積之久,也總要成爲訓條的。我們現在,人人都受着這種教訓,所以"人己利害不相容"、"寧我負人,毋人負我"等觀念,少成若性,習慣自然;及其壯而行之,自然"造次必於是,顛沛必於是"了。何況還日在"溫故知新"之中呢。

有商業則必有貨幣。有貨幣,愈能使人己損益之數,爲精確的表現。而貨幣的作用,還不止此。人的貪欲,是因物品的異同,及其量的多寡,而有消長的。明明可欲之物,過多即等於無用。經濟學家說:"歐洲古代的教會,所以能布施,由其所收入的,都是必要的物品。"我國古代的君大夫,以至閉關時代,以及現在的窮鄉僻壤的富人,所以能布施,這至少也是一個原因。至於貨幣之用弘,則此物可以轉變爲他物,因遇多而生厭棄之念,就消滅於無形;而貪求之心,亦如"長日加益而不自知"了。休笑今人喜歡洋貨,這是自古就如此的。"三牲魚臘,四海九州之美味也。"《禮記‧禮器》。祭時以能致此物爲孝。可見其所祭的人,生前本有此嗜好了。

人之貪欲是無所不至的。我們現在,發了貪求之心,固未嘗不惕然而知止,這是受慣了環境的壓迫,所以如此。倘使我們的力量而大於現在,則因貪求而起的行動,勢亦必較現在爲強。如此層層推之,

"以其所不愛,及其所愛",以爭土地之故,"糜爛其民而踐之",《孟子·盡心下》中孟子說梁惠王的話。并非不可能的事。不但如此,就是饑不可食、寒不可衣的寶物亦然。孟子說:"諸侯之寶三:土地,人民,政事。寶珠玉者,殃必及身。"《孟子·盡心下》。看這句話,就可知道當時寶珠玉者之多。這也無足怪。現在愛古玩的先生,愛飾物的女士們,不過他們沒有古代諸侯的權力罷了。如其有之,安知不如求寶劍的虞公,安知不爲求駿馬名裘的囊瓦。《左氏》桓公十年,定公三年。此等事舉不勝舉。譬如衛國的蒯聵,流離在外多年,好容易得以復國,卻還說:"吾繼先君而不得其器,若之何?"又如樂毅賢人,而其《報燕惠王書》,亦說:"珠玉、財寶、車甲、珍器,盡收入於燕。齊器設於寧臺,大呂陳於玄英,故鼎反乎磨室。"其稱先王之功,亦說"夷萬乘之强國,收八百歲之蓄積",可見其視之之重了。權力雖有制限,詐欺是只要有這戲法,無人能加以制限的。於是機械變詐的行爲,就滿於天下。

　　既已凡事皆以自私之心以行之了,則何物不可以自私?全國最大多數是農民,農民所恃以生活的是土地。要求生產量的增加,自必先求土地面積的擴大,於是據土地而私之之情生。不但如此,人我之界既分,則一切此疆彼界的觀念,繼之而起。用力的淺深,施肥的多少,附離於田土的廬舍、蓋藏、工具等,在在足以生其校計之心。這是隱伏在人心上,土地私有制度的起源。但是雖有此等見解,而積古相傳的制度,苟使沒有人明目張膽去破壞,還是不易動搖的。即使偶有動搖,也還易於恢復。這明目張膽破壞井田制度的是誰呢?這便是孟子所說的"暴君污吏"。孟子說:"井田不均,穀祿不平",《滕文公上》。固然是就貴族的收入說。但是貴族的穀祿,建築在平民的租稅之上。貴族收入的均平與否,和平民的田地均平與否,反正還是一件事。這可見井田制度,實在是平均貧富的根源。井田制度是怎樣破壞的呢?從前的人都說由於商鞅開阡陌。他們的意思,都以爲阡陌是一種制度,開始於商鞅。據朱子所考,則阡陌乃田間道路,亦即田之疆界;所謂開者,乃係破壞鏟削,以之爲田。朱子的《開阡陌辨》原文說:"《漢志》言秦廢井田,開阡陌。說者之意,皆以開爲開置之開,言秦廢井田而始置阡陌也。按阡陌者,舊說以爲田間之道。蓋因田之疆畔,制其廣狹,辨其縱橫,以通人物之往來,即《周禮》所謂遂上之徑,溝上之畛,洫上之塗,澮上之道也。然《風俗通》云:'南北曰阡,東西曰陌。'又云:'河南以東爲阡,南北爲陌。'二說不同。今以遂人田畝夫家之數考之,則當以後説爲正。蓋陌之爲言百也,遂洫從而徑塗亦從,則遂間百畝,洫間百夫,而徑塗爲陌矣。阡之爲言千也,溝澮横而畛道亦横,則溝間千畝,澮間千夫,而畛道爲阡矣。阡陌之名,由此而得。至於萬夫有川,而川上之路,周於其外;與夫匠人井田之制,遂溝洫澮,亦皆四周,則阡陌之名,疑亦因其横縱而得也。然遂廣二尺,溝四尺,洫八尺,澮二尋,則丈有六尺矣。徑容牛馬,畛容大車,塗容乘車一軌,道二軌,路三軌,則幾二丈矣,此其水陸占地,不得爲田者頗多。先王之意,非不惜而虚棄之也,所以正經界,止侵争,時蓄泄,備水旱,爲永久之計,有不得不然者,其意深矣。商君以其急刻之心,行苟且之政。但見田爲阡陌所束,而耕者限於百畝,則病其人力之不盡。但見阡陌之占地太廣,而不得爲田者多,則病其地利之有遺。又當世衰法壞之時,則其歸授之際,必不免有煩擾欺隱之奸。而阡陌之地,切近民田,又必有陰據以自私,而稅不入於公上者。是以一旦奮然不顧,盡開阡陌,悉除禁限,而聽民兼并買賣,以盡人力;墾闢棄地,悉爲田疇,而不使其有尺寸之遺,以盡地利;使民有田即爲永業,而不復歸授,以絶煩擾欺隱之奸;使地皆爲田,而田皆出稅,以核陰據自私之幸。此其爲計,正如楊炎疾浮户之弊,而遂破租庸以爲兩稅,蓋一時之害雖除,而千古聖賢傳授精微之意,於此盡矣。故《秦紀》、《鞅傳》,皆云爲田開阡陌封疆而賦稅平,蔡澤亦曰:決裂阡陌,以静生民之業而一其俗。詳味其言,則所謂開者,乃破壞鏟削之意,而非創置建立之名;所謂阡陌,乃三代井田之意,而非秦之所制矣;所謂賦稅平者,以無欺隱竊據之奸也;所謂静生民之業者,以無歸授取予之煩也。以是數者,合而證之,其理可見;而蔡澤之言,尤爲明白。且先王疆理天下,均以予民,故其田間之道,有經有緯,不得無法;若秦,既除井授之制矣,則隨地爲田,隨田爲路,尖斜屈曲,無所不可,又何必取其東西南北之正,以爲阡陌,而後可以通往來哉? 此又以物情事理推之,而益見其説之無疑者。"讀此,可知人口增加,耕地不足,實爲井田破壞之真原因。不然,歷史上衆所指目以爲開阡陌的,只有一個商鞅,爲什麼其餘六國,井田亦都破壞呢? 從來講井田的人,都以爲井田之制,不宜於人衆之時。其意以爲户口日增,土地總只有此數。一朝開國之初,總是承大亂之後,地廣人稀,行井授之法,是没有問題的。一再傳後,生齒日繁,還是人人都有一定面積的地畝,就勢必至於不給了。殊不知歷代所謂承平之後,田畝覺其不給,都就嚮來視爲田畝之地言之。其實全國之内,可開闢的地方還無限。不過(一) 政治上不能領導人民去開墾;(二) 人民也願意死守故鄉,或者另尋他業,而不願去開墾;(三) 又或因絀於資本,而不能去開墾罷了。這還只算是社會的病態。有人説:你的話是不錯,然而就使社會毫無病態,可以開墾的地方,都盡力開墾;生産技術在可能範圍内,也盡量改良,然而總還是有限制的。而人口的增加,却是無限制的。那末,終不免有告窮的一日,不過遲早些罷了。殊不知人口增加,亦在現社會的狀況之下則然。到那時候的社會,一切都變了,人口是否還是增加,本來是個疑問。若說還是增加；而且其增加的速率，比現在還大，則以那時候的社會，而要講限制之策，一定是很容易的，又何勞我們代抱杞憂呢。然則開阡陌即是破壞田的疆界。田的疆界破壞了，田就從此分不均平了。治田要義，在把天下的田疆理好，來分給人，不該隨各人自佔所至，立爲疆界。疆界的破壞，容或出於人民所自爲。然而至少必得君與吏的承認，甚或出於他們的倡導。不然，在當日的人民，是不易辦到此事的。所以孟子把破壞疆界之罪，都歸到他們身上。井田是維持貧富均等的最要條件，疆界是維持井田的最要條件。當"各親其親，各子其子"之日，人民業已隱懷破壞之心；至於"上下交爭利，不奪不厭"之時，君與吏又復恣行其破壞之事，於是"富者田連阡陌，貧者無立錐之地"的現象，董仲舒語，見《漢書·食貨志》。逐漸發生，而離鄉輕家，如鳥獸的人民，晁錯《重農貴粟疏》中語。也日以滋長了。

田以外的土地——山澤，在大同小康之世，都是作爲公有的，說已見前。這時候，亦就變爲私有了。山澤私有的起源，依我們的推測，大約是起於有土者的掌管。《管子》的官山府海，就是掌管的一種，不過其目的，爲公而不爲私罷了。必先有掌管的事實，然後有如《管子》等掌管的學說，這是可以推想而知的。而當時掌管的人，其目的，必不能如《管子》的爲公，也是不難想像的。西漢之世的山澤，自天子以至於封君，各自以爲私奉養，見《史記·平準書》及《漢書·食貨志》。這決非當時的人敢於把從古公共的山澤，一旦據爲己有。一定是戰國時代相沿下來的。即此一端，我們可以推想，當時掌管山澤的行爲，是如何普徧了。掌管的行爲，固然由來很久，如孟子所說"壞宮室以爲污池"，"棄田以爲苑囿"，實在也是掌管的一種。《滕文公下》。但是此等專爲游樂的動機，未必人人都有，而且是容易矯正的。苟有賢君，弛以與民，並非難事。至於私人據之，以爲生產之用，那就難說了。私人怎會據有山澤？依我們推測，還是從暴君污吏手裏討得來的。暴君污吏或者憑一時喜悦，把來賞人。如漢文帝以銅山賜鄧通，令其得鑄錢。又或野心之家，用某種條件，到他們手裏去租借，如現在蒙古王公，喜歡把地租給漢人而收其租。就據之經營起畜牧、樹藝、煮鹽、開礦等等事業來。

如《史記・貨殖列傳》中所說的人便是。這些人的成爲富翁，自更無待於言了。

古代的工官，至此大約早已廢墜。觀漢世郡國，有工官者無幾可知。日用必須的器具，不能家家自造的，勢必取資於交易，自然就有人出來經營此等事業以牟利。王莽行六筦之時，下詔説："夫鹽，食肴之將。酒，百藥之長，嘉會之好。鐵，田農之本。名山大澤，饒衍之藏。五均賒貸，百姓所取平，卬以給澹。鐵布銅冶，通行有無，便民用也。此六者，非編戶齊民，所能家作，必卬於市。雖貴數倍，不得不買。豪民富賈，即要貧弱。"《漢書・食貨志》。此等現象，斷非王莽時才有。不能家作的器具，都由工官供給的時代過去，此等現象就開始了。古代製造之家，大概是自製造，自販賣，所以當時總稱爲商人。然而細加分析，實有工業在內。

至於專事販運的商人，其得利就更大了。《史記・貨殖列傳》説："用貧求富，農不如工，工不如商。"《前漢紀》説："穀不足而貨有餘。"穀貨，猶言食貨。《漢書・食貨志》説："食謂農殖嘉穀，可食之物。貨爲布帛可衣，及金刀龜貝，所以分財布利，通有無者也。"這是古人所下"食貨"兩字的定義。引伸起來，凡直接供消費之物，都屬於食一類。用作交易手段的，都可以謂之貨。"穀不足而貨有餘"，可見這時候的人，不是爲消費而生產，乃是爲交易而生產了。即此兩言，就可見得當時商業的盛大。當時的商人，大約有兩種：其一種，是專與王公貴人爲緣的。所以要與王公貴人爲緣，則因封建之世，只有他們家裏，才能藏有大宗的貨品。如《管子・山權數》，謂丁氏家粟，可食三軍之師，後世此等藏穀之家亦多有，如《三國志》所載魯肅指囷之事是。次則當時交通不便，商人所賫之物，貴於輕微易藏，此等都是奢侈品，亦非王公貴人不能銷納。所以《史記・貨殖列傳》引《周書》説："商不出則三寳絕。"三是多的意思。普通用慣了"楚材晉用"這句話，是借貨物以喻人才的。《左氏》載聲子對子木説："晉卿不如楚，其大夫則賢，皆卿材也。如杞梓皮革，自楚往也。雖楚有材，晉實用之。"可見當時將杞梓皮革，從楚國販往晉國之事。平民造房子，固然用不着杞梓；就是皮革，主要也是做軍用品的，平民著"皮屨"的怕也很少。這是珠玉金銀等，所以能成爲貨幣的一個大原因。漢代錢價尚極貴，可知當時平民，決無能用金銀之理。中國貨幣，現在大家都説是銀本位。其實這句話還是勉強的。在三十年代以前，平錢沒有給銅圓驅逐掉的時候，內地如借貸、典押等等，寫立文據，總是以錢論，不以銀圓銀兩論。當時若寫銀圓銀兩，授受兩方，都有些不安心，怕銀圓銀兩的價格變動了，將來出錢或收錢之時，不免要吃虧。因爲大家眼光中，只認銅錢爲貨幣。中國人的使用銀子，據歷史上説，是起於金哀宗正大年間（公元一二二四至一二三一年），而大盛於明宣宗宣德年間（公元一四二六至一四三五年）。焚毀鈔票之後。到現在，也有好幾百年了。爲什麼還不能確定以銀爲單位呢？因爲銀之起源，是因當時銅錢被鈔票驅逐了，零星貿易，無以爲資，乃用來代銅錢用的，並不是爲交易之額大了，銅錢輸送授受不便，而改以銀爲量價之尺。所以在中國人眼中，始終只認銀子是銅錢的代用品，並不認銅錢是銀子的輔助品。當時要確定銀銅兩幣的比價，如把銀圓上鑄了一千、五千、十千、百千，作爲銅錢的若干倍，是人人可以瞭解的。要說銅錢是銀兩的幾分之幾，懂得的人就少了。對於銀圓，也是如此。所以中國的貨幣，從最近數十年以前，只好說是銅本位。其所以始終滯於銅本位的理由：則因本位不容有二，而以兩種不同的實質，製成貨幣，確定此種爲彼種的若干倍，彼種爲此種的若干分之一，中國人是嚮來無此思想的。這並不是中國人愚笨，因爲這究竟是麻煩之事，何不直截痛快，用了紙幣？所以當唐、宋之間，中國商業社會中，紙幣已應自然的要求而發生了。這本是很順利之事。惜乎後來，因政府攫取其權，借以營利，以致中途摧折了，乃不得已而用銀。變用紙幣而再用銀，從中國貨幣史上論起來，實在是退化之事。若從各種本位中，擇取其一，則零星貿易，一日不可缺，人人不能無；而大宗的貿易，是關係較小的。所以其勢只能認銅錢爲貨幣。所以金銀等物，用爲貨幣，是始終無此必要的。若說其物為人人所愛，所以取得貨幣的資格，則當初之時，大多數人怕不會要他，因爲其價太貴了，人之欲望，總是先要求必須品的。所以金銀等物成爲貨幣，以至今日還轇轕不清，也是奢侈的流毒。王公貴人，懂得什麼生意經？商人和他們交易，大概獲利是很多的。不但如此，還可以因此而獲得勢力。子貢結駟連騎，以聘享諸侯，便是一個適例。《史記‧貨殖列傳》。漢代晁錯說當時商人，"交通王侯，力過吏勢"，也是由此而來的。古代政治的力量強，經濟的力量還較後世爲弱。試看漢代賤商的法令和議論，便可知道了。假使此等法令，當時嚴厲執行起來，爲商人者，將如之何？然而絕未聞有嚴厲執行之事。這大概和商人的"交通王侯，力過吏勢"，多少有些關係罷？其又一種，則是專在民間做生意的。《管子》說："歲有四秋，物之輕重，相什而相百。"又説："歲有凶穰，故穀有貴賤；令有緩急，故物有輕重，然而人君不能治，故使蓄賈游於市，乘民之急，百倍其本。""歲有四秋"，謂農事作爲春之秋，絲纊作爲夏之秋，五穀會爲秋之秋，紡績緝縷作爲冬之秋，見《輕重乙》。"歲有凶穰"見《國蓄》。所謂"令有緩急，故物有輕重"者，古時賦歛多係實物，君下令要求此物，人民就不得不出高價買來完納了。《輕重甲》說："君朝令而夕求具，有者出其財，無有者賣其衣屨。"就是指此。這是專做屯塌生意的，即古之所謂廢居。廢居即化居。化即貨，謂將此物轉變爲彼物。居則是屯積不動之意。此種生意，其每一筆的贏餘，或者不如前一種之大，然而其範圍較廣，其交易額也較多，所以其利亦很大。

人是非有資本，不能生利的。既然凡物皆要據以自私，豈有資本獨給人家白運用之理？於是乎有利息。《管子》說："養長老，慈幼孤，恤鰥寡，問疾病，弔禍喪，此爲匡其急。衣凍寒，食饑渴，匡貧窶，振罷露，資乏絕，此所謂賑其窮。"見《五輔》。又《幼官》："再會諸侯，令曰：養孤老，食常疾，收孤寡。"可見古代救濟之事，都由在上者負其責。然而因生活的奢侈，在上者且覺得惟日不足，哪有餘力管到人家？於是小民顚連困苦的，便無可告訴，而在下的豪民，便乘機施其朘削。《管子》說："使萬室之都，必有萬鍾之藏，藏繦千萬；使千室之都，必有千鍾之藏；藏繦百萬。春以奉耕，夏以奉耘；耒耜、械器、種餉、糧食，畢取贍於君。故大賈蓄家，不得豪奪吾民矣。"見《國蓄》。可見此時農民的資本，全是仰給於大賈蓄家了。《史記·貨殖列傳》說："子貸金錢千貫者，比千乘之家。"又說："吳楚七國兵起時，長安中列侯封君行從軍旅，齎貸子錢。子錢家以爲侯國邑在關東，關東成敗未決，莫肯與。"則當時已有專以此爲業的人。在上的人，不但不能照管子的話，防止豪奪，甚而至於自己也做起豪奪的事來。齊景公聽了晏子的話，"大戒於國，出舍於郊，於是始興發補不足。"《孟子·梁惠王下》。這怕是很少有的事。所以後人歌頌，筆之於書。此外除非別有用心，如齊之陳氏，才肯厚施於國。"以家量貸，而以公量收之。"《左傳》昭公三年。雖以孟嘗君之賢，還不免使馮諼收責於薛，《戰國·齊策》。下焉者更不必說了。《管子·問》："問鄉之良家，其所牧養者，幾何人矣？問邑之貧人，債而食者幾何家？貧士之受責於大夫者幾何人？問人之貸粟米有別券者幾何家。"良乃對賤而言之。良家所牧養的人，就是奴隸。此外舉債的，雖然一時還稱爲"人"和"士",倘使逐步沉淪,恐也不能免於同一的命運?倘使有生性慷慨、不講借貸的關係,而白白養活人家的,那就是所謂"養士"。四公子之徒,要以此名滿天下了。然而所養的,也只能以士爲限,至於民,到底是養不勝養的。而無衣無食之徒,遂徧於天下。而在放債的人,則不必自行勞動,而亦可以安享他人勞動的結果,則其生活愈形優裕。至此則不必有腕力,但須辛勤貯蓄,工於心計,亦可以安坐而食,而社會上乃又多一種寄生之蟲。

經濟的劇變如此,同時政治上,亦因經濟的劇變,而更起變化。小康時代的爭戰,大抵出於權力執着之私。如爭霸是。至此則更以實利爲動機。所以《墨子‧非攻》,要斤斤計較於其利不利。如此,爭戰的規模,勢必擴大,而人民的兵役,就要加重。說古代制度的,在儒家有今古文之異。我們知道今文是根據較早的時代而立說,古文是根據較晚的時代而立說。如封建之法,今文說公侯皆方百里,伯七十里,子男五十里;古文則自方五百里至百里,即因其時互相兼併,諸侯之國土,皆已大了,所以立說者所虛擬的制度,亦因此而不同。今文說:師爲一軍;天子六師,方伯二師,諸侯一師。古文則以五師爲軍,王六軍,大國三軍,次國二軍。今文說見《白虎通義‧三軍篇》,《公羊》隱公五年《解詁》。古文說見《周官》司馬《序官》。其兵額就擴大了好幾倍。然而這還是正式的軍隊。據前章所引江慎修先生之說,知古代人民,並不是全國當兵的。這並非他們不能當兵,不過不用他爲正式的軍隊,而僅用之以保衛本地方,像後世的鄉兵罷了。《左氏》載筆之戰,齊侯見保者曰:勉之,齊師敗矣。可見正式的軍隊,雖敗於外,各地方守衛之兵自在。至於戰國,則蘇秦說:"韓魏戰而勝秦,則兵半折,四境不守。"各地方守衛的兵,都調到前方,充做正式的軍隊了。此戰國時之爭戰,兵數所以驟增。然而人民的塗炭,則又非春秋以前之比了。兵役只是役之中最重難的。除此之外,因在上者的縱欲,而人民受其塗炭的,還不少。即如秦始皇破六國,寫放其宮室,築之咸陽北阪上。秦始皇的暴虐,是人人知道的。然而觀於此舉,則始皇之前,六國先有六個始皇了。這是舉其一端。此外築長城,略南越,……秦始皇所做的事,六國没有不先做過的。見《史記》本傳。

這時候的人民,當怎樣呢?我們推想起來,則因井田的破壞,山澤的障管,再加以暴君污吏的誅求,大賈蓄家的剥削,戰爭苦役的死亡繫虜,轉於溝壑,散之四方者,固然已矣,即其僅存者,亦或不能得職,而發生所謂閒民。《周官》:"太宰以九職任萬民。""九曰閒民,無常職,轉移執事。"這是以平民言,其征服階級,亦因競爭的劇烈,亡國破家相隨屬。亡一個國,則此諸侯之子弟,悉降爲編氓。破一個家,則此大夫的親戚,悉淪爲皂隸。《禮記・郊特牲》:"諸侯不臣寓公,寓公不繼世。"寓公是失國之君,寄住在他國的。照鄭注説,君與夫人,仍得受國君的待遇,至其兒子,即與平民等。君之子如此,其昆弟等可知。國君如此,大夫以下可知。然而這一班人,其生活,其氣質,都是和平民有異的,畢竟不能安於耕鑿,於是舊階級被破壞,新階級即隨之產生,就形成了兩種人:文者謂之儒,武者謂之俠。儒者願望大的,是想説人主,出其金玉錦綉,取卿相之尊,次之者亦想飾小説以干縣令,是想在政界上活動的,所以當其時,遊士徧天下。俠者則因當時列國都行民兵之制,不用募兵,上進的機會較少,乃自成一種特殊勢力於民間。自然有苦心焦思,以救世爲務的,如孔子墨子之徒,或就儒者加以教導,或就俠者施以感化。然而一二偉人的設教,到底敵不過多數人生活上的要求。於是儒者多成爲貪飲食、惰作務的賤儒,而俠者亦多成爲盜跖之居民間者了。

第八章　從大同到亂世社會意識的變遷

"人心之欣戚,豈不以其境哉"?無論怎樣聖哲的人,其思想,總是隨着環境而轉移的。聖哲所以爲聖哲,只是他富於反抗的精神;在什麼環境裏,他都不認爲滿足,總能發見其缺點,而提倡改良,而社會遂因之進化。至於説聖哲的思想,超出環境之外,而發見所謂亘古今中外不易之道,是決無此理的。因爲亘古今中外不易之道,世界上本無其物。

所以社會風俗的變遷,亦可以其時的物質條件,爲其基本。

隆古時代,人有協力以對物,而無因物以相争。這時候的人,對於外界即物的抵抗力極弱;又多不明白其所以然,遇見什麼東西,都慮其足以爲害,而要設法排除他;所以這時候的人,其對於物,是殘酷的,而其對於人,卻甚爲平和。因爲這時候,人的利益,不建築在他人身上,而建築在他人和我協力的基礎上。野蠻人的行爲,往往忽而極其平和,忽而極其殘酷,我們看了,真覺得莫名其妙,其實殊不足奇。他對人的平和,是把人當作人看——和他協力的人。對人的殘酷,是把人當作物看——能加危害於他的物。這時候的人,對於外人和外物,是没有分別的。我們苟被他認爲是人,則其相互之間,異常平和,充滿了熱情,而毫無猜防之念存於其間。即其對於物,見了雖然害怕,而因不明白其所以然之故,平時卻無從預防;遠慮是這種人所没有的。所以這種人,總覺得俯仰寬閒,天真爛熳。《白虎通》説三皇以前的情形,"卧之胠胠,行之盱盱;飢即求食,飽即棄餘"。就是這種境界。進而至於農耕時代,衣食饒足,生活之計不缺。對於外物,防禦之力漸强;漸能瞭解其性質,殘酷之情漸減,而其對於人,還保持着有協力以對物,無因物而相爭的舊關係。人和人相與的黃金世界,就於此出現了。這就是孔子所說的:"人不獨親其親,不獨子其子;貨惡其棄於地也,不必藏於己;力惡其不出於身也,不必爲己。"大同時代的情形如此。這時候,人對於人,只有好意。只有好意,就連好的名目——仁,也立不出來,何況斟酌於人我之間,而求其折衷至當的辦法——義呢?彼此都以好意相與,自然沒有加害於人的行爲,更用不着什麼規範——禮。所以《老子》說:"失道而後德,或問道與德有何區別?答:道是客觀的道理,存在於宇宙間的,與我無涉。這話在認識上講起來不可通,但當時的哲學思想只得如此,不能以後人之見議古人。德則是有得於己。譬如人,生而手能持,足能履,這是道。知持必以手,履必以足;而且知道持當如何持,履當如何履,而遵守之,就是德。人,最初不過行乎其所不得不行,止乎其所不得不止,并不知道什麼叫做道理,自更無所謂應當不應當。這時候,無所謂德。我與世界,是混而爲一的。尚未知分別我於世界之外,視自身以外之物,爲與我立於相對的地位。至能發覺宇宙間之定律,而有意於遵守之,則不然矣。所以只知有道的時代,較已知有德的時代,更爲淳樸。失德而後仁,失仁而後義,失義而後禮。"這就是大同時代的風俗。

大同時代過去了,便入於小康時代。小康時代,已有治者和被治者之分。天下無階級則已,既有階級,兩階級的利害,總是不能相容的。不如此,便不得稱爲階級。但是這時候,在上的人,也并不是只知剝削在下的人,而對於全體,毫無利益。野蠻人是怕用心思的。社會學家說:"這等人,你要他用一分心思,他寧可出十分氣力。"所以這時候而有能指導他們的人,他們是異常歡迎的。決不像後世人一般,發生"你爲什麼要指揮我?我爲什麼該受你的指揮"這樣的疑問。古代的酋長,往往被視爲首出庶物的神聖;在文明社會中,一個極尋常的人,跑到野蠻部落中,就做了蠻夷大長,即由於此。這時候,在上者要濫用威權,在下者是無可如何的。如其還能寬仁,那就更要歌功頌德了。所以這時候,在上者的道德,應該是"仁"與"智"。在下者初被在上者征服時,自然壓迫受得很利害。但是這種人,因其慮患之疏,對人仇恨之心,初不甚切。假意的撫摩,也會視爲是真意的。而因其時并無歷史一類的書籍,過去的事情,很容易忘掉。譬如辮髪,本來是中國人所沒有的,當滿人入關,强行雉髮令之時,曾因此抗争,流血不少,然至近代,反有認辮髮爲故俗的,即其一證。經過若干年後,被征服的歷史,也就忘懷。上下之分,權利的不平等,只以爲生來如此的。向來習慣了的事,是很少有人去問其理由的。何況還有狡黠之徒,造作邪説,以愚弄其民,如中國古説,天子是感天而生的;又如印度的婆羅門,造爲自己的種姓,從梵天之口而生;刹帝利自其脅而生;吠舍自其股,戍陁自其足等等的話呢？所以這時候的人民,是以"安分守己"、"忠實服從"爲美德。其中有一部分人,不事生產,而受統治者豢養的,則專以效忠於統治者的本身,及其繼嗣的人和家族,助其保守產業、地位、榮譽等爲義務,是之爲臣。君臣民的關係既立,推而廣之,則父子、兄弟、夫婦、長幼、主僕之間,也都生出治者和被治者的關係。在上者亦以寬仁能領導爲美德,在下者亦以效忠能服從爲美德。統治者利於這種性質的發達,處處加以獎勵。被治者也忘卻萬人平等,也是可以相安的,以爲社會的秩序,非如此不能維持。近代如曾國藩,即係富於此種思想的人。如其爲曾割臂以療其夫的陳岱云妻易安人,所作墓誌銘,説："民各有天惟所冶,燾我以生託其下,子道臣道妻道也。以義擎天譬廣廈,其柱苟頹無完瓦。"即可以見其思想之一斑。舊時抱此等思想者,不止國藩一人。總而言之,他們認社會不能無階級;階級間的道德,即係社會所賴以維持。上下合力,維持這一種人與人間的關係,這便是小康時代的道德。

　　假使兩方面真能遵守這道德,君仁,臣忠;父慈,子孝;兄友,弟恭;夫義,婦順;原亦可以小康。然而人,總是要擴張自己的權利的。老實說,人總不免做物質的奴隸。到自己的享用覺得不足,自然不是真的不足。而又有威權在手時,就不免要犧牲他人以自利了。在上者濫用權力,而在下者無可如何,自然也要運用手腕,以求自免。進一步,則不但自免,還可以攫取權利;更進,則上下可以易位。人和人之間充滿着這種"憑藉地位,濫用威權";或"憑恃智力,運用手腕"的關係,而君臣、父子、兄弟、夫婦之道苦矣。固然秉彝之良,無時或絕,人和人之間,總能維持着相當的正義,然而在一定的情形之下,維持自然只能維持著一定的限度,而且這情形没有動搖,這限度,也就隨之而有漲縮。維持人與人間的正義,自然是要有個機關的。這機關便是國家。然而國家也要有人代表他的;這代表他的人,也是人而不是神;也是在一定情形之下的,當然也只能將正義維持到一定的限度。

當這時代,交換漸次興盛,商業漸次抬頭。商業對於社會,到底是有功的,還是有罪的?這話也很難説。商業使人人覺得人己利害不相容,互相處於敵對的地位,前章業已説過了。然亦正因此故,使人能估量他人的才智;知道所謂在上者,亦是和我一樣的人;他要支配我,我要受他支配,只是地位上的關係,并不是他真有什麼大本領。而且知道人總是要擴張自己的權利的;在上者也是如此。有許多事情,話説得好聽,其内容也只是如此。我對於人,服從與否,當然以我自己的利害爲立場。開始考慮到此,在下者忠實的程度,便要減退。其服從的程度,自然也要隨之而減退。人人明白自己的利害,和他人的利害,是有互相消長的關係的,自然要盡力於自衛,不容他人隨意壓制剥削;自然要求解放。所以也可説商業是民治主義真正的導師。然而在没有達到解放的目的以前,人和人的關係,自然更趨於尖鋭化。

到此,便入於亂世了。風俗大變!人心大變!

亂世的風氣,是怎樣的呢?我們且具體的,描寫幾件出來。

到底怎樣算做窮?這是很難説的。真正的窮,該是不能維持其生活,如實在凍餓得不能支持之類,然而這界綫是很難定的。普通所謂窮,大抵是相形之下,感其不足,就是所謂相對的窮——比較上的貧窮。雖然在生存上也可以算是無問題的,然而在心理上的不安,則無法遏止。《孟子》所謂"萬取千焉,千取百焉,不謂不多矣",然而"不奪不厭",這都因爲有人和他相形使之然的。相形的對象不消滅,不安的心理,也永不消滅。這便是《老子》所謂"民之飢,以其上食税之多"。和我相形的人遍於天下,人人互相形,即人人感覺其不足。於是囂然不安之心,亦遍於天下。

人是有遠慮的。不但要滿足現在,還要懸念着將來。而人的力量,是很微薄的。苟非大家互相保障,則陷於飢寒之淵,以至於死亡,是件很容易的事。到這時代,人人是講市道交;人人只顧自己的利益,再没人來保障你了。人人覺得前途的可危,就人人要汲汲皇皇以言利,都覺得惟日不足。

"天下熙熙,皆爲利來;天下攘攘,皆爲利往",而言利遂成爲一種普遍的心理。《史記・貨殖列傳》説得好:"賢人深謀於廊廟,論議朝廷,守信死節;隱居巖穴之士,設爲名高者,安歸乎?歸於富厚也。是以廉吏久,久更富;廉賈歸富。富者,人之情性,所不學而俱欲者也。故壯士在軍,攻城先登,陷陣卻敵,斬將搴旗,前蒙矢石,不避湯火之難者,爲重賞使也。其在閭巷少年,攻剽椎埋,劫人作奸,掘冢鑄幣,任俠併兼,借交報仇,篡逐幽隱,不避法禁,走死地如鶩,其實皆爲財用耳。今夫趙女鄭姬,設形容,揳鳴琴,揄長袂,躡利屣,目挑心招,出不遠千里,不擇老少者,奔富厚也。遊閑公子,飾冠劍,連車騎,亦爲富貴容也。弋射漁獵,犯晨夜,冒霜雪,馳阬谷,不避猛獸之害,爲得味也。博戲馳逐,鬥鷄走狗,作色相矜,必争勝者,重失負也。醫方諸食技術之人,焦神竭能,爲重糈也。吏士舞文弄法,刻章僞書,不避刀鋸之誅者,没於賂遺也。農工商賈畜長固,求富益貨也。此有知盡能索耳,終不餘力而讓財矣!"總而言之,是"人自爲謀,惟力是視"八個字。不論爲衆所尊敬的人,或衆所賤視之人,其内容都不外此。

因爲求利的艱難,所以有時候只好連性命也不要。《管子・輕重甲》説:"渾然擊鼓,士忿怒,興死扶傷,争進而無止,非大父母之仇也,重禄重賞之所使也。故軒冕立於朝,爵禄不隨,臣不爲忠;中軍行戰,委予之賞不隨,士不死其列陳。故使父不得子其子,兄不得弟其弟,妻不得有其夫,惟重禄重賞爲然耳。故不遠道里,而能威絶域之民;不險山川,而能服有恃之國。發若雷霆,動若風雨;獨出獨入,莫之能圉。"《禁藏》篇也説:"夫凡人之情,見利莫能弗就,見害莫能弗避。其商人通賈,倍道兼行,夜以繼日,千里而不遠者,利在前也。漁人之入海,海深萬仞,就彼逆流,乘危百里,宿夜不出者,利在水也。故利之所在，雖千仞之山，無所不上；深淵之下，無所不入焉。故善者，勢利之在，而民自美安。不推而往，不引而來。不煩不擾，而民自富。如鳥之覆卵，無形無聲，而惟見其成。"順着這種機勢，以使其民，真所謂"下令於流水之原"，何爲而不成？何欲而不得？然而反過來，天下處於必亂之勢，你也就無法防止。因爲個個人都和你拚命了。一人致死，萬夫莫當，何況拚命者遍天下呢？這真是《老子》所謂"民不畏死，奈何以死懼之"？人誰不畏死呢？不過退後也是死，還不如向前，可以僥倖於萬一。縱然不能僥倖，也死在將來，退後則死在目下。夫誰使之決定拚命向前呢？這和他自己所定最低限度的生存綫有關係；而最低限度的生存綫的決定，又和其人的生活程度有關係。所以《老子》又説："民之輕死，以其奉生之厚。"

人和人，本來是互相親愛的。但是人，總是先己後人的動物。自己還顧不來，哪裏顧得到別人呢？於是隨着處境的艱難，相親相愛之情，就日益淡薄了。《淮南子·齊俗訓》説得好："仕鄙在時不在行，利害在命不在智。夫敗軍之卒，勇武遁逃，將不能止也。勝軍之陣，怯者死行，懼不能走也。故江河決，沉一鄉，父子兄弟，相遺而走，爭昇陵阪，上高邱，輕足先昇，不能相顧也。世樂志平，見鄰國之人溺，尚猶哀之，又況親戚乎？故身安則恩及鄰國，志爲之滅；身危則忘其親戚，而人不能解也。游者不能拯溺，手足有所急也；灼者不能救火，身體有所痛也。夫民有餘即讓，不足則爭；讓則禮義生，爭則暴亂起。扣門求水，莫弗與者，所饒足也。林中不賣薪，湖上不鬻魚，所有餘也。故物豐則欲省，求澹則爭止。秦王之時，或人菹子，利不足也；劉氏持政，獨夫收孤，財有餘也。故世治則小人守政，而利不能誘也；世亂則君子爲奸，而法弗能禁也。"民國元年，安徽有個人，靠着他的妻在外幫傭，以爲活計。約當春夏之交，他的妻生了一個女孩，因此不能出外幫傭，糧盡援絕。他恨極了，竟把新生的女孩殺死。當時登載報章，輿論嘩然。其實此等事，性質相同，而形式不一——一日之中，大地之上，不知要發生若干次，不過不盡彰露；即使彰露，而社會的耳目,是病態的;有時受人注意,有時放在眼前而不見,置諸耳邊而不聞罷了。以我所知,吾鄉有個讀書人,生女弗育;卻也未曾溺女,但禁止其妻,不許哺乳,偏這女孩餓三天不死。他的妻,忍着淚,在產褥之中,頻頻使人看這無罪的女孩,絕命也未？這真可謂極天下傷心之故了。這是千真萬確的事。"或人葅子",豈是虛言？這事也是讀書人做的：不能改革社會制度,而空言提唱道德的聽着。

對於親愛的人,尚且如此,何況不知誰何的人？《韓非子‧顯學》篇說："今世之學士語治者,多曰與貧窮地,以實無資。今夫與人相若也,無豐年旁人之利,而獨以完給者,非力則儉也;與人相若也,無饑饉疾疢禍罪之殃,獨以貧窮者,非侈則惰也。侈而惰者貧,力而儉者富。今人征斂於富人,以佈施於貧家,是奪力儉而與侈惰也。"這真和現在反對恤貧政策的人,如出一口了。不過韓非子到底還是離健全社會不遠的人,還知道以"夫同彼。與人相若"為先決的條件而已。然而究竟相若不相若,也是很難說的。即使真是如此,而"母之於子也,賢則親之,無能則憐之"。《禮記‧表記》。果使全社會而都以善意相與,難道就養不活這幾個較為懶惰的同胞麼？至於奢侈,則社會制度,果然良好,就有性好奢侈的人,也是行不出奢侈之事來的。譬如沒有賭場,向哪裏去賭？沒有窰子,向哪裏去嫖？用現在的眼光看來,侈惰的人,原只算一種病理。《莊子‧則陽》篇說得好："柏矩之齊,見辜人焉。推而強之,解朝服而幕之,號天哭之曰：'子乎！子乎！天下有大菑,子獨先罹之。'曰莫為盜,莫為殺人。榮辱立,然後覩所病;貨財聚,然後覩所爭。今立人之所病;聚人之所爭;窮困人之身,使無休時,欲無至此,得乎？匿為物而愚不識;大為難而罰不敢;重為任而罰不勝;遠其塗而誅不至;民知力竭,則以偽繼之。日出多偽,士民安取不偽？夫力不足則偽,知不足則欺,財不足則盜。盜竊之行,於誰責而可乎？"定一條法令,叫全國的人民,都要來射覆,射不中的,剝奪其公民權,這叫做"匿為物而愚不識"。在長江最闊之處,架一座獨木橋,強迫人走過去,越趄不前者,推墮江中,這叫做"大為難而罰不敢"。起重機所起之物,叫人來起,起不起的殺,這叫做"重爲任而罰不勝"。叫人和馬賽跑;或者是追火車,跟汽車;賽不過者監禁;追不到者罰金;跟不上者,罰作苦工,這叫做"遠其途而誅不至"。這合理不合理?然而法竟如此立了;不識、不敢、不勝、不至的人,竟是罪無可逭的。這除"假造成績"、"私更標準"之外,更有何法?這就是所謂"民知力竭,則以偽繼之"。固然,天下作偽的人,並非都處於如此爲難的境地。然而這亦由先有不合理之法,造成作偽的世界,使他們習見習聞,以致不能自拔。尋常人不能自拔於環境之外,原是不足責的。此即所謂"日出多偽,士民安取不偽"。照《莊子》說來,所謂幸人,他自己絲毫不能負責。然則是誰之罪呢?只好說"天下有大菑,子獨先罹之"了。刑傷過犯,和水火刀兵,只是同一的不幸。"誰之罪"?這真是可以深長思之的問題了。

"此惟救死而恐不贍,奚暇治禮義哉"?孟子語,見《梁惠王上》。《韓非子·五蠹》篇說得好:"古者丈夫不耕,草木之實足食也;婦人不織,禽獸之皮足衣也。不事力而養足,人民少而財有餘,故民不爭。是以厚賞不行,重罰不用,而民自治。今人有五子不爲多;子又有五子,大父未死,而有二十五孫。是以人民衆而貨財寡,事力勞而供養薄,故民爭。雖倍賞累罰,而不免於亂。堯之王天下也,茅茨不翦,采椽不斫;糲粢之食,藜藿之羹;冬日麑裘,夏日葛衣;雖監門之服養,不虧於此矣。禹之王天下也,身執耒臿,以爲民先;股無胈,脛不生毛,雖臣虜之勞,不苦於此矣。以是言之,夫古之讓天下者,是去監門之養,而離臣虜之勞也,古傳天下而不足多也。今之縣令,一日身死,子孫累世絜駕,故人重之。是以人之於讓也,輕辭古之天子,難去今之縣令者,薄厚之實異也。"這可見所謂"廉讓之節",也全是環境所造成了。朋友相與之間,古人說"久相待也,遠相致也"。《禮記·儒行》。後世卻變爲"入門各自媚,誰肯相爲言?"《古樂府》中語。亦由於此。

廉讓之節既亡,則凡事都可以枉道而行之,而輿論遂變爲無價值。在風氣敦樸之世,輿論是最見得公是公非的。所以孔子說:"斯民也,三代之所以直道而行也。"《論語・衛靈公》。在這時候,好的人,固然不能以曲說毀謗;壞的人,也無從以私意辯護。所以孔子說:"孝哉閔子騫,人不間於其父母兄弟之言。"《論語・先進》。孟子也說:"暴其民甚,則身弒國亡;不甚,則身危國削;名之曰幽厲,雖孝子慈孫,百世不能改也。"《孟子・離婁上》。此等正當的輿論,對於個人,制裁之力最強。古人最重孝,而《禮記・祭義》篇說孝,是"使國人皆願然曰:幸哉有子如此!可謂孝也已。""懼修名之不立",自無人敢爲非作歹了。觀以上所引諸文,可知此等風氣,當春秋戰國時,仍有若干存在。然而其崩壞也始於是時。"子張問士,何如,斯可謂之達矣。子曰:何哉,爾所謂達者?對曰:在邦必聞,在家必聞。子曰:是聞也,非達也。""夫聞也者,色取仁而行違,居之不疑,在邦必聞,在家必聞",《論語・顏淵》。可見有積極的違道以干譽的人。"行何爲踽踽涼涼?生斯世也,爲斯世也善,斯可矣。闇然媚於世也者,是鄉愿也"。《孟子・盡心下》。可見有消極的模棱以避謗的人。好惡之不公,固然由於干譽避謗者之欺人,亦由大多數操毀譽之權者,自己先有弱點,然後爲其所欺。其弱點在哪裏呢?則由其毀譽,不以所毀譽的人的行爲爲標準,而以自己的利害爲立場。明明知其是壞的,而懾於其勢,則不敢毀;曾受其恩,則不肯毀;要和他結爲黨羽,則甚且矯情譽之。明明知其是好的,而因其人有負俗之累,自己也要干譽,也要避謗,怕譽了他,自己也要被謗,則不敢譽;甚而違心毀他。明明有害之事,而自己有利於其中,則可以曲意鼓吹。明明有益之事,而於私計不便,則可以胥動浮言。總而言之:天下的人,并不是都可欺的,本來大都不易欺的,所以可欺,而且易欺,全由其爲私意所中,而其所以爲私意所中,則全由其以自己的利害爲立場之故。所以毀譽之不正,其根原,乃在人和人的關係,先不正常之中。"子貢問:鄉人皆好之,何如?子曰:未可也。鄉人皆惡之,何如?子曰:未可也。不如鄉人之善者好之,其不善者惡之"。《論語・先進》。可見是非好惡之紛然淆亂了。至此,才有獨行之士,毅然自行其是。到獨行之士出現時,我們就知道這時代的輿論,是反社會的了。

　　輿論既乏制裁之力,則所以維繫社會的,就要專恃法律。然而法律亦隨社會的變化,而成爲反社會的東西。這是怎樣一回事呢？社會的和反社會的區分,就是道德的和不道德的標準。所以法律而果能維護社會,就要維護道德。質言之,法律和道德,應該是一致的。然而二者之間,久已分歧了。明知其居心不可問,而卻無法駁他,這種話,喚做"官話"。這是舊名詞。換一句現在的話說,就是合乎法律的話。然則合乎法律的話,可能是不合乎道德的。同理,合乎法律的行爲,也可能不合乎道德。而合乎道德的行爲,就可以不爲法律所保護。然則法律是不是反道德的呢？此其轉變,亦在春秋戰國之世。道德與不道德,是判之於其動機的。"正其義不謀其利,明其道不計其功",到底是顛撲不破的話。所以法律之所保護,所懲治,着眼於其動機與否,就是其合於道德與否的憑證。凡較早的法律論,無有不注重於動機的。譬如說："聽訟,吾猶人也；必也,使無訟乎。無情者不得盡其辭；大畏民志,此之謂知本。"《禮記・大學》。又如說："如得其情,則哀矜而勿喜。"《論語・子張》。都有推求其動機,是否合乎道德的意思。必如此,社會的善良風俗——不是現在法律上所謂善良風俗——才能維持得幾分。鄭鑄刑書,晉作刑鼎,叔向、孔子所以要加以劇烈的反對,即由於此。《左氏》昭公六年,二十九年。犯罪與否,以及其罪之輕重,全由在上者斟酌情理而定,固然不能無弊。然在上者苟無私意,則因人人意中標準之不一,以至用刑輕重不倫之弊,與能斟酌其動機,而施以賞罰,因而能維持人與人間的幾分善意之利,兩者相消,而利恆覺其有餘。然此亦以在上者無私意——即其所懷挾者亦爲善意爲限,至操用法之權者,而亦懷挾惡意,其情形就大變了。《禮記・王制》說聽訟之法："疑獄,氾與衆共之；衆疑,赦之。"輿論的公平,亦是制裁用法者,使之有所憚而不敢放肆的重要條件。到後來,這條件亦消滅了。於是法律亦跟着變化,其所維持不過社會上最低限度的秩序。過此以往,就都不能問了。遂有明知其有利於社會的,而不能加以保護;明知其爲反社會的,而無可如何,而且不得不加以保護之事了。而法律遂自成爲反社會的東西。

　　法律又失效力,所以維持社會的,就要靠宗教了。關於宗教問題,從前人的議論,我以爲宋儒辟佛的話,有相當的理由。他們有一種議論:以爲佛法之行於中國,精神方面,是由中國禮義之教已衰,所以佛教得以乘虛而入。物質方面,則因一切養民之政,都已廢墜,窮人多了,僧道亦成爲一種謀食之方,因而二氏之教盛行。二氏之盛行於中國,其原因,或非宋儒所能盡知,抵排異端,攘斥佛老,在後人也久視爲不成問題。宋儒排斥二氏的話,也誠然有許多不成問題的。但其所論宗教和社會組織的相關,則不能不承認他含有若干真理。宗教是慰安精神之物。精神而需要慰安,必其中先有所不足。最初的宗教,是如何產生的呢？因其時的人,知識程度甚低;外界什麼現象,都不明白其所以然;對於其力之大而足以加害於我的,就不免發生恐懼之心;若其能有益於我的,則又不勝其感謝之念;所以祭祀之義,不外乎"祈"、"報"兩端。這可説:因爲人對於自然的認識自覺其不足,而宗教因之產生的。社會進步,人對於自然的知識增加,抵抗之力亦漸大。對於天行之力,不甚怕他了。而且知道他并不是和有意識的人一般的;其爲益爲害,都非有意的;在他不過行乎其不得不行,止乎其不得不止;既無所用其恐懼,并無所用其感謝。如此,則人對於自然,感情日淡;而其宗教思想,乃純以社會上的缺陷爲其基礎。人生在世,總有不能滿足的慾望;於是有死而昇天,在天上享樂;或來世托生於富貴之家等思想。人生在世,總不能無不能平之事;於是有死爲厲鬼以報怨等思想。凡若此者,悉數難終,而總有一社會組織上的缺陷,潛伏於其後則一。譬如死,是人所最畏懼的,因而宗教上就有不死的思想。靈魂不死,和肉體不死,其不死之方法雖異,其爲不死則同。這到底是天然的缺陷呢,還是社會的缺陷？固然,人無不求生,而且無論如何完善的社會,亦無法令個體不死。然而求生只是慾望之一;而人的慾望,是應乎其生理狀態的。衰老的人,精神氣力,都漸漸完了,自然也無甚慾望。逮其漸滅净盡而死,不過如勞者之得息,倦者之知歸,原也無甚可怕。就旁人看了,也無甚可哀的。《唐書·党項傳》説:"老而死,子孫不哭。少死,以爲夭柱,乃悲。"這種風俗,在自稱爲文明的人看起來,一定要誚其薄。然而這正是他們的社會,變態未甚之徵。生時無甚不足,所以至於老死,也不過行所無事。至於我們,"出師未捷身先死,長使英雄淚滿襟","但恨在世時,飲酒不得足",無論爲公爲私,是小是大,人生在世,總覺有許多缺陷。確實,這時代,一個人在社會上,所負的責任,也比以前重了。如爲兒孫作馬牛,即其一例。大同時代,個人的生活,均係社會所保障,此等問題,自無從發生了。如此,到臨命之時,自然要割捨不掉,遺恨無窮。而旁人看到他,也覺得可哀。念他在世上,曾忍受着這些,而今還帶到九泉去。若正常之社會,則何有焉?事事是"常",事事是"順",自然生於其中的人,個個能"安常處順"。生老病死,人事之常,有何難割難捨?而亦何可哀之有?"龜長蛇短"。人生的修短,原不是論歲月的久暫,而是論其心事了與未了。然則病態的社會裏,即使活到百歲,也還算不得長壽;也還算不得正命;就等於党項人所謂夭柱,又何怪本人的留戀,旁觀的悲傷呢?而況乎還有連歲月也很短促的。死是人之所大惡,也是最不易用人力彌補的缺憾,然而其成爲缺憾,還是由於社會組織的不良,而不是屬於天然的。然則天然是無缺憾的;一切缺憾,悉由人事之不良。所以我説:宗教的根源,就是社會的病態。

中國人是最講現實的。所以宗教上最重要的信條,就是"行了好心有好報"。而其所謂好報,都在現世。所謂"福善禍淫";所謂"積善之家,必有餘慶;積不善之家,必有餘殃",都不外這種思想。使此説而果有威權,固亦足以維持世道人心。然而天下人,究竟是不可欺的。除掉至愚之人,你總得給他一點證據看,他才相信。行了好心有好報,這本是拿不出證據來的。而就經驗所及,卻屢有相反的證據。社會愈壞,則正面的證據愈少,而反面的證據愈多。因爲福善禍淫,基於賞善罰惡,這本是人事而不是天道。所以宗教也并不足以麻醉人。在中國，幾曾見迷信之士，肯忘身捨命，以衛護一種宗教來？在外國，此等事誠然有之，然必其社會，因迷信之篤，而能表見出一種力量來，使信教之士，在實際上或精神上，自覺能得到一種滿足，這實在還是人事，而不是天道，實在是有效驗可見，證據可得，而並非以空話騙人。假使毫無證據，而還肯相信，這一定是極無用的人，本來不能爲惡，麻醉他做什麼？而麻醉了他，徒然使他結想於虛無之中，而忘卻現實的奮鬥和反抗，因而強者更得橫行。姑婦之勃谿，夫婦之反目，債權債務之糾紛，屢見弱者懸梁服毒，投井跳河，幾曾見強者因此而有所畏怖來？程明道說："至誠貫天地，人尚有不化，豈有立僞教而人可化乎？"答佛法果報，係爲下根人說法之問。再不要以爲空話可以騙人。這等虛設之局，不要到現在，幾千年前的人，就看得穿而又穿了。謂予不信，請讀《史記》的《伯夷列傳》。

一班空言提倡道德的人，最喜說宗教可以慰安人的精神，而使之滿足，而其實際的情形是如此，然則所謂滿足者安在呢？"使我有身後名，不如即時一杯酒"，怕也是現代的宗教徒，同有的覺悟罷？不然，爲什麼和尚、道士、基督徒等等，其大多數，語其實，總不過是飯碗問題，甚而至於是享樂問題呢？

亂世的情形如此。請問現在的社會，是不是這樣？

第九章　先秦時代對於社會改革的諸派

"積勞始信閑爲福,多病方知健是仙"。這還是閑過來、健過來的人。假使有人,生而勞苦,從來未識安閑;生而疾病,從來未知康健,他就要以勞苦和疾病,爲人生的本然了。人的記憶力,是很弱的,不過數十百年,而其事已若存若滅了,何況經過幾千萬年?習慣於亂世,以爲世界本祇如此;人不過是如此的動物,只會造出如此一個世界;地球之上,再無實現一個樂園的可能:後世的人差不多通有這種思想。"人有悲歡離合,月有陰晴圓缺,此事古難全",而這世界,就永遠成爲缺陷的世界了。這真如深淵之魚,久而喪其目了。周秦間的人思想則不然。其時去大同之世未遠,離小康之世則更近;雖說已入於亂世,而大同小康時代的遺跡,總還有若干保留的。偏僻地方,多保存舊時代的風俗,是古今一轍的。春秋戰國時代,也有一種議論,說文明之國,反不如野蠻之國,如由余對秦穆公的話,見《史記‧秦本紀》。即是此理。觀此,可知當時偏僻未進化之區,必有若干古制存在。故老之流傳,書史所記載,其材料就更多了。社會本不是如此壞的;而當前的社會,只是一個變態,總可以設法使之恢復常態的;也是其時的人,公有的思想。既然如此,當時的學者,對於社會改革問題,當然可有較徹底的意見了。我們現在,把它分爲五家:

第一道家。道家對於社會改革的主張,是最徹底的。他的宗旨,是要想把社會徑挽回到大同世界的。道家的宗旨,在於"歸真返樸"。這四個字,被後來的人誤解了,以爲要歸真返樸,便要把一切物質文明摧毀，而其事遂不可行。其實物質文明的進步，初不必和社會組織的複雜相平行。就現在世界上看，這兩種現象，確是互相隨伴的，然而這不過是偶然的事實，并非其間有必然的道理。人的知識也不是兩者同時并進的。試觀科學家不必定通世故，其在社會上應付的手段，或反較普通人爲拙可知。更試將現在文明國中，學習科學的設備和環境，都移到野蠻部落中去，包管其人也會精通科學的。只要其餘的環境，不相隨以俱去，包管其人還是淳淳悶悶。有人說："學問技術的進步，全是由於私產之故，因爲發明家可得巨大的利益。"這話更荒謬了。到底發明的動機，是愛好真理，還是在牟利？這要請查一查歷史再説話。世界上的有發明，幾十萬年了。私產制度，則不過數千年。從前人所發明，固然較現代史爲差，然而這是文明累積的結果。試問古人所發明，又誰懸賞爲之獎勵呢？至於社會科學的精深，則本是社會的病態。因爲其所研究的對象，本是社會的病理。譬如貨幣，在現在，也成爲專門學問了。然而沒有交換，哪有商業？沒有商業，哪有貨幣？貨幣尚且沒有，何從成爲專門的學問呢？請問漢以前可有治天痘的方子？南北朝以前，有研究霉瘡的醫書否？這是舉其一端，其餘政治、法律、軍事……可以類推。以我們耳目之所覩記，固然物質文明進步的社會，其組織總要複雜些，而其中之利弊，遂隨之而增多。譬如我們在鄉僻之地，造幾間土墻茅屋，築墻和蓋屋的人，決不能大敲我們的竹杠。要在通都大邑，造幾間華式或洋式的屋子，就不然了。瓦匠、木作、工程師、建築公司，都可以大敲竹杠的。我們竟無可如何，甚且沒有知道。然則社會愈進步，知識技藝愈專門；知識技藝愈專門，社會的組織，勢必隨之而複雜。因爲"一人之身，而百工之所爲備"，勢不能皆"自爲而後用之"，勢必請教他人，而要請教他人，則因智識之懸殊，他要敲起竹杠來，勢必至於無可如何，甚且不會知道。然則欲使社會的關係，回到簡單，除將一切物質文明摧毀，更有何法呢？這話差了。大家知道，和人交涉最易上當的，是律師和醫師。然而律師和醫師，所以給你當上，并非由於他智識的專門，而是由於他的利害和你的相對之。你的當越上得大，你的錢越出得多；你的錢越出得多，他的荷包就越裝得滿。假使不在這種情形之下，你和他并無利害關係，只是和醫師閒談病理，請律師講演法律而已，我敢保管他，決不給你當上的。瓦匠、木作、工程師、建築公司和你的關係，亦係如此。同理：若有一種組織，使人的利害彼此相同，則人和人的互相扶助，自無可疑。人的性質，是環境鑄成的。處於互相扶助的社會裏,其性質自然和現在大異。如此,人人遵守道德,連仁義的名目都用不着,決不是不可能的。老子說:"民之難治,以其上之有爲。"這句話最有道理。因爲上之治下,必用權力。用權力,固然可以治好一時,矯正一事,而從此世人就知有權力了,對於比他弱的人,就都要使用起權力來。倘使遇見比他強的,則又變形而成爲狡詐,天下就從此多事了。所以說郅治之世,必是淳淳悶悶的。但這所謂淳淳悶悶,只是指人對於人的關係。彼此都無計劃利害之心,因之不分人我,和天眞未鑿的孩子一樣。至於對於自然界的知識,和駕馭自然的能力,還是要求其進步的。哪怕比現在再突進幾百幾千幾萬步,只要社會的組織,能使人之利害,立於共同之點上,地球上就是樂園。

第二農家。中國人向來有崇古之癖,這也并非無因而然的。我們的物質文明,在後世,固然總較古代爲進步,而且確是逐漸進步的。然而社會組織,則從大同降至小康,從小康降入亂世,確是逐漸退步。在現在而求社會進步,只有兩條路可走:其一,是人的能力,再比現在增高。不論道德、智識、才能,都要比現在增高數十百倍。夫然後能將現在人所不能措置的艱難複雜的問題,措置得妥妥帖帖。二則社會比現在簡單。一切艱難複雜的問題,都消滅了。由前之說,生物學證明其不可能。由後之說,則從前的世界,本係如此的。不過因我們在進化的路上,偶然走錯了一個方向,又未能不遠而復,遂至歧之又歧,迄今還徬徨中野罷了。由人力曾經做到的事,雖然失去,必可以人力恢復之,我們要有這信心。而其方法,則道家之言,深可考慮。農家也是和道家一鼻孔出氣的。只可惜其說無存,只有許行之言,還吉光片羽,保存於《孟子》中罷了。《滕文公上》。然而也是深可玩味的。

許行說:"賢者與民并耕而食,饗飧而治。"這個,在健全的社會裏,本係如此的。須知我們所謂政府,包含兩種性質,一種是治理公務的性質,我們可以替他取個名字,喚做賬房性質。一種是權力壓迫的性質,亦可以替他取個名字,喚做軍警性質。人和人的利益,互相衝突了，軍警性質，才成爲必要。亦因其利害關係的複雜，賬房中的事務，乃覺其紛繁。若在人人相誠相與的社會中，事務既極簡單；複雜都由人對人的關係而來，統帶一師兵，決不如管理一個小學校容易。管理一件大機器，和管理一件小的機器，卻是無甚區別的。而其法，又不待以權力守之而自固，則所謂政府，不過和現在任何團體中的執行委員一樣，何不可"并耕而食，饔飧而治"之有？再者：從亂世回到小康，從小康回到大同，自然是要經過相當的手續的。道家說："剖斗折衡，而民不爭。"這話最使人懷疑：明明有爭在這裏，如何能先去其平爭之具呢？殊不知此處的"斗衡"二字，乃指爭奪之原言之，并非指斗衡其物。爭必有其原。苟能舉爭之原而去之，哪裏還用得到平爭的器具？爭之原是什麼呢？美惡之相形，即是其中的一事。誠如孟子之言："夫物之不齊，物之情也。"我們無法使人認美惡之物爲同等。然而美惡之物，紛然雜陳，任人各視其力，以從事於爭奪，此等社會制度，則是人力可以防止，可以矯正的。許子之道："布帛長短同，則賈相若。麻縷絲絮輕重同，則賈相若。五穀多寡同，則賈相若。屨大小同，則賈相若。"論量不論質，就是要粗的驅逐精；使全社會之人，享用的程度一律。孟子說：質之不同，尤其量之有異。論量不論質，一定沒有人肯做精的。而不知許子之意，正要如此。這話就駁得不相干了。然而許子之道，決不是使社會退化的。要享用大家享用，這本是人和人相處當然的道理。譬如一家之中，子弟糟糠不飽，而父兄日飫珍羞，可乎？古人說："雕文刻鏤，傷農事者也。錦綉篡組，害女紅者也。"景帝後二年詔，見《漢書·本紀》。現在世上上，就因消費自由，所以製造奢侈品的人多，而從事於必要品的生產的人，就形其不足。倘使行許子之道，社會進化到第一級，大家就只准爲和第一級生活相當的消費；到生活程度進化到第二級，消費才跟着提高一級；三級四級以上，莫不皆然。社會的文明，還是會進步的。而因苦樂之不平，以致釀成亂事，阻塞進化之機，甚至把已造成的成績又毀壞了，這等事都沒有了，社會就進步得更快。

　　第三儒家。儒家的主張，不及道家和農家的徹底。他雖然也夢想大同時代,然而其所提出的辦法,都是根據於小康時代的。他普通的議論,也都稱頌小康時代的幾個人,如禹、湯、文、武、成王、周公等。後來尊信儒家的人,大都即認此項辦法爲滿足。對於更高一層的境界,反加以排斥。此種人居其最大多數。間有少數,承認自此以上,還有一層更高的境界,如《宋史·文苑傳》載羅處約作《黃老先六經論》,說:"六經之教,化而不已,則臻於大同。"這種人就是鳳毛麟角了。承認小康之治,即爲登峰造極之境,此等見解,實在是不合理的。因爲天下無階級則已,有階級,則兩階級的利害,總是不能相容的。小康的理論,是等級的高低,比例於其才智的大小。《荀子·榮辱》:"夫貴爲天子,富有天下,是人情之所同欲也。然則從人之欲,則勢不能容,物不能贍也。故先王案爲之制禮義以分之,使有貴賤之等,長幼之差,知愚、能不能之分,皆使人載其事,而各得其宜;是夫群居和一之道也。故仁人在上,則農以力盡田,賈以察盡財;百工以巧盡械器;士大夫以上,至於公侯,莫不以仁厚知能盡官職;夫是之謂至平。故或祿天下而不以爲多;或監門御旅,抱關擊柝,而不自以爲寡。故曰:斬而齊,枉而順,不同而一。夫是之謂至平。"這一派議論,是人人認爲合理的。其實所做事業之不同,是各人興趣之各異,并無因此分別報酬厚薄的理由;而人各有能有不能,亦是天生成的性質,難能可貴的事業,并非懸重賞所能養成的。所以荀子此等議論,我們只認爲是社會已分等級後所生出來的一種解釋。至於究極之義,則我們認爲許行的話,是不錯的。并耕而食,饔飧而治,生活不和其所從事的工作相關,更無論因此而分厚薄了。説起來,似乎也很言之成理。然而實際哪有這一回事?總不過憑恃一種力量的人,佔據着社會的上位,因而盤踞不去罷了。以才智的大小,定等級的高低,不過是事實既成之後,所生出來的一種解釋而已。

　　儒家的意思,到底是以小康爲已足,所謂大同,不過心存慨慕,并不希望其實現於後世,亦不以爲可以實現於後世的呢?還是別有一種理論,一種方案,而無傳於後呢?這個問題,在後世,隨各人的主觀,而其答案不同。我們在今日,亦很難作十分肯定的答案。但觀於《禮器》篇中"禮,時爲大"一語,則儒家似乎確有較徹底的主張。"時爲大"的注脚,是"堯授舜,舜授禹,湯放桀,武王伐紂,時也"。禪讓放殺,是就當時的歷史所舉示的一個最顯著的例。禮也者,"因人之情而爲之節文"。有怎樣的人情,就替他定怎樣的節文。至於人情的變更,則是定禮範圍以外的事,禮家可以置諸不問。古代所謂禮,範圍是很廣泛的。政權的授受,也是禮的一種。照《禮運》的說法,"人情而協乎禪讓",禪讓就是當行之禮,"人情而協乎放殺",放殺就是當行的禮。然則人情而協乎民主,民主就是當行的禮,人情而協乎蘇維埃,協乎法西斯蒂,無不皆然。然則豈有執定一時之法,而强已變之人情以就之之理?固執舊禮教,以爲天經地義,以致於轉以詒害,如近人所詆舊禮教吃人之類,其非禮教之咎,而爲拘墟小儒之不克負荷,不待言而可明了。無論哪一種學問,盛行的總是普通之論爲多;其中較高的議論,總在若存若亡之間。這(一)因傳述學問之人,中材多而上智少。(二)則接受此傳播之人,更是中材少而下駟多。所以昔人亦說:仲尼没而微言絶,七十子喪而大義乖。<small>劉歆移讓太常博士的話,見《漢書》本傳——《楚元王傳》。劉歆排斥今學家的話,是靠不住的。但這兩句話,卻是事實。從孔子没後,傳至漢朝,儒家的要義,已不知散失多少了。即如《春秋》,"文成數萬,其指數千",該是條條有義的,可是現在的《公羊》,空存其條文的居其强半,就是一個證據。又致慨於"書缺有間","非好學深思,心知其意,固難爲淺見寡聞者道",《史記·五帝本紀贊》</small>。儒家的議論,其不能執今日所有之書,而自謂足以盡之,就更彰明較著了。但儒家普通的議論,足以匡正社會的,亦復不少。譬如《禮記·坊記》說:有禮則"富不足以驕,貧不至於約",這可見消費總該有個規範,和世俗有了錢,便可無法無天,任意所欲的,大不相同了。狗彘食人食,而不知檢,孟子因之,嚴切責備梁惠王。然而梁惠王不過不知檢而已,究竟不過一個失察處分。上海早幾年,有人在番菜館裏,天天定購牛肉若干,供給狗吃,而自己坐着摩托車去取,這豈但不知檢而已。此等事可否自由?假使實行儒家的教義,能否自由?然而儒家此等教義,爲什麼都不行,單剩幾條責備弱者的教義,變本加厲,致被禮教食人之譏呢?無他,道德的教條和法律,都是强者的工具,甚而至於是其武器。强者之所便,則變爲不可干犯的天條;其所不便,則變成僵石罷了。這是不論什麼教義,都是如此的,正不必獨爲儒家之禮教咎。

其四法家。法家經濟上的眼光,似較儒家爲進步。儒家但注重於地權,法家則兼注重於資本。社會進步了,"一人之身,而百工之所爲備",斷不能皆"自爲而後用之",勢不能不"通工易事",而交易之事,遂必不能免。交易的初期,"以其所有,易其所無",各得所欲以去,原無所謂吃虧便宜。迨其日益興盛,而商遂成爲專業,則生產者一方面,非商無以售其有餘;消費者一方面,非商無以給其不足。因爲生產者和消費者,無從直接;且皆不知外面的情形,而所謂市場,遂爲商人所控制。給與生產者和消費者的利益,都只是最小限度;其餘都入於商人。所以當工業資本未興起前,商人是社會上唯一的榨取者,而其餘都是被榨取者。復次,生產技術愈進步,則資本之爲用,愈形重要;而其物不能人人皆有。於是佔有資本的人,在分配利潤時,就可以攫取一大部分;不但其資本所應得的利子而已。此等情勢,當春秋戰國之時,早已開始。所以法家所主張的:第一,凡有獨佔性質的事業,都該歸之於國家,如《管子》所謂"官山海"。《管子·海王篇》。第二,凡輕重斂散之權,宜操之於上。這就是官營商業,使商人無所謀大利。如《管子·國蓄》篇說:"民有餘則輕之,故人君斂之以輕。民不足則重之,故人君散之以重。""斂積之以輕,散行之以重",則"君必有十倍之利,而財之櫎可得而平"。如其不然,則"民人所食,人有若干步畝之數矣,然而民有飢餓不食者。何也?穀有所藏也。人君鑄錢立幣,人有若干百千之數矣,然而人事不及,用不足者,何也?利有所幷也"。所以"人君非能散積聚,鈞羡不足,分幷財利,而調民事",則雖"彊本趣耕,鑄幣無已",徒然使"下民相役",必不足以爲治。《漢書·食貨志》:王莽下詔,說《樂語》有五均"。注引鄧展說:《樂語》是河間獻王所傳。又引臣瓚說:其文云:"天子取諸侯之土,以立五均,則市無二賈,四民常均;強者不得困弱,富者不得要貧;則公家有餘,恩及小民矣。"這便是古代官營商業之事。《管子·揆度》篇所說百乘、千乘、萬乘之國立市之制,亦可參看。第三是借貸之權,當操之於上。人是無資本不能生產的,只得借貸之於巨賈蓄家,而巨賈蓄家,往往因此而邀倍稱之息。於是生產之所得,大都爲其盤剝以去;而勞力的人,依舊不免於飢寒。這就是《管子·輕重甲》篇所說:"萬乘之國,必有萬金之賈；千乘之國，必有千金之賈；百乘之國，必有百金之賈。""乘其幣以守民之時"，"貧者失其財"，"農夫失其五穀"，遂至於"一國而二王"。《管子》的辦法，則《國蓄》篇說"使萬室之都，必有萬鍾之藏，藏鏹千萬；使千室之都，必有千鍾之藏，藏鏹百萬。春以奉耕，夏以奉耘；耒耜、器械、種餉、糧食，畢取贍於君"，那就"大賈蓄家，不得豪奪吾民"了。國家安得如此巨大的資本呢？則仍恃輕重斂散之術。《山至數》篇說："國之廣狹，壤之肥饒有數；終歲食餘有數。彼守國者，守穀而已矣。曰：某縣之壤廣若干，某縣之壤狹若干，則必積委幣。於是州縣裏受公錢。""泰秋，君下令，謂郡縣屬大夫里邑，皆藉粟入若干。""泰夏，賦穀以市櫎，民皆受上穀，以治田土。"泰秋，再"斂穀以幣"，如此，就循環不窮了。法家經濟的政策，十之八九，存於《管子》書中。對於經濟進化的認識，法家可以說最深，道家可以說最淺，這或者也是時代使然。所以法家之言，也是很可考慮的。自漢以後，深知其價值的，只有一個桑弘羊，惜乎行之不得其法，別見下章。以上是就法家特有之點而言。至於制民之產，要求其平均；消費一方面，要有一定的規範，自然其議論也是和儒家相同的，今不贅及。

第五墨家。墨家是卑之無甚高論的。他所提出的，只是一個救時的實行方案。其於高深的學理，是不甚提及的。他主要的辦法是節用。非樂、節葬，是節用的條件。所以鼓動人，而希望其實行的，則是兼愛。天志、明鬼，是達到兼愛的手段。當時莊子譏刺他，說："其道太觳。""墨子縱能獨任，奈天下何？"見《天下篇》。殊不知墨子所陳，乃係凶荒札喪之變禮；即社會遇天災人禍，以致困窮時的辦法。社會當困窮之時，用度應較平時爲減省；而其減省，是應合上下而皆然，古代本係如此。譬如《禮記·王制》篇說："三年耕，必有一年之食，九年耕，必有三年之食。以三十年之通，雖有凶旱水溢，民無菜色，然後天子食，日舉，以樂。"又如《曲禮下》篇所說："歲凶年穀不登，君膳不祭肺，馬不食穀，馳道不除，祭祀不縣，大夫不食粱，士飲酒不樂。"《玉藻》篇所說："至於八月不雨，君不舉。"便是古制之可考的。衛文公遭狄難，而大布之衣，大帛之冠；齊頃公有鞌之敗，而七年不飲酒，不食肉，也還是行此等古禮的。以齊頃之事推之，則越勾踐的卧薪嘗膽，亦不過行此等古禮，而後遂衍爲過甚的傳說罷了。"庖有肥肉，廐有肥馬，……民有飢色，野有餓莩"，《孟子・梁惠王上》。"凶年飢歲，君之民，老羸轉乎溝壑，壯者散而之四方者，幾千人矣，而君之倉廩實，府庫充"，這本是社會規制已廢壞後的現象。假使當倉廩實，衣食足，雖有凶旱水溢，民無菜色之時，而墨子還要勤生薄死，主張非樂節葬，那自然類乎無病而呻。然而春秋戰國之世則何如？這時候，一部分人的用度，雖然奢侈，然合全社會而觀之，是否是凶荒札喪的世界？莊子説"其道大觳"，其如全社會的生活程度，只得如此。滿堂飲酒，一人向隅而飲泣，則四坐爲之不樂，何況"勸客駝蹄羹，霜橙壓香橘；暖客貂鼠裘，悲管逐清瑟"；"朱門酒肉臭"，而"榮枯咫尺異"，啓視門外，便見"路有凍死骨"呢？古人利害共同，報恩和同甘共苦之心，都較後人爲發達。所以宰予要短喪，而孔子詰以"食夫稻，衣夫錦，於女安乎"？又説"女安則爲之"，《論語・微子》。如莊子之言，我們也要用孔子詰問宰予的話，反詰他了。至於荀子，説："不足非天下之公患，特墨子之私憂過計。"照他的説法，只要凡事都有辦法，不足是不成問題的。見《富國篇》。這話説來似乎也很有理。殊不知荀子所説的，是古代的所謂禮，而墨子所提出的，也是古代的所謂禮。禮之隆殺，視乎其時，當凶荒札喪之時，而仍行平世之法，那是蔡京的所謂豐亨豫大了。墨子之政是法夏，而儒家説夏之政忠；又説"救僿莫若以忠"，《史記・高祖本紀贊》。可見儒、墨相通。當社會困窮之時，君臣上下，都應以哀矜惻怛之心，行勤生薄死之事，這原是人心之同然，而亦即是天下之公理。譏刺墨子的人，只是不明於其説的立場而已。墨家還有一句話，可以特別注意的，就是墨家巨子所説的"情欲寡"。見《荀子・正論》篇。現在天下的人，都以爲人之性是好奢的；所以節儉總是違反人的本性，多少有待於勉強。殊不知享用程度的適宜，應以生理和心理的狀態爲標準。過儉固非所堪，過奢亦非所欲。奢侈祇是在不正當的社會中所養成的惡習慣罷了。所以中是本性，儉和奢都是病態。

禮的不背於人性，就以此爲其原理。而道家"適情辭餘，以性爲度"之說，見《淮南子・精神訓》。亦是深知此義的。必知此義，然後墨子之道"反天下之心"之難解，而此義，尤可以破現代人的迷惑。

　　周秦時代的學者，對於社會改正的意見如此。其是非得失，究竟如何？請待下章批評。

第十章　漢代的社會改革

從大同到小康，從小康到亂世，社會的組織，一天天變壞；人生其間的，一天天無所保障，而純靠自力競爭。敗的固然做了犧牲，勝的亦朝不保暮。人生其間，真乃無樂趣而有苦趣了。當這時代，人如何不想改良向上呢？在後世，人習於病態者既久，以爲天下本不過如此，那就無從説起了。在周秦時代則不然，大家還保存着健康時代的追憶，總以爲人不就是這樣的；社會也不該是這樣的。此等心理，滂薄鬱積，自然遲早總有實行的機會。

實行該在什麽時候呢？那自然是統一之後了。因爲（一）前此忙於競爭，無暇顧及治理。（二）而且天下分裂，即有願治之主，亦苦於無法推行。推行於一地方，其效驗是有限的。而且有許多事情，一局部無從行起。所以統一之後，實在是將社會根本改良最好的時機。苦於最初統一的君主秦始皇帝，其所做的事情，專以固威權、圖娛樂爲目的，雖然其外徵，或者也有爲國家立一個長治久安的基礎的意思，不必盡出於侈欲，然而在這時候，實非當務之急；而其所用的手段，也不得當。於是第一個機會錯過去了。

秦滅漢興，該是第二個可以根本改革的時代。這時候，是人民不堪政府的暴虐，起而把政府推翻的。固然，其中還有很複雜的別種原因，然而這總是其中最重要的一個原因。得天下者自然該替民衆想想法子了。然而劉邦是個無賴子。一時的將相，非武夫，即刀筆吏。刀筆吏是祇能做事務官的，建立不出什麽政策來；武夫更不必説了；

所以只好一事不辦。後來人都說他們不願意辦，其實與其說不願意辦，無寧說是不懂得，不會辦。這種情勢，直持續到文帝初年。

漢朝到文帝時，才真是可以辦事的時候。因爲前此，中央政府時時猜防着功臣。這時候，內而靠他和功臣相持的外戚已亡；功臣死者前死，僅存的亦垂垂老矣，無復野心；擁有廣土的同姓諸侯，雖然在形勢上很成爲問題，然尚未到決裂的地步，還很有回旋的餘地。所以這時候，是很可以，而且很應該從根本上改革的時代。然而文帝卻祇行了一個似是而非的道家政策。

怎樣說文帝的道家政策，是似是而非的呢？道家的宗旨是無爲。無爲就是不起變化的意思，這在第七章中，已經說過了。道家所以提出此項宗旨，因爲其時代較早，其時的社會，本是好的，只要掌握政權，能使社會起變化的人，不造種種惡業，使社會變壞就夠了。這時候，社會變化的機鍵，全在這一部分人手裏，所以道家針對他們說話。至於漢代，情形就不然了。其時社會業已複雜；而又國土廣大，人民衆多；各地方風俗不一。無論從教化方面，或者刑禁方面說，中央政府都不能真成爲全國的重心。和春秋時代，中等國土，令行禁止的情形，已大不同。古代的治理，所怕的是貴族的阻格。法家竭力要擴張君權，就是爲此。倘使政令而能及於人民，人民總是真實奉行的。没有後世法令成爲具文；廟堂三令五申；文告奏報，都說得堂皇美備；而到社會上一看，卻全没有這回事的情形。所以古代改良政治，和改良社會兩問題，關係較爲密切。在後世，則政治的力量，僅能維持極粗的治安綫。如不許殺人放火等，較爲積極的事情，都無從辦起了。如其辦之，不是有名無實，就要反生擾累。這是古今政治的一大異點。借政治的力量來改革社會的所以難行。比諸古代的小國寡民，則相去不可以道里計了。此時"富"與"貴"，業已分歧而成兩事。固然貴的人總要富些，然而未必皆富。富的人以法律而論，其地位原不過和窮人一樣，甚且不如窮人。如漢時法律，貴農夫而賤商人。然而在事實上，其權力勢必甚大。政治法律，都無如之何。所以這時候，不但君主一個人，即使凡有政權的人，都能够清静自守，亦無益於治。因爲社會複雜了，能使社會起變化的，并不止這少數有政權的人。而且這時候的社會，久已變壞了，也無待於當時的人，更行作惡而使之變壞。所以這時候的社會,非大加改革不可。必大加改革,使社會的組織成爲合理的,然後以清净無爲守之,乃爲善用道家之學。否則只是牢守着惡習慣,只是隨順著病理,并不能稱爲善於衛生。漢代的用道家之學,不始於文帝。當蕭、曹爲相時,所行的政治,即已合於此主義。吕后雖説不上推行什麽政策,其所行,卻也暗合於此的。《史記・吕后本紀贊》:"孝惠皇帝、高后之時,黎民得離戰國之苦,君臣俱欲休息乎無爲。故惠帝高拱,高后女主稱制,政不出房户,天下晏然。刑罰罕用,罪人是希。民務稼穡,衣食滋殖。"文帝以後的景帝,亦能謹守此義。所以此種政策的持續,可以説有七十年。然而其效果,除政府不自擾民,於許多害民的因子中,算是除去了一個之外,其餘都更無所得。這話怎見得呢?請舉《史記》爲證。《史記・平準書》説武帝初年的情形道:"非遇水旱之災,民則人給家足。都鄙廩庾皆滿,而府庫餘貨財。京師之錢,累巨萬,貫朽而不可校。大倉之粟,陳陳相因,充溢露積於外,至腐敗不可食。衆庶街巷有馬,阡陌之間成群;而乘字牝者,擯而不得聚會。守閭閻者食粱肉,爲吏者長子孫;居官者以爲姓號。故人人自愛而重犯法,先行義而後絀恥辱焉。"這真可謂國富民安了。然而又説:"當是之時,網疏而民富,役財驕溢,或至兼併。豪黨之徒,以武斷於鄉曲。"兼併是該行之於窮困之時的。富庶之日,如何反行起兼併來呢?可見其所謂富者,不過總計全國的富量,有所增加,而并不是均攤在衆人頭上。所以這時候的富人,固然遠較天下初平時爲富,窮人則還是一樣;而貧富相形之間,其懸殊或者反較大亂初平時爲甚。就物質數量而論,大亂之前,無論如何,總較大亂之後爲遠勝。然而當大亂之前,人心必蹙然感其不足,一似不可一日居者。到大亂之後,赤地無餘,倒也罷了。這可見所謂足不足,物質的關係尚淺,而心理的關係實深。所謂貧窮者,實非真正的物質缺乏,而爲貧富相形的問題。歷代當承平數世之後,社會生計,必有蹙然不可終日之憂。議論的人,不過歸咎於(一)人口過多,土地不足。(二)社會風氣漸侈,生産雖增,消費亦隨之增加;其增加的程度,或至超過生産增加的程度。對於第一個問題的計劃，不過移民墾荒，改良農業……對於第二個問題，則大都主張修明禮教，提倡節儉，禁止奢侈。其實第一個問題，通全中國而言之，不論哪一個時代，距真正到來的日子，總還甚遠。這是另一個問題，非此處所能詳論。至於第二個問題，則消費超過了生產，當然是要窮的。對付這種窮，除節儉外，更有何策？這是理論上當然的結果，更無疑義，而亦是大家切身之患。論理，應該大家都知道警惕的。然而歷代行之，總是無效。不論政府的獎懲，民間的勸戒，都是如此，這是什麼理由呢？因爲人心總是好奢的。這所謂奢，并非物質消耗多少的問題，而是人和人互相比較，不甘落後的問題。所以苟有人引誘於前，必有人追隨於後，無論定什麼標準爲消費程度的等差，實際上總是無效的。而歷代的禁奢，莫不承認此等差別之存在，此其收效之所以甚少而幾等於零。真正生產的程度增高了，而後消費的程度，隨之而增高，本來不成問題。所苦者，富力的增加，實在祇偏於一部分，而大多數人的消費，都要勉強追隨於其後，那就成爲很嚴重問題了。然而無嚴切有效的禁令，而希望這少數的富人，顧念一般的生活程度，而自行節制其消費，不超過衆所能堪的水平綫，是萬無此理的。苟有少數人之消費程度增高，大多數人，必將不顧其生活程度，而勉強追隨於其後，又爲勢所必至，而無可如何之事。歷代承平之後，風俗勢必漸趨奢侈；而風俗既趨奢侈，總要成爲生計上嚴重的問題，即由於此。所以講經濟，非兼顧到消費方面，是不徹底的。要兼顧到消費方面，其第一義，即在禁奢。而禁奢的有效政策，是要對着少數有資力的人施行的，勸諭大多數人無效。漢朝的文、景，未嘗不躬行節儉，然而卻未能禁奢。能制民之產而不能禁奢，其政策尚且無效，何況兩者都不能呢？這是文景的休養生息所以無裨於社會的理由。

　　文景之後，武帝繼起，重用了一個桑弘羊。桑弘羊這個人，向來不過當他是個言利之臣，以爲是個善於言利的賈人子而已。其實他是個很有學問的人。他所行的，全是管、商一派的學說，讀《鹽鐵論》

可見。但是他行之爲什麼不見其利,但見其害呢？這有兩種原因：第一,他雖有學問,而亦是一個窺時趨勢的佞臣。所行的政策,雖有理由,而其意既注重於籌款,則不免將本意拋荒,而祇成爲一種搜括的政策。其二,這時代的人,久已習於私產了,以私產時代的人的心理,行社會主義的政策,本已無以善其後。而況桑弘羊所用的,又有一部分是商人。商人是最自利的,而亦是最善於牟利的,所以當時所辦的事,其内容實在不可究詰。我們試引一段《鹽鐵論》上賢良文學的話,以見其概:"故民得占租,鼓鑄煮鹽之時,鹽與五穀同價,器和利而中用。今縣官作鐵器,多苦惡；工費不省；卒徒煩而力作不盡。家人相一,父子戮力,各務爲善器；器不善者不集。農事急,輓運,衍之阡陌之間。民相與市買,得以財貨五穀新弊易貨,或賞。民不棄作業,置田器,各得所欲。更繇省約,縣官以徒復作,繕治道橋,諸發民便之。今總其原,一其賈。器多堅硜,善惡無所擇。吏數不在,器難得。家人不能多儲,多儲則鎮生。棄膏腴之日,遠市田器,則復良時。鹽鐵賈貴,百姓不便。貧民或木耕手耨,土耰啖食。鐵官賣器不售,或頗賦於民。卒徒作不中程,時命助之,發徵無限,更繇以均劇,故百姓疾苦之。"鹽鐵一事如此,其他可以類推了。桑弘羊所行的事情,可以分爲三類：(一)鹽、鐵、酒酤,是官賣性質。(二)算緡錢,舟車,是增稅。(三)均輸,是官營商業。官賣的事如此,增稅自然更祇成爲搜括的政策。官營商業,此時在官的資本,也斷乎控制不住廣大的市場,自然是徒與商人爭利而已。我們看《史記・平準書》和《漢書・食貨志》所記載的情形,便可知其所行,社會政策的意思,一點也不存在。

先秦時代,抱持社會政策的思想的,共有五家：道家和農家,宗旨是很相近的。實行道家的學説,縱不能算就是實行農家的學説,也可以説是和農家很爲接近。墨家：因其道大觳,爲治者階級所不堪；又其徒黨爲俠,亦爲在上者所深忌；所以没有見用的機會。然而文帝的節儉,亦可以説略得墨家的意思,不過其無益,亦和其用道家之學一樣。因爲這時候奢侈的人多了，消耗物資，敗壞風氣的，并不是你一個人，單是你一個人甚而至於你的一家能節儉，又有何益？而武帝時桑弘羊行管商之學又如此。然則先秦五家之學，已經有四家行之而無效了，雖然不是徹底的奉行，總算能略師其意。以當時人心的澆薄鬱積，決不能如此而遂止。儒本是東周以來的顯學；自武帝表章六藝、罷黜百家以來，其在社會上，更有最大的威權；自然其所主張，總有一次實行的機會。

漢代儒家的議論，傳於後世者最多。這固由武帝以後，儒學專行，亦因作史的人，如司馬遷、班固等，都是儒學的黨徒之故。我們把儒家議論，歸納起來，大約可分爲兩點：（一）生計問題，即制民之產的問題。（二）教化問題。重要的是納民於規範。能納民於規範，則其消費自然合度。所以教化問題，在生計上說，可以說是包含消費問題的。雖然儒家的教化問題，其範圍并不如是其狹。

儒家的主張，是富先於教的。此等證據，隨處可見，可以不必再舉。"救死而恐不贍，奚暇治禮義哉"？此是很淺近易明，而亦是普遍不易的道理。所以先富後教，在理論上，本無可懷疑。但是亦有一端，要注意的。由貧而致富，必須要相當的時間，亦必須要相當的辦法。倘使正在進行的中途，而有一班人，不顧公益，恃其多財，任意消耗；大多數人，勢必追隨於其後。如此，消費之量，永無節約之時；并生產之事，亦將受其妨礙，富之目的，永難到達；教更不必說了。所以教在富之後，不過是一句大概的話。在實際上，是不能絕對分離的。而所謂教，并不單是勸導，運用政治法律的力量，以制止一切逾越規範的行爲，亦都包含在內。

漢儒的議論，因爲太多了，我們現在不再鈔撮，以避麻煩，僅約舉其大綱如下：

（一）他們對於生計問題，注重於制民之產；而所謂產者，即是土地問題。他們所夢想的，自然是井田制度。雖沒有具體恢復的主張，可是通觀他們的議論，即可知其終極的目的，實在於此。至於調和現實,求其易於實行,以爲漸進之辦法,則是限民名田。第一個提出的是董仲舒。後來擬有具體辦法的是師丹。但爲惡勢力所阻礙,未能實行。

（二）他們所謂教化問題,就其全體的規劃言之,是要改良風俗,把人民一切行爲,都納之於軌範之中。單就生計一方面說,則禁奢尤爲重要之義。其中賈誼,第一個提出這問題。後來主張得最激烈的是翼奉。他主張非遷都不能更化,就是因爲舊都之中,惡勢力太深厚了,新法制難於實行。此可見漢儒言改革的,都以能實施新法制爲要義。

儒家的論生計,對於生產、消費兩方面,可謂都極注意。獨其對於交易方面,則無甚主張。"市廛而不稅,關譏而不徵",這是一種很陳舊的思想。當各地方交通未便利、商業未發達時,商人是生產消費者之友而非其敵;當這時代,自然要盡力於招徠。到後來,商業資本發達了,商人變爲社會上最跋扈的人。以社會政策論,固然要制裁他。即就財政而論,亦樂得抽他們的稅,且亦很應該抽他們的稅。爲什麼還要拘定"縣官當衣食租稅"而已的舊見解,漢朝卜式的話,見《史記·平準書》。這是隋以前言財政者通有的思想。所以晉初定律,把關於酒酤等的規定,別定爲令。因爲法律不易改動,而令則可以隨時增損。這就是表示天下太平之後,這許多賦稅,應得廢除的意思。見《晉書·刑法志》。隋文帝得天下後,亦把一切雜稅,漸次廢除。可參看《文獻通考·國用考》。中國自唐中葉以前,國家正當的收入,可說是專恃田租、口賦、力役三者。別種收入,只是不得已時的搜括,在理論上,始終沒承認其正當。現在恃爲收入大宗的關鹽等稅,都是創始於唐中葉以後,逐步發展起來的。所以然者,乃因唐中葉以後,土地爲藩鎮所擅,國家收入減少,而用度增加,乃不得不取之於此。宋定天下之後,照前此的成例,是應該一概撤廢的。但因養兵太多,所以沿而未廢。行之既久,大家覺得這些稅,也無甚大害,就無人更主縣官當衣食租稅之論了。這是事實使然,并非人們在理論上有何發見。這可見人們思想的陳舊。反對一切新設的稅目呢？當時所增的新稅,固然擾累特甚,然而實際辦理得好不好是一回事,新稅是否應當增設,又是一件事。儒家的不注意大工商業,我以爲其理由係如此：儒家的意思,人的生活,應守一定的軌範的。而其所謂軌範,卻是比較上陳舊的生活。假使儒家此項目的而能達到，則當時商人所恃以獲利的條件，即根本取消。因為陳舊的生活，是比較上處於自給自足狀況之下的。如此，商業資本，不必要節制；商人也無待於賤，而這問題自然解決了。譬如今日，我們倘有法子，使全國人的生活，都回到閉關時代，窮鄉僻壤的狀況，洋貨及一切奢侈品，哪得會有消場？又何勞談什麼節制資本，關稅壁壘……政策呢？這話并非我胡猜，當時的儒家思想，似乎確係如此。讀《鹽鐵論・散不足》篇可見。然而這實在是落伍的思想。在這一點，我以為賢良文學之言，不如御史大夫多多了。

凡事總是進步的；而後起的人，尤易奄有前此的衆長。所以王莽雖號稱儒家，而其政策，實已兼該儒法。他所以不肯墨守當時通行的今文經說，而要另創一派古文之學，即由於此。因為古文之學所舉的書，較為廣博。其中有一部分，是時代較後，而其辦法，較適切於當時社會的。如他行五均賒貸時，所根據的《樂語》和《周官》，即其一例。

王莽的設施，今約舉如下：

（一）更名天下田曰王田，奴婢曰私屬，皆不得賣買。其男口不盈八，而田過一井者，分餘田與九族鄉黨。

（二）於長安及五都，洛陽、邯鄲、臨菑、宛、成都。立五均官。改長安東西市令，五都市長為五均司市師。皆置交易丞及錢府丞。

（三）諸司市以四時仲月，定物上中下之價，各自用為其市"平"。賣買之物，周於民用而不讎者，均官用其本價取之。萬物昂貴過平一錢，因漢代錢價貴，所以如此。則以平價賣與民。

（四）工商能採金、銀、銅、錫、登龜、取貝者，皆自佔司市、錢府，順時氣而取之。

（五）諸取衆物，鳥獸、魚鱉、百蟲於山林，及畜牧者；嬪婦桑蠶、織紝、補縫；工匠、醫、巫、卜、祝，及它方技；商販、賈人、坐肆，列里區謁舍；皆各自佔所為於其所在之縣官；除其本，計其利，十一分之，而以其一為貢。

（六）民欲祭祀，喪祀而無用者，錢府以所入工商之貢但賒之。但，徒也。但賒，謂空借，即不取利息。祭祀毋過旬日，喪祀毋過三月。欲貸以治產業者，均受之。除其費，計所得受息，毋過歲十一。

（七）凡田不耕者為不殖，出三夫之稅。城郭中宅不樹藝者為不毛，出三夫之布。民浮游無事，出夫布一匹。其不能出布者，宂作縣官衣食之。

（八）五均賒貸，即莽所謂六筦之一。此外還有（甲）鹽，（乙）酒，（丙）鐵，（丁）名山大澤，（戊）鐵布銅冶，亦都收歸官辦，總稱謂之六筦。

王莽的政策，我們綜括起來，是：（A）耕地收歸國有，平均分配。（B）耕地以外的土地──山澤，歸官管理。（C）鹽、鐵、酒、冶鑄之業，收歸官營。（D）商業由官統制。滯銷而有用之物，由官照成本收買，以保護生產和運銷者。此項買進之物，物價高過平價時，即照平價賣出，以保護消費者。（E）此外各項以營利為目的的事業，都收其稅，以供乏絕者之借貸。（F）不事生產者有罰。但無從得業的，縣官亦得給他雜事做，而供給他的衣食。合各方面而兼籌并顧，真可謂體大思精了。但是(1)此等制度，用何等機關推行？推行之時，用何法保證其有利無弊，或隨時興利除弊？(2)就商業一方面說，在官有多大的資本，能控制市場？這實在是很大的疑問。

關於第一個問題：因人習於私產制度之已久，此種改革，勢必不能自動推行；勢必有待於國家。國家推行一種政策，勢必藉手於官吏。但官吏亦久已成為一種謀生的職業。人的普通性質，權力沒有限制，總是要濫用的；利總是要盡量攫取，愈多愈好的。官吏是權力在手，可利用之以牟利的人，所以做官與作弊兩個名詞，幾乎常相聯帶。自然，不待監督，而自能清廉奉公的人也是有的，但這總衹是少數。以一般情形論，上文所說的幾句話，總是無對不對的事實。這無所謂世風不古，亦無所謂中國人具有特別的劣根性。以一般情形論，不論古今中外，總是一樣的。這有很堅強的證據，不過在此處無暇評論罷了。——老實說：此等普遍而易知的事實，人人反省而可以自明的心理；已無待於羅列證據的。所以"督責之術不可廢"，自戰國已來的法家，久已視爲政治上的鐵則；而我們在學理上、經驗上，確亦承認它是一條鐵則。"舊稅是良稅"，這是爲什麼？因爲（A）習慣了，負擔的人，不大覺得苦痛。（B）而習慣是有最大的勢力的。既已成爲習慣，負擔的人，固然不易解除其負擔；誅求的人，倒也不敢隨意爲逾分的誅求。倘使逾分誅求，被誅求的人，就要因其不合習慣而引起反抗了。新稅則不然，故於逾分的誅求最便。這一種原理，是適用於一切誅求上的，不但租稅。所以當創制改法之時，行政上的督責，需要更加嚴厲。新莽對於這個問題，卻是如何呢？我們并沒有聽見他特設一個監察的機關；亦沒聽見他格外注重於監察的事務。只知道他迷信立法，"以爲制定則天下自平。公卿旦入暮出，議論連年不決。不暇省獄訟冤結，民之急務"。甚至"縣宰缺者數年，守兼一切，貪殘日甚"。對於督責一端，反而格外廢弛而已。而其所用的，又有一部分是商人。這個和用桑弘羊同弊。當時行政的情形，就可想而知了。

關於第二個問題：我們雖不知漢代的市場，究有多麼廣大，當時人民的日常生活，必有待於交易者如何。然而自東周以來，商業資本，久已活躍；而以國家之力，控制市場，則只見《管子》一類的書，有些理論，是否實行，很成疑問。即使曾經部分實行，此時也久已廢墜了。況乎并部分實行的形跡而不可見呢？然則國家而要控制市場，這一筆雄厚的資本，從何而來？無資本，則周於民用而不讎之物，用什麼東西去買進？物價高過平一錢時，用何法處置？固然有工商之貢的收入，然而這是要留着預備平民賒貸的。倘使移作控制市場之用，平民賒貸的資金，又無着落了。況且當時工商之貢，究竟收到多少，也很成疑問。即使所收甚多，以當時行政監督的疏闊，能保其不入私囊麼？桑弘羊均輸之法所以能行，因其使各地方都以本地方的出口貨爲賦，不啻增加一種新稅，而新莽又不聞有此。然則當時五均司市的資本，從何而來呢？資本之成爲疑問如此，而行政的效率如何,更成爲疑問。史料雖然缺乏,以理度之,恐當時的商業控制,不會有多大的成績;甚而至於不免騷擾。

新莽之所行,是無一不足以擾亂經濟界的。而其尤甚的,怕是改革幣制一事。漢人的日常生活,必有待於交易自然還不如後世的密切,觀其錢價之貴可知。《史記·貨殖列傳》說:穀價應上不過八十,下不過三十。漢代的一石,我們粗算它是現在三分之一,則現在的一石穀,在漢時,只直錢二百四十文。這是經濟常態中最高的穀價了。事實上,宣帝時竟跌至穀石五錢,則現在的一石穀,只直錢十五文。錢價之貴如此,所以當時零星貿易,并不能用錢。《鹽鐵論·散不足》篇說,當時買肉的人,是"負粟而往,易肉而歸"。買肉且然,買菜更不必說了。然而錢在當時,究已成爲人人不能不用之物。觀《漢書·食貨志》所載李悝《盡地力之教》,估計農家一年所穫的穀,直錢幾何;除日食之外,一切開支,用錢幾何可知。固然,這是爲計算的方便,以錢論價;實際使用之時,未必都支出現錢,然而此等支出,其不能全不用現錢,亦可推想而得。即謂不然,大宗交易,現錢亦總不可缺的。而在當時,各種生產,都已和商業發生了密切的關係,這也是無可懷疑的事實。然則貨幣如何好擾亂呢?自秦始皇至漢武帝,幣制變更了好多次。只有漢武最後所鑄的五銖錢,得民信用。這個理由,現在不必深論。而在當時,五銖錢得人信用,則是事實。而王莽卻將幣制改爲五物、六名、二十八品。如此煩雜的幣制,自然是一日不可行的,而莽卻禁漢五銖錢甚嚴。在私產社會中,凡生產,都是爲着交易,所生產的都是商品。到底有用與否,生產的人是并不知道的。不過眼看着市場,什麼東西,向來是有用的,在交易上是可以獲利的,就從而生產之罷了。所以生產的正常,必有待於市場的穩定。以交易爲分配,自然不是分配的好法子。然而這是人人賴以生活,一日不能暫離的。新分配的方法未立,而先將舊交易制度破壞,這不但恃交易以牟利的人,一朝失其所恃;就是從事於生產的人,也覺得無所適從;而在消費方面,除卻真能自給自足的人,這時代恐沒有罷。也都陷於困境了。一切誅求擾累的事,無論如何嚴峻,總不易使人人都受其影響的,惟有幣制則不然。《漢書》說新室變法的結果,是"元元失業,食貨俱廢",其最大的原因,怕即在乎此？這怕是新室政府的致命傷？

　　因全國經濟界普遍失常而引起的騷亂，自然不是一個政府的力量所能鎮壓的。而新室政府的運命，遂於焉告終。其所懷抱的理想，和其所制定的政策，亦一齊拉倒。

　　這不是王莽一個人的失敗，實在是先秦以來談社會主義和政策的人公共的失敗。因爲王莽所行的，都是他們所發明的理論，所主張的政策，在王莽不過見諸實行罷了。從此以後，大家知道社會改革，不是件容易的事，無人敢作根本改革之想。如其有之，一定是很富於感情，而不甚瞭解現狀之人，大家視爲迂闊之徒，於社會上絲毫不佔勢力。"治天下不如安天下，安天下不如與天下安"，遂成爲政治上的金科玉律。久而久之，就并社會本來是好的而亦忘掉，以爲本不過如此，視病理爲生理了。自東漢以後，國家更無從根本上平均財産的思想。其有之，則以農田爲限。亦是取去其太甚，逐漸進行的政策。質而言之，兼採限民名田和官授田的兩種政策。晉朝的户調式，北魏的均田令，唐朝的租庸調法，三者是相一貫的。控制物價，亦以食糧爲限，即常平之法是。此外如唐劉晏之所行，則主要的目的，在於財政，顧及社會經濟，至多是其副目的。這兩者，行之都不能收效。不但不能收效而已，常平是現在還有此法的，我們眼見其并不實行。即户調、均田、租庸調等制，究曾實行至何程度，也是一個很大的疑問。自此以外，只有偶或行之的借貸政策，如宋代的青苗法；及規模很小，如宋代的廣惠倉；或者臨時施行，如蠲免租稅的救濟政策了。此等和社會經濟的根本，可說是毫無關係的，所以不再叙述。

第十一章　到大同之路

孟子説："大人者，不失其赤子之心者也。"這句話説得最好。假使有一個成年的人，其道德心，竟和赤子一樣，我們自不得不推之爲大人了。但是大人和赤子，仍有一個異點。赤子是未曾接受環境的影響，所以能保其大人之德的。但其年漸長，受社會的漸染日深，而其道德心，亦即隨之而淪喪。大人則不然。他受環境的影響，已經很深切了。對於惡社會，是很能夠瞭解的。隨波逐流，加入作惡的力量，也是有的。因其天性之獨厚，觀察之獨深，不以恆人之所謂幸福者爲幸福；深知福與善必相一致；於是卓然獨立，不爲環境所轉移。既不爲環境所轉移，則多少必能轉移環境，這才不是爲環境所決定的大人；而是靠自己的力量，改造環境，以回復其天德的赤子。必至此，才可謂之入於不退轉地。個人如此，社會亦然。被環境所決定的社會，是靠不住的。古代社會，環境好的，竟能實現出大同世界；其壞的，就野蠻殘酷得更無人理；而組織極好的社會，遭遇壞環境，亦即隨之爲轉移，即由於此。必其經歷萬難，知識增高；知道從前所走的，都是歧路，而自動的有意識地回復過來。這種赤子之心，才能保其不再喪失。這是歷史上的大同時代，和今後的大同時代不同之點，正和赤子同大人的異點一樣。

覺得所處的社會不好，而想把他改造，不是始於現在的。幾千年以前，早有轟轟烈烈的運動了。如前兩章所述。但是爲什麼終於無效呢？

其（一）是由囿於小康，誤以爲所謂禹、湯、文、武、成王、周公之治，即是登峰造極之境，不敢作更進一步之想。不但自己不敢作此想，遇有持此等議論的，亦必力加排斥。宋儒疑《禮運》非孔子之言，即其一例。而不知所謂禹、湯、文、武、成王、周公，即三代之治者，其實是階級之治。既有階級，兩階級的利害，總不能相容。無論自覺地，不自覺地，總處於此肥彼瘠的地位；總不免明爭暗鬥的行爲。此豈言治究竟之義？無論後人所謂三代之治者，實多半雜以理想，不易達到；即實際上三代的情形，恐亦不易回復。因爲即僅如此，所需"公""仁"之心，也遠較今日社會中人所具有爲多。此等有限量的"公""仁"之心，在後世的社會裏，也是不易實現的。因爲根於自私自利之心而來的制度，總是愈演進而愈形其深刻的。

其（二）後世談社會改革的人，其哲學上的見地太偏於唯心論了。孟子說："待文王而後興者，凡民也。若夫豪傑之士，雖無文王猶興。"《孟子·盡心上》。又說："無恆產而有恆心者，惟士爲能。若民，則無恆產，因無恆心；苟無恆心，放辟邪侈，無不爲矣。"《孟子·梁惠王上》。都明明承認多數人總是中材，而所謂豪傑之士，只是少數。少數豪傑之士，固然可以希望他同環境反抗，多數中材，則總須先改造其環境，然後能得到解放。好比壓在頹牆之下的人，苟非力士，必先把壓在他身上之物起去，他才會爬起來。此理在古代，本來人人明白的，所以説到治天下，總要從改革制度一方面着想。在惡制度之下，責人爲善的很少。後人此等觀念，卻茫昧了。對於環境，總不想努力改良；只想在現狀之下，責人以爲善。而不知道大多數人，總是被環境決定的，有怎樣的環境，就只有怎樣的社會。因果關係，絲毫不得差忒，哪有希望的餘地？

其（三）前項所述的弊病，是東漢以後才盛的。大約鑒於新室改革的失敗，所以不大敢談改革制度，而專在人心一方面着想。西漢時代的人，還不是如此，先秦更不必說了。然而從東周至西漢，不論是全局或一枝一節的改革，亦無不終於失敗，這是什麽理由呢？我説：

他們的失敗,亦有兩端:(A)狃於小康以降的局面,以爲人生來有君子小人之分,小人總是不能自治,要待治於人的。於是一切法子,無不是自上而下。不知領導人民,開發人民,共同從事改革,而一味操刀代斲。人民能瞭解,而且覺得自己需要的事,就辦得好,否則就辦不好,此例在歷史上不勝枚舉。譬如常平倉,是官辦的事業。法雖良,意雖美,到後來便有名無實了。義倉的本意,是令人民自辦的,所以比較上辦得好。然其起原,仍由在上者之提倡;故人民實亦不能自動;管理之權,乃逐漸歸之於官;而其事亦遂有名無實。社倉的起原,可以說是人民自發的,所以成績最好。然而放行之處,並非人民皆能自動,故其好壞,亦即須視其能否自動以爲衡。又如役法,是唐宋以來,厲民最甚之政。其實並非唐以後才厲民,不過自唐以後,所傳的史料,才較詳備罷了。以制度言,自宋訖明,以事實言,亦可謂自宋訖今,議論紛紜,竟無良策。而人民能自辦義役的地方,則官事辦而人民亦不受其害。人民的自治,竟能補救政府治理之力之窮了。又如民兵:宋朝神宗時所行的保甲,試讀《宋史‧兵志》所載司馬光、王巖叟的奏疏,其有名無實,反滋擾纍的情形,真要令人氣結。然試一讀蘇軾《請存恤河北弓箭社》的奏章,則又令人氣足神旺。總而言之:人民能自立法而自守之,其力之偉大,實非操刀代斲的政治家所能想像。此等例不勝枚舉。(B)狃於古代自給自足的小社會。不知分工合力的範圍雖然擴大,人和人的聯結雖然因此而密切,但只要彼此利害,不立於敵對地位,而立於共同的地位,人總還是相親相愛,無詐無虞的。而誤以爲風俗要回到古初之淳,則人對自然的關係,及人與人的關係,亦必須回復到古初一樣,則非將社會倒退數千年,退化其技術,而割斷其人與人間之聯繫不可。這如何可行?《鹽鐵論》的《散不足》篇,最能表現此等思想。漢人講重農抑商,不想出一種新分配的方法來,以代商人的交換,而只想抑制商人。果如其所希望,商人盡反於南畝,豈非分工合力的範圍,驟行縮小?而社會生活程度,將倒退數百千年?

　　新室以前的革命,東漢以後的改良,無不失敗,其重要的原因,大概不外乎此了。然則我們今日,苟反其道而行之,能否使社會逐漸改善,而終至於上理呢?於此,我想先引一篇昔人的文章,使讀者之膽氣一壯。這一篇文章是清代喬光烈所撰,篇名爲《招墾里記》,其文如下:"招墾里,在寶雞南萬山中。去縣郭絕遠,爲人跡所罕至。乾隆初,予令寶雞。按縣版,得其里名。以問吏,吏曰:'是僻處山谷,與外邈隔。前官來此者,雖出行縣,卒未有一往其地,蓋畏其荒險而憚崎嶇也。'予顧謂吏:'知縣事者,凡山川、里居、土風、氓俗,其遠近、多少、饒瘠,若爲澆樸,宜周覽目省麗於政,寧險遠自惜邪?'顧往寶雞。居無何,屬當巡行。因戒吏卒往里中。出郭,渡渭水,至南山下。山盡合,勢不可進。見兩崖間忽豁坼,若扉半啓。土石中裂,類斤斧鏟刻所成。然狹逼甚,望之疑徑道無所通。吏前告曰:'此往招墾路也。'予勇而入。視其間,才容一騎行。導從不得列。羊腸結屈,蛇盤回紆,宛轉循岸壁。仰視天光,如在井底。度行且百里,已日暮,無止舍。得里人穿室山間爲神祠者,僅一楹,就休其中。明日,復行。約五六十里許,連山皆分,境忽大關。平原廣陌,井聚廬落,悉見馬首。意方豁如。吏曰:'即招墾矣。'里舊編甲凡六,居者數千家。其地宜五種,而菽麥尤盛。其含奧吐腴,而田多膏壤,故歲常登。其材木富而桑柘果蓏足於資。其俗安於耕蠶,供衣食吉凶。里相昏姻,鄰尚和樂,而寡訟鬥。居其間者,蓋幾若自爲一世然。亦以其去城廓之遠,而縣邑之人常不至也,以是絕去華囂之風,而久安樸願。余少時,讀《桃花源記》,特以爲出於作者之寓言,及觀於是,始嘆與淵明所云,未有異者。……里中之民,自少至老,既未嘗以事涉縣廷,見官府;其賦稅亦不勞催科。凡田舍市易,不爲券契,以口成質而已。亦訖無變者。烏乎?是猶太古之餘,而樸未散歟!……"

我讀《桃花源記》,在九歲時候。當時父師詔我,說這是寓言;我亦誠以爲寓言而已矣。到十四時,讀《經世文編》,在其第二十三卷中,看見這一篇文字。這一篇文字,無可指爲寓言之理。當時頗因此而疑《桃花源記》之亦非寓言。但當時未有社會思想,《招墾里記》這一篇文字,有何價值?《桃花源記》是寓言,還是事實?有何關係?自然都不成問題。其實這一類事實,散見在昔人記載中,其數甚夥,正不獨桃花源與招墾里爲獨有千古。即以我的淺陋,披覽之餘,覺得此等記載,遇見的亦不止一兩次。惜乎當時看得不成問題,沒有鈔摘下來。到如今,要想蒐羅這一類事實,竟是大海茫茫,無從尋檢。除掉這最初所見的一則，腦筋中的印象，畢竟深些，還能翻檢出來，其餘竟無從蒐索了。無已，再舉一則民國二十二年十一月某日上海《申報》所載是月十五日山東費縣的通信，以作佐證，原文如下："蒙山綿亙魯南，臨、郯、費、嶧、蒙、泗、新、萊各縣，東西二百餘里，南北⋯⋯百餘里。泉水清冽，森林徧山。產名藥異果及鉛錫等礦。因交通滯澀，百年來鮮有入山開採者。山內人民，⋯⋯尚有野人風。⋯⋯不知耕稼，僅採山藥及銀花，易粟而食。其人面色黝黑，聲剛而鈍。⋯⋯不履，足底岡子元註："此俗名。"案謂足繭也。有二分厚。登山攀樹，捷如猿。居石室內。每村十家數十家不等。皆推舉年長有力者，管理村事，頗似部落時代之酋長。凡有糾紛，均訴請解決。婚嫁儀式，與明代無異。民性極蠻橫，山外人除採購藥材外，不得久居山內，否則必遭暗殺。此等僻處隔絕的社會，對待外人，往往非常殘酷，然無害於其人之性質之和平，及其對內之能相人偶。參看第九章。山居不知歲月，梅花盛開便過年。秋夏工作之餘，村長即率全村人民，在山下跳躍聚樂，且唱山歌。有婚娶者，全村前往幫忙廣祝，頗有合作精神。居山洞或石室內。室用巨石壘築，高丈許，甚寬大，無門。可見《禮運》所謂"外戶不閉"，並非虛言。在壁上留洞，以透日光。室內敷草為牀，全家均睡一室。用薄石板為桌。鍋碗係由內地購往。服裝類似明代，可見淵明所謂"不知有漢，何論魏晉"亦非虛言。均以土布為之。婦女尚纏足。服裝與男子無異。惟頭裏粗布帕。言語行動，與內地類似。但無識字者。問其年代，尚不知有民國也。"

這與桃花源、招墾里，又何以異？我所以要抄此兩則，不過見得人全是環境所造成；有怎樣的環境，就成怎樣的人；無所謂世風不古，無所謂古今人不相及。假使我們現在，能把環境回復到和古代一樣，怕慾求今人之不為古人而不可得呢？

但是此等為環境所決定的社會，並不足取。一者他是為環境所決定的，環境變壞，他也要跟着壞。二要造成此等環境，在今日萬萬不可能。即使能之，而將人類對自然的關係，倒退了數百千年，這又何苦？而況乎其萬萬不可能呢？我們要造成，(A) 對自然的關係，比現在還要良好,而且繼續進步,永無停滯之期;(B) 而人與人之間之關係,則和古代的大同社會一樣;(C) 而其此等環境,又係用自己的意志所造成,並非靠運氣好,偶然遇到。我們就要造成這樣的社會。

我們當用何法,造成這樣的社會呢?這自然非一言所能盡,而亦非一言所能決。我的意思,以爲現在世界上,各個社會,有形形色色之不同;其所以改造之而達於理想的境界,自亦非一途所能盡。執定一種手段,而以爲非此不可;以爲惟此一途,是還不免有蓬之心的。《易大傳》說得好:"天下同歸而殊途,一致而百慮。"歸不可以不同,而途則不能不殊;致不可以不一,而慮則無妨有百。然則當用怎樣的各種手段呢?這自非淺學如予所能列舉,而亦非這一部書所該列舉。這一部書只是想考證孔子之所謂大同,實際究竟有無其事?如其有之,則想考明其是如何一回事,如何而降爲小康,又如何而入於亂世。簡而言之:其意在於考古,而不在乎策今。然而陳古可以鑒今,我這部書雖然是考古之書,不容侈陳現今改革的方法;縱談現今改革的理論,以自亂其例,然而考古之餘,對於今日的社會,自不能毫無意見。竭其千慮之一得,以供今日言社會問題者的參考,自亦是義所當然。我在這裏,敢提出我個人的意見。我以爲中國古代的辦法和古人的見解,有仍足供今人參考者三端,敬陳其說於後:

其一,中國的社會革命,當注重於農人。持馬克思主義的人,以爲社會革命,必以工人居前綫,而農民則非經長期的教育不能望其改變。因爲農人無如工人的團結;而且不習於現代生產,倒是固執着私產制度。亦且見聞狹隘,生活簡單;篤於守舊,難與維新,不易牖啓之故。這話固有相當的理由;觀於蘇俄的改革,則並有事實爲之證明。然而以農立國的國家如我國,難道就不想革命嗎?難道坐待我國變成工業國,造成勞資對立的階級,然後再圖革命麼?這也未免失之太拘了。我以爲以農立國如我國,領導農民革命,正爲當務之急。領導農民革命,當用何種手段呢?簡單的均田政策,是斷乎行不通的。因爲他並不能改變農民擁護私產的心理。擁護私產的心理不變,則即使田經一度之均,亦必不久而仍復其舊。在歷史上,如晉代的戶調式、北魏的均田令、唐初的租庸調法,當其初行之時,田畝總必有比較的平均,然而不久即復於其舊,即以此故。溝洫疆界,豈能終日陳兵以守之？然則如之何而可？我們知道,"非意識決定生活,實生活決定意識"。而人的生活,又是隨生產方法的改變而改變的,然則在今日,努力改良農民的生產方法,就是改變農民心理最有效的手段。怎樣改變農民的生產方法呢？則耕作使用機械,是其第一要件。唯耕作使用機械,然後今日寸寸割裂的土地,乃覺其不利。然後擁護私有財產的人,乃自覺其此疆彼界之不利。事實最雄辯,到這時候,農民自然逐漸覺悟,而願將土地整理；而其耕作,自亦漸趨於共同。固然,土地的改正,耕作的共同,未必就是私產制度之廢除。然而積之久,制度日進於公,自私之見,終必隨之而漸化。到此時,再逐漸施以化私為公的教育,道以化私為公辦法,那就真如下令於流水之原了。這種辦法,固非旦夕間可以奏效,然而每一事件的進行,總是愈到後來,而其速率愈大,也不得十分遲緩的。正不必用過於急激的手段。這一種說法,偏於激烈的人,或者不贊成；又或者嫌其手段的遲緩,然而我的愚見,頗認為是農業社會真正的出路。耕作使用機械,足以改變農民的心理,俄國的近事,最足供我們的參考。俄國革命以後,將大地主的土田變為耕者所自有。農民自私之心很深,不願分其收穫貢諸國家。俄政府至須遣兵征糧,農民則起而反抗,紛擾甚而國家仍苦乏糧。一九二一年,乃征農稅而所餘聽其私有。於是富農漸起,社會主義幾於破壞。一九二八年,有馬克維次(Maikevich)者,管理國營農場,以所餘機犂,假諸附近農民,而以共同耕作為條件,農民從之。是為集合農場所自始。俄政府乃推行其法於各處。到現在,有耕地,耕具悉數作為公有；並衣食住亦進而共管的。(詳見張君勱所著《史泰林治下之蘇俄》。)以政令所不能強,口舌所不能爭之事,而生產方法的改變,足以轉移之,馬克思的學說,在此等處,不能說其無效了。而我國古代的所謂"教",不尚空言,而專注重於改良人民的生活,得此亦足證其自有至理。

其二,經濟上分工協力的範圍,後世較諸古代,已不知其擴大若干倍了。至於今日,則幾將合全世界而為一。此等業已聯結之局,固然不能像老子等的意見,還想斷其聯繫,而還之於"老死不相往來"的境界,然而要把社會真正整頓好,則仍有分爲若干區域,各別加以整理的必要。現在的趨勢,是各地方的聯結,日見密切;然而此等聯結,實不見佳。我們要聯結,而不要這樣子的聯結。我們要另換一種新聯結。新聯結必須要有良好的基礎,就是被聯結的分子,個個都要健全。要求其健全,則其組織不能十分龐大。我們目前的情勢,是(1)所聯結之分子,本不見佳;(2)而又因聯結之故,更增其惡化。我們的對治之策,是(1)袪除被聯結的分子本身的弱點,(2)改良其聯結之法,使不至因聯結而生出惡果。二者都有將今日之所謂都會者,斬而小之之必要。人類居住區域的大小,亦即每一區域中聚集的人的多少,本因其對自然的關係,而有一個適當的限度。而在今日,人類聚居的情形,大概與天然的形勢不合。簡單則易治,複雜則難理。大則倫敦、巴黎、紐約、上海,固然無可措手;就是京、平、蘇、杭,也已經無能爲力了。依我看,最大的都邑,最好不超過萬家。這種說法,經濟學家,必將聞之而大笑。經濟學的原則是要以最少的勞費,得最大的效益。要以最少的勞費,得最大的效果,則生產的規模,不能不大。如此,人類的居處,勢必隨之而集中。如何能把大都會斬而小之呢?難道想回復到舊式的生產麽?殊不知天下事總要兩方面顧到,不可趨於一極端。人的聚散,自有其一定的法則。過疏固然不好,過密亦非所宜。什麼是人的聚散的法則呢?從人對人的關係言之,則人類相親相愛之情,樂於群萃州處,是把散居各地方的人,吸集到一處去的,如物理學之有向心力。而人對人,雖其本性上可以說是愛無差等,然其行之,則不能不限於其所能交接之人;而人所能交接的人,事實上總有制限。混在萬人如海的社會中,不覺得人之相人偶之樂,而徒苦其煩囂。這又是一種離心力,限制人不能爲無限的集合的。以人對物的關係而言之,人聚得多,則生產的規模大,可以較少的勞費,得較大的效果,這是把人吸集到一處去的原因。而同時,人的密集太甚,又覺得種種不適,又使人感覺到:我們何苦爲省這生產上的一點氣力,而忍受別方面許多苦痛呢?這又是限制人,使不能爲無限的集合的條件。我們對這兩方面的評價,酌度而得其中,便是人的聚居自然的限度。現在的生產,所生產之物都是商品。商品須求其價廉,求價廉,先須減輕成本。所以不得不忍受其餘的苦痛,以就擴大的生產機關。到所生產的非爲商品,情形就一變了。舊式的紡織機,一人一具,是爲人而造械器的。新式的紡織廠,聚集至數千萬人,是以人就械器。兩者都不是好法子,我們要酌乎其中。甲區域適宜於住一百個人,就爲他造一副一百個人使用的械器。乙區域適宜於住三十個人,又替造一副械器,較甲區域所用,小到只有其十分之三。甲乙兩區域住民的情形,如有變更,械器也就因之而改造了。圖生產費的節省,機械總是利於大的,不專在這一標準之下,評論機械,則機械之宜大宜小,就成疑問。即使生產費總是大規模來得節省,我們要利用機械,而不爲機械所支配,亦當如此;況乎現代利用最廣的蒸汽力,未必不可代以他力。如電力。以他力代蒸汽,生產事業規模的大小,和其生產費的大小,其比例,就未必和蒸汽力相同了。至於人與人間的關係,要在較小的區域中,方易於整頓,則其事更顯而易見。因爲人多了,則人和人互相親愛之力不強,而其制裁之力亦薄;事情又複雜而難明;種種惡德惡俗,就都要由此而生了。就都會之起源而言之,無論其在政治上、經濟上,都沒有必須保留的理由,都是隨着社會病態的發展而後有,而後盛的。如因守禦故而築城堡,因成都市;又如亂世,因都市防衛之力較固,人民從而集中,都市因之,愈形發達;這都是政治上的理由。商工業上的大都會,是因爲便於牟利起見而發達的;而大都會中,資力較厚,享樂之事較多,亦有人貪享樂而走集於此的;這都是經濟上的理由。然而無一非社會的病態。所以今日,慾進世界於太平,所謂都會者,實有斲而小之之必要。而各地方的人民,各謀解決其本地方的問題,實在是人類把自己的事情,措置得妥妥帖帖的惟一的途徑。我們言治的最終目的,是要全世界風同道一;豐嗇苦樂,均無不同。天然的不平等,我們以人力彌補之。而在著手之初,則不能不有賴於各地方的各有整頓。歐文所提倡的新村,所懷抱的,就是此等理想。雖然他的試驗失敗了,不能說這條路是走不通的;而且這怕是社會改革,一定要走的路。孫中山提倡地方自治,亦是有鑒於此。經濟爲社會的基礎,所以中山的意思,想要以一個地方,成爲一個經濟上的單位,而力謀其基礎的充實。如其所著《地方自治開始實行法》有云："執行機關之下,當設立多少專局。……而其首要,在糧食管理局。量地方之人口,儲備至少足供一年之糧食。地方之農產,必先足供地方之食,乃准售於外地。故糧食一類,當由地方公局賣買。……衣住行三種需要的生產機關,悉當歸地方支配,逐漸設局管理。"這就很足以表現此等思想。現在各地方的自治,有許多地方,似乎是反而走向大都會之路上去的。這因現在的所謂自治,其根本並不是人的自治;不是想實現人生世上合理的自處之道,而只是想適合現在的某種主義。到人真能實現其合理的生活時,其目的就和現代大不相同;而我所謂人的聚散的法則,就大有考慮的價值了。然則古代度地居民之制,在言社會改革之家,亦大有參考的價值。度地居民,爲司空之職。見《禮記·王制》。其遺法,略見於《管子》的《度地》篇,《漢書·藝文志》"數術略"有形法家。《漢志》說:"形法者,大舉九州之勢,以立城郭官舍。"亦是此法。惜乎其書盡亡了。《漢志》所著錄的《山海經》,非今之《山海經》,說見拙撰《先秦學術概論》下篇第九章。世界書局出版。然其本意,爲視地理形勢,以定人民住居。則無可疑的。

其三,當從事改革之時,消費的限制,此爲禮之一端,而亦可說是禮之最重要之一端。大有考慮的價值,前兩章中已言之。即使到太平之世,物質豐富,達於極點,無論怎樣消費,總不虞其不足,其實消費毫無制限,生產力無論如何強大,亦總要陷於不足的。所以論經濟,決不能置消費問題於不論。可參看第六章注。而人受生理的限制,要顧及衛生,亦不宜爲逾分的消費。因爲逾分的消費,不但消耗物質,也是消耗人的體力的。而人的慾望,實亦根於生理而發。所以真正健全的人,決不會有逾分的慾望。其人而有奢侈之念,則身心先不健全,必已害了病了。對於此等人,當請醫生爲之治療,豈可以儘量供給其消費,爲其幸福?這是將來的話,而當改革之時,則禁奢尤爲必要的手段。社會生產的技術,在大體上,總是逐漸進步的。然而後人並不比前人富,或且更窮。這全由於:(A),一部分人,得以奢侈,因而造了許多無用之物。(B),一部分人,消耗太多,他部分人因之感覺不足。否則以中世的生產,供給古代的消費;以現代的生產,供給中世的消費;早已菽粟如水火了。財富的價值,終在消費。禁止之使不得消費,其價值即行消失。所以我們用不着剝奪人家的私產,只要辦到無論何人,消費總只許在一定限度之內,那私產的制度,就不廢而自廢了。這固然近於戲語。然而消費的限制嚴一分,則私產的效用少一分;而人之貪求之心,亦澹一分;則無可疑之理。有了錢,就可以任意消費,這本是資本主義逐漸興盛,然後如此的。其在前代,本都略有制限。即至後世,逐漸成爲具文,然而具文總還在。禮、律中皆有之。歷代的制限,皆隨貴賤而不同,論者一定要說:這是封建時代,征服之族,暴戾恣睢,壓迫被征服之族之舉。其實與其如此說,毋寧說是被征服之族,本有良好規則,而征服之族,也不得不俯就幾分,若盡率征服者之意而行之,那就要無所不至了。詳見第七章。我們現在,當師古代禁奢之法,參以翼奉遷都之意,逐漸創造出許多新都市、新村落來。在此新區域之中,不論何人,享用都是一律。享用一律平等,似乎是很難的。因爲現存之物,決不能悉數毀棄重造,分配使用起來,就不能平等了。然而亦有調劑之法。如房屋雖有好壞,可以古人分田,"三年一換主易居"之法行之,就不生分配不平的問題了。其餘以此類推。而此享用之限度,則視其地之生活程度以爲衡。今年的生活程度,只是衣布,則一律不許衣帛;明年的生活程度,只是吃菜,則一律不許食肉。必待生活程度進了一級,然後享用的程度,乃得隨之而進一級。又非一地方的生產力,逐漸提高,產品即專供該地方之享用;必須提出一部分,以協濟生活程度較低的地方。此等新區域逐漸推廣,則奢侈之風氣逐漸消除。各地方之人,消費之程度,都與其生產程度相應,而天下遂無患貧之事。歷代禁奢之所以失敗,皆由其有等級性,按人身份之高低,以定享用的豐嗇。身份低的人,自然不服,而且這也是一種誘惑。如今大家一律,則自無此弊。其行之之法,當從禁售起。某地方爲布衣之年,則一律不許開設綢肆;某地方爲吃菜之年,則舊有的屠肆,一律關閉。新造的都市,商業都歸公營。其就舊都市改良的,商業也要逐漸收歸公營。但仍承認私人的資本,發給股票,聽其取息。這是初步的辦法。將來再徐圖取消。商業官營,是改良社會一個最好的方法。私人雖可生產,而不能互相交易,則祇能照其成本,收回相當的價格,而不能利用需要供給等關係,以牟大利。數千年來,活躍於社會的商業資本,生產消費者兩方面,都受其剝削的,就可以打倒了。如此,作奸犯科之事,自然一定是有的；而且一定是很盛的。然天下事不能一蹴而就幾於上理，總要行之以漸。我們認爲義所當然之事，雖明知其難行，總要設法逐漸推行的。譬如現在的毒品，誰敢保其一禁即絕？然而豈能因此而不禁呢？況且私售究與公開有別。現在一切奢侈品，倘亦和毒品一樣，不能公然製造販賣，而只能如毒品的私售，我們已經欣然於公理之大彰；而覺得社會的進步，同飛行絕迹一般了。

以上三端，都是我以爲歷史上的陳跡，仍足供今日談社會革命的人的參考的。自然，社會改革之法，不盡於此三端；此三端是否有參考的價值，自隨各人的意見而不同。我只是考古之餘，陳述個人的感想罷了。

講理學的人常説，我們要增進道德，和要增進知識不同。增進知識，要增益其所本無。增進道德，則只須將有生以來，所染着的垢污，洗滌净盡就好了。我們試仔細推究，現在所有的罪惡，哪一件是與生俱來的呢？惟社會亦然。惡劣的風俗，哪一件不是惡劣的制度所造成；惡劣的制度，又哪一件不是人類在進化的途中，環境未臻於美善所致？哪一件有必然之理？佛説凡事皆因緣際會所成，並無自性。惟無自性，故能證明其爲人類業力所造成；亦惟其無自性，故必可以人類的努力消滅之；我們當有此信念。

我們希望將來的社會：人與人之利害，全然一致。人對物，亦因抗争之力強了，只蒙其利而不受其害。因此，人與人，固然惟是互相親愛，即其對物，亦無復憎惡、畏怖之念。至於各種達不到目的的希望，則本是不健全的心理所致；而其所由然，又都是社會缺陷的反映。見第九章論宗教處。這時候，也自然消滅了。人就只有快樂，更無苦痛。而此等境界，又係人類覺悟之後，以自力所造成，並非靠偶然的幸運而遇到，所以能保其永不退轉。夫是之謂大同。

我們感謝孔子：在幾千年前，就指示我們以社會組織最高的模範。我們感謝《禮運》的記者，將這一段話記載、流傳下來，給我們以最深切的影響。懸此以爲目標，而勇猛審慎以赴之，不但能拯我國民,拯我民族於深淵,並可以出全世界的人類於沉淪的苦海。

我們才知道中國的文化:視人對物之關係爲次要,而視人對人的關係爲首要;不偏重於個人的修養,用什麼天國、淨土之説,來麻醉欺騙人,而以解決社會問題爲解決個人問題之前提及手段;確有甚大的價值。

當這目的未達、徬徨中途之時,我們自該有甚大的努力。我請誦兩大賢之言,以爲本書的終結。

曾子曰:"士不可以不弘毅,任重而道遠。仁以爲己任,不亦重乎?死而後已,不亦遠乎?"

張子曰:"爲天地立心,爲生民立命,爲往聖繼絕學,爲萬世開太平。"

中國政治思想史十講

《中國政治思想史》，民國二十四年在上海光華大學所講，予女翼仁筆記之，而予爲之訂補。以閱時甚暫，故所講甚略，特粗引其端而已。雖然，古之所貴乎朋友講習者，曰講明。學者於義有所不澈，教者罕譬而喻焉，曰講貫。既習其數矣，而未能觀其會通，故教者爲引而信之，觸類而長之也；故曰：予非多學而識之，予一以貫之者也。專門之士，窮幽鑿險，或非聖人所能爲。然覆杯水於堂坳，則芥爲之舟，置杯焉則膠，致遠恐泥，是以君子弗爲也。況於翻檢鈔錄，又不足以語於致曲者邪。抑聞之，古之爲政者，必立諫鼓，置謗木，豈不知忠言之逆耳，讒謟面諛之快於心，雖睿智，思慮有所弗能用；雖聰明，耳目有所弗能及。是以用衆以自輔，求賢以自鑑，而不蔽於其所親昵也。若乃將直言極諫，與誹謗同科。舉國計民生，惟黨徒之殉，弗思耳矣，亦已焉哉。雲南起義前夕自記。

第一講　中國政治思想史之分期

中國的政治思想史,是頗爲難講的,因爲:

(一)政治思想和政治制度不同。政治制度,是有事實可考的,歷代都有記載。記載自然有缺漏,但是一件事實,缺落其一部分,或者中間脫去一節,是很容易看得出來的,自然有人去研究,用考據手段去補足他。政治思想則不然,他是存於人的心裏的。有許多政治思想,怕始終沒有發表過;即或發表過的,亦不免於佚亡;凡是高深的學說,往往與其時的社會不相宜,此等學說不容易發表,即使發表了,亦因其不受大衆的注意,或且爲其所摧殘而易至於滅亡。此等便都無可稽考。

(二)中國是一個政治發達的國家;而且幾千年來,研究學術的人,特別重視政治;關於政治的議論,自然有許多,但都不是什麼根本上的問題。爲什麼呢?因爲一件事情,我們倘然看作問題而加以研究,必先對於這件事情發生了疑問;而疑問是生於比較的。我們都知道:希臘的政治思想,發達得很早。在亞里斯多德時,已經有很明晰的學說了。這就是由於希臘的地小而分裂,以區區之地,分成許多國,各國所行的政體,既然不同,而又時有變遷。留心政治問題的人,自然覺得政治制度的良否,和政治的良否大有關係,而要加以研究了。中國則不然。中國是個大陸之國,地勢是平坦而利於統一的。所以其支離破碎,不如希臘之甚。古代的原民族——即今日所謂漢族——分封之國雖多,所行的政體,大概是一樣。其餘諸民族自然有兩樣的,但因其文明程度的低下,中原人不大看得起他,因而不屑加以比較研究。孔子說夷狄之有君，不如諸夏之無也，見《論語・八佾》。最可以代表這種思想、這種趨勢。直到後世，還是如此。沒有比較，哪裏會發生疑問？對於政治，如何會有根本上的研究呢？因此，中國關於政治的史料雖多，大都係對於實際政務的意見——如法律當如何改訂、貨幣當如何釐定之類——此等學說，若一一列舉，則將不勝其煩，而其人對於政治思想依舊沒有明瞭。研究中國的政治思想，非將一個思想家的學說，加以綜合，因其實際的議論而看出其政治上的根本主張來不可。這是談何容易的事情？

凡思想總是離不開環境的，所以要講政治思想，必先明白其時的政治制度和政治事實，而政治制度和事實的變遷，就自然可以影響到政治思想而劃分其時期。我們根據於這種眼光，把中國的政治思想分爲四個時期：

第一期　自上古至戰國　這是中國的社會組織發生一個很大的變遷的時期，自政治上言之，則爲由部落至封建，由封建至統一。

第二期　自秦至唐　秦漢是中國初由封建而入於統一的時期。封建之世不適宜的制度，在此時期中，逐漸凋謝；統一之世所需要的制度，在此時期中，逐漸發生；逐漸發生的制度，自然又有不適宜的，不免釀成病態，政治家所研究的，就集中於此等問題。

第三期　自宋至清中葉　第二期中所發生的病象，到此漸覺深刻了，大家的注意，自然更切，而其研究也漸深，往往能觸及根本問題。而這時期之中，民族問題也特別嚴重。實際上，民族問題在秦漢時代已經發生，當"五胡亂華"之時，已經很嚴重了。但是人們的思想，往往較事實要落後些，當彼其時還不曾感覺他十分嚴重，到宋朝以後，卻不容我們不感覺了。要禦侮先要自己整飭，因此，因爲對外問題的嚴重，也引起了內部改革的問題。

第四期　自清中葉至現代　這是中國和歐洲人接觸而一切思想都大起變化的時期。政治思想當然不是例外。

第二講　中國政治思想史上之兩派

要講很複雜的政治思想，我們必須先有一個把握。這個把握是什麼？就是把幾千年來的政治思想先綜括之而作一鳥瞰，得一個大概的觀念。然後，持之以研究煩雜的材料——這是爲入手之初方便起見，自然不是研究之後不許修正的。本此眼光而立論，我敢說中國的政治思想可以

（1）進取

（2）保守

兩派概括之。爲什麼會有這兩派呢？爲什麼不會有第三派？又爲什麼不會只剩了一派？

這是因爲社會的本身同時有兩種需要，而這兩派各代表其一種。所以，這兩派是都有其確實的根據，都有其正當而充足的理由的。

這話怎樣說呢？說到這句話，我們先要問一問：國家和社會到底是合一的還是分離的，就是國家和社會到底是一件東西，還是兩件東西？

這個問題是很容易回答的：

（1）有許多人民還沒有能夠組織國家，然而我們不能說他沒有社會。

（2）有許多國家已經滅亡了，然而其社會依然存在。

（3）所謂社會，其界限是和國家不合的，一個國家之中可以包含許多社會，而一個社會也可以跨據許多國家。

據此社會和國家確係兩物。未有國家之前先有社會，社會是不能一天沒有的。人永遠離不開社會的，出乎社會之外而能生存的人，我們簡直不能想像，而國家則是社會發展到某程度應於需要而生的。我們現在固然很需要國家，我們非極力保存我們的國家、擴張我們的國家不可。然而，國家並不是我們終極的目的。照我們現在的希求而逐漸向上，國家終究是要消滅的。這不是我一人的私言，古今中外的哲人懷抱此等思想的，不知凡幾。不過這件事情是很艱難，其路途是很遙遠，我們現在不但沒有能達到目的，甚且連達到目的最好的途徑都還沒有發見罷了。然而，事在人為。民之所欲，天必從之，並非真有甚麼天神鑑觀下民哀矜之而從其所欲，不過全人類真正的慾望，其實是相同的。雖然因環境的不良而暫時隱蔽著，及其環境一變，真正的慾望馬上就要發露出來。而且環境的改易，也並非天然的變遷，實際上就是人因其為真正慾望的障礙，而在無形中大家各不相知地把其改造之。故環境改造得一分，人的真正慾望實現的可能程度便高一分，而去其實現之境也就接近一分。如此努力向前，我敢相信路途雖然遙遠，終有達到目的的一日。然則國家在現在雖然很需要，到將來終有消滅的一天的。所謂政治，就是國家所做的事情，國家既是社會發展到某程度應運而生的東西，政治自然也是社會發展到某程度應運而生的現象。

然則在社會發展的歷程中，為什麼要生出國家這一種東西，產生出政治這一種現象來呢？須知人類所組織的社會，有兩心交戰，正和我們一個人的心有善惡兩念交戰一樣。這兩條心是什麼？便是

（一）公心

（二）私心

公心，是己欲立而立人，己欲達而達人。一個人好，就希望大家好，甚而至於為著人家不恤犧牲自己。因此，就發生出許多好的制度和好的事實——代表公意的制度和事實來。私心，是只顧自己不顧別人的，不但不肯損己以利人，還要損人以利己。因此，便生出許多

壞的制度和壞的事實來。社會進化到某程度，私心發生了，就有抱著公心的人出來和他抵抗。這所謂抱著私心和抱著公心，並不是指具體的人。同是一個人，對於這件事懷抱著公心，對於那件事可以懷抱著私心。在這時期這地方懷抱著私心，換一個時期一個地方又可以懷抱著公心。所以，與其說是兩個人，不如說是兩個階級。壞的階級把好的階級完全消滅，這件事是不能想像的，因為如此人類就要滅絕了，而且這不是人類的本性，當然也不會有這一回事。好的階級完全把壞的階級消滅，還非現在所能。在現在，事實上是如此的一個政府，一方面代表全社會的公意，一方面也代表其階級的私意，這是古今中外凡有政府都是如此的，不過兩者的成分或多或少罷了。

因為社會上先有了所謂惡意，然後有政治出來矯正他。所以矛盾不消滅，政治也不消滅。而政治實際上沒有單代表公心的，總兼代表著私心，他所以躍居治者之地位，就有一部分為是要達其私意之故。既已居於治者的地位，自然更可將這種私心實現。所以政治的本身也是能造成矛盾的，政治不消滅，矛盾也不消滅。

人類的公心是無時而或絕的，總想把這社會弄得很好。因此，在任何時代任何地方，總要想上進。但是，因為私心未能絕滅之故，任何事情都不容易辦好，而且不辦事則已，一辦事往往因此而又造出一種壞來。人的性質是各有所偏的，有人富於熱烈的感情，對於現狀深惡痛絕，這種人自然容易發見現狀之壞，研究改革之方，而於改革之難達目的，及其因此而反生弊端，卻較少顧慮。如此便成為進取派，而其性質和他相反的，就自然成為保守派。人的性質是有此兩種，所以古往今來的政治思想都可以這兩派括之。至於哪一派的勢力較強，自然和其時代也有關係。在這一種觀念之下，去瞭解中國的政治思想，我以為是較容易的。

以上所說的話是很抽象的，以下用具體的話來證明他。

第三講　上古到戰國的社會變遷

　　上古到戰國，劃分爲政治思想史上的一個時期，前文已經説過了。這一個時期之内，政治思想的背景，是怎樣呢？

　　這一個時代，在政治上，可以説是從部落進於封建，從封建進於統一的時代。

　　人類最初的組織，大概是依據血統的。但是到後來，就漸漸地從血統的聯結而進於地域的聯結了，這就成爲部落。

　　部落的生活，大概是漁獵、游牧、農耕三種。從前的人，都説人類進化的程序，是從漁獵到游牧，游牧到農耕的，其實也不盡然。依現在社會學家所考究：大抵山林川澤之地，多從漁獵逕進於農耕；平原曠莽之區，則從漁獵進化到畜牧。至於進化而成爲國家，則游牧、農耕兩種人民，關係最大。古代各部落間，彼此無甚關係，因之不能互相瞭解，相遇之時，就不免於爭鬥。漁獵民族，需要廣大的土地，才能養活少數的人口，所以其人數不能甚多；而文明程度也較低；與游牧民族戰爭時，多不免於敗北。

　　農耕民族，文明程度是最高的；其人口也較多。和游牧民族戰爭，本來可得勝利。但因其性質愛好和平，而又安土重遷，不能興師遠征；所以游牧民族來侵犯時，雖可把他擊退，總不能掃穴犁庭。而游牧民族，敗則易於遁逃；及其强盛之時，又可以集合起來去侵略他人，農耕民族，總不免有時爲其所乘。所以以鬥爭論，游牧民族，對於漁獵民族和農耕民族，都是很有利的。但是漁獵民族，文明程度本低,加以敗北之後,可以遁跡山林,游牧民族,倒也無如之何。農耕民族,卻和土地的關係密切了,寧受壓迫而不願遁逃。游牧民族戰勝時,便可以強制他服從,勒令他納貢。進一步,還可以侵入其部落之內,而與之同居;強制其爲自己服役。如此,一個部落之內,有征服者和被征服者兩個階級對立;征服者治人而食於人,被征服者治於人而食人;就成爲現代國家的起源了。

以上所述,是現代社會學家的成說,從我國古史上研究,似乎也是相合的。古代相傳的帝王,事蹟較有可考的,是巢、燧、羲、農。有巢氏教民構木爲巢,燧人氏教民取火熟食,其爲漁獵時代的酋長,顯而易見。伏羲氏,因爲相傳有"馴伏犧牲"之說,大家就都認他爲游牧時代的酋長。其實這全是望文生義的。"伏羲"二字,乃"下伏而化之"之意,見於《尚書大傳》。其事蹟,則《易經》的《繫辭傳》,稱其作網罟以佃以漁。《尸子》亦說:燧人氏之世,天下多水,故教民以漁;伏羲氏之世,天下多獸,故教民以獵。其爲漁獵時代的酋長,也顯而易見。伏羲氏之後是神農氏,則名義上,事蹟上,都昭然無疑,是農耕時代的酋長了。其根據之地:有巢氏治石樓山,在琅琊南;燧人氏出暘谷,分九河;伏羲氏都陳;神農氏都魯;都在今河南山東黃河以南。黃帝邑於涿鹿之阿,則在今河北涿縣。大約古代山東半島之地,有一個從漁獵進化到農耕的民族,便是巢、燧、羲、農;而黃帝則爲河北游牧之族。阪泉涿鹿之戰,便是這個農耕民族爲游牧民族所征服的事蹟。

社會的内部,其初是蕩蕩平平,毫無階級的。但是經過相當的時間,便要生出男婦和老幼的區別。前者是基於兩性的分工;後者則由於知識技藝的傳授,以及遇事的謀略,臨事的指揮;自然經驗豐富的人,總處於重要的地位。所以在淺演的社會裏,雖然還行著女系,而掌握實權的,也以男子爲多。至於年老的人,則其地位尤爲優越。社會愈進步,分工的作用愈顯著,處於特別地位的人,自然愈形重要。如此,專門指揮統率的人,權力逐漸增大,就成爲君的起源。其偏於保存智識的人,則成爲僧侶階級。凡此等,都是一個團體之內,特殊階級之所以形成。然而總不如用兵力征服的關係來得大。

這一個部落，征服那一個部落，其初是用勒令進貢的方法，去剝削他的。至於被征服部落內部的情形，則絲毫不管。中國從黃族征服了炎族以後，直到夏禹之世，對於被征服者，還有這種情形。所以夏后氏對於農民所收的租稅稱爲貢，和這一國獻給那一國的禮物，名稱相同。其方法，則係按幾年收穫的平均額，向他征取。至於豐年可以多取而不取，以致穀物不免浪費；凶年不能足額而強要足額，以致人民受累；他是絲毫不管的。可見這時候，征服之族和被征服之族，還沒有融合。到殷周時代，情形就不同了。殷代收稅之法名爲助，是強制人民代耕公田的。周代收稅的法子名爲徹，是田畝不分公私，而國家按其所入，取其十分之一。可見這時候，征服者和被征服者，已合併成一個社會了。

古代農耕的社會，其內部，本來是有很良好的規則的。凡榨取，必須要保存被榨取的對象。征服之族，只要榨取就夠了，何苦而去干涉被榨取的社會內部的事情？所以農耕社會，雖然被游牧民族征服，而其內部良好的規則，還得保存。進一步，征服民族對於被征服的民族，關係漸漸的深了；管理干涉，也漸漸的嚴密了，然而也還是本於這種規則以行事；甚且還能代他修整，助其保持。這時代的君主，就是後世所稱爲聖主賢君的；而這時代，就是孔子所說的小康時代。至於那已經過去的毫無階級的時代，那自然就是所謂大同時代了。當此時代，征服者和被征服者階級的對立是：（一）貴族，（二）自由民，（三）奴隸三者。貴族是征服階級裏握有政權的人，如契丹之有耶律蕭氏。自由民是征服階級裏的平民，如契丹之有部族，被征服的民族，那就是奴隸了。

其初，征服階級和被征服階級的對立，是很爲尖銳的。所以貴族和自由民之間，其相去近；自由民和奴隸之間，其相去遠。但是到後來，壓迫的關係，漸成爲過去；平和的關係，日漸增長；而掌握政權的人，其權力卻日漸發達。於是貴族和自由民，相去漸遠；自由民和奴隸,相去轉日近,馴至因彼此通婚,而混合爲一。我國古書上百姓和民、民和氓,有時是有區別的,有時卻又沒有,就是這個關係。

以上所說,是從部落時代,進化到封建時代的大略。但是進化到封建時代,還是不得安穩的。因爲此等封建之國,其上層階級,本來是一個喜歡侵略的民族;在侵略的民族中,戰爭就是生利的手段。當其初征服別一個民族時,生活上自然暫時得到滿足。但是經過相當的年代,寄生之族的人口,漸漸的增加了;而其生活程度,也漸漸增高;就又要感覺到不足。感覺到不足,那除向外侵略,奪他人的土地人民爲己有,是沒有別法的。在戰國以前,列國所以要互相吞併;一國中的大夫,也要互相吞併;這就是其中很重要的原因。如此,一步步的向前進行,晉國的六卿,併成三家;春秋時的百四十國,變爲戰國時的七國;世運就漸進於統一了。

政治一方面,情形如此;社會一方面,也有很重要的變遷。征服之族,初征服被征服之族時,是把他們的人,擄來作爲奴隸使用。此時的奴隸,是以多數的人,替少數的貴族耕作廣大的土地的。生命尚非己有,何況耕作之所得?在此等情形之下,奴隸的耕作未必出力;而此時耕作的方法,也還幼稚;自然可以多數的人,耕作廣大的土地。到後來,耕作的方法漸漸進步了;壓迫的關係,也漸漸變化;即發見用武力強迫人家勞動,不如在自利的條件下,獎勵人家勞動之爲得計。並發見以多數人粗耕廣大的土地,不如任一家一戶精耕較小的土地之爲有利。於是廣大的田莊,變成分立的小農戶。這是說征服之族,把被征服之族擄掠得來,強制他爲自己勞動的社會的變化。其從納貢的關係,進化到代爲管理,始終沒有破壞被征服之族內部的規則的,自更不必說了。但是無論其爲征服之族將被征服之族擄掠來而強制其爲自己勞動;或者由納貢的關係而進化到收稅;伴隨着生產方法的進步,廣大的田莊,總有變爲小農戶的趨勢。我國古代,土地雖非人民所有,然而必要有一個五十畝、七十畝、百畝的分配辦法,而不容籠籠統統的,把若干公有的土地,責令若干人去共同耕種,即由於此。於此,已伏著一個土地私有的根源。又因人口的增加,土地分配,漸感不足;而分配又未必能平均;於是漸有無田可耕的人;又或因所耕的田太劣,而願意換種好田;於是地代就漸漸發生。有權支配的人,就將好田與壞田收穫的差額,悉數取為己有。於是土地的私有,漸漸的成立了。

又因生產方法的進步,工業漸漸的脫離農家的副業而獨立。於是交換愈益頻繁,而專司交換的關鍵的商人也出現了。商人對於農工,在交換上,是處於有利的地位的。因為要以其所有,易其所無的人,都有非易不可之勢;而在交易的兩方,都無從直接,交換都要通過商人之手才行。於是商人乘賣主找不到買主時,可以用很廉的價格買進;到買主找不到賣主時,又可以用很貴的價格賣出。一轉手之間,生產者和消費者,都大受其剝削。所以在近代工業資本發展以前,商業資本在社會上,始終是很活躍的。這是中國幾千年來一貫的趨勢,更無論古代經濟初進步的時候了。因商業資本發達,則農人受其操縱而愈益窮困。於是高利貸出現。在這兩種剝削之下,再加之暴政的榨取,農民乃無可控訴,而至於流亡。其投靠到富豪的,或則售其田產,而變為佃農;或竟自鬻其身,而成為奴隸。除非在社會上有所需求,都可以靠暴力脅奪,如其不然,有所求於人,就非得其允許不可,或者守著社會上公認的交換規則,進行交換,則相需甚殷的一方面,總是吃虧,而其勢較緩的一方面,總是處於有利的地位的。所以在春秋戰國時,商人的勢力大盛。便國家也不能不謹守和他們訂立的契約;指鄭子產不肯強市商人貨物之事。見《左氏》昭公十六年。甚而至於與他們分庭抗禮。子貢之事,見《史記‧貨殖列傳》。一方面,都市的工商業家,鄉下的大地主,新階級興起了;一方面,則因戰爭的劇烈,亡國敗家者相隨屬,而封建時代的貴族,日益淪落;於是貴賤的階級漸平,貧富的階級以起。然而當這時代,國家的政治權力,不是縮小了,而反是擴大了。因為政治是所以調和矛盾,也可說是優勝的一個階級用來壓迫劣敗的階級的。社會的矛盾,日益加甚,自然政治的權力,日益加大。但是這時候,代表政治上的權力的,不是從來擁有采地的封建主,而是國王所信任的官僚。

官僚階級是怎樣興起的呢？那便是:(一)新興的工商家,和地主階級中較有知識的分子;(二)没落的舊貴族尤多,他們的地位身份雖然喪失,其政治上的才能和知識,是不會隨而喪失的。現代的縣名,還有一部分沿自秦漢時代,秦漢的縣名很容易看得出,有一部分就是古代的國名;可見其本爲一獨立國。獨立國夷而爲縣,並不是從秦漢時代開始的;春秋戰國時,早已有許多小國,變成大國中的一縣了。國變而爲縣,便是固有君主的撤廢,中央政府派遣地方官吏的成功。質而言之,就是後代的改土歸流。因封建制度崩潰,而官僚階級增多;亦因官僚階級增多,而大國的君主,權力愈擴大;封建政體,因之愈趨於崩潰。還有加重大國的權力的,便是軍隊的加多與加精。在古代,大約是征服之族服兵役,被征服之族則不然的。這並不是被征服之族,都不會當兵,不過不用他做正式的軍隊罷了。我國古代,天子畿方千里,公侯皆方百里,幅員的大小,爲百與一之比,而兵額卻不過兩三倍,就是爲此。《禮記·文王世子》是古代的庶子官管理王族之法,而其中説戰則守於公禰;鄢陵之戰,晉國人説"楚之良,在其中軍王族而已";可見古代的戰鬥,不但全用征服之族,組織軍隊,並且還是以王族爲中心的。至於被征服之族,則不過叫他保守本地方,並不用他做正式的軍隊,所以説寓兵於農。寓兵於農,謂以農器爲兵器,非謂以農夫爲軍人,見《六韜·農器》篇。到春秋時,這種情形就大變了。變遷的途徑有二：一是蓄養勇士,求其戰鬥力之加強;一是訓練民衆,求其兵數之加多。前者如齊莊公是其代表;後者如管仲作内政寄軍令,是其代表。到戰國時代,則這兩種趨勢,同時并進。如魏國的兵制,挑選人民强壯的,復其身,利其田宅;見《荀子·議兵》篇。又如秦國商鞅之法,把全國的人民都訓練成戰士。此等多而且精的軍隊,自然非小國所能抵敵了。

政治上的互相争鬥,可以説是使人群趨於分争角立的,而自經濟上言之,則總以互相聯合爲有利。亦且人類的本性,原是互相親愛的;政治上的分爭,只可說是社會的病態。所以在封建時代,政治上的情形,雖然四分五裂,而社會的同化作用,還是不斷進行的。《中庸》說:"今天下,車同軌,書同文,行同倫。"可見當春秋戰國時,社會的物質和精神,都已大略一致;因爲只從古相傳下來,憑恃武力的階級所把持,以致統一不能實現罷了。此等政治上爭鬥的性質,固因有國有家者,各欲保守其固有的地位,而至於分爭;亦因其貪求無已,不奪不饜,而漸趨於統一。并兼之勢日烈,則統一之力加強。政治的社會的兩力并行,而統一遂終於實現。

統一,自然是有利的事。人類不論從哪一方面講,總是以統一爲有利的。但是前此的分爭,固然不好,後來雖勉強統一,而其聯結的辦法,還不是最好的。因而處於這一個大國家社會之中的人,不能個個都得到利益;而且有一部分是被犧牲的。而國家社會的自身,亦因此而不得進化。這種趨勢,是從皇古時代,因社會內部的分化和其相互間的爭鬥而就開始進行的;到戰國的末年,已經過很長的時間了。在這長時期中,從民族和國家的全體上看,是由分趨合,走上了進化的大路的。從社會組織上看,則因前此良好的制度逐漸廢墜;人和人相互之間的善意逐漸消失;而至於釀成病態。於是有所謂政治者,起而對治之。政治是藥,他是因病而起的,亦是想治好病的。人誰不想好?誰肯安於壞?於是有政治上種種的主張而形成政治思想。

第四講　先秦的政治思想

從上古到戰國，這一期中的政治背景，業經明白了，就可進而講述其政治思想。

這一期中的政治思想，最重要的，自然就是所謂先秦諸子。這都是東周時代的思想。自此以前，自然不是沒有政治思想的，然無甚重要關係，所以略而不述。實際上，先秦諸子的思想，都是很受前此思想的影響而發展起來的；研究先秦諸子，西周以前的思想，也可以見其大概了。

怎樣說先秦諸子的思想，都是很受前此思想的影響呢？中國人嚮來是崇古的。對於古人的學說，崇拜總超過批評。這種風氣，近來是逐漸改變了，然其對於古人的批評，亦未必都得其當。先秦諸子，離現在時代較遠，不大容易瞭解，因而也不大容易批評。所以不論從前和現在的批評，都很少搔著癢處。對於先秦諸子，大家是比較的抱著好感的。不論從前和現在，對於他們的批評，都是稱頌的居多；即有批評其短的，也都是隔靴搔癢，並沒有能發見其短處，自然更說不到發見其致誤之由。然則先秦諸子，有沒有錯誤之處呢？自然是有的，其錯誤而且還頗大。假使先秦諸子而真見用於世，見用社會，而真本其所學以行事，其結果，怕會弄得很糟的。我們現在，且先說一句總批評，那便是：先秦諸子的思想，都是落伍的。

這話怎樣說呢？要說明這句話，先得知道先秦諸子所代表的，是哪一個時代的思想。我以爲：

農家　代表神農時代的思想。
道家　代表黃帝時代的思想。
墨家　代表夏禹時代的思想。
儒家、陰陽家(?)　代表西周時代的思想。
法家、兵家　代表東周時代的思想。

這所謂代表某一時代的思想，只是說其思想是以那一個時代爲根據而有所發展，並不是說他完全是某一個時代的思想，不可誤會。

人的思想，是多少總有些落伍的。今天過去了，只會有明天，今年過去了，只會有明年。明天明年的事情，是無論如何不會和今天今年相同的，何況昨天和去年？然而人是只知道昨天和去年的。對付明天明年的事情，總是本於昨天和去年以前的法子。各人所用的法子，其遲早亦許相去很遠，然而總只是程度問題。所以其爲落伍，亦只是程度問題。

人的思想，總是在一種文化中涵養出來的。今試找一個鄉氣十足的村館先生，再找一個洋氣十足的留學生，把一個問題，請他們解決；他們解決的方法，一定大相懸殊；這並不是這兩個人的本性相去如此之遠，乃由其所接受的文化不同；所謂性相近，習相遠。知此，然後以論先秦諸子。

（一）農　　家

先秦諸子，所代表的，不是一時的思想，這是很容易見得的。因爲最難作僞的是文學。先秦諸子中，都包容著兩種時代不同的文學——未有散文前的韵文，和時代較後的散文。我們現在不講考據，這個問題，且置諸不論。我們現在，只從思想上批判其所代表的文化時代的遠近。如此，農家之學，我以爲其所代表的文化的時代，是最早的。

農家之學，現在僅有許行一人尚有遺説，從《孟子》中可以窺豹一

斑。許行有兩種主張,是:

（一）政府毫無威權。所謂賢者與民並耕而食,饗飧而治,就是説人君也要自己種田、自己做飯,像現在鄉下的村長一樣。

（二）物價論量不論質。不論什麼東西,只要他的量是一樣,其價格就是一樣。

這種思想,顯然是以古代的農業共產社會做根據的。我們如詰問他:既然可以並耕而食,饗飧而治,何必還要有君? 既然交換的價格,和成本全不相干,則已變爲一種贈與,何必還要交換? 他可以説:我所謂政府,是只有辦事的性質,而沒有威壓的性質的。至於交換,我本來要消滅他,强迫交換的價格,論量不論質,只是一種過渡的方法。况且這也是禁奢的一種手段。所以剛才的話,是不能駁許行的。我們要問許行的,是用何種手段,達到他這一個辦法? 無政府主義,是沒有一個人不可承認其爲最高的理想的；亦沒有什麼人敢斷定其終不能達到。不過在現在,決沒有人主張,即以無政府的辦法爲辦法的。因爲這是決不能行的事。從我們的現在,達到無政府的地位,不知要經過多少次平和或激烈的革命呢。許行的説法,至少得認爲無政府主義的初期,許行卻把那一種辦法做橋梁,渡到這一個彼岸呢。假使許行是有辦法的,該教滕文公從橋上走,或者造起橋來,不該教他一跳就跳到彼岸。如其以爲一跳就可以跳過去的,那其思想,比之烏托邦更爲烏托了。許行究竟是有辦法沒有辦法的呢? 許行如其有辦法,其信徒陳相,應該以其辦法反對孟子的辦法,不該以其理想的境界反對孟子的辦法,所以許行的學説,雖然傳下來的很不完全,我們可以推定其是無辦法的。然則許行的思想是一種最落伍的思想。

（二）道　　家

道家當以老子爲代表。古人每將黃老並稱。古書中引黃帝的話,也很和老子相像。《列子・天瑞》篇引《黃帝書》兩條,黃帝之言一條,《力命》篇亦引《黃帝書》一條。《天瑞》篇所引，有一條與《老子》同，餘亦極相類。這自然不是黃帝親口說的話，然而總可以認爲黃帝這個社會裏、民族裏相傳的訓條。

老子的思想，導源於遠古的黃帝這一個社會，是可能的。因爲老子的道理是：

（一）主張柔弱。柔弱是一種鬥爭的手段。所謂欲取姑與。淺演的社會，是只知道以爭鬥爲爭鬥，不知道以退讓爲爭鬥的。所以因剛強躁進而失敗的人很多。如紂，如齊頃公、莊公、晉厲公、楚靈王、吳夫差、宋王偃等都是。其實秦皇、漢武，也還是這一流人。這種人到後世就絕跡了。這可見人的性質，都是社會養成的。黃帝的社會，是一個遊牧的社會，君民上下，都喜歡爭鬥，自然可以發生這一類守柔的學說。儒家所以要教民以禮讓，禮之不足，還要以樂和其內心，也是爲此。

（二）主張無爲。"爲"字近人都當"作爲"解，這是大錯了的。爲，化也。無爲就是無化。無爲而無不爲，就是無化而無不化。就是主張任人民自化，而不要想去變化他。"化而欲作，吾將鎭之以無名之樸"，就是說人民要變化，我們還要制止他，使他不要變化。怎樣叫變化呢？《老子》一書，給後來的人講得太深了，怕反而失其真意。《老子》只是一部古代的書，試看：（A）其書的大部分，都是三四言韵語，確是未有散文以前的韵文；（B）其所用的名詞，也很特別，如書中沒有男女字，只有牝牡字──這尤可表見其爲遊牧民族。所以我說《老子》的大部分，該是黃帝這一個民族裏相傳的古訓，而老子把他寫出來的；並不是老子自著的書。我們若承認此說，"無爲"兩個字，就容易解釋了。當《老子》這一部書著作的時候──不是周朝的老聃把他寫出來的時候──作者所處的社會，不過和由余所居的西戎、中行說所居的匈奴差不多。這種社會裏的政治家的所謂爲：壞的，是自己要奢侈，而引進許多和其社會的生活程度不相稱的事來；刻剝人民去事奉他，並且引起人民的貪欲。好的，是自以其社會爲野蠻，而仰慕文明社會的文明，領導著百姓去追隨他。《史記·商君列傳》：商君對趙良自詡說："始秦戎翟之教，父子無別，同室而居，今我更制其教，而爲其男女之別，大築冀闕，營如魯、衛矣。"就有這種意思。文明的輸入,自然是有利的。然而文明社會的文明,是伴隨着社會組織的病態而進步的;我們跟著他跑,文明固然進步了,社會的病態,也隨而深刻了,這也可以説是得不償失的事。《老子》一書中所主張的"無爲",不過是由余誇張戎人,中行説勸匈奴單于勿變俗、好漢物的思想。見《史記・秦本紀》、《匈奴列傳》。《老子》的所以爲人附會,(一)以其文義之古,難於瞭解,而易於曲解;(二)因其和一部分的宗教思想相雜。《老子》的宗教思想,也是遊牧民族的宗教思想。因爲(a)其守柔的思想,是源於自然力的循環;而自然力的循環,是從觀察晝夜四時等的更迭得來的;(b)無爲的思想,是本於自然現象的莫之爲而爲;所謂"天何言哉?四時行焉,百物生焉"。兩者都是從天文上得來的;而天文知識的發達,正在遊牧時代。

老子這種思想,可以説是有相當的價值的。但是守柔在不論什麼時代,都可以算競争上的一種好手段。至於無爲,則社會的變化,不易遏止。即使治者階級,尚都能實行老子之説,亦不過自己不去領導人民變化。而社會要變化,還是遏止不住的。我雖然輔萬物的自然而不敢爲,而萬物化而欲作,恐終不是無名之樸,可以鎮壓得住。在後世,盡有清心寡欲的君主,然而對於社會,還是絲毫無補,就是這個理由。這一點,講到將來,還可更形明白,現在姑止於是。只要知道就無爲這一點上説,老子的思想,也是落伍的就夠了。

或問在古代,民族的競争,極爲劇烈,老子如何專教人守雌?固然守雌是有利於競争的,然而守如處女,正是爲出如脱兔之計,而觀老子的意思,似乎始終是反對用兵的,既終沒有一試之時,蓄力又將作何用?在古代競争劇烈的世界,如何會有這一種學説呢?我説,中國古代民族的競争,並不十分劇烈。民族問題的嚴重,倒是從秦漢以後才開始的。大約古代民族的鬥争,只有姬、姜二姓曾有過一次劇烈的戰事——河南農耕民族,與河北遊牧民族之戰——其結果,黄帝之族是勝利了。經過頗短的時間,就和炎帝之族同化。其餘諸民族,文化程度,大抵比炎黄二族爲低,即戰鬥力亦非其敵。所以當時,在神州大陸上,我們這一個民族——炎黃混合的民族——是侵略者。其餘的民族——當時所謂夷蠻戎狄——是被侵略者。我們這時候所怕的,是貪求無厭,黷武不已,以致盛極而衰,對於異族的鬥爭,處於不利的地位;而同族間也要因此而引起分裂。至於怕異族侵略,在古代怕是沒有這事的。如其有之,道家和儒家等,就不會一味主張慈儉德化;而法家和兵家等,也要以異族爲鬥爭的對象,而不肯專以同族的國家爲目標了。我國民族問題的嚴重,是周秦之際,和蒙古高原的遊牧民族接觸,然後發生的。在古代騎寇很少,居於山林的異族,所有的只是步兵,而我族則用車兵爲主力。毀車崇卒和胡服騎射,都是我族侵略的進步,不是防禦行爲。中山並非射騎之國,趙武靈王是學了騎寇的長技,再借用騎寇的兵,去侵略中山。

　　道家中還有一派是莊子。莊子的思想,是和楊朱很爲接近的。現在《列子》中的《楊朱》篇,固然是偽物,然而不能說他的內容全無根據。因爲其思想,和《莊子》的《盜跖》篇是很接近的。《盜跖》篇不能認爲偽作。這一派思想,對於個人自處的問題,可以"委心任運"四個字包括之。這全是社會病態已深,生於其間的人,覺得他沒法可以控制時的表現。至其對於政治上的見解,則楊子拔一毛利天下而不爲之說,足以盡之。拔一毛利天下而不爲,是怎樣一個說法呢? 此其理頗爲微妙。我們現在且不憚繁複,略述如下:

《呂氏春秋・不二》篇:

　　楚王問爲國於詹子。詹子對曰:何聞爲身,不聞爲國。詹子豈以國可無爲哉? 以爲爲國之本,在於爲身。身爲而家爲,家爲而國爲,國爲而天下爲,故曰:以身爲家,以家爲國,以國爲天下。

身當如何爲法呢?

《淮南子・精神訓》:

　　知其無所用,貪者能辭之,不知其無所用,廉者不能讓也。

夫人主之所以殘亡其國家，捐棄其社稷，身死於人手，爲天下笑，未嘗非爲欲也。夫仇由貪大鐘之賂而亡其國，虞君利垂棘之璧而禽其身，獻公豔驪姬之美而亂四世，桓公甘易牙之和而不以時葬，胡王淫女樂之娛而亡土地。使此五君者，適情辭餘，以己爲度，不隨物而動，豈有此大患哉？

又《詮言訓》：

原天命，治心術，理好憎，識情性；則治道通矣。原天命則不惑禍福。治心術則不妄喜怒。理好憎則不貪無用。適情性則欲不過節。不惑禍福，則動靜循理。不妄喜怒，則賞罰不阿。不貪無用，則不以欲用害性。欲不過節，則養性知足。凡此四者，弗求於外，弗假於人，反己而得矣。

野蠻時代之所慮，就是在上者的侈欲無度，動作不循理。其過於要好的，則又不免爲無益的干涉。所以楊朱一派，要使人君自治其心，絕去感情，洞明事理，然後不做一件無益而有損的事。所以説："以若之治外，其法可暫行於一國，而未合於人心；以我之治内，可推之於天下。"話固然説得很精了。然而又説："善治外者，物未必治。善治内者，物未必亂。"未必亂是物自己不亂，並不是我把他治好的，設使物而要亂，我即善治内，恐亦將無如之何。固然，人人不損一毫，人人不利天下，天下治矣。然今天下紛紛，大多數都是利天下的人，因而又激起少數人，要想摩頂放踵，以利天下。譬如集會之時，秩序大亂，人人烏合搶攘，我但閉目靜坐，何法使之各返其位，各安其位呢？如其提出這一個問題來，楊朱就將無以爲答。然則楊朱的治天下，等於無術。他的毛病，和老子的無爲主義是一樣的。他們還是對於較早的時代的目光。此時的社會，人民程度很低，還沒有"爲"的資格。所慮的，是在上的人，領導著他去"爲"。老子、莊周的話，到這種社會裏去説，是比較有意思的。到春秋戰國時，則其社會的"爲"，已經很久了；不是化而欲作，而是已化而作了；還對他説無爲，何益？

（三）墨　　家

墨家之道原於禹，這句話是不錯的。一者《墨子》書中屢次提起夏禹。二者墨子所定的法度，都是原出於夏的。詳見孫星衍《墨子後序》。

儒家說夏尚忠，又說夏之政忠。忠便是以忠實之心對人；不肯損人以利己，還要損己以利人。夏朝時代較早，大約風氣還很誠樸。而且其時遭遇水患，自然可以激起上下一體，不分人我的精神；和後來此疆彼界的情形，大不相同。由此道而推之，則爲兼愛。兼愛是墨學的根本。至其具體的辦法，對內則爲貴儉，對外則爲非攻。

要明白貴儉的意思，首須知道古代的社會和後世不同。後世習慣於私有財產久了，人家沒有而我有，公家窮困而私人奢侈，是絲毫不以爲奇的。春秋戰國時代則不然。其時的社會，去公產之世未遠。困窮之日，須謀節省；要節省，須合上下而通籌；這種道理，還是人人懂得的。即其制度，也還有存在的。譬如《禮記・曲禮》說："歲凶，年穀不登，君膳不祭肺，馬不食穀，馳道不除，祭祀不縣，大夫不食粱，士飲酒不樂。"《玉藻》說"至於八月不雨，君不舉"等都是。衛爲狄滅，而文公大布之衣，大帛之冠；齊頃公敗於鞌，而七年不飲酒，不食肉；都是實行此等制度的。就越勾踐的臥薪嘗膽，怕也是實行此等制度，而後人言之過甚。然則墨子所主張的，只是古代凶荒札喪的變禮，並不是以此爲常行之政，說平世亦當如此。莊子駁他說"其道大觳，反天下之心，使人不堪"，只是說的夢話。_{不論人家的立場，妄行攻駁，先秦諸子，往往有此病。}貴儉的具體辦法是節用，古人的葬事，糜費得最利害，所以又要說節葬。既然貴儉，一切圖快樂求舒適的事，自然是不該做的，所以又要非樂。

隆古之世，自給自足的農業共產社會，彼此之間，是無甚衝突的，所以也沒有爭戰之事，這便是孔子所謂講信修睦。後來利害漸漸的衝突了，戰爭之事就漸起。然而其社會，去正常的狀態還未遠，也不會有什麼殘殺擄掠之事，這便是儒家所謂義兵。義兵之說，見於《呂氏春秋》的《孟秋紀》、《淮南子》的《兵略訓》，這決不是古代沒有的事。譬如西南的土司，互相攻伐，或者暴虐其民，王朝的中央政府，出兵征討，或易置其酋長，或遞代流官，如果止於如此而已，更無他種目的，豈非吊民伐罪？固然，此等用兵，很難保軍士沒有殘殺擄掠的事。然而這是後世的社會，去正常的狀態已久，已經有了要殘殺擄掠的人；而又用他來編成軍隊之故。假使社會是正常的，本來沒有這一回事，沒有這一種人，那末，當征伐之際，如何會有殘殺擄掠的行為呢？就是在後世，當兵的人，已經喜歡殘殺擄掠了，然而苟得良將以御之，仍可以秋毫無犯。不正常的軍隊，而偶得良將，還可以秋毫無犯，何況正常的社會中產生出來的正常的軍隊呢？所以義兵決不是沒有的事。再降一步，就要變成侵略的兵了。此等兵，其主要的目的只是爭利，大之則爭城爭地，小之則爭金玉重器；次之則是鬥氣，如爭做霸主或報怨之類。此等用兵，沒有絲毫正當的理由。然而春秋戰國時代的用兵，實以此類的動機為最多。所以墨子從大體上判定，說攻是不義的。既以攻為不義，自然要承認救守是義的了。墨子的話，不過救時之論，和我們現在反對侵略、主張弱小民族自決等一般。人類到底能不能不用兵呢？用兵到底本身是件壞事情，還是要看怎樣用法的呢？這些根本問題，都不是墨子計慮所及。拿這些根本問題去駁墨子，也只算是夢話。

在春秋戰國時代，有一個共同的要求，是定於一。當時所怕的，不但是君大夫對人民肆行暴虐，尤其怕的是國與國、家與家之間爭鬥不絕。前者如今日政治的不良，後者如今日軍人的互相爭鬥。兩者比較起來，自然後者詒禍更大了。欲除此弊，希望人民出來革命，是沒有這回事的。所可希望的，只是下級的人，能服從上級，回復到封建制度完整時代的秩序。此義是儒、墨、名、法諸家共同贊成的。墨家所表現出來的，便是尚同。

當東周之世，又是貴族階級崩潰，官僚階級開始抬頭的時代。任用官僚，廢除貴族，怕除貴族本身外，沒有不贊成的。儒家所表現出來的是譏世卿，法家所表現的是貴法術之士，墨家所主張的則爲尚賢。

墨子主張行夏道，自然要想社會的風氣，回復到夏代的誠樸。其所以致此的手段，則爲宗敎。所以要講天志、明鬼。天和鬼都要有意識，能賞罰的，和哲學上的定命論，恰恰相反，定命論而行，天志、明鬼之說，就被取消了。所以又要非命。

墨子的時代，《史記》說："或曰并孔子時，或曰在其後。"這話大約不錯的。墨子只該是春秋末期的人。再後，他的思想，就不該如此陳舊了。農家道學的說法，固然更較墨家爲陳舊，然只是稱頌陳說，墨子則似乎根據夏道，自己有所創立的。然而墨子的思想，也是夠陳舊了的。

以墨子之道來救時，是無可非議的，所難的，是他這道理，如何得以實行？希望治者階級實行麼？天下只有天良發現的個人，沒有天良發現的階級；只有自行覺悟的個人，沒有自行覺悟的階級；所以這種希望只是絕路，這固然是諸家的通病。然而從墨子之道，治者階級，所要實行的條件，比行別一家的道，還要難些。所以墨子的希望，似乎也更難實現些。墨子有一端可佩服的，便是他實行的精神。孟子說他能摩頂放踵，以利天下。《淮南子》說：墨子之徒百八十人皆可使之赴湯蹈火，死不旋踵。這些話，我們是相信的。我嘗說：儒俠是當時固有的兩個集團。他們是貴族階級失其地位後所形成的——自然也有一部分新興的地主，或者工商階級中人附和進去，然而總是以墮落的貴族爲中堅——他們的地位雖然喪失了，一種急公好義、抑强扶弱、和矜重人格的風氣還在。因其天性或環境，而分成尚文與尚武兩派。孔子和墨子，只是就這兩個集團，施以敎育。天下惟有團體，才能夠有所作爲。羅素說："中國要有熱心的青年十萬人，團結起來，先公益而後私利，中國就得救了。"就是這種意思，孔子和墨子，都能把一部分人團結起來了。這確是古人的熱心和毅力，可以佩服之處。然而如此,就足以有爲了麼?須知所謂化,是兩方面都可以做主動,也都可以成被動的。這些道術之士,都想以其道移易天下。他的徒黨,自然就是爲其所化的人;他和他的信徒,自然總能將社會感化幾分;然而其本身,也總是受社會風氣感化的。佛陀不是想感化社會的麼?爲什麼現在的和尚,只成爲吃飯的一條路?基督不是想感化社會的麼?爲什麼中國稱信教爲吃教?固然,這是中國信道不篤的人,然使教會裏面而絲毫沒有財產,現在熱心傳教之士,是否還不遠千里而來呢?也是一個疑問。我們不敢輕視宗教徒。其中熱心信仰傳布的人,我相信他是真的;也相信他是無所爲而爲之的;然而總只是少數。大多數人,總是平凡的,這是我所敢斷言的。所以憑你本領大、手段高,結合的人多,而且堅固,一再傳後,總平凡化了;總和普通的人一致了。儒者到後來,變做貪於飲食,惰於作務之徒;墨者到後來,也不看見了,而只有漢時的所謂遊俠,即由於此。當孔子周遊列國之時,豈不説:"如有用我者,三千弟子,同時登庸,徧布於天下,天下豈不大治?"然而人在得志後的變化,是很難料的。在宰予微時,安知其要晝寢呢?從漢武帝以後,儒者的被登庸,可説是很多了。孔子周遊列國時所希望的,或亦不過如此。然而當時的儒者是怎樣呢?假使墨子而得勢,赴湯蹈火之士,安知不變作暴徒?就使不然,百八十人,總是不够用的;到要擴充時,就難保投機分子不混進來了。所以墨子救世的精神,是很可佩服的,其手段則不足取。

(四)儒家、陰陽家

儒家的書,傳於後世的多了,其政治思想,可考見的也就多,幾於講之不可勝講。好在儒家之道,在後世最盛行。其思想,幾於成爲普通思想,人人可以懂得。所以也不必細講,只要提綱挈領的講一講就够了。

儒家的思想,大體是怎樣呢?

他有他所想望的最高的境界。這便是所謂大順。《禮記・樂記》："夫古者，天地順而四時當，民有德而五穀昌，疾疢不作而無妖祥，此之謂大當。"《禮運》："故事大積焉而不苑，並行而不繆，細行而不失，深而通，茂而有間，連而不相及也，動而不相害也，此順之至也。"

簡而言之，是天下的事情，無一件不妥當；兩間之物，無一件不得其所，如此理想的境界，用什麼法子去達到他呢？儒者主張根據最高的原理，而推之於人事，所以說：《易》本隱以之顯，《春秋》推見至隱。

《易》是儒家所認為宇宙的最高原理的。推此理以達諸人事，所謂本隱以之顯。《春秋》是處置人事的法子。人事不是模模糊糊，遇著了隨便對付的。合理的處置方法，是要以最高原理為根據的。所以說推見至隱。

宇宙最高的原理，儒家稱之為元，所以《易經・乾卦彖辭》說：大哉乾元，萬物資始，乃統天。

聖人所以能先天而天弗違，就因其所作為，係根據這一種最高原理。何邵公《公羊解詁》，解釋元年春王正月的意義道："春秋以元之氣，正天之端；以天之端，正王之政；以王之政，正諸侯之即位；以諸侯之即位，正竟內之治。"

王，根據著宇宙最高的原理，以行政事，而天下的人，都服從他，這便是合理之治實現的方法。

合理之治，是可以一蹴而就的呢，還是要積漸而致的呢？提起這一個問題，就要想到《春秋》三世之義，和《禮運》大同、小康之說。春秋二百四十年，分為三世：第一期為亂世，第二期為升平世，第三期為太平世，是各有其治法的。孔子的意思，是希望把亂世逐漸治好，使之進於升平，再進於太平。據《禮運》之說，孔子似乎承認邃古時代，曾經有一個黃金世界。這個世界，就是孔子所謂大同。其後漸降而入小康。小康以後，孔子雖沒有說，然而所謂大同者，當與《春秋》的太平世相當，所謂小康者，當與《春秋》的升平世相當，這是無疑義的，然則小康以後，就是《春秋》所謂亂世，也無可疑的了。所以孔子是承認世界從大同降到小康，再降到亂世，而希望把他從亂世逆挽到升平，再逆挽到太平的。

凡思想，總不能没有事實作根據。中國的文化，是以農業共產社會的文化作中心的，前一講中，已經述及。此等農業共產的小社會，因其階級的分化，還未曾顯著，所以其内部極爲平和；而且因社會小，凡事都可以看得見，把握得住，所以無一事不措置得妥帖。孔子所謂大同，大約就是指此等社會言之。其所希望的太平，亦不過將此等治法，推行之於天下；把各處地方，都造成這個樣子。這自然不是一蹴而就的。所以從亂世進到太平，中間要設一個升平的階段，所謂升平，就是小康。小康是封建制度的初期。雖因各部落互相争鬥，而有征服者、被征服者之分，因而判爲治人和治於人，食人和食於人的兩個階級，然而大同時代，内部良好的規制，還未盡破壞，總還算得個準健康體，這些話，前一講中，亦已述及。孔子所認爲眼前可取的途徑，大約就是想回復到這一個時代。所以孔子所取的辦法，是先回復封建完整時代的秩序。

孔子論治，既不以小康爲止境，從小康再進於大同的辦法，自然也總曾籌議及之。惜乎所傳者甚少了。

從亂世進入小康的辦法，是怎樣呢？

從來讀儒家的書的，總覺得他有一個矛盾，便是他忽而主張君權，忽又主張民權。主張君權的，如《論語・季氏》篇所載，禮樂征伐，一定要自天子出；自諸侯出，已經不行；自大夫出，陪臣執國命，就更不必説了。主張民權的，如孟子説民爲貴，社稷次之，君爲輕；又説聞誅一夫紂矣，未聞弑君也；也説得極爲激烈。近四十年來，不論是革命巨子，或者宗社黨、遺老，都可以孔子之道自居，這真極天下之奇觀了。然則儒家的思想，到底怎樣呢？關於這個問題，我以爲並不是儒家的思想有矛盾，而是後世讀書的人，不得其解。須知所謂"王"與"君"，是有區别的。

怎樣説"王"與"君"有區別呢？案荀子説："君者，善群也。群道當，則萬物皆得其宜，六畜皆得其長，群生皆得其命。"君怎能使萬物如此呢？那就得如班固《貨殖傳序》所説：這一類材料，古書中不勝枚舉，現在只是隨意引其一。昔先王之制：自天子公侯卿大夫士，至於皂隸抱關擊柝者，其爵禄奉養，宮室車服棺椁祭祀死生之制，各有差品，小不得僭大，賤不得踰貴。夫然，故上下序而民志定。於是辨其土地川澤丘陵衍沃原隰之宜，教民種樹畜養五穀六畜，及至魚鱉鳥獸，萑蒲材幹器械之資，所以養生送終之具，靡不皆育。育之以時，而用之有節。草木未落，斧斤不入於山林。豺獺未祭，罝網不布於野澤。鷹隼未擊，矰弋不施於徯隧。既順時而取物，然猶山不槎蘖，澤不伐夭，蠑魚麛卵，咸有常禁。所以順時宣氣，蕃阜庶物，蓄足功用，如此之備也。然後四民因其土宜，各任智力，夙興夜寐，以治其業，相與通功易事，交利而俱贍，非有征發期會，而遠近咸足。故《易》曰：後以財成輔相天地之宜，以左右民。

這便是《荀子》所謂"天有其時，地有其利，人有其治，夫是之謂能參"；亦即《中庸》所謂"能盡其性，則能盡人之性；能盡人之性，則能盡物之性；能盡物之性，則可以贊天地之化育；可以贊天地之化育，則可以與天地參"。言治至此，可謂毫髮無遺憾了。然而所謂原始的"君"者，語其實，不過是一個社會中的總賬房——總管理處的首領——賬房自然應該對於主人盡責的。不盡責自然該撤换；撤换而要抗拒，自可加以實力的制裁。這便是政治上所謂革命，絲毫不足為怪。徧翻儒家的書，也找不到一句人君可以虐民、百姓不該反抗的話。所以民貴君輕，征誅和禪讓，一樣合理，自是儒家一貫的理論，毫無可以懷疑之處。至於原始的"王"，則天下歸往謂之王，只是諸侯間公認的首領。他的責任在於：（一）諸侯之國，内部有失政，則加以矯正；（二）其相互之間，若有糾紛，則加以制止或處理。這種人，自然希望他的權力伸張，才能使列國之間，免入於無政府的狀態，專恃腕力鬥爭，其内部則肆無忌憚，無所不爲，以爲民害。没有王，就是有霸主，也是好的；總勝於并此而無有；所以五霸次於三王。君是會虐民的，所以要主張民權，諸侯則較難暴虐諸侯，如其間有強凌弱、衆暴寡的事，則正要希望霸王出來糾正，所以用不著對於天子而主張諸侯之權，對於諸侯而主張大夫之權。這是很明顯的理論，用不著懷疑的。王與君的有區別，並不是儒家獨特的議論，乃是當時社會上普通的見解。戰國之世，衛嗣君曾貶號爲君。五國相王，趙武靈王獨不肯，曰：無其實，敢處其名乎？令國人謂已曰君，見《史記·趙世家》。就因爲只管得一國的事，沒有人去歸往他之故。春秋之世，北方諸國，莫敢稱王，吳楚則否，就因有人去歸往他之故。《史記·越勾踐世家》說：越亡之後，"諸族子争立，或爲王，或爲君，濱於江南海上，服朝於楚"。服朝於人的人，也可以稱王，便見吳楚的稱王，不足爲怪了。天無二日，民無二王，是儒家的理想，不是古代的事實。在事實上，只要在一定的區域中，沒有兩個王就行了。

　　臣與民是有區別的。臣是被征服的人，受征服階級的青睞，引爲親信，使之任某種職務，因而養活他的。其生活，自然較之一般被征服者爲優裕；甚至也加以相當的敬禮。如國君不名卿老世婦之類。爲之臣者，感恩知己，自然要圖相當的報稱。即使沒有這種意氣相與的關係，而君爲什麼要任用臣？臣在何種條件之下，承認君的任用自己？其間也有契約的關係，契約本來是要守信義的，所以說事君"先資其言，拜自獻其身，以成其信"；"是故君有責於其臣，臣有死於其言"。見《禮記·表記》。君臣的關係，不過如此。"謀人之軍師，敗則死之，謀人之邦邑，危則亡之"，見《禮記·檀弓》。就不過是守信的一種。至於"生共其樂，死共其哀"，秦穆公和三良結約的話，見《韓詩外傳》。則已從君臣的關係，進於朋友，非凡君臣之間所有了。這是封建時代的君臣之義，大約是社會上所固有的。儒家進一步，而承認臣對於君自衛的權利。所謂"君之視臣如草芥，則臣視君如寇仇；寇仇，何服之有"？《孟子·離婁下》。這是承認遇見了暴君，人臣沒有效忠的義務的。再進一步，則主張臣本非君的私人，不徒以效忠於君爲義務。所謂"有安社稷臣者,以安社稷爲悦";《孟子・盡心上》。"若爲己死而爲己亡,非其私昵,誰敢任之"?齊莊公死後晏子説的話,見《左傳》。這是儒家對於君臣之義的改善。君臣尚且如此,君民更不必説了。古代的人,只知道親族的關係,所以親族以外的關係,也以親族之道推之,所以以君臣和父子等視;所以説臣弑其君,子弑其父,是人倫的大變。然而既已承認視君如寇仇,則弑君之可不可,實在已成疑問;臣且如此,民更不必説了。——在古代,本亦没有民弑其君這句話。儒家君臣民之義,明白如此。後世顧有以王朝傾覆,樵夫牧子,捐軀殉節爲美談的,那真不知是從何而來的道理了。

儒家是出於司徒之官的,司徒是主教之官,所以儒家也最重教化。這是人人能明白的道理,用不著多講。所當注意的,則(一)儒家之言教化,養必先於教。"救死而恐不贍,奚暇治禮義哉"?生活問題如没有解決,在儒家看起來,教化兩字,簡直是無從談起的。(二)儒家養民之政,生産、消費、分配,三者並重,而其視消費和分配,尤重於生産。因爲民之趨利,如水就下,只要你不去妨害他,他對於生産,自然會盡力的,用不著督促,倒是分配而不合理,使人欲生産而無從;消費而不合理,雖有一部分盡力於生産的人,亦終不能給足;而且奢與惰相連,逾分的享用,會使人流於懶惰。所以制民之産,和食之以時,用之以禮,同爲理財的要義,不可或缺。(三)所謂教化,全是就實際的生活,爲之軌範。譬如鄉飲酒禮,是所以教悌的;鄉射禮,是所以教讓的;都是因人民本有合食會射的習慣,因而爲之節文,並非和生活無關的事,硬定出禮節來,叫人民照做;更非君與臣若干人,在廟堂之上,像做戲般表演,而人民不聞不見。可參看《唐書・禮樂志序》。這三點,是後世的人,頗欠注意的;至少,對於此等關係,看得不如古人的清澈。

儒家又有通三統之説。所謂通三統,是封前代的二王之後以大國,使之保存其治法,以便自己的治法不適宜時,取來應用。因爲儒者認爲"三王之道若循環,終而復始"。所謂三王之道若循環,便是:

"夏之政忠。忠之敝,小人以野,故殷人承之以敬。敬之敝,小人以鬼,故周人承之以文。文之敝,小人以薄,故救薄莫若以忠。"《史記·高祖本紀贊》。薄,今本作"僿",徐廣曰:"一作薄。"今從之。

儒家一方面兼採四代之法,以爲創立制度的標準,而於施政的根本精神,則又斟酌於質文二者之間,其思慮可謂很周密了。所謂四代,就是虞、夏、殷、周。虞、夏的治法,大概是很相近的,所以有時也說三代。孔子兼採四代之法,讀《論語·衛靈公篇》顏淵問爲邦一節,最可見之。孔子答顏淵之問,是"行夏之時,乘殷之輅,服周之冕,樂則韶舞"。並不是爲邦之事盡於此四者,這四句,乃是兼採四代,各取所長之意。孔子論治國之法,總是如此的,散見經傳中的,不勝枚舉。這是他精究政治制度,而又以政治理論統一之的結果。以政治思想論,是頗爲偉大的。這不但儒家如此,就陰陽家也是如此。

陰陽家之始,行夏之時一句話,就足以盡其精義。陰陽家是出於羲和之官的,是古代管天文曆法的官。古代生計,以農爲本,而農業和季節,關係最大,一切政事,不論是積極的,消極的,都要按著農業的情形,以定其施行或不施行。其具體的規則,略見於《禮記》的《月令》、《呂氏春秋》的《十二紀》、《管子》的《幼宮》、《淮南子》的《時則訓》。這四者是同源異流,大同小異的。顏淵問爲邦,孔子所以要主張行夏之時,因爲行夏時,則(一)該辦的事,都能按時興辦;(二)不該辦的事,不致非時舉行。好比在學校裏,定了一張很好的校曆,一切事只要照著他辦,自然沒有問題了。孔子所以主張行夏之時是爲此,並非争以建寅之月爲歲首。空争一個以某月爲歲首,有什麼意義呢? 陰陽家本來的思想,亦不過如此。這本是無甚深意的,說不上什麼政治思想。至於政令爲什麼不可不照著這個順序行,則他們的答案是天要降之以罰。所謂罰,就是災異,如《月令》等書有載,春行夏令,則如何如何之類,這並不離乎迷信,更足見其思想的幼稚了。但是後來的陰陽家,卻不是如此。

陰陽家當以鄒衍爲大師。鄒衍之術《史記》說他:"深觀陰陽消息,而作怪迂之變,《終始大聖》之篇,十餘萬言。其語閎大不經。必先驗小物,推而大之,至於無垠。先序今以上至黃帝,學者所共術。大并世盛衰。因載其禨祥度制,推而遠之,至天地未生,窈冥不可考而原也。⋯⋯稱引天地剖判以來,五德轉移,治各有宜,而符應若玆。"

鄒衍的五德終始,其意同於儒家的通三統。他以爲治法共有五種,要更迭行用的。所以《漢書・嚴安傳》引他的話,説:"政教文質者,所以云救也。當時則用,過則捨之,有易則易之。"其意躍然可見了。《史記》説衍之術迂大而閎辨,奭也文具難施,則鄒奭并曾定有實行的方案,惜乎其不可見了。陰陽家的學説,缺佚太甚,因其終始五德一端,和儒家的通三統相像,所以附論之於此。核其思想發生的順序,亦必在晚周時代,多見歷代的治法,折衷比較,然後能有之。然其見解,較之法家,則又覺其陳舊。所以我以爲他是和儒家同代表西周時代的思想的。

儒家的政治思想,是頗爲偉大周密的,其缺點在什麼地方呢?那就在無法可以實現。儒家的希望,是有一個"王",根據著最高的原理,以行政事,而天下的人,都服從他。假如能够辦到,這原是最好的事。但是能不能呢?其在大同之世,社會甚小,事務既極單簡,利害亦相共同;要把他措置得十分妥帖,原不是件難事。但是這種社會,倒用不著政治了——也可以說本來沒有政治的。至於擴而大之,事務複雜了,徧知且有所不能,何從想出最好的法子來?各方面的利害,實在衝突得太甚了,調和且來不及,就有好法子,何法使之實行?何況治者也是一個人,也總要顧著私利的。超越私人利害的人,原不能說是沒有,但治天下決不是一個人去治,總是一個階級去治,超越利害的私人,則聞之矣,超越利害之階級,則未之聞。所以儒家所想望的境界,只是鏡花水月,決無實現的可能。儒家之誤,在於謂無君之世的良好狀態,至有君之世,還能保存;而且這個"君道",只要擴而充之,就可以做天下的"王"。殊不知儒家所想望的黃金世界,只是無君之世才有,到有君之世,就不是這麼一回事了。即使退一步,說有君之世,也可以有一個準健康體,我們的希望,就姑止於是,然而君所能致之治,若把"君"的地位抬高擴大而至於"王",也就無法可致了。因為治大的東西,畢竟和小的不同;對付複雜的問題,到底和簡單的不同。所以儒家的希望,只是個鏡花水月。

(五)法　　家

法家之學,在先秦諸子中,是最為新穎的。先秦諸子之學,只有這一家見用於時;而見用之後,居然能以之取天下;確非偶然之事。

法家之學,詳言之,當分為法術兩端,其說見於《韓非子》的《定法》篇。法術之學的所以興起,依我看來,其理由如下:

(1)當春秋之世,列國之間,互相侵奪;內之則暴政亟行。當此之時,確有希望一個霸或王出來救世的必要。——後來竟做到統一天下,這是法家興起之世所不能豫料的。法家初興之時,所希望的,亦不過是霸或王。而要做成一個霸或王,則確有先富國強兵的必要。要富國強兵,就非先訓練其民,使之能為國效力不可。這是法家之學之所以興起的原因。

(2)一個社會中,和一人之身一樣的。不可有一部分特別發達。一部分特別發達,就要害及全體了。然社會往往有此病。一社會中特別發達的一部分,自然是所謂特權階級。國與民的不利,都是這一階級所為。法家看清了這一點,所以特別要想法子對付他。

法家主要的辦法,在"法"一方面,是"一民於農戰"。要一民於農戰,當然要抑商賈,退遊士。因為商賈是剝削農民的,商賈被抑,農民的利益,才得保全。國家的爵賞有限,施之於遊士,戰士便不能見尊異。"術"一方面的議論,最重要的,是"臣主異利"四個字。這所謂臣,並不是指個人,而是指一個階級。階級,在古人用語中,謂之朋黨。朋黨並不是有意結合的,只是"在某種社會中,有某種人,在某一方面,其利害處於共同的地位;因此有意的,無意的,自然會做一致的行動"。不論什麼時代、什麼社會裏,總有一個階級,其利害是和公益一致的。公共的利益,普通人口不能言,而這一階級的人,知其所在;普通人沒有法子去達到,而這一階級的人,知其途徑,能領導著普通人去趨赴;他們且為了大眾,而不恤自己犧牲。這一個階級,在這個時代,就是革命的階級。社會的能否向上,就看這一個階級能夠握權與否。這一個階級,在法家看起來,就是所謂法術之士。

法家本此宗旨,實行起來,則其結果為:

(一)官僚的任用。這是所以打倒舊貴族的。李斯《諫逐客書》庸或言之過甚,然而秦國多用客卿,這確是事實。《荀子·強國》篇說:"入秦……及都邑官府,其百吏肅然,莫不恭儉敦敬忠信而不楛,古之吏也。入其國,觀其士大夫。出於其門,入於公門,出於公門,歸於其家,無有私事也;不比周,不朋黨,倜然莫不明通而公也;古之士大夫也。觀其朝廷,其間聽決百事,不留,恬然如無治者,古之朝也。"這就是多用草茅新進之士的效驗,腐敗的舊貴族,萬辦不到的。秦國政治的所以整飭,就得力於此。

(二)國民軍的編成。古代造兵之法有兩種:其一如《管子》所述軌里連鄉之制。有士鄉,有工商之鄉。作內政寄軍令之法,專施之於士鄉,工商之鄉的人,並不當兵。此法兵數太少,不足以應付戰國時的事勢。其二是如《荀子·議兵》篇所述魏國之法。立了一種標準,去挑選全國強壯的人當兵。合格的,就復其戶,利其田宅。這種兵是精強了。然而人的勇力,是數年而衰的,而復其戶,利其田宅的利益,不能遽行剝奪。如此,要編成多數的兵,則財力有所不給;若要顧慮到財政,則只好眼看著兵力的就衰。所以這種兵是強而不多,甚至於並不能強。只有秦國的法,刑賞並用,使其民非戰無以要利於上,才能造成多而且精的兵。秦國吞併六國時,其兵鋒東北到遼東,東南到江南。其時並不借用別地方的兵,都是發關中的軍隊出去打的。這是何等強大的兵力?秦人這種兵力,都是商君變法所造成。

以上兩端,是法術之學應用到實際的效果。法家的長處,在於最能觀察現實,不是聽了前人的議論,就終身誦之的。所以他在經濟上的見解,也較別一家爲高超。儒家主張恢復井田,他則主張開阡陌。儒家當商業興起之世,還說市廛而不稅,關譏而不征。他則有輕重之說:主張將(一)農田以外的土地——山澤,和(二)獨占的大企業——鹽鐵,收歸國營;而(三)輕重斂散和(四)借貸,亦由國家操其權;免得特殊階級,借此剝削一般人。輕重之說,不知當時曾否有個國家實行?開阡陌一事,雖然把古來的土地公有制度破壞了,然而照我們的眼光看,土地公有之制,在實際是久經破壞了的,商君不過加以公開的承認;而且在當時,一定曾借此施行過一次不回復舊法的整理。這事於所謂盡地力,是很有效的,該是秦國致富的一個大原因。

法家的政策如此,至其所以行之之道,則盡於"法自然"三字。法自然含有兩種意義。其一自然是冷酷的,沒有絲毫感情攙雜進去,所以法家最戒釋法而任情。其二自然是必然的,沒有差忒的,所以要信賞必罰。

法家之學,在先秦諸子中,是最新穎的,最適合於時勢的,看上文所說,大略可以知道了。法家亦是先秦諸子之一,怎麼在前面,又說先秦諸子的思想,都是落伍的呢?法家之學,亦自有其落伍之處。落伍之處在哪裏呢?便是不知道國家和社會的區別。國家和社會,不是一物,在第二講中,早已說過了。因此,國家和社會的利益,只是在一定的限度內是一致的,過此以往,便相衝突。國家是手段,不是目的。所以國家的權力,只該擴張到一定的程度,過此以往,便無功而有罪。法家不知此義,誤以爲國家的利益,始終和社會是一致的。社會的利益,徹頭徹尾,都可用國家做工具去達到,就有將國權擴張得過大之弊。秦始皇既併天下之後,還不改變政策,這是秦朝所以滅亡的大原因。這種錯誤,不是秦始皇個人的過失,也不是偶然的事實;而是法家之學必至的結果。所以說法家的思想,也是落伍的。這一層道理,說起來話很長,現在僅粗引其端,其詳細,講到將來,自然更可明白。

　　"名法"二字,在古代總是連稱的。名家之學,如惠施、公孫龍等,所説很近乎詭辯,至少是純粹研究哲理的,如何會和法家這種注重實用的學問,發生密切的關係呢? 關於這個問題,我的意見如此: 禮是講究差別的。爲什麼要差別,該有一個理論上的根據,從此研求,便成名家之學,而法家之學,是要講綜核名實的。所謂綜核名實,含有兩種意義:(一)察其實,命之以名。如白的稱他爲白,黑的稱他爲黑;牛呼之爲牛,馬呼之爲馬。此理推之應用,則爲因才任使,如智者使之謀,勇者使之戰。(二)循其名,責其實。有謀的責任的,不該無所用心;有戰的責任的,不該臨陣奔北。如此當加之以罰,能盡職則加之以賞。名家玄妙的理論,雖和法家無關,而其辨別名實的精細,則於法家的理論,深有裨益,所以法家亦有取於名家。名家關涉政治的一方面,已爲法家所包含。其玄妙的一部分,則確與政治無關,所以現在不再講述。還有兵家,亦不是單講戰守的,其根本問題,亦往往涉及治國。這一部分,亦已包含於法家之中,所以今亦不述。

第五講　秦漢時代的社會

秦以前的政治，和周以前不同，是誰都會說的。然則其不同之處究竟安在呢？

秦始皇併天下後，令丞相御史說：天下大定，而名號不更，無以稱成功，傳後世。命他們議自己的稱號，丞相御史等議上尊號的奏，亦說他"平定天下，海內爲郡縣，法令由一統，自上古以來未嘗有，五帝所不及"。後來趙高弒二世，召集諸大臣公子說："秦故王國，始皇君天下，故稱帝。今六國復自立，秦地益小，乃以空名爲帝，不可；宜爲王如故。"於是立公子嬰爲秦王。據此看來，當時的人，對於皇和帝的觀念，確是不同的。其異點，就在一"君天下"，一不君天下。當春秋時代和戰國的前半期，希望盡滅諸國，而自己做一個一統之君，這種思想，大概還無人敢有。併吞六國、統一天下的思想，大概是發生於戰國的末期的。前此大家所希望的，總不過是霸或王罷了。然而列國紛爭，到底不是蘇秦的合從所能加以團結；亦不是張儀的連衡，所能息其兵戈；懸崖轉石之機，愈接愈厲，到底併做一國而後已。這可以說是出於前此政治家的慮外的。

帝政成功，則（一）內戰可息；（二）前此列國間經濟上的隔閡，亦可消除；如撤去列國時代所設的關，出入無需通行證。而且統一之後，對外的力量，自然加強；中國未統一時，蒙古高原不曾有像漢以後匈奴等強大的遊牧民族，是中國的天幸。這確較諸霸或王更爲有利。但是帝政成功了，君政卻全廢墜了。

怎樣說帝政成功，而君政廢墜呢？原來"君者善群也"。他的責任，就是把一群中的事情，措置得件件妥帖。這話，在第四講論儒家時，業經說過了。原始的君，固未必人人能如此，然以其時的制度論，則確是可以如此的。所以只要有仁君，的確可以希望他行仁政。原來封建政體，即實行分封制的貴族政體中，保留有原始"君"的制度的殘餘，自從封建政體逐漸破壞，此種制度，亦就逐漸變更了。這話又是怎樣說呢？要明白這個道理，先要知道從封建到郡縣，在政治制度上，是怎樣的一個變遷。我們都知道：秦漢時的縣名，有許多就是古代的國名。這許多縣，並不是起於秦的。前此地兼數圻的大國中，早已包含著不少了。這就是（一）從遠古相傳的國，被夷滅而成為大國中的一縣。這是縣的起源的一種。還有（二）卿大夫的采地，發達而成為縣；如《左氏》說晉國韓賦七邑，皆成縣之類。（三）以及國家有意設立的。如商君併小鄉聚邑為縣。此三者，雖其起源不同，而其實際等於古代的一個國則一。所以縣等於國，縣令等於國君。以次推之，則郡守等於方伯。然則大夫是什麼呢？那就是秦漢時的三老、嗇夫、游徼之屬了。士是什麼呢？那就是里魁和什伍之屬了。後世都說縣令是親民之官，其實這不過和郡以上的官比較而云然，在實際，縣令還不是親民的。若鄉老以下諸職，通統沒有，做縣令的，也就無所施其技，雖欲盡其"君者善群"的責任而不得了。從秦漢以後，這種職守，漸漸的沒落而寖至於無。所以做縣令的人，也一事不能辦；而只得以坐嘯臥治，花落訟庭閑，為為治的極則。縣令如此，郡以上的官，更不必說了。所以說"帝政成功，而君政廢墜"。

君政為什麼會廢墜呢？於此，我們又得知道政治上階級變遷的情形。古代的治者階級是貴族。他的地位，是因用兵力征服被治者而得的。後世的治者階級是官僚，官僚是君主所任用的。封建政體的破壞，不但在列國的互相併吞，亦繫於一國之中世襲的卿大夫的撤廢。卿大夫撤廢，皆代之以官僚。滅國而不復封建，而代之以任免由己的守令，亦是如此。所以封建政體滅亡，而官僚階級，就達於全盛。

凡階級,總是要以其階級的利益為第一位的;而且總有一種理由,替維持階級利益做辯護。不一定是私意。官僚階級裏並不是沒有好人;盡有顧全公眾的利益,而肯犧牲自己的,但是總不免為其所處的地位所局限;以為欲維持公益,非維持其時的社會組織不可,不肖的更不必說了。所以官僚階級的性質,從理論上說,往往是如此的:

(一)所盡的責任,減至最小限度。

(二)所得的利益,擴充至最大限度。

所謂利益,是包含(甲)權勢,(乙)物質上的收入;(乙)中又包含(A)俸祿,(B)一切因做官而得的收入。此種趨勢,其限制:是(a)在上者的督責,(b)在下者的反抗。除此之外,便要盡量的擴充了。所以怠惰和貪污,乃是官僚階級的本性,不足為怪。天下盡有不怠惰不貪污的官,此乃其人不但具有官僚性質,而無害於官僚階級的性質,實係如此,猶之天下盡有不剝削生產者和消費者的商人,然以商業性質論,總是要以最低的價格買進,最高的價格賣出的。

官僚不但指現任官吏,凡(一)志願做官,即準備以官為職業的人;與(二)無官之名,而與官相結托以牟利的人;都該算入官僚階級之內。至於(三)為官的輔佐的人,那更不必說了。此三項中,尤以第二項為重要。鄉職本來是人民自治的機關,其利益,該與人民一致的。官僚如欲剝削人民,鄉職是應該加以反抗的。然到後來,鄉職反多與官僚相結合,以剝削人民,即由於官僚階級擴大,而將第二項人包含進去之故。如此,剝削人民的人,就日益增多,政治上顧全全體利益的方面,就不得不加以制止。要設立許多監察官,去監察鄉老以下的自治職,是辦不到的。就只得干脆把他廢掉。這是漢世很有權威的三老嗇夫等職,到後來所以有名無實,甚至并其名而無之的原因。隋世禁鄉老聽訟,為其間之一大轉關。此等自治職既廢,與官相結托以剝削人民者,遂變為現在的土豪劣紳;而自治職之僅存其名者,則淪為厮養,其本身變為被剝削者。以上是說第二項人。至於第一項,即所謂讀書人。他們現在雖不做官,然而官僚階級的得以持續,所靠的實在是這一項人。而且官僚階級維護其階級的理論,亦從這一項人而出。所以其關係也是很重要的。這一項人,未必都得到官做,然而前述的第二項中,包含這一項人實甚多;而且很容易轉入第三項中的甲項。第三項,依其性質,再分爲三類:即(甲)幕友,凡以學識輔助官者屬之。(乙)胥吏,爲官辦例行公事。(丙)厮役,供奔走使令。(乙)之自利方法爲舞文。(丙)之自利方法爲敲詐。(甲)無與人民直接的機會,如欲剝削人民,必須與(乙)、(丙)或前述的第二項人聯合。然官吏的固位、邀寵、卸責的謀劃,大多出於甲類的人;而如干謁、行賄等事,甲類中人,亦可代爲奔走。

凡一階級,當其初興之時,其利害,總是和大多數被壓迫的人一致的。及其成功,即其取敵對階級的地位而代之之時,其利害,便和大多數人相反了。官僚階級取貴族而代之,即係如此。當這時代,大多數的人民,是怎樣呢?因爲凡稍有才力的人,都升入官僚階級裏去了。官僚階級的數量,略有定限,自然有希望走進去而始終走不進的人。然而達得到目的與否是一事,抱這目的與否,又是一事。他們雖始終走不進去,總還希望走進去,而決不肯退到平民這一方面來,和官僚鬥爭。於是人民方面所剩的,就只是愚與弱。除掉以暴動爲反抗外,就只有束手待斃。蘇東坡《志林》論戰國任俠最能道破此中消息。

在第二講中不是説過麼?凡社會總有兩條心的:即(一)公心,(二)私心。私心雖是要自利,公心總是要利人的。貴族虐民,而官僚階級出來和他反抗,就是公心的表現。即所謂法術之士。然則到官僚階級轉而虐民的時候,這種公心,到什麽地方去了呢?不錯,公心是無時而絶的,但是公心要有一條表顯的路。在從前貴族階級跋扈時,法術之士——即官僚階級的前身,是作爲君主爲代表公心的機關,教他行督責之術,去打倒貴族階級的。這時候,官僚階級既代居貴族的地位,君主應即以其人之道,還治其人之身。但是理想是理想,事實是事實。理想的本性,總想做到十分,一落入事實界,就只能做到兩分三分了。君主所行的是政治,政治是實際的事務。凡實際的事務,總是帶有調和的性質的,即是求各種勢力的均衡。官僚和民衆的利益,是處於相反的地位的。而這兩個階級,都有相當的勢力,做君主的,不但不能消滅那一方面,並不能過於犧牲那一方面,亦只得求其勢力的均衡。所以做君主的,也只能保障官僚的剝削平民,限於某一限度以內。過此以往,便不能爲人民幫忙。從前官場中總流行著一種見解:"人民固應保護,做官的人,也該叫他有飯吃。"——譬如你爲保護人民故,而裁撤官吏所得的陋規,官場中人,就會把這話批評你——就是這種意識的表現。

所以這時候的平民,自己是既愚且弱,不會辦什麼事了。官吏在責任減至最小限度、權利擴至最大限度的原則下,不會來替你辦什麼事的;而且你要自己辦事,還會爲其所破壞。爲什麼呢?因爲你會辦事,你的能力就強了;就會反抗官吏的誅求。而且你有餘款,照理,官吏是要榨取去的,怎會讓你留著,謀你們的公益事務呢?如此,凡人民相生相養之事,在古代,由其團體自謀,而其後由人君代管其樞者,至此,乃悉廢墜而無人過問,而人民遂現出極蕭索可憐的狀態。中國後世的人,都要謳思古代,這並不是無因的。因爲表顯在古書中那種"百廢俱舉,即人和人相生相養之事,積極的有計劃、有規模,而人不是在最小限度之下,勉強維持其生存的現象",在後世確乎是不可見了。在物質文明方面,總是隨著時代而逐漸進步的,在社會組織方面,則確乎是退步了。人,究竟在物質文明進步、社會組織退步的環境中所得的幸福多呢,還是在物質文明較低、社會組織合理的環境中所得的幸福多呢?這本是很難說的話。何況想像的人,總只注意到古代社會組織合理的一方面,而不甚注意到其物質不發達的一方面呢?謳歌古代,崇拜古代,又何足爲怪呢?所以說:帝政成功,君政廢墜,實在是政治上的一個大變遷。

人,雖然和盲目的一般,不大會知道他自己所該走的路。然而經長時期的暗中摸索,也總會走上了該走的路。帝政的成功,君政的廢墜,既然是政治退化的大原因,人爲什麼不回到老路上去,把一個大帝國,再斫而小之呢?此則由於人類本來是要聯合的。無論從物質方面,精神方面講,都是如此。而且全世界未至於風同道一,則不能不分爲許多民族和國家。異民族和異國家之間,是常有衝突的。有衝突,我們亦利於大。這是已成的大帝國,不能斫而小之的原因。國既不能斫而小之,而國之內又不能無利害衝突,則只有仰戴一個能調和各階級利害的君主,以希冀保持各階級間勢力的均衡了。帝政從秦滅六國之歲,至於亡清遜位之年,凡綿歷二千餘載,其原理即由於此。

然則當其時,在政治上,爲人民的大害的,就是官僚——用舊話說,可以說是士大夫階級。——要治天下,就是要把這一個階級划除,但是要把這一個階級划除,除非人民自行覺悟奮起不可——君主只能調和於兩者之間,前面已經說過了——這是談何容易的事。所以這時代,所謂政治思想,亦都是官僚階級的政治思想。官僚階級的政治思想,又是怎樣呢?凡是人的思想,總不免於落伍,這個道理,在第四講中,已可明白。所以周秦的思想,在周秦之世,已經落伍了,而漢以後人還是沿襲着它,他們受時勢的影響而有所發展,可以分做三派:

其一,是看到人民的貧苦愚弱,而想要救濟他們的,卻沒有想到救濟人民,沒有這一個操刀代斫的階級。你叫他操刀,他就不代人家斫,而爲着自己的目的斫了。

其二,是看到官僚階級的罪惡,想要對付他的。但是此時的官僚階級,和前此的貴族階級不同,前此的貴族階級,已經走到末路了,所以有新興的官僚階級出來打倒他。此時的官僚階級則尚未至於末路,沒有新興的階級,所以他始終沒有被打倒。

其三,亦知道下級人民,貧苦愚弱得可憐。但是社會的本身,複雜萬分。什麼事都不是直情逕行,所能達其目的的,不但不能達其目的,還怕像斯賓塞所說的那樣:修理一塊失平的金屬板,就在凸處打一錐,凸處沒有平,別的地方,倒又凹凸不平起來了。所以照這派人的意見,還是一事不辦的好。

這三派的思想,我們把他排列起來,則

(一)左派:儒家。

(二)中間派:法家。

(三)右派:道家。

我們現在,卻先從道家講起。

第六講　漢代的政治思想

道家是漢定天下以後最早得勢的學派。他的思想我們可以蓋公和汲黯兩個人來做代表。蓋公之事，見於《史記・曹相國世家》。《曹相國世家》説，曹參以孝惠帝元年做齊國的丞相，此時天下初定，參盡召長老諸生，問所以安集百姓，諸儒以百數，言人人殊，參未知所定。聞膠西有蓋公善治黃老言，使人厚幣請之。蓋公爲言治道貴清靜而民自定。曹參聽了他的話，相齊九年，齊國安集，人稱賢相。後來做了漢朝的宰相，也還是用這老法子。《史記》上記載這兩件事，最可見得當時道家的態度：“參去，屬其後相曰：以齊岳市爲寄，慎勿擾也。後相曰：治無大於此者乎？參曰不然，夫岳市者，所以并容也，今君擾之，奸人安所容也？吾是以先之。”

爲漢相國，舉事無所變更，一遵蕭何約束。擇郡國吏，木訥於文辭重厚長者，即召除爲丞相史。吏之言文刻深欲務聲名者，輒斥去之。

於此，我們可以知道道家的得失。他的所謂并容裏面，實包含着無限的丑惡。不務絶奸人，而反求所以并容之，天下哪有這治法？然而卻能得到好聲名，這是何故？原來天下事最怕的，是上下相蒙。大抵善爲聲名的人，總是塗澤表面，而内容則不堪問。你叫他去治岳市，他在表面上替你把岳市治得很好了，便是你自己去查察，也看不出什麽毛病來，然而實際可以更壞。爲什麽呢？（一）他會囑咐手下的人，説丞相要來查察什麽什麽事情——表面上的——你們要得當心些,暗中就可風示他,實際的事情拆爛污些不妨,甚至於公然囑咐,只要塗澤表面就够了。如此,手下的人本來膽小不敢作弊的,就敢作弊了。本來老實不會作弊的,就會作弊了。(二)他可以威脅岳市中的人不敢舉發他的弊病,甚而還要稱頌他。(三)而他還可以得些物質上不正當的利益。所謂巧宦,其弊如此。所以用這一種人去治國,是舊弊未除,又生新弊。簡而言之,就是弊上加弊,弊＋弊＝2 弊。倒不如用老實的人,他雖無能力改良事情的內容,倒也想不出法子來,或者雖想得出法子而也不敢去塗澤表面,這卻是弊＋0,所以從來用質樸無能的人,可以維持現狀,使其不致更壞,即由於此。這就是曹參的所以成功,豈但曹參,漢文帝所以被稱爲三代後的賢君,也不外乎這個道理。所以後來漢武帝所做的事情,有許多並不能説是没有理由,至少他對朝臣所説的吾欲云云,其所云云者,決不是壞話,然而汲黯看了,他就覺得很不入眼,要説他內多欲而外施仁義,奈何欲效唐虞之治了。

然則在中國歷史上,放任政策總得到相當的成功,確有其很大的理由。這種放任政策確也不能不承認他是有相當的長處。然而其長處,亦只是維持現狀而已,要説到改進治化就未免南轅北轍。試即以漢文帝之事爲證。《史記・平準書》説:"至今上即位數歲,漢興七十餘年之間,國家無事,非遇水旱之災,民則人給家足,都鄙廩庾皆滿,而府庫餘貨財。京師之錢累巨萬,貫朽而不可校。太倉之粟,陳陳相因,充溢露積於外,至腐敗不可食。衆庶街巷有馬,阡陌之間成群,而乘字牝者擯而不得聚會。守閭閻者食梁肉,爲吏者長子孫,居官者以爲姓號,故人人自愛而重犯法,先行誼而後絀恥辱焉。當是之時,網疏而民富,役財驕溢,或至兼併,豪黨之徒,以武斷於鄉曲。"

兼併總是行於民窮財盡之時的,果真人給家足,誰願受人的兼併?又誰能兼併人?然則《史記》所述富庶的情形,到底是真的呢,假的呢?從前有人説所謂清朝盛時的富庶,全是騙人的。不然爲什麼當時的學者如汪中、張惠言等,據其自述未達之時,會窮苦到這步田地，難道這些學者都是騙人的麼？我說兩方面的話，都是真的。大抵什麼時代都有個不受人注意的階級，他就再困苦煞，大家還是不聞不見的。所謂政簡刑清，所謂人給家足，都只是會開口的、受人注意的階級，得些好處罷了。所以董仲舒說：「富者田連阡陌，貧者亡立錐之地，又顓川澤之利，筦山林之饒，荒淫越制逾侈以相高，邑有人君之尊，里有公侯之富。……貧民常衣牛馬之衣，而食犬彘之食。」

晁錯也說：「今農夫五口之家，其服役者不過二人，其能耕者不過百畝，百畝之收，不過百石。春耕夏耘，秋獲冬藏，伐薪樵，治官府，給繇役，春不得避風塵，夏不得避暑熱，秋不得避陰雨，冬不得避寒凍，四時之間，亡日休息。又私自送往迎來，吊死問疾，養孤長幼在其中。勤苦如此，尚復被水旱之災，急政暴虐，賦斂不時，朝令而暮改。當其有者半價而賣，亡者取倍稱之息，於是有賣田宅鬻子孫以償責者矣。而商賈大者積貯倍息，小者坐列販賣，操其奇贏，日遊都市，乘上之急，所賣必倍。故其男不耕耘，女不蠶織，衣必文采，食必粱肉，亡農夫之苦，有阡陌之得，因其富厚，交通王侯，力過吏勢，以利相傾，千里遊敖，冠蓋相望，乘堅策肥，履絲曳縞，此商人所以兼併農人，農人所以流亡者也。」

觀此則《史記》所謂人給家足，是什麼人，什麼家，就很可以明白了，何怪其有兼併和被兼併的人呢？然則《漢書·刑法志》說：「及孝文即位，躬修玄默，勸趣農桑，減省租賦。而將相皆舊臣，少文多質，懲惡亡秦之政，論議務在寬厚，恥言人之過失。化行天下，告訐之俗易，吏安其官，民樂其業，畜積歲增，戶口寖息，風流篤厚，禁網疏闊。選張釋之為廷尉，罪疑者予民，是以刑罰大省，至於斷獄四百，有刑錯之風。」

這所謂禁網疏闊，就是《史記·平準書》所謂網疏；斷獄四百，並非天下真沒有犯罪的人，不過縱釋弗誅罷了。所縱釋的是何等樣人，也就可想而知了。所以歷代的放任政策，其內容，是包含著無限的醜惡的。難怪儒家要主張革命了。

漢代儒家的思想，可以分爲兩大端：一爲均貧富，一爲興教化。他們的均貧富，還是注意於平均地權，激烈的要逕行井田，緩和的則主張限民名田。他們對於經濟的發展，認識是不足的，所以都主張重農抑商，主張返於自給自足時代經濟孤立的狀況。這個讀《鹽鐵論》的《散不足》篇最易見得。關於經濟問題，近來研究的人多了，書籍報章雜誌時有論述，大家都有些知道，現因時間短促，不再多講。現在且略述漢儒興教化的問題。

漢儒對於興教化，有一點，其見解是遠出於後世人之上的。我們試看《史記・叔孫通傳》，當他要定朝儀的時候："使征魯諸生三十餘人。魯有兩生不肯行，曰：……今天下初定，死者未葬，傷者未起，又欲起禮樂。禮樂所由起，積德百年而後可興也。吾不忍爲公所爲，公所爲不合古。"

這正和古人所謂先富後教，樂事勸功，尊君親上，然後興學同。所以漢人所謂興教化，其根本乃在於改制度。我們試看《漢書・賈誼傳》載他的話說："秦人家富子壯則出分，家貧子壯則出贅。借父耰鋤，慮有德色，母取箕帚，立而誶語；抱哺其子，與公併倨，婦姑不相說，則反唇而相稽。其慈子耆利，不同禽獸者亡幾耳。……天下大敗，眾掩寡，知欺愚，勇威怯，壯陵衰，其亂至矣。……其遺風餘俗，猶尚未改，今世以侈靡相競，而上亡制度，棄禮義，捐廉恥，日甚，可謂月異而歲不同矣。逐利不耳，慮非顧行也，今其甚者，殺父兄矣。盜者剟寢戶之簾，搴兩廟之器，白晝大都之中，剽吏而奪之金，矯偽者出幾十萬石粟，賦六百餘萬錢，乘傳而行郡國，此其亡行義之尤至者也。"可謂痛切極了。而他又說："而大臣特以簿書不報，期會之間，以爲大故。至於俗流失，世敗壞因恬而不知怪，慮不動於耳目，以爲是適然耳。夫移風易俗，使天下回心而鄉道，類非俗吏之所能爲也。……夫立君臣，等上下，使父子有禮，六親有紀，此非天之所爲，人之所設也。夫人之所設，不爲不立，不植則僵，不修則壞。"

他之所謂設則是："以爲漢興二十餘年，天下和洽，宜今"義"字。當改正朔,易服色制度,定官名,興禮樂,乃草具其儀法,色上黃,數用五,爲官名悉更,奏之。"

色上黃,數用五,由今看來,固然是毫無關係之事,如此改革,似乎滑稽而且不離乎迷信,然而古人所謂改正朔、易服色等事,並不是像後世止於如此而已,而是相連有一套辦法的。這個讀第四講中論儒家的話已可見得。然則當時賈誼所主張改變的,決不止此兩事,不過《史記》《漢書》都語焉不詳罷了。但看他"爲官名"三個字——這是改變一切機關——便可知其改革規模之大。

再一個顯著的例,便是董仲舒。他說:"自古以來,未嘗有以亂濟亂,大敗天下如秦者也。其遺毒餘烈,至今未滅。使習俗薄惡、人民嚚頑,抵冒殊扞,孰爛如此之甚者也。孔子曰:'腐朽之木不可雕也,糞土之牆不可圬也。'今漢繼秦之後,如朽木糞牆矣。雖欲善治之,亡可奈何。法出而奸生,令下而詐起,如以湯止沸,抱薪救火,愈甚亡益也。竊譬之,琴瑟不調,甚者必解而更張之,乃可鼓也。爲政而不行,甚者必變而更化之,乃可理也。"

董仲舒對於漢代制度的改革,是大有功勞的人。"推明孔氏,抑黜百家,立學校之官,州郡舉茂材孝廉,皆自仲舒發之"。

其尤激烈的則爲翼奉。他以爲:"祭天地於雲陽汾陰,及諸寢廟,不以親疏迭毀,皆煩費,違古制。又宮室苑囿,奢泰難供,以故民困國虛,亡累年之蓄。所繇來久,不改其本,難以末正。乃上疏曰:臣聞古者盤庚改邑,以興殷道,聖人美之。竊聞漢德隆盛,在於孝文……如令處於當今,因此制度,必不能成功名。……臣願陛下徙都於成周……遷都正本,衆制皆定。"

生活是最大的教育,要人民革新,必須替他造出新環境來,置之新環境中,雖日撻而求其舊,不可得矣。間嘗論之,儒家之興,並非偶然之事,秦始皇雖然焚書坑儒,然當他坑儒的時候曾說:"吾前收天下書不中用者盡去之,悉召文學方術士甚衆,欲以興太平,方士欲練以求奇藥。"

"欲以興太平"上,當奪"文學"兩字。文學便是當時的儒家。可知始皇並非不用儒者,所以要用儒者,就是因爲當時的天下非更化不可,要更化非改制度不可,而改制度之事,惟有儒家最爲擅長。所以假使秦始皇享國長久,海内更無其他問題,他一定能有一番改革——建設——改革。秦皇漢武正是一流人。

儒家所謂教化,其先決問題是民生,至於直接手段則是興庠序,看《漢書·禮樂志》便可知道。他們對於現狀,是認爲極度的不安,而想要徹底改革的,所以我説他們是最革命的。

然而儒家不能不爲法家所竊笑。爲什麼呢?我們試讀《漢書》的《元帝本紀》:"立爲太子……柔仁好儒,見宣帝所用多文法吏,以刑名繩下,大臣楊惲、蓋寬饒等坐刺譏辭語爲罪而誅,嘗侍燕從容言:陛下持刑太深,宜用儒生。宣帝作色曰:漢家自有制度,本以霸王道雜之,奈何純任德教、用周政乎?且俗儒不達時宜,好是古非今,使人眩於名實,不知所守,何足委任?乃嘆曰:亂我家者,太子也。"

宣帝所謂霸,便是法家;所謂王,是儒家;以霸王道雜之,謂以督責之術對付官僚階級,以儒家寬仁之政對待人民。質而言之,便是"嚴以察吏,寬以馭民",這實在是合理的治法。倘使純用霸道,則待人民太暴虐,全社會都將騷然不寧,喪其樂生之心,這便是秦朝的所以滅亡。至於純用王道,則元帝便是一個榜樣。我們試將《元帝紀》讀一過。儒家所謂寬仁之政,幾於史不絕書,然而漢治反於此時大壞,這是什麼緣故呢?因爲官僚階級的利益是和人民相反的,要保護人民,其要義就在於約束官僚,使不能爲民害,若並官僚階級而亦放縱之,那就是縱百萬虎狼於民間了。漢朝政治之放縱——督責之術之廢弛,是起於元帝之世的,所以漢朝的政治,也壞於元帝時。爲什麼元帝會放縱治者階級使爲民害呢?其弊便在於不察名實。名就是理論,實就是情形,理論雖好,要和現狀相合方才有用。比如合作運動自然是好的,然而能否推行於中國社會,換一方面説,便是現在的中國社會能否推行合作運動?更具體些説,叫農民組織合作社,向農民銀行借款，到底來借款的是真正農民呢，還是營高利貸業者的化身？這是大須考慮的。假如說現在來貸款的都是真正農民了，然而現在的農民銀行設立尚未普徧，假使要普徧設立，是否能保持現在的樣子——即來貸款者真正都是農民——如曰能之，還是目前就能夠呢，還是要一面養成人才，一面整頓吏治徐徐進行的呢？如此便又發生推廣的遲速問題。這些都是應該考慮的、應該考察的實際。合作事業的能否辦好，就看這種事先的考慮是否周密，隨時的考慮是否認真，單是精於理論，即對於書本上的合作有研究，是無用的。現今模仿外國所以不能成功，甚至反有弊病，即由於此。漢儒的崇拜古人，就和現在的崇拜外國一樣，不論什麼事，只要儒家的書上說古代是如此的，就以爲是好的，而不管所謂古代者其情形與現代合不合，這正和現代有些人，只要是外國的總是好的，而不管其和中國社會的情形合不合一樣——此等人不論其所崇拜的是什麼東西，總之皆成爲偶像了。要打倒偶像，這種偶像，就是該首先打倒的。泥塑木雕的倒還在其次。不察名實，自然不達時宜——就是不知道現在該怎樣，不知道現在該怎樣，自然可以信口開河——是古非今了。

　　法家也有法家的毛病，便是董仲舒所謂誅名而不責實，——誅名而不責實，其實也還是不察名實。——然而真正的法家，的確不是如此。漢朝雖號稱崇儒，其實在政治上，有許多卓絕的法家。而我所要力勸大家讀的，尤其是《漢書》的《黃霸傳》。現在且不避文繁，節錄其辭如下："黃霸字次公，淮陽陽夏人也。以豪傑役使，徙雲陵。少學律令，喜爲吏。……霸爲人明察內敏，又習文法，然溫良有讓，足知，善御衆。……自武帝末，用法深。昭帝立，幼，大將軍霍光秉政，大臣爭權，上官桀等與燕王謀作亂，光旣誅之，遂遵武帝法度，以刑罰痛繩群下，繇是俗吏尚嚴酷以爲能，而霸獨用寬和爲名。會宣帝即位，在民間時知百姓苦吏急也，聞霸持法平，召以爲廷尉正，數決疑獄，庭中稱平。守丞相長史，坐公卿大議庭中，知長信少府夏侯勝非議詔書大不敬，霸阿從不舉劾，皆下廷尉，繫獄當死。霸因從勝受《尚書》獄中。……上擢霸爲揚州刺史。……爲潁川太守。……時上垂意於治,數下恩澤詔書,吏不奉宣。……霸爲選擇良吏,分部宣布詔令。……使郵亭鄉官皆畜雞豚,以贍鰥寡貧窮者。然後爲條教,置父老師帥伍長,班行之於民間,勸以爲善防奸之意,及務耕桑,節用殖財,種樹畜養,去食穀馬。米鹽靡密,初若煩碎,然霸精力能推行之。吏民見者,語次尋繹,問它陰伏,以相參考。嘗欲有所司察,擇長年廉吏遣行,屬令周密。吏出,不敢舍郵亭,食於道旁,烏攫其肉。民有欲詣府口言事者適見之,霸與語道此。後日吏還謁霸,霸見迎勞之,曰:甚苦,食於道旁,乃爲烏所盜肉。吏大驚,以霸具知其起居,所問毫厘不敢有所隱。鰥寡孤獨有死無以葬者,鄉部書言,霸具爲區處,某所大木可以爲棺,某亭豬子可以祭,吏往皆如言。其識事聰明如此,吏民不知所出,咸稱神明。奸人去入它郡,盜賊日少。霸力行教化而後誅罰,務在成就全安。……霸以外寬內明得吏民心,戶口歲增,治爲天下第一。征守京兆尹。……歸潁川太守官。……治如其前。前後八年,郡中愈治。是時鳳皇神爵數集郡國,潁川尤多。天子……下詔稱揚曰:潁川太守霸,宣布詔令,百姓鄉化,孝子弟弟貞婦順孫,日以衆多,田者讓畔,道不拾遺,養視鰥寡,贍助貧窮,獄或八年亡重罪囚,吏民鄉於教化,興於行誼……代邴吉爲丞相……京兆尹張敞舍鶡雀飛集丞相府,霸以爲神雀,議欲以聞。敞奏霸曰:竊見丞相請與中二千石博士雜問郡國上計長吏守丞,爲民興利除害,成大化,條其對,有耕者讓畔,男女異路,道不拾遺,及舉孝子弟弟貞婦者爲一輩,先上殿,舉而不知其人數者次之,不爲條教者在後叩頭謝。丞相雖口不言,而心欲其爲之也。長吏守丞對時,臣敞舍有鶡雀飛止丞相府屋上,丞相以下見者數百人。邊吏多知鶡雀者,問之,皆陽不知。丞相圖議上奏曰:臣聞上計長吏守丞以興化條,皇天報下神雀。後知從臣敞舍來,乃止。郡國吏竊笑丞相仁厚有知略,微信神怪也。昔汲黯爲淮陽守,辭去之官,謂大行李息曰:御史大夫張湯懷詐阿意,以傾朝廷,公不早白,與俱受戮矣。息畏湯,終不敢言。後湯誅敗,上聞黯與息語,乃抵息罪而秩黷諸侯相,取其思謁忠也。臣敞非敢毁丞相也,誠恐群臣莫白,而長吏守丞畏丞相指,歸捨法令,各爲私教,務相增加,澆淳散樸,並行僞貌,有名亡實,傾搖解怠,甚者爲妖。假令京師先行讓畔異路,道不拾遺,其實亡益廉貪貞淫之行,而以僞先天下,固未可也,即諸侯先行之,僞聲軼於京師,非細事也。漢家承敝通變,造起律令,即以勸善禁奸,條貫詳備,不可復加。宜令貴臣明飭長吏守丞,歸告二千石,舉三老、孝弟、力田、孝廉、廉吏,務得其人,郡事皆以義法令檢式,毋得擅爲條教,敢挾詐僞以奸名譽者,必先受戮,以正明好惡。⋯⋯"

　　豪傑役使,顔師古曰:身爲豪傑而役使鄉里人也。可見黃霸本是所謂土豪劣紳之流。大抵善於邀名的人,必求立異於衆。——因爲不立異,則不過衆人中的一人,天下人如此者多,就不足以得名了。⋯⋯黃霸本是個務小知任小數的人,論他的才具很可以做一個漢朝的文吏,只因當時的官吏竞趨於嚴酷,爲輿論所反對,乃遂反之以立名,而適又有夏侯勝的《尚書》以供其緣飾,又適會宣帝要求寬仁之吏,就給他投機投個正著,一帆風順,扶搖直上了。生活是最大的教育,人是不能以空言感化的,人是個社會動物,處在何等社會中,就形成何等樣人,絲毫不能勉强,斷非空言之力所能挽回。所以古來言教民者,必在既富之後,質而言之,就是替他先造新環境,新環境既已造成,就不待教而自正了。如其不然,就萬語千言悉成廢話,這種道理,當發爲空論之際,也是人人懂得的。及其見諸實施,卻又以爲人民可以空言感化,至少以爲要先把人心改變過來,然後制度乃可隨之而改了。人類缺乏一貫的思想,處處現出自相矛盾的景象,真可嘆息。人民可以空言化,在廟堂之上的人,或者和社會隔絕了,信以爲實。然在奉行其事的人,是不會不知道實際的情形,然而竟沒有一個人把無益實際的話入告,只見詔書朝下於京城宣布,夕徧於海澨,人類的自欺欺人,實在更可嘆息。有手段的人,他要人家説的話,自然會有人替他説的,他要人家不説話,自然沒有人敢説。他希望有什麼事,自然會有人造作出來,他希望沒有什麼事,自然會有人替他隱諱掉。我們只要看邊吏多知鷁雀,問之皆陽不知,便可知道黃霸治郡時,所謂盜賊日少,戶口歲增,是虛是實了。然則他怎會獲得如此的好名譽呢?大抵人有兩種:一種是遠聽的,一種是近看的。聲名洋溢的人,往往經不起實際的考察,在千里萬里之外聽了,真是大聖大賢,到他近處去一看,就不成話了。但是社會是採取虛聲的,一個人而苟有手段造成了他的虛名,你就再知道他是個壞人,也是開不得口。不但開不得口,而且還只能人云亦云的稱頌他,不然人家不說他所得的是虛名,反說你所說的是假話。俗說若要人不知,除非己莫爲。作偽的人,豈真有什麼本領,使他的真相不露出來?不過社會是這樣的社會,所以這種人的真相,雖然給一部分人知道了,卻永遠只有這一部分人知道,決不會散布擴大出去的。然而張敞居然敢彈劾盛名之下的黃霸,我們就不得不佩服法家綜核名實的精神了。他奏黃霸的話,真乃句句是金玉。讓畔異路,道不拾遺,其實亡益廉貪貞淫之行,造起律令,即以勸善禁奸,尤其是至理名言。因爲你要講革命是另一件事,在革命未成以前勸人爲善,只是能爲現狀下之所謂善,禁奸也只能禁現狀下之所謂奸。明明是現狀下所不能爲的事,你卻要叫人去做,人家也居然會照著你的話去做,這不是作偽還是什麼?其實何益呢?不過澆淳散樸罷了。

  法家這種綜核名實的精神,自元帝以後莫之能行,以至亡國。後漢得天下,光武帝雖然厚貌深文,其實行督責之術,是很嚴緊的。他當時對於一班開國的功臣,以及有盛名可以做三公的人,明知其不可施以督責,所以捨而弗用,而寧任用一班官僚,這就是後漢所以能開二百餘年之治的原因。從中葉以後,督責之術又廢了,於是官僚階級又橫行起來,益之以處士橫議,而後漢遂至於滅亡。起而收拾殘局的魏武帝、諸葛孔明,都是勵行綜核名實的人,所以事勢又有轉機。然而一兩個人的苦力支撐,終不能回狂瀾於既倒,於是紀綱日廢,而魏晉清談之俗興,神州大陸遂終於不可保守而爲五胡所占據了。

魏晉以後的政治思想，無甚特別之處——大抵承漢人的緒餘——今因限於時間亦不再加講述。還有一篇最值得注意的文字，便是《論衡》的《治期》篇。此篇力言國家之治亂，與君主的賢否無涉。換一句現在的話說，便是政治控制不住社會，社會而要向上，政治是無法阻止的。若要向下，政治亦無力挽回，而只好聽其遷流之所屆。這是我們論後世的政治所要十分注意的。

第七講　魏晉至宋代以前的政治思想

　　魏晉南北朝是中國政治思想消沉的時代，這一個時代之中，並不是沒有有政治思想的人，然其思想大都不脫漢人的科臼，直到兩宋之世，而中國的政治思想才又發出萬丈的光焰，這是什麼原故呢？
　　原來政治的目的，不外乎安內與攘外。當對外太平無事時，大家的眼光都注重在內治一方面。對外問題急迫了，整個國家的生存要緊，其餘的問題，就只得姑置爲緩圖了。中國對外的問題是到什麼時候才嚴重起來的呢？這個問題的答案，我們不能不說是宋代，這又是爲什麼呢？
　　在周以前，我們對於異族實在是一個侵略者，而不是一個被侵略者，這一層在第二講中業經說過了。兩漢時代，情形還是如此。五胡亂華，是中原受異族的侵略之始。但是這時候侵略的異族，民族意識都不甚晶瑩，這個只要看當時的異族沒一個不自附於漢族古帝皇之後可知。這（一）因他們的文化程度較低，（二）因歸附中原、雜居塞內已久，當其亂華之時，業已有幾分同化。到遼、金時代便不然了。遼人的民族意識業已較五胡爲強，至金人則其和漢族的對立更爲尖銳。只要看金世宗的所爲，便可知道。而且五胡是以附塞或塞內的部落作亂的，也有一半可以說是叛民的性質，至於遼、金則是在塞外建立了強大的國家然後侵入的，所以其性質更爲嚴重。
　　異族侵入的原因是甚麼呢？其中第一件，便是中原王朝兵備的廢弛，以兩漢時代的兵力，異族本沒有侵入的可能，三國時代中原雖然分裂，兵力並沒有衰弱，爲什麼前此歸附的異族一到兩晉時代居然能在中原大肆咆哮，而漢族竟無如之何呢？原來兵權的落入異族之手並非一朝一夕之故。中國在古代本不是全國皆兵的，各國正式的軍隊，只是當初的征服者，至於被征服者雖非不能當兵，然事實上只令他們守衛本地，和後世的鄉兵一樣。直到戰國之世，戰爭的規模大了，舊有的兵不給於用，才把嚮來僅令其守衛本地的兵，悉數用作正式軍隊。這話在第三講中亦已說過。從此以後我們就造成一個全國皆兵的制度了。但是這種制度，到秦漢之世卻又逐漸破壞，這又是爲什麼呢？因爲古代國小，人民從事於征戍，離家不甚遠，所以因此而曠廢時日以及川資運糧等等的耗費，亦比較不大，到統一以後，就不是這麼一回事了。所以當用兵較少的時候，還可以調發民兵，較多的時候便要代之以謫發或謫戍。漢朝自文景以前，用兵大都調自郡國，而前乎此的秦朝以及後乎此的武宣都要用謫發和謫戍，就是這個道理。漢朝的兵制，是沿襲秦朝的。民年二十三則服兵役，至五十六乃免，郡國各有都尉，以司其講肄和都試。戍邊之責，也是均攤之於全國人的，人人有戍邊三日的義務——雖然不能夠人人自行，然而制度則是如此——自武宣多用謫發之後，實際上人民從征之事已較少，至後漢光武欲圖減官省事，把郡國都尉廢掉，從此以後，民兵制度就簡直不存在了。當兵本來是人情容易怕的，統一之後，腹地的人民距邊寇較遠，就有民兵制度，也易流於有名無實，何況竟把他廢掉呢？從此以後，普通的人民，就和當兵絕緣。當兵的總是特種的人民，——用得多的時候，固然也調發普通人民，然而只是特殊的事。——而尤其多被利用的，則是歸附的異族。這種趨勢，當東漢時代業已開始了，至西晉而尤甚。五胡亂華之後，自然多用其本族之人爲主力的軍隊，所以這時候，武力是始終在異族手裏的。這是漢人難於恢復的一個大原因。隋唐之世，漢族業已恢復了，局面似乎該一變，但是用異族當兵，業已用慣了，既有異族可以當兵，樂得使本國人及於寬典，況且用兵於塞外，天時地利，都以即用該方面的人爲適宜，而且勞費也較少。所以論起武功來,讀史者總是以漢唐並稱,其實漢唐不是一樣的。漢代的征服四夷,十次中有七八次是發自己的兵,實實在在的去打——尤其對於最強的匈奴是如此。漢朝打西域,是用本國兵最少的,而西域卻是最勢分力弱的小敵——唐朝卻多用蕃兵,到後來,並且守禦邊境亦用蕃兵為主力,因此釀成安史之亂。安史亂後,軍隊之數是大增加了,然而不是沒有戰鬥力,就是不聽命令,遇事總不肯嚮前,以致龐勛、黃巢之亂,都非靠沙陀兵不能打平。從此以後,沙陀就橫行中原,而契丹也繼之侵入了。分裂是最可痛心的事。當分裂之世,無論你兵力如何強大,是只會招致異族以共攻本國人,斷不會聯合本國人以共禦外侮的——這是由於人情莫不欲爭利,而利惟近者為可爭,人情莫不欲避害,而害惟近者為尤切,所以非到本國統一之後,不能對外,什麼借對外以圖團結本國等等,都只是夢話——然而到中原既已統一之後,又因反側之心未全消弭,非圖集中兵權或更消滅或削弱某一部分的兵力不可,北宋便是這個時代。所以經前後漢之末兩次大亂之後,中原王朝的兵力實在是始終不振的,而在塞外的異族卻因歲月的推移逐漸強大,遂有遼、金、元等部落,在塞外先立了一個大國,而後以整個的勢力侵入中原,使中原王朝始而被割掉一部分領土,繼而喪失全國之半,終乃整個的被人征服了。所以當這時代,中原王朝的武力該怎樣恢復,實在是一個大問題。

是把國內治好了,然後禦外呢?還是專講對外,其餘都姑置為緩圖呢?這自然是民族當危急存亡時,首先引起的重要問題。假如中國是一個小國,自然當危急存亡時,一切都將置諸不問,而姑以卻敵為先務,然而事實不是如此。中國土地之大,人口之多,物資之豐富,以及文化程度之高,一切都遠出異族之上,異族的凌侮無論如何劇烈,在中國政治家的眼光中,是不會成為惟一的問題的。況且中國人素來以平天下為懷,認為異族的凌侮,只是暫時的變態,到常態回復了,他們總要給我們同化的,這原是中國人應盡的責任。這種自負的心理,是不會因時局的嚴重而喪失的。而且物必自腐而後蟲生,國必自伐而後人伐，外患的嚴重，其根源斷不能說不由於內憂。所以外患的嚴重，本不能掩蔽內憂，而減少其重要性，而且因外患的嚴重，更促起政治家對於國內問題的反省，所以自宋到明這一個民族問題嚴重的時代，卻引起政治思想的光焰。

這時候的政治思想集中在哪幾點上面呢？國家的根本是人民，人民第一個重要的問題便是生活，生活都不能保持，自然一切無從說起了。假使生活而能保持了，那就要解決"飽食暖衣逸居而無教，則近於禽獸"的問題了，這也是傳統的思想上看得極為嚴重的問題。這是中國自古以來就是如此的。從三國到南北朝，因為時局的紛擾，談政治的人忙於眼前的問題，對於這種根本問題比較兩漢時代要淡得多了。到隋唐之世因為時局較為安定，對於根本問題用心探索的人又較多，至宋代而大放其光焰。

當這一個時代，關於"教養"問題的現狀卻是怎樣的呢？請略說其大概如下：

關於"養"的問題，平均地權和節制資本實在是一樣的重要。但是自漢以後，儒家之學盛行，儒家是偏重於平均地權的，所以大多數人的思想也側重在這一方面。儒家所懷抱的思想又分為兩派，激烈的是恢復井田，緩和的是限民名田。激烈派的思想經新莽實行而失敗了，沒有人敢再提起，東漢以後多數認為切實易行的，是限民名田。晉朝的戶調式、北魏的均田令、唐朝的租庸調法，都是實行此項理想的。後漢末的大亂，人民死亡的很多，自此經兩晉南北朝，北方經過與蠻族的鬥爭，死亡也很劇烈。此時的土地是比較有餘的，又得授田的制度以調劑其間，所以地權不平均的問題，比較不覺得嚴重。唐朝自貞觀至於開元，時局是比較安靜的。安靜之時，資本易於蓄積，併兼之禍即隨之而烈。天寶以後，藩鎮割據，戰禍除（一）安史之亂時；（二）黃巢亂時；（三）梁唐戰爭；（四）唐晉與契丹的戰爭，直接受禍的區域外，其實並不甚烈。人民死亡不能甚多。而（A）苛政亟行，（B）奢侈無度，封建勢力和商業資本乘機大肆剝削，人民被逼得幾於無路可走,我們試一翻《宋史》,便知道(1)當時的田無稅的很多,(2)當時的丁不役的很多。這都是有特殊勢力的人所得的好處,而其負擔則皆併於貧弱之家。(3)民間借貸自春及秋便本利相侔,設或不能歸償,則什麼東西債權人都可以取去抵債。見《宋史‧陳舜俞傳》。所以當時司馬光上疏說:農民的情景是"穀未離場,帛未下機,已非己有,所食者糠秕而不足,所衣者綈褐而不完,直以世服田畝,不知捨此更有何可生之路耳"。烏呼痛哉!在政治上,(甲)自兩稅法行後,連名存實亡的平均地權的法令都沒有了,(乙)而役法又極酷,(丙)而唐中葉後新增的苛稅如鹽、茶、酒及商業上的過稅、住稅等,宋朝又多未能刪除,這些直接間接也都是人民的負擔。租稅的大體,自宋迄明未之有改,而元朝以異族入主中原又加重了封建勢力的剝削。明朝自中葉以後,朝政的紊亂,又爲歷代所未有,藩王、勛戚、宦官等的剝削平民以及所謂鄉紳的跋扈,亦是歷代所罕有,所以民生問題,可以說自宋至明,大致都在嚴重的情形中。

至於教的問題,則除漢朝賈生、董生等所說一種貧而弱而愚的可憐情形外,另有一個嚴重的問題。中國古代宗教上崇拜的對象,最大的是地,次之則是吃田豕的虎,吃田鼠的貓,或防水的堤防等,再次之則是在家的門神、竈神,出門時的行神,及管個人壽算的司命等。見《禮記‧郊特牲》及《祭法》。古時的人們對於祭天,是沒有關係的。至於地,則本沒有一個統一的地神——以方澤對圜丘,是晚出的概念,所以只有《周官》上有——在古代只是各祭其所利用的一片土地,所以最隆重的是社,而社也是隨著一個個農村而分立的。其最切近的爲祖先,祖先不必說了,就是其餘的神,也是限於一個很小的範圍內的。這些神在氏族時代,則爲一氏族內的人所崇拜,在部落時代,則爲一部落的人所崇拜,彼此各不相干。在其部落以內,宗教師亦是一種分職,他所做的事情,雖無實益,卻是人民對他有信仰心,並不嫌惡他。其實他自己亦不全是騙人的,多少總有些信以爲真。他也無從分外榨取,至於氏族或部落以外,根本沒有人信他,他更無從施展威權了。漢初的宗教還是如此,所以越巫、齊方士等各各獨立。天子所祭的天神,雖然在諸神中取得最高的地位,然而諸侯尚且不許祭天,平民更不必説了。中國古代似乎貴族平民各有其所崇拜的對象,彼此各不相干,因此在上者要想借宗教之力以感化人民甚難,卻也没有干涉人民的信仰,以致激變之事。列國間因本來懷抱著宗教是有地方性的觀念,<small>宗教信仰多包含在風俗習慣之中,君子行禮不求變俗,就是不干涉信仰的自由。</small>所以彼此互不相干涉,亦没有爭教的事。這實在是中國最合理的一件事,因爲宗教總不過是生活的反映,各地方有各地方不同的生活,自然會產生不同的宗教,而亦正需要不同的宗教,硬要統一他做什麽呢?老實説,就是勉強統一了,也只是一個名目,其内容還可以大不相同的。隨著時代的變遷,從前各各分立的氏族或部落漸次統一而成一個大社會,社會既然擴大了,自然要有爲全社會所共同信仰的大宗教,也自然會有爲全社會所信仰的大宗教。這時代的大宗教,並不是單獨發生,把從前的小宗教都消滅掉了的,乃是從前的舊宗教所變化發達而成。(一)把從前性質僅限於一部落一氏族的神擴大之而爲全社會之神,(二)各地方所崇拜的神,有本來相同的,那自然不成問題,(三)否則亦可以牽強附會,硬把他算做一個,(四)其無須合併的,則建立一個系統,把他編制一下。如此許多分立的小宗教,就可以合併而成一大宗教了。這就是中國所謂道教。這種變化,大約在很早的時代,隨著社會的變動,就逐漸進行的,至後漢末年,在社會上大顯勢力,至北魏太武帝時,寇謙之乃正式得到政府的承認。當兩漢之間,佛教從印度輸入中國,至後漢末年,也在社會上漸露頭角。佛教的哲理,較之道教更爲精深。——中國的學問,並不是不及印度,但專就哲理而論,卻應該自愧弗如的,而宗教所需要的,卻特別在這一方面。爲什麽呢?因爲宗教倘使在政治社會方面多作正面的主張,就不免和政治發生衝突,和政治發生衝突,就要受到壓迫了。佛教卻在這一方面,有其特別優勝之點。他對於社會問題和政治問題,幾於毫無主張,只是在現社會的秩序之下,努力於個人的解脱。如此,於政治問題,就覺其毫無關係,而多少還可以掩蔽現實,麻醉人民,而使之馳心於净土。如此在消極方面說,就可以不受政府的干涉,而多少還可受些保護。在積極方面,則因他主張輪回,替人把希望擴張到無限大,而又自有其高深的哲理,足以自圓其說,所以還能夠得到王公貴人的提倡;在平民眼裏,佛教、道教本來是無甚區別的,誰宣傳得起勁些,誰被信仰的機會就多些。如此佛教因其(一)給與人的希望之大,(二)哲理的精深,能得士大夫的信仰,其宣傳之力,就超出於道教以上,所以其流行也較道教爲盛。從兩漢到南北朝,在精神界既然發生了全國共信的大宗教,就形成下列諸問題。

其一,在佛教尚未大行,道教也未十分組織成功之時,政治和社會,都有很大的不安,而宗教在這時代,業已從地域的進而爲全國的了,自然會有人想利用他造成一種政治上反抗的力量,所以前後的變亂,含有宗教成份的很多。道教的大師如張角、張魯、孫恩等不必說了,就和尚也有躬爲禍首的,因此引起政治上的焚燒讖緯,禁止傳習天文。

其二,第一問題在中國的關係不能算大,而爲政府所承認的宗教,亦發生下列二大問題,即:(A)在物質方面,教徒既不耕而食,不織而衣,成爲純粹的分利分子,卻還要消耗多大的布施,而且積蓄多了,便從事於兼併土地,役使奴僕,於經濟的平均,很有妨害。(B)在精神方面,宗教麻醉的力量能使人離開現實,馳騖空虛,多少可以減少些反抗之力,緩和些怨恨之聲,而且他多少要教人民以正直平和慈善,使社會增加幾分安穩,這是政治上所希望的。所以歷來也很有些儒者的議論,在這一方面承認二氏的功勞。但是宗教所教導的,斷不能和政治上所要求的全然一致,而且和儒家傳統的道德和倫理,不免有些不相容,而儒家卻是在政治上積有權威的。因此之故,宗教問題在政治思想史上,也就有相當的關係了。

綜括這一個時代,養的問題不能解決,教的問題亦覺得愚弱可憐,而嚴重的外患又相逼而來。稍加仔細觀察,便覺得外患的成爲問題,全是由於本國的社會病態太深之故,於是這一個時代的思想家,不期然而然的都觸著了許多根本的問題。

第八講　宋明的政治思想

第七講中説：從宋到明的政治思想，觸著了許多根本問題，這句話是怎麼講呢？關於這一點，我們可以自宋到明的井田封建論做代表。

井田封建，如何可行於後世？井田固然是一種平均分配的好方法，然（一）既成為後世的社會，是否但行井田，即能平均分配；（二）不將社會的他方面同時解決，井田是否能行。這都是很顯明的疑問。至於封建，其為開倒車，自然更不必説了。宋元明的儒者，如何會想到這一著呢？關於這一點，我請諸位讀一讀顧亭林先生的《封建論》。原文頗長，今舉其要點如下：

封建之廢，非一日之故也，雖聖人起，亦將變而為郡縣。方今郡縣之敝已極，而無聖人出焉，尚一一仍其故事，此民生之所以日貧，中國之所以日弱，而益趨於亂也。何則？封建之失，其專在下；郡縣之失，其專在上。改知縣為五品官，正其名曰縣令。必用千里以內，習其風土之人，任之終身。其老疾乞休者，舉子若弟代。不舉子若弟，舉他人者聽。既代去，處其縣為祭酒，祿之終身。每三四縣若五六縣為郡，郡設一太守，三年一代，詔遣御史巡方，一年一代。其督撫司道悉罷，令以下設一丞。丞以下曰簿，曰尉，曰博士，曰驛丞，曰司倉，曰游徼，曰嗇夫之屬，備設之。令有得罪於民者，小則流，大則殺。其稱職者，既家於縣，則除其本籍。居則為縣宰，去則為流人；賞則為世官，罰則為斬絞。何謂稱職？曰土地闢，田野治，樹木蕃，溝洫修，城郭固,倉廩實,學校興,盜賊屏,戎器完,而其大者,則人民樂業而已。夫使縣令得私其百里之地,則縣之人民,皆其子姓;縣之土地,皆其田疇;縣之城郭,皆其藩垣;縣之倉廩,皆其困窌。爲子姓,則必愛之而勿傷;爲田疇,則必治之而勿棄;爲藩垣、困窌,則必繕之而勿損。自令言之,私也;自天子言之,所求乎治天下者,如是焉止矣。一旦有不虞之變,必不如劉淵、石勒、王仙芝、黃巢之輩,橫行千里,如入無人之境也;於是有效死勿去之守,於是有合從締交之拒。非爲天子也,爲其私也;爲其私,所以爲天子也;故天下之私,天子之公也。

他的意思,只是痛於中國的日貧日弱,而思所以救之。而推求貧弱的根源,則以爲由於庶事的廢弛;庶事廢弛的根源,他以爲由於其專在上。所以説郡縣之制已敝,而將復返於封建。

自宋至明——實在清朝講宋學的人,也還有這一種意見——主張井田、封建的人很多。他們的議論雖不盡同,他們的辦法亦不一致;然略其枝葉,而求其根本,以觀其異中之同,則上文所述的話,可以算是他們意見的根本,爲各家所同具。

他們的意見,可以説是有對有不對。怎説有對有不對呢？他們以爲中國貧弱的根源,在於庶事的廢弛,這是對的。以爲庶事廢弛的根源,是由於爲政者之不能舉其職,而爲政者之不能舉其職,是由於君主私心太重,要把天下的權都收歸一己,因而在下的人,被其束縛而不能有爲,這是錯的。須知君主所以要把政治上的權柄,盡量收歸自己,固不能説其沒有私心,然亦自有其不得已的苦衷。在封建時代,和人民利害相反的是貴族,到郡縣時代,和人民利害相反的是官僚,這話,在第五講中,業經説過了。君主所處的地位,一方面固然代表其一人一家之私,如黃梨洲所云視天下爲其私產;又一方面,則亦代表人民的公益,而代他們監督治者階級。這一種監督,是於人民有利的。倘使沒有,那就文官武將,競起虐民,成爲歷代朝政不綱時的情形了。渴望而力求之,至於郡縣之世而後實現的,正是這個。至於庶事的廢弛,則其根源,由於征服階級的得勢,一躍而居於治者的地位。他們的階級私利是寄生。爲人民做事，力求其少，而剝削人民，則務求其多。此種性質，從貴族遞嬗到官僚，而未之有改。所以大同時代社會內部相生相養良好合理的規則：（一）在積極方面，因治者階級的懶惰而莫之能舉。（二）在消極方面，因治者階級的剝削而益見破壞。（三）而人民方面，則因其才且智者，皆羨治者階級生活的優越，或則升入其中，或則與相結托，所剩的只有貧與弱。因而廢弛的不能自舉，被破壞的不能自保，僅靠君主代他們監督，使治者階級，不能爲更進一步的剝削，而保存此貧且弱的狀況。除非被治者起而革命，若靠君主代爲監督，其現狀是只得如此的，不會再有進步的。因爲君主是立於治者和被治者兩階級之間，而調和其矛盾的；他只能從事調和，而不能根本上偏袒那一階級，所以只做得到這個樣子。這話在第五講中，業已說過了。所以說：他們以爲貧弱的根源，在於庶事的廢弛，這是對的。以爲廢弛的根源，在於君主，是不對的。天下眼光淺近的人多，治者階級而脫離了君主的監督，那只有所做的事，更求其少，所得的利，更求其多，如何會勤勤懇懇，把所有的一塊土地人民治好呢？若能有這一回事，封建政體，倒不會敝，而無庸改爲郡縣了。所以封建之論，的確是開倒車，雖然他們自以爲並非開倒車，以爲所主張的封建，和古代的封建有別。然而幸而沒有實行，倘使實行起來，非釀成大亂不可。他們有這一種思想，也無怪其然，因爲人是憑空想不出法子的，要想出一種法子來，總得有所依傍。我們今日，爲什麼除掉專制、君憲、共和、黨治之外，想不出什麼新法子來呢？只因其無所依傍。然他們當日，陳列於眼前的政體，只有封建、郡縣兩種。郡縣之制，他們既認爲已敝而不可用，要他們想個法子，他們安得不走上封建的一條路呢？他們這種主張，如其要徹底實行，則竟是一種革命，自然是時勢所不許，然就部分而論，則不能說他們沒有實行。所謂部分的實行，並不是說他們曾有機會試行封建，亦不是說他們曾經大規模試辦過井田。然而闢土地，治田野，蕃樹木，修溝洫，固城郭，實倉廩，興學校，屏盜賊，完戎器，總而言之，是反廢弛而爲修舉,則不能說他們沒有部分的實行過,他們做封疆大吏、地方長官及紳士的,對於這許多事情,都曾盡力實行。他們並知道治化的良否,不盡繫於政治,而亦由於社會,所以凡有關風俗之事,如冠、婚、喪、祭之禮等,都曾研究、討論,定有規制,盡力提倡,示範實行。在這方面有功勞的,尤其是關學一派。他們這種舉動,並不能說沒有功勞,在今日宋明理學衰落之世,我們若留心觀察,則見社會上還有許多地方自治的遺跡,或者自相約束扶助的規則,還都是這一個時代的儒者研究、制定、提倡、示範的功勞。改進社會,原有急進和漸進兩種手段:前者是革命行為,把舊的都破壞了,然後徐圖建設。後者是進化派的學者所主張的,在舊秩序之下,將新的事業,逐漸建設起來,達到相當的時機,然後把舊的障礙物一舉除去。淺人每以二者為相反,其實是相成的。該取何種手段,只看特定社會的形勢。而取了革命手段,進化派的事業,還是要補做的。我們所以要革命,只因舊的勢力,障礙得太厲害了,不將他推翻,一切新的事業,都不容我們做,所以不得不把他先行打倒;然而打倒他,只是消極的舉動,既把舊勢力打倒之後,新事業自然要逐漸舉辦的。如其不行,則從前的革命,就變做無意識的舉動了。至於進化派,並不是不要打倒舊勢力,只是手段上以先建設新的,後打倒舊的為適宜。所以革命正所以助進化,進化的目的,正在於革命,二者是相需而成的。每革命一次,舊勢力總要被破壞一些;每建設一事,新勢力總要增長一些。淺人徒見革命之後,舊勢力依然回復,便以為這一次的革命是徒勞;建設一事,不久旋即廢墜,便以為此舉是毫無效果,這真是淺人之見。中國的社會,將來總是要大改革的,要改革,總是要反廢弛而為修舉的。從有宋以來,理學家研究、制定、提倡、示範的舉動,實在替社會播下一個改革的種子,所以說,不能算他們無功。

在宋朝,既有這種大改革的見解,自然有人要想憑藉政治之力來實行;而在舊時政治機構之下,要想借政治的力量來實行改革,自然免不了弊竇。這話,在第六講中,亦業已說過。當這時代,自然有如第二講所說,偏於痛惡現狀之壞,而不措意於因改革而致弊的人;也有專注重於改革之難,而不肯輕言改革的人;其結果,就形成熙寧時的新舊黨。從來論黨的人,每將漢朝的甘陵,唐朝的牛李,和宋朝的新舊黨,併爲一談,這是大錯。漢朝的甘陵,只是一班輕俠自喜、依草附木之徒,再加以奔走運動,營求出身,以及有財有勢,標榜聲華之士,以致鬧成黨錮之禍;唐朝的牛、李,只是官僚相排擠,哪裏說得上政見?宋朝的新舊黨,卻是堂堂正正,各有其政見的。固然新舊黨中,各有壞人;新舊黨互相排擠報復,也各有不正當的手段;然而不害其爲有政見。他們對於多種政治問題,都有不同的見解;而其見解,都是新黨代表我所謂進化派,舊黨代表我所謂保守派的。舊時的議論,都左袒舊黨;現在的議論,則又左袒新黨;其實二者是各有長短的。新黨的所長,在於看透社會之有病而當改革,而且有改革的方案;而其所短,則在於徒見改革之利,而不措意於因改革所生之弊。舊黨攻擊因改革所生之弊,是矣,然而只是對人攻擊,而自己絕無正面的主張。然則當時的政治是好了,不需改革了麼?明知其不好,亦只得聽其自然了麼?我們倘使提出這個問題來,舊黨亦將無以爲對。所以我說他們是各有長短的。我對於他們的批評則如次:

　　國家和社會的利害,不是全然一致的,又不是截然分離的。因爲國家的內部,有階級的對立:凡國家的舉動,總是代表治者階級,壓迫被治階級的;所以國家和包含於國家中的人,利害總不能一致。然而在或種情形之下,則國家和全體社會的利害,是一致的;尤其是在對外的時候。因爲別一個國家,侵入或加壓迫於這一個國家,則最大多數的國民,必同蒙其不利。所以當這時候,國民應當和國家協力以對外。國家所要求於國民,不都是正當的——如爲治者階級的利益的時候——但因對外之故,而對於國民有所要求,則爲合理。因爲這是爲着國民全體——至少是最大多數的利益。然而在實際,則其所要求,仍宜有一個限度。這不是道理上應該不應該的問題,而是手段上適宜不適宜的問題。因爲國家有所求於國民,其事必須辦得好;如其辦不好,則是國民白受犧牲,國家亦無益處了。國家所恃以辦事的是官僚。官僚在監督不及之處,是要求自利的。官僚的自利,而達到目的,則上無益於國,而下有損於民的。固然,官僚階級中也有好人;而一國中監督官僚的人,其利害也總是和國與民相一致的;然而這總只是少數。所以國家所辦的事,宜定一最大限度,不得超過;而這最大限度的設定,則以(一)必要,(二)監督所能及,不至非徒無益,反生他害爲限。熙寧時新黨之弊,在於所定的限度太大,而舊黨之弊,則又在於所定的限度太小;二者皆不得其中,即皆不適當。

　　試舉一實事爲例:在北宋時,北有遼,西有夏,民族競爭,形勢極爲嚴重,自然不能無兵。宋朝是養兵百萬而不可以一戰的。募兵的制度,達於極弊。王安石主張用民兵,自然也有其極大的理由。但是實際如何呢?我們試看《宋史‧兵志》所載反對方面的話。司馬光說:

　　兵出民間,雖云古法,然古者……自兩司馬以上,皆選賢士大夫爲之,無侵漁之患,故卒乘輯睦,動則有功。今……保長以泥棚除草爲名,聚之教場,得賂則縱,否則留之。……又巡檢指使,按行鄉村,往來如織。保正保長,依倚弄權,坐索供給,多責賂遺,小不副意,妄加鞭撻,蠶食行伍,不知紀極。中下之民,罄家所有,侵肌削骨,無以供億。愁苦困弊,靡所投訴。流移四方,襁屬盈路。又朝廷時遣使者,徧行按閱,所至犒設賞賚,糜費金帛,以巨萬計。此皆鞭撻下民,銖兩丈尺而斂之,一旦用之如糞土。

王岩叟說:

　　保甲之害。三路之民,如在湯火。未必皆法之弊。蓋由提舉一司,上下官吏,逼之使然。……朝廷知教民以爲兵,而不知教之太苛而民不能堪;知別爲一司以總之,而不知擾之太煩而民以生怨。教之欲以爲用也,而使之至於怨,則恐一日用之,有不能如吾意者,不可不思也。民之言曰:教法之難,不足以爲苦,而羈縻之虐有甚焉;羈縻不足以爲苦,而鞭笞之酷有甚焉;鞭笞不足以爲苦,而誅求之無已有甚焉。方耕方耘而罷,方幹方營而去,此羈縻之所以爲苦也;其教也,保長得笞之,保正又笞之,巡檢之指使,與巡檢者又交撻之,提舉司之指使,與提舉使之幹當公事者,又互鞭之,提舉之官又鞭之。一有逃避,縣令又鞭之。人無聊生,恨不得死,此鞭笞之所以爲苦也。創袍市中……之類,其名百出。故父老之諺曰:"兒曹空手,不可以入教場。"非虛語也。都副兩保正,大小兩保長,平居於家,婚姻喪葬之問遺,秋成夏熟,絲麻穀麥之要求,遇於城市飲食之責望,此迫於勢而不敢不致者也。一不如意,即以藝不如法爲名,而捶辱之無所不至。又所謂巡檢指使者,多由此徒以出,貪而冒法,不顧後禍,有逾於保正保長者。此誅求之所以爲甚苦也。又有逐養子,出贅婿,再嫁其母,兄弟析居,以求免者;有毒其目,斷其指,炙其肌膚,以自殘廢而求免者;有盡室以逃而不歸者;有委老弱於家,而保丁自逃者。保丁者逃,則法當督其家出賞錢十千以募之。使其家有所出,當未至於逃,至於逃,則其窮困可知,而督取十千,何可以得?故每縣常有數十百家老弱,嗟咨於道路,哀訴於公庭。……又保丁之外,平民凡有一馬,皆令借供逐場教騎,終日馳驟。往往饑羸,以至於斃。誰復敢言?其或主家,倘因他出,一誤借供,遂有追呼笞責之害。或因官逼督迫,不得已而易之,則有抑令還取之苦。故人人以有馬爲禍。此皆提舉官吏,倚法以生事,重爲百姓之擾者也。……臣觀保甲一司,上下官吏,無毫髮愛百姓意。故百姓視其官司,不啻虎狼,積憤銜怨,人人所同。比者保丁執指使,逐巡檢,攻提舉司幹當官,大獄相繼,今猶未已……安知其發不有甚於此者?

這許多話,我們決不能因同情新黨而指爲子虛。王安石所行之法,無一不意在福國利民,而當時舊黨,皆出死力反對,其原因就在於此。舉此一事,其餘可以類推。然則新法都行不得?都只好不行麽?司馬光《疏》中又說:"彼遠方之民,以騎射爲業,以攻戰爲俗,自幼及長,更無他務。中國之民,大半服田力穡,雖復授以兵械,教之擊刺;在教場之中,坐作進退,有以嚴整;必若使之與敵人相遇,填然鼓之,鳴鏑始交,其奔北潰敗,可以前料,決無疑也。"梁任公作《王荊公傳》,說:如此,則"只好以臣妾於北虜爲天職。此言也,雖對於國民而科以大不敬之罪可也"。這話以理言之,固然不錯,然感情終不能變更事實,我們就不該因感情而抹殺事實。司馬光的話,說不是當時的事實,也是斷乎不能的。然則如之何而可呢?我說:中國不能如北狄之舉國皆兵,這是事實;不能爲諱,而亦不必爲諱。因爲我們的社會,進化了,複雜了,當然不能像他們這樣舉國一律,所以不足爲辱。而且以中國之大,要抵禦北狄,也用不到舉國皆兵——兩民族的爭鬥,並不限於兵爭。文化經濟等各方面,都是一種競爭。我們的社會複雜了,可以從各方面壓伏北狄,就是我們從多方面動員攻擊。——所以不足爲憂。固然兵爭是兩國競爭時一種必要的手段,不可或缺。中國人固然不能如北狄之舉國皆兵,然而以兵力抵抗北狄,亦自有其必要的限度。以中國之大,說在這一個限度以內的兵,而亦練不出,亦是決無此理的。須知社會進化了,則各階級的氣質不同。其中固然有不適宜於當兵的人,而亦必有一部分極適宜於當兵之人。然則以中國之大,並不是造不出強兵來,不過造之要得其法罷了。造之之法如何呢?我們看司馬光說:

臣愚以爲悉罷保甲使歸農;召提舉官還朝。量逐縣户口,每五十户,置弓手一人。……募本縣鄉村户有勇力武藝者投充。……若一人缺額,有二人以上爭投者,即委本縣令尉,選武藝高強者充。或武藝衰退者,許他人指名與之比較。若武藝勝於舊者,即令充替。……如此,則不必教閲,武藝自然精熟。

王岩叟又說:

一月之間,並教三日,不若一歲之中,並教一月……起教則與正長論階級,罷教則與正長不相誰何。

再看《舊唐書・李抱真傳》:

爲懷、澤、潞觀察使留後。……抱真密揣山東當有變,上黨且當兵衝。是時乘戰餘之地,土瘠賦重,人益困,無以養軍士。籍户丁男,三選其一。有材力者，免其租徭，給弓矢，令之曰："農之隙，則分曹角射；歲終，吾當會試。"及期，按簿而征之。都試以示賞罰，復命之如初。比三年，則皆善射。抱真曰：軍可用矣。於是舉部內鄉，得成卒二萬。前既不廩費，府庫益實，乃繕甲兵爲戰具，遂雄視山東。是時天下稱昭義步兵冠諸軍。

抱真的得力，就在乎僅令其分曹角射，而並不派什麼提舉巡檢等等去檢閱；亦不立正長等等名目，使其本來同等者，忽而生出等級來，所以没有宋朝保甲之弊，而坐收其利。然則王岩叟要人民和正長不相誰何，實在是保甲的要義；而司馬光説不必教閱，武藝自然精熟，亦非欺人之談了。有一位律師先生，曾對我説："我們當律師的人，是依據法律而綁票。"——實在就是借法律做護符而綁票。當階級對立之世，誰不想綁票？只是苦於没有護符罷了，如何好多立名目，大發護符呢？王安石作《度支副使廳壁題名記》時曾説：

夫合天下之衆者財，理天下之財者法，守天下之法者吏也。吏不良，則有法而莫守，法不善，則有財而莫理，有財而莫理，則阡陌閭巷之賤人，皆能私取予之勢，擅萬物之利，以與人主争黔首，而放其無窮之欲，非必貴强桀大，而後能如是，而天子猶爲不失其民者，蓋特號而已耳；雖欲食蔬衣敝，憔悴其身，愁思其心，以幸天下之給足而安吾政，吾知其猶不得也。然則善吾法而擇吏以守之，以理天下之財，雖上古堯舜，猶不能毋以此爲先急，而況於後世之紛紛乎？

他所謂阡陌閭巷的賤人，就是土豪和有商業資本的人。他深知他們是與平民處於對立的地位的，彼此利害不相容，非有以打倒之不可。然所恃以打倒他們的卻是吏，吏也是和人民處於對立的地位的，其利害，也是彼此不相容。固然，現在政治上不能不用吏，然而吏是離不開監督的，一離開監督，就出毛病。所以政治家最要的任務是：自量其監督之力所能及。在此範圍之內，則積極進行，出此範圍以外，則束手不辦。王安石之徒所以失敗，就由於不知此義。我曾説：王安石的失敗，是由於規模太大，倘使他專以富國强兵爲目的，而將一切關涉社會的政策,擱置不辦;或雖辦而縮至相當的限度,則(一)所辦之事,實效易見;(二)流弊難生;(三)不致引起他人的反對,而阻力可以減少;必可有相當的成功。如此,對於遼夏,或可以一振國威,而靖康之禍,且可以不作,所以我們目光不可不遠,志願不可不大,而腳步不可不着實,手段不可不謹慎,凡政治家,都該知此義。

中國之貧且弱,並非由於物質的不足,而全是一個社會組織不善,和人民未經訓練的問題。這種思想,是宋人所通有的,不過有人魄力大,要想實行;有人魄力小,就止於發議論;而其言之又有徹底和不徹底罷了。譬如蘇軾,是王安石的反對黨,然而他對制科策說,要取靈武:"則莫若捐秦以委之。使秦人斷然,如戰國之世,不待中國之援,而中國亦若未始有秦者……則夏人舉矣。"

當時宋以全國之力,不能克西夏,而蘇軾反欲以一秦當之,豈不可怪?然而一地方的實力,並非不足用,不過不善用之,所以發揮不出來罷了。當南宋之世,賀州的林勳,曾獻一種《本政書》。他又有《比較書》二篇。《比較書》說:

桂州地東西六百里,南北五百里,以古尺計之,為方百里之國四十。當墾田二百二十五萬二千八百頃;有田夫二百四萬八千;出米二十四萬八千斛;祿卿大夫以下四千人;祿兵三十萬人。今桂州墾田約萬四十二頃;丁二十一萬六千六百一十五;稅錢萬五千餘緡;苗米五萬二百斛有奇;州縣官不滿百員;官兵五千一百人。

他所說古代田畝人口收入支出之數,固然不免誇大——因為古書本是計算之辭,並不是事實。所說當時墾田丁口之數,亦非實際的情形——因為必有隱匿。然而今古的相懸,要不能不認事實。如此,則後世的人民,富厚快樂,必且數十百倍於古了,然亦未見其然。然則上所不取之財,到哪裏去了呢?這自然另有剝削的人,取得去了。——官和兵的數目雖減,要人民養活的人,其實並沒有減。然則社會的貧窮,實在是組織不善之故。以此推之,其弱,自然也是訓練之不得其法了。照他的《本政書》說:苟能實行他的計劃,則民凡三十五年而役使一徧；而租税的收入，則十年之後，民之口算，官之酒酤，與凡茶、鹽、香、礬之榷，皆可弛以予民。如欲以一秦之力，獨取西夏，自非有類乎這一種的組織不可，不過蘇軾不曾詳立計劃罷了。所以一時代中的人物，其思想，總是相像的；有時候看似不同，而實際上仍有其共通之點。

講到教化問題，宋朝人也有其觸著根本的見解。我們於此，請以歐陽修的《本論》爲代表。《本論》説：

佛法爲中國患千餘歲，世之卓然不惑而有力者，莫不欲去之；已嘗去矣，而復大集；攻之暫破而愈堅，撲之未滅而愈熾，遂至於無可奈何。是果不可去邪？蓋亦未知其方也。夫醫者之於疾也，必推其病之所自來，而治其受病之處。病之中人，乘乎氣虚而入焉。則善醫者不攻其疾，而務養其氣，氣實則病去，此自然之效也。……佛爲夷狄，去中國最遠，而有佛固已久矣。堯舜三代之際，王政修明；禮義之教，充於天下；於此之明，雖有佛無由而入。及三代衰，王政闕，禮義廢，後二百餘年，而佛至乎中國。由是言之，佛所以爲吾患者，乘其闕廢之時而來，此其受患之本也。……昔堯舜三代之爲政，設爲井田之法，藉天下之人，計其口而皆授之田。……使天下之人，力皆盡於南畝，而不暇乎其他。然又懼其勞且怠而入於邪僻也……於其不耕休力之時，而教之以禮。……飾之物采而文焉，所以悦之，使其易趣也；順其情性而節焉，所以防之，使其不過也。然猶懼其未也，又爲立學以講明之。……其慮民之意甚精，治民之具甚備，防民之術甚周，誘民之道甚篤。……耳聞目見，無非仁義；樂而趣之，不知其倦；終身不見異物，又奚暇夫外慕哉？……及周之衰，秦併天下，盡去三代之法，而王道中絶，後之有天下者，不能勉強，其爲治之具不備，防民之漸不周；佛於此時，乘乘而出，千有餘歲之間，佛之來者日益衆，吾之所爲者日益壞。井田最先廢，而兼併游惰之奸起。其後……教民之具，相次而盡廢，然後民之奸者，有暇而爲他，其良者，泯然不見禮義之及已。……佛於此時，乘其隙，方鼓其雄誕之説而牽之，則民不得不從而歸矣。

　　此篇對於史事的觀察，未必正確，然宗教的根源，乃是社會的缺陷，則其說確有至理。現在請引我所作的《大同釋義》一段：

　　宗教果足以維持民心，扶翼民德，使之風淳俗美，漸臻上理邪？宗教者，社會既缺陷後之物，聊以安慰人心，如酒之可以忘憂云爾。宋儒論佛教，謂其能行於中國，乃由中國禮義之教已衰，故佛得乘虛而入；亦由制民之產之法已敝，民無以爲生，不得不托於二氏以自養。斯言也世之人久目爲迂闊之論矣，然以論宗教之所由行，實深有理致，不徒可以論佛教也。世莫不知宗教爲安慰人心之物，夫必其心先有不安，乃須有物焉以安慰之，此無可疑者也。人心之不安，果何自來哉？野蠻之民，知識淺陋，日月之運行，寒暑之迭代，風雨之調順與失常，河川之安流與氾濫，皆足以爲利爲害，而又莫知其所以然，則以爲皆有神焉以司之，乃從而祈之，而報之，故斯時之迷信，可謂由對物而起。人智既進，力亦增大，於自然之力，知所以禦之矣；知祈之之無益，而亦無所事於報矣；此等迷信，應即消除，然宗教仍不能廢者，何也？則社會之缺陷爲之也。"出師未捷身先死，長使英雄淚滿襟"，但恨在世時，飲酒不得足；無論其爲大爲小，爲公爲私，而皆有一缺陷隨乎其後，人孰能無所求？憾享用之不足，則有托生富貴之家等思想焉；含冤憤而莫伸，則有爲厲鬼以報怨等思想焉。凡若此者，悉數難終，而要皆社會缺陷之所致，則無疑也。人之所欲，莫甚於生，所惡莫甚於死，缺憾不能以人力彌補者，亦莫如生死；故佛家謂生死事大，無常迅速，借此以畏怖人。天國淨土諸說，亦無非延長人之生命，使有所畏，有所歆耳。然死果人之所畏邪？求生爲人欲之一，而人之有欲，根於生理。少之時，血氣未定，戒之在色，及其壯也，血氣方剛，戒之在鬥；及其老也，血氣既衰，則皆無是戒焉。然則血氣漸滅而至於死，亦如倦者之得息，勞者之知歸耳，又何留戀之有？《唐書・党項傳》謂其俗，老而死，子孫不哭，少死以爲夭枉，乃悲。此等風俗，在自命爲文明之人，必且誚其薄，而不知正由彼之社會，未甚失常，生時無甚遺憾,故死亦不覺其可悲也。龜長蛇短,人壽之修短,固不係其歲月之久暫,而視其心事之了與未了;心事苟百未了一,雖逮大齊,猶爲夭折也,曷怪其眷戀不捨? 又曷怪旁觀者之悲慟哉? 夫人之所欲,莫甚於生,所惡莫甚於死,不能以人力彌補者,亦莫如生死,然其爲社會之所爲,而非天然之缺憾猶如此,然則宗教之根柢,得不謂爲社會之缺陷邪? 儒者論郅治之極,止於養生送死無憾,而不云死後有天堂可升,淨土可入,論者或譏其教義不備,不足以普接利鈍,而惡知夫生而有欲,死則無之,天堂淨土,本非人之所願欲邪? 故曰宋儒論佛教之言,移以論一切宗教,深有理致也。

又一段說:

孔子果聖人乎? 較諸佛、回、耶諸教主,亞里斯多德、柏拉圖、康德諸大哲如何? 此至難言也。吾以爲但論一人,殆無從比較。若以全社會之文化論,則中國確有較歐洲、印度爲高者。歐、印先哲之論,非不精深微妙,然或太玄遠而不切於人生;又其所根據者,多爲人之心理,而人之心理,則多在一定境界中造成,境界非一成不變者,苟舉社會組織而丕變之,則前此哲學家所據以研求,宗教家所力求改革者,其物已消滅無餘矣,復何事研求? 孰與變革邪? 人之所不可變革者何事乎? 曰:人之生,不能無以爲養;又生者不能無死,死者長已矣,而生者不可無以送之;故"養生送死"四字,爲人所必不能免,餘皆可有可無,視時與地而異有用與否焉者也。然則惟"養生送死無憾"六字,爲真實不欺有益之語,其他皆聊以治一時之病者耳。今人率言:人制馭天然之力太弱,則無以養其生,而人與人之關係,亦不能善。故自然科學之猛晉,實爲人類之福音。斯言固然,然自然科學,非孤立於社會之外,或進或退,與社會無干係者也。社會固隨科學之發明而變,科學亦隨社會之情形,以爲進退。究之爲人之利與害者,人最切而物實次之。人與人之關係,果能改善,固不慮其對物之關係不進步也。中國之文化,視人對人之關係爲首要,而視人對物之關係次之,實實落落,以"養生送死無憾"六字爲言治最高之境;而不以天國、净土等無可徵驗之說誑惑人。以解決社會問題,爲解決人生問題之方法,而不偏重於個人之修養。此即其真實不欺,切實可行,勝於他國文化之處;蓋文化必有其根源,中國文化,以古大同之世爲其根源,故能美善如此也。

看這兩段,就可知宋儒的論宗教,確能觸及根本問題了。

宋儒的政治思想,還有一點,很可注意的,就是徹底。其徹底,一見之於王霸之辨,一見之於君子小人之辨。

王霸之辨,就是一係根本之計,一止求目前見功。根本之計,是有利無弊的。只求目前見功,則在這一方面見爲利,在別一方面即見爲害。或者雖可解決一時的問題,而他日的遺患,即已隱伏。譬如訓練人民,使能和別國競爭,這是好的,然亦可隱伏他日之患。從前明朝倭寇滋擾時,福建沿海人民,有一部分,頗能自相團結,以禦外侮。這自然是好的。但是到後來,外侮沒有了,而(一)習於戰鬥之民,其性質業已桀驁不馴;(二)社會上有種種不妥洽的問題;(三)人民的生計,又不能解決;於是械鬥之風大盛,且有專以幫人械鬥爲業的。因這一班人的挑唆鼓動,而械鬥之風更甚。我說這話,並非說外侮之來,無庸訓練人民,以從事於鬥爭。外國人打得來,我們豈能不和他打?要和他打,如何能不訓練人民呢?但是人民固須訓練之,以求其武勇,而(一)因此而發生的別種弊害,亦須在可能範圍内,設法減免。(二)且其提倡,只可以必要之度爲限,否則徒爲將來"轉手"時之累。──須知什麼事,都不能但論性質,而要兼論份量。且性質和份量,原是一事。譬如服藥,若超過適宜的份量,其所刺激起的生理作用,就和用適宜的份量時,大不相同了。這本是很明白的道理。但(甲)天下人,輕躁的居多,精神專注在一方面,就把別一方面,都抛開了。(乙)又有一種功名心盛的人,明知如此,而亦願犧牲了別一方面,以求眼前之速成。(丙)再有一種諂佞之徒,明知其然,而爲保持飯碗,或貪求富貴起見,不恤依附急功近名之士。於是不顧其後的舉動就多,而隱患就潛伏著了。天下事件件要從根本上着手,原是事勢所不許，"急則治標"，"兩利相較取其重，兩害相較取其輕"，原是任何人所不能免。但在知道標本之別，又無急功近名之心的人做起來，則當其致力一事之時，即存不肯超過限度之念；或者豫為他日轉手之計。如是，則各方面都不虞偏重，禍根好少植許多了。所以立心不同的人，其所做的事，雖看似相同，而實有其大不同者在，所謂"共行只是人間路，得失誰知霄壤分"也，宋儒所以注重於王霸之辨，其原因就在於此。

有一種人，用他去辦事，是弊上加弊，另一種人，用他去辦事，則是維持現狀，不致更壞，前面已經說過了。最好的自然是去弊加利。但才德兼全的人，很是少見，如其不然，則與其用弊上加弊的小人，毋寧用維持現狀的君子。這種得失，是顯而易見的。但是世人往往喜用小人，這是為什麼呢？明知其惡，專為其便辟側媚而用之的，就不必說了；誤以其為好人而用之的人，其心原是大公無私的；誤以為用了小人，能夠弊少利多；殊不知小人全是行虛作假。假，本身就是弊。所以用了小人，能夠使主持政治的人，全不知道政局的真相，大禍已在目前，還以為絕無問題，甚或以為大福將至。小人之所以能夠蒙蔽，全在一個"忍"字。明知其事之有害，而為一己之功名富貴起見，則能夠忍而為之。而作偽以欺其上，則於心能安。種種作偽的情形，固不能欺在下的人，而彼亦恬然不以為恥。人是監督不盡的。隨事而監督之，勢將勞而不可徧，所以用人必當慎辨其心術。

這兩端，是世所目為迂闊的，然而在行政上，實有很大的參考價值。

凡事從根本上做起，既為事實所不許，則應付一時一事之術，大勢亦不能不講，這是所謂政治手腕。天下的體段太大了，一定要從根本上做起，深恐能發而不能收，倒還不如因任自然，小小補苴的好。這兩種思想，前一種近於術家，後一種卻近於道家了。宋朝的蜀學，就是這種性質。老蘇和早年的大蘇，是前一種思想，大蘇到晚年，就漸近於後一種思想了。此種思想，歷代都有，蜀學在宋朝，也不算時代的特色;所以今不深論。

　　宋、元、明三朝的思想,都是發源於宋朝的,其規模,也都是成立於宋朝的;元、明只是襲其餘緒罷了。政治思想到明末,卻有一種特色,那就是君主和國家的區別,漸漸明白。這是時勢之所迫。一,因爲明代的君主,實在太昏愚了,朝政實在太紊亂了。看够了這種情況,自然使人覺悟君主之爲物,是無可希望的;要澄清政治之源,自非將君主制度打倒不可;二,又宋、元兩朝,中國備受異民族的壓迫,明朝雖得恢復,然及末年,眼看建州女真又要打進來了。被異民族征服,和自己國內王朝的起仆,不是一件事,也是顯而易見的。因此,也能使人知道王朝和國家的區別,且能使人覺悟幾分民族主義。這兩者,前者是黃梨洲《原君》、《原臣》之論,後者是顧亭林有亡國——今之王朝——有亡天下——今之國家——之説。現在人人知之,今亦不及。

第九講　清中葉前的政治思想

清朝入關以後，政治思想，可以說是消沉的時期。這（一）因異族壓制，不敢開口。（二）則宋明的學風，流行數百年，方向有些改變了。學者對於（A）國家、（B）社會、（C）個人修養的問題，都有些厭倦，而盡力於事實的考據。考據是比較缺乏思想的——固然，考據家亦自有其思想，但容易限於局部，而不能通觀全體。而且清朝人所講的考據，其材料是偏於古代的，所以對於當時的問題，比較不感興趣——如此，政治思想，自然要消沉了。

靜止的物體，不加之以外力，固然不會動，但是苟加之以外力，外力而苟然達到相當的程度，也沒有終於不動的。西力東侵，是中國未曾有的大變局。受了這種刺激，自然是不會不動的。所以近代政治思想的發皇，實在我們感覺著外力壓迫之後。

感覺到外力壓迫之後，我們的政治思想，應該怎樣呢？照現在的人想起來，自然很為簡單，只要捨己之短，效人之長就是了。但是天下事沒有如此簡單。須知西力東侵，是從古未有的變局，既然是從古未有的變局，我們感覺他，瞭解他，自然要相當的時間。須知凡事內因更重於外緣。同一外力，加於兩個不同的物體，其所起的反應就不同，這就顯得內在的力量，更較外來的為重要。所以我們在近代，遭遇了一個從古未有的變局，而使我們發生種種反應。當這種情形之下，為什麼發生如此樣子的反應呢？這一個問題，我們是要將內在的情形，詳加探討，然後才能作答。我們內在的情形，卻是怎樣呢？

第一，中國因(A) 地大,(B) 人多,(C) 交通不便,(D) 各地方風氣不同,(E) 社會的情形也很複雜,中央政府控制的力量有限；而行政是依賴官僚,官僚是無人監督就要作弊的；與其率作興事,多給他以舞弊的機會,還不如將所辦的事,減至最小限度的好。這是事實如此,不能不承認的。所以當中國的政治,在理論上,是只能行放任主義的；而在事實上,卻亦以放任主義爲常,干涉主義爲變。——變態就是病態,人害了病,總是覺得蹩然不安,要想回復到健康狀態的,雖然其所謂健康狀態的,或者實在是病態。但是彼既認爲健康狀態,覺得居之而安,就雖有治病之方,轉將以爲屬己了。從來行干涉主義的,每爲社會所厭苦,務求破壞之,回復到舊狀以爲快,就是這個道理。事實上,中國是只能行放任主義的,但在人們的思想上,則大不其然。中國思想的中心,是儒家的經典,所稱頌的,是封建制度完整時代。此時代的特色,是(甲) 大同時代社會良好的規制,尚未盡破壞,(乙) 而君主的權力也較大。人民受儒家經典的暗示,總覺得社會應該有一個相生相養、各得其宜、使民養生送死無憾的黃金時代,而此種時代,又可借政治之力以達之,所以無形之中,所責望於政府者甚深。以上所述,是老死牖下,和實際政治無甚接觸,而觀察力也不甚銳敏的讀書人。若其不然,則其人又容易受法家的暗示。法家所取的途徑,雖和儒家不同,但其所責望於君主者也大,所以有實際經驗,或觀察力極銳敏的政治家,對於政府的責望,也總超過其實際所能的限度。

第二,在實際上,君主專制,是行之數千年了,但在理論上,則從來沒有承認君主可以專制。其在古代,本來是臣有效忠於君的義務,而民沒有的。反之,如儒家所提倡"民爲貴,社稷次之,君爲輕"等理論,則君反有效忠於民的義務。此等思想,雖然因被治階級之無能力,而無法使之實現,但在理論上,是從來沒有被破壞過的。試看從來的治者階級,實際雖行着虐民的事,然在口頭,從來不敢承認虐民,不但不敢承認虐民,還要裝出一個愛民的幌子,便可知道。立君所以爲民,這種思想,既極普徧,然則爲民而苟以不立君爲宜,君主制度,自然可以廢除。這只是理論上當然的結論。從前所以不敢說廢除君主,只是狃於舊習,以爲國不可一日無君,無君便要大亂;因爲國不可一日無治,既要有政治,即非建立君主不可。——現在既然看見人家沒有君主,也可以致治,而且其政治還較我們爲良好,那麼,廢除君主的思想,自然要勃然而興了。兩間之物,越是被人看得無關緊要的,越沒有危險。越是被人看得重要的,其危險性越大。中國的君主,在事實上是負不了什麼責任的,然在理論上,則被視爲最能負責任,最該負責任的人,一切事情不妥,都要歸咎於他。這樣的一個東西,當內憂外患紛至沓來之時,其危險性自然很大。

　　第三,中國人是嚮來沒有國家觀念的。中國人對所謂國家和天下,並無明確的分別。中國人最大的目的是平天下,這固然從來沒有能做到,然而從來也沒有能將國家和天下,定出一個明確的界限來,說我先把國家治好了,然後進而平天下。質而言之,則中國人看治國和平天下,並不是一件極大極難的事,要在長期間逐步努力進行,先達到一件,然後徐圖其他的——若以爲難,則治國之難,亦和平天下相去無幾。總而言之,沒有認爲平天下比治國更難的觀念。因爲國就是天下,所以治國的責任,幾於要到天下平而後可以算終了。這種觀念,也是很普徧的。世界上有哪一種人,哪一塊地方,可以排斥於我們的國家以外,(A)我們對於他,可以不負責任,(B)我們要消滅他們以爲快,這種思想,中國人是嚮來沒有的。中國人總願意與天下之人,同進於大道,同臻於樂利。有什麼辦法,可以使天下的人,同進於大道,同臻於樂利,中國人總欣然接受。

　　第四,確實,在從前也沒有一個真正可稱爲國家的團體,和中國對立。但是和中國對立的團體,就真個沒有了麼?這個自然也不是的。這個對立的團體,卻是什麼呢?那與其說是國家,無寧說是民族。本來國家是一個自衛的團體。我們爲什麼不和他們合一,而要分張角立,各結一團體,以謀自衛呢?這個自然也有其原因。原因最大的是什麼？自然要說是文化，文化就是民族的成因了。中國所謂平天下，就是要把各個不同的民族同化之，使之俱進於大道。——因爲中國人認自己的文化是最優的——所以和別個民族，分爭角立，是中國人所沒有的思想。但在事實上，(A)他們肯和我們同化，自然是最好的。(B)如其不能，而彼此各率其性，各過各的安穩日子，那也不必說他。(C)他要來侵犯我們，那就有些不可恕了。(D)他竟要征服我們，那就更其不可恕了。理論上，中國人雖願與天下各民族，共進於大道，但在事實上則未能。不但未能，而且還屢受異民族的迫害，甚而至於被其所征服。這自然也有激起我們反抗思想的可能，雖然如此，中國人卻也沒有因異民族的迫害，而放棄其世界大同的思想。中國人和人家分爭角立，只是以人家欲加迫害於我時爲限。如其不然，中國人仍願與世界上人，共進於大道，共臻於樂利；壓服他人，朘削他人，甚而至於消滅他人的思想，中國人是迄今沒有的。

由第一，所以有開明專制的思想，這是變法維新的根源。由第二，所以民主的思想，易於灌輸。由第三，所以中國人容易接受社會主義。由第四，所以民族主義，漸次發生。

這是近代政治思想的背景。

第十講　近代的政治思想

近來講中國思想的人，往往把明、清間一班大儒，如顧亭林、黃梨洲、王船山等，算入清儒之列。其實這一班人，以學術思想論，決然該算入宋、明時代的一個段落中。雖然他們也懂得考據，然而考據畢竟和人的思想無關；況且他們的考據，也多帶主觀的色彩，算不得純正的考據。宋、明的學風衰息，而另開出一種清代的學風，一定要到乾、嘉時代的考據，然後可以入數。而這時代的人，卻是比較的缺乏思想的。不但說不到政治上的根本問題，對於政治，也比較的不感興趣，所以我說，清代是政治思想消沉的時期。

但是乾隆中葉以後，朝政不肅，吏治敗壞，表面看似富強，實則民窮財盡，岌岌不可終日的情形，已經完全暴露。深識遠見之士，每多引爲深憂。到嘉慶之世，教匪起於西北，艇盜擾於東南，五口通商之役，霹靂一聲，《南京條約》，竟是城下之盟，更其不必說了。所以到此時代，而政治思想，遂逐漸發皇。

這時代的政治思想，我們可以舉一個最大的思想家做代表，那便是龔自珍。他的思想，最重要之點有二：（一）他知道經濟上的不平等，即人們的互相剝削——經濟上的剝削，是致亂的根源。他卓絕的思想，見之於其大著《平均篇》。本來以民窮財盡爲致亂的根源，歷代的政治家多有此思想。但是龔氏有與他人截然不同的一點。他人所謂貧，只是物質上的不足，而龔氏卻看穿其爲心理上的不平。歷代承平數世之後，經濟上總要驀然感覺其不足。在他人，總以爲這是政治不良,或者風俗日趨於奢侈所致,在龔氏,則看穿了這是社會安定日久,兼併進行日亟所致。所以在他人看了,這只是一個政治上、道德上的問題,在龔氏看了,則成爲社會問題。此種卓識,眞是無人能及。至於社會問題,應該用政治之力來解決,至少政治應該加以干涉,這是中國人通有的思想,龔氏自然也在所不免的。(二)他總覺得當時的政治,太無生氣;就是嫌政府的力量,不足以應付時局。這種思想,也是當時政治家所通有的,但龔氏言之,特別深切著明,其所作的《著議》,幾乎全是表見此等思想。將經濟上的不平等,看作政治上的根本問題,這種思想,從前的人是少有的。至於嫌政府的軟弱無力,不足以應付時局,則是從前的人極普通的思想。康有爲屢次上書,請求清德宗變法;他所以鍥而不捨,是因爲他認爲"專制君主,有雷霆萬鈞之力"。但是專制君主,究竟有沒有這個力量呢?這就是開明專制能否成功的根本原因了。關於這一個問題,我的意見是如此的:

中國的政治,是一個能靜而不能動的政治。——就是只能維持現狀,而不能夠更求進步。其所以然,是由於:(A)治者階級的利益,在於多發財,少做事;(B)才智之士,多升入治者階級中,或則與之相依附;其少數則伏匿不出,退出於政治之外,所以沒有做事的人。君主所處的地位,是迫使他的利益和國家一致的,但亦只能做到監督治者階級,使其虐民不能超過一定的限度。這些話,從前已經屢次說過了。因此之故,中國政治,乃成爲治官之官日多,治民之官日少;作官的人,並不求其有什麼本領;試看學校科舉,所養所取之士,都是學非所用可知。因此,中國的官吏,都只能奉行故事;要他積極辦事,興利除弊,是辦不到的。要救此項弊寶,非將政治機構大加改革不可。用舊話說起來,就是將官制和選舉兩件事,加以根本改革。若其不然,則無論有怎樣英明的君主,勵精圖治,其所得的效果,總是很小的。因爲你在朝廷上,無論議論得如何精詳;對於奉行的官吏,無論催促得如何緊密;一出國門,就沒有這回事了——或者有名無實,或者竟不奉行。所以中國君主的力量,在實際上是很小的。即他所能整頓的範圍，極其有限。所以希望專制君主，以雷霆萬鈞之力來改革，根本上是錯誤的。因為他並無此力，開明專制的路，所以始終走不通，其大原因——也可說是其真原因，實在於此。

此等道理，在今日說起來，極易明白，但在當日，是無人能明白的——這是時代使然，並怪不得他們——所以所希望的，盡是些鏡花水月。我們試舉兩事為證：當清末，主張改革的人，大多數贊成（一）廢科舉，或改革科舉；（二）裁胥吏，代之以士人。只此兩端，便見到他們對於政治敗壞的根源，並沒有正確的認識。從前的科舉，只是士人進身的一條路。大多數應科舉的人，都是希望做官的。你取之以言，他便以此為專業，而從事學習。所以不論你用什麼東西——詩賦、經義、策論——取士，總有人會做的。而且總有做得很好的人。大多數人，也總還做得能夠合格。至於說到實際應用，無論會做哪一種文字的人，都是一樣的無用——詩賦八股，固然無用，就策論也是一樣——所以從前的人，如蘇軾，對於王安石的改革學校貢舉，他簡直以為是不相干的事。至於胥吏，從來論治的人，幾於無不加以攻擊。我卻要替胥吏呼冤。攻擊胥吏的人，無非以為（一）他們的辦事，只會照例，只求無過；所以件件事在法律上無可指摘，而皆不切於實際；而萬事遂墮壞於冥漠之中。（二）而且他們還要作弊。殊不知切於事實與否，乃法律本身的問題，非奉行法律的人的問題，天下事至於人不能以善意自動為善，而要靠法律去督責，自然是只求形式。既然只求形式，自不能切合於實際，就使定法時力顧實際，而實際的情形，是到處不同的，法律勢不能為一事立一條，其勢只能總括的說一個大概，於是更欲求其切於實際而不可得。然而既有法律，是不能不奉行的。倘使對於件件事情，都要求其泛應曲當，勢非釋法而不用不可。釋法而不用，天下就要大亂了。為什麼呢？我們對於某事，所以知其可為，對於某事，所以知其不可為，既已知之，就可以放膽去做，而不至陷於刑辟，就是因為法律全國統一，而且比較的有永久性，不朝更夕改之故。倘使在這地方合法的，換一處地方，就變為不合法；在這一個官手裏，許爲合法的，換了一個官，就可指爲不合法；那就真無所措手足了。然則法律怎好不保持統一呢？保持法律統一者誰乎？那胥吏確有大力。從前有個老官僚，曾對我說："官不是人做的，是衙門做的。"他這話的意思，是說：一個官，該按照法律辦的事情多著呢，哪裏懂得這許多？——姑無論從前的官，並沒有專門的智識技能，就算做官的人都受過相當的教育，然而一個官所管的事情，總是很多的，件件事都該有縝密的手續，一個人哪裏能懂得許多？所以做官的人，總只懂得一個大概；至於件件事情，都按照法律手續，縝密的去辦，總是另有人負其責的。這是中外之所同。在中國從前，負其責者誰呢？那就是幕友和胥吏。幕友，大概是師徒相傳的。師徒之間，自成一系統。胥吏則大致是世襲的。他們對於所辦的事情，都經過一定期間的學習和長時間的練習。所以辦起事來，循規蹈矩，絲毫不得差錯。一切例行公事，有他們，就都辦理得妥妥帖帖了。——無他們，卻是決不妥帖的。須知天下事，非例行的，固然要緊，例行的實在更要緊。凡例行的事，大概是日常生活所不可或缺的，萬不能一日停頓。然則中國從前的胥吏幕友，實在是良好的公務員。他們固然只會辦例行公事，然而非例行公事，本非公務員之職。他們有時誠然也要作弊，然而沒有良好的監督制度，世界上有哪一種人，能保其不作弊的呢？所以中國從前政治上的弊病，在於官之無能，除例行公事之外，並不會辦；而且還不能監督辦例行公事的人，使之不作弊；和辦例行公事的公務員——幕友胥吏，是毫不相干的。至於幕友胥吏的制度，也不能說他毫無弊病。那便是學習的秘密而不公開，以致他們結成徒黨，官吏無法撤換他。然而這是沒有良好的公務員制度所致，和當公務員的人，也是毫不相干的。

閑話休提，言歸正傳。內憂外患，既已不可收拾了，到底誰出來支持危局呢？在咸同之間，出來削平大亂，而且主持了外交幾十年的，就是所謂湘淮軍一系的人物。湘淮軍一系的人物，領袖是曾國藩，那是無疑的。曾國藩確是有相當政治思想的人。他的思想，表見在他所作的一篇《原才》裏；這是他未任事時的著作。到出而任事之後，他的所以自誓者，爲"躬履諸艱，而不責人以同患"。確實，他亦頗能實踐其所言。所以能有相當的成功。他這種精神，可以說，還是從理學裏來的。這也可說是業經衰落的理學，神龍掉尾，最後一次的表演。居然能有此成績，那也算是理學的光榮了。然而理學家立心雖純，操守雖正，對於事實的認識，總嫌不足。其中才力大的，如曾國藩等，不過對於時事，略有認識；無才力而拘謹的人，就再不能擔當事務了。實際上，湘淮軍中人物，主持內政外交最久的，是李鴻章。他只是能應付實際事務的人，說不上什麼思想。

　　五洲萬國，光怪陸離的現象，日呈於目，自然總有能感受之而組織成一種政治思想的。此等思想家是誰呢？第一個就要數到康有爲。康有爲的思想，在中國，可以說是兼承漢、宋二學之流的。因爲他對宋學，深造有得，所以有一種徹底改革的精神。因爲他對於漢學，也有相當的修養，又適承道、咸以後，今文家喜歡講什麼微言大義，這是頗足以打破社會上傳統的思想，而與以革命的勇氣的；所以他能把傳自中國和觀察外國所得，再加以理想化，而組成一個系統。他最高的思想，表見在他所著的《大同書》裏。這是要想把種界、國界、家族制度等，一齊打破的。他所以信此境之必可到，是由於進化的觀念。他進化的觀念，則表見於其春秋三世之說。大同是他究極的目的，和眼前的政治無關。說到眼前的政治，則他在戊戌變法以前，是主張用雷厲風行的手段，一新天下的耳目，而改變人民的思想的。政變以後，亡命海外，對於政俗二者，都觀察得深了，乃一變而爲漸進主義。只看他戊戌變法時，上疏請剪髮易服，後來卻自悔其誤，就可知道；他所以堅決主張立憲，反對革命，其原因也在於此。康有爲到晚年，對於時局，認識有些不清楚了。他堅決反對對德宣戰，甚而至於參與復辟，就是其證據。但他的議論，有一點可以注意的，便是他對於政俗二者，分別得很清楚。他對於政，固然主張改變，然其牽涉到俗的一部分，即主張審慎。至於社會上的事，則主張取放任主義,不加干涉。社會亦如自然物然,有其一定的法則,不是我們要他怎樣,就可以怎樣的。這在現今,已經是很明白的道理。然在現今,仍有許多人的舉動議論,似乎是昧於此理的。那末,他們自以爲新,其實思想不免陳舊。像康有爲這般被目爲陳舊的人,其思想,反有合於新科學了。康有爲是頗頑固的,他的世界知識,得之於經驗的或者很多,得之於學問的,實在很少,他的見解,怎會有合於新科學呢?那只好説是"真理是具存於天壤的,不論你從哪一方面去觀察,總可以有所得"的了。

説戊戌維新的,總以康、梁并稱。梁啓超,論其魄力的偉大,識力的深沉,都比不上康有爲;可是他也有一種長處,那便是疏通知遠。他於學問,其實是無所心得的。卻是他感覺很鋭敏,接觸著一種學問,就能去研究;研究了,總能有相當的瞭解;而且還能引用來批評現實;説得來無不明白易解,娓娓動聽。他的情感,亦是很熱烈的,還能刺激人,使之興奮,所以他對於中國的政治,可以説其影響實比康有爲爲大。尤其是《時務報》和《新民叢報》,在當時,真是風靡全國的。後來嚴復寫信給熊純如説"任公筆下,真有魔力"。把從甲午以後到民國,約二十年間,風氣轉變的功罪,都歸之於他。在啓超,真可以當之而無愧。但是你要問我:"梁啓超的政治思想是如何?"那我是回答不出來的。因爲他自己並無獨到的、固定的政治思想——甚而至於可以説是一切思想,而只是善於瞭解他人,介紹他人——惟其無獨到,所以不固定;也惟其不固定,所以無獨到了。然而他對於實際的影響,其勢力之雄,功績之大,自是不可埋没。

我們若將先秦的事比況,則康有爲的性質,是近於儒家、陰陽家的;梁啓超的性質,是近於雜家、縱橫家的;嚴復、章炳麟的性質,卻近於道家和法家。嚴復譯赫胥黎的《天演論》,譯斯密雅丹的《原富》,譯斯賓塞的《群學肄言》,他對於自然的演變,看得最明白;而也最尊重這種力量,凡事都不主張強爲。最注意的,是非銅匠而修理銅盤,在凸出處打一下,凸出處没有平,別的地方,倒又凹凸不平起來了。這是近乎道家的。

他又深知政治和社會不同。"政治不是最好的事",所以主張現在該有魏武帝、諸葛孔明一流人,才可以致治,他的意見,都表見在民國初年寫給熊純如的若干封信裏,語重心長,我們現在,每一披覽,還深嘆他切於事實。大抵法家的長處,就在對於事實觀察的深刻清晰。所以不會濫引一種和現狀不合的學說來,強欲施行。譬如治病,別的醫生往往懸想某種治法,可以收某種功效,而對於病人,卻沒有診察精細。法家是無此弊的,所以這一種人,實為決定政策時所不可少。章炳麟,在近代人物中,也是富於此等性質的。只看當立憲之論風起雲涌之時,他獨對於代議政體,深致疑慮,就可以見得了。

　　於此,以我淺薄的見解,頗致慨於現代的論政者,更無梁啓超、嚴復、章炳麟其人。現代的政治學家,對於書本上的知識,是比前人進步了。單是譯譯書,介紹介紹新學說,那原無所不可,然而他們偏要議論實際的政治,朝聞一說,夕即欲見諸施行。真有"子路有問,未之能行,惟恐有聞"的氣概。然而天下事,有如此容易的麼? 聽見一種辦法,書本上說得如何如何好,施行起來,可以有如何如何的效驗,我們照樣施行,就一定可以得這效驗的麼? 人不是鐵,學到了打鐵的方法來打鐵,只要你真正學過,是沒有不見效的。因為鐵是無生命的,根本上無甚變化;駕馭那一塊鐵的手段,決不至於不能駕馭這一塊鐵。種樹就難說些了,養馬更難說了,何況治人呢? 且如民治主義,豈不是很好的,然而在中國,要推行民治主義,到底目前的急務,在於限制政府的權力,還在於摧抑豪強。用民政策,從前難道沒人說過,沒人試行過? 為什麼不能見效? 我們現在要行,我們所行的,和昔人同異如何? 聯邦的組織,怎麼不想施之於蒙藏,反想施之於內地? 要形成政黨,宋朝是最好不過的時代。因為新舊兩黨,一個是代表國家所要求於人民的,一個是代表人民所要求於國家的。倘使當時的新舊黨,能互認敵黨的主張,使有發表政見的餘地,加以相當的採納,以節制自己舉動的過度,憲政的規模,早已確立起來了。現在人議論宋朝史事的很多,連這都沒有見到,還算能引用學理,以批評史實麼?